Études de la
Pensée Française
Vol.24

主编⊙邓刚

法兰西思想评论 · 2023

（总第 24 期）

中国出版集团 东方出版中心

图书在版编目（CIP）数据

法兰西思想评论. 2023 / 邓刚主编. 一上海：东
方出版中心, 2023.12
ISBN 978-7-5473-2334-2

Ⅰ.①法… Ⅱ.①邓… Ⅲ.①哲学一法国一文集
Ⅳ.①B565.5-53

中国国家版本馆CIP数据核字(2024)第002192号

法兰西思想评论·2023

主　　编　邓　刚
责任编辑　陈哲泓　时方圆
封面设计　钟　颖

出 版 人　陈义望
出版发行　东方出版中心
地　　址　上海市仙霞路345号
邮政编码　200336
电　　话　021-62417400
印 刷 者　上海万卷印刷股份有限公司

开　　本　710mm×1000mm　1/16
印　　张　24.75
字　　数　394千字
版　　次　2023年12月第1版
印　　次　2023年12月第1次印刷
定　　价　129.80元

《法兰西思想评论》编委名录
第 24 期

学术顾问

雷诺·巴尔巴拉（Renaud Barbaras）	巴黎第一大学哲学系教授、现象学家
奥利维耶·布洛赫（Olivier Bloch）	巴黎第一大学前哲学系主任、法国哲学会副主席
贝尔纳·布尔乔亚（Bernard Bourgeois）	法国哲学会前会长、法国道德与政治科学院院士
程抱一（François Cheng）	法兰西学院院士、诗人
狄迪耶·德勒尔（Didier Deleule）	法国哲学会会长
玛丽安·霍布森（Marian Hobson）	剑桥大学三一学院和伦敦大学玛丽王后学院教授
洛朗·贾弗洛（Laurent Jaffro）	巴黎第一大学哲学系主任
德尼·康布斯奈（Denis Kambouchner）	巴黎第一大学哲学系教授
茱莉亚·克里斯蒂娃（Julia Kristeva）	作家、精神分析学家、巴黎第六大学教授
菲利浦·雷诺（Philippe Raynaud）	巴黎第二大学教授、政治哲学研究专家
安德烈·多舍尔（André Dosel）	法国哲学会前副会长、尼斯大学前哲学系主任

目　录

专栏四　经典法国哲学研究

专栏五　法国理论与文艺实践

卷 首 语

　　20 世纪的法国哲学,如同一条灿烂的星河,一位接一位的巨星闪烁在人类智识的星空上。特别是在 20 世纪的下半叶,从萨特开始,法国思想的舞台突然地涌现出一位位大师,让人应接不暇。之所以在第二次世界大战之后,法国思想得以迎接一波又一波的思想风暴,是因为在此之前已经有了长久的准备和酝酿。在 20 世纪上半叶,法国哲学也并非乏善可陈,柏格森、布朗什维格(Léon Brunschvicg)、阿兰(Alain)等人,不断地为法国思想界注入新的活力,特别是柏格森的哲学,如同一股清新的风,通过"绵延""直观"等概念,将思想直接引向灵动、变化、丰富的现实生活与精神生活,从而不仅在哲学界,也在文学、艺术等诸多领域,引发了一场又一场思想革命,也对超现实主义、达达主义、立体主义等产生了巨大影响。而在第一次世界大战之后,19 世纪末以来的理性主义、科学主义、进步主义、西方中心主义等思潮受到了怀疑,法国人也积极地走出法国,寻找法国以外的思想资源,他们好奇的目光不仅投向德国、奥地利、俄国等欧洲国家,也远及印度、中国、日本、越南、伊斯兰地区等。当然,对于二战后的法国哲学,影响最大的还是德语哲学,特别是 3H(黑格尔、胡塞尔、海德格尔)和 3M(马克思、尼采、弗洛伊德)的思想,可以说是席卷了整个法国思想界和文化界。因此,从存在主义开始,法国哲学就是在与德语哲学所展开的吸收、对话和批判的基础上发展起来的。可以说,法国哲学的历史和发展本身,既离不开法国哲学本身既有的丰富资源,特别是以笛卡尔、卢梭、柏格森等人为代表的丰富而深刻的哲学思考,又离不开法国人对于其他哲学传统的接纳和改造,特别是对于德语哲学的接受和批判,最后,当然也离不开从萨特到巴迪欧、一代又一代的法国哲学家们,凭借其天才般的理论努力,在海纳百川的基础上成功地进行创造性的转化,不断地开陈出新,不断地产出新的理论成果。

　　本期的《法兰西思想评论》共分为五个专栏。第一个专栏讨论的主题是柏格森哲学。江海全的《柏格森在何种意义上可被称为现象学家? ——柏格森哲学与现象学的像与不像》,深入地比较了柏格森的哲学方法与胡塞尔现象学方法之间所异同,揭示出柏格森在某些方面,比现象学更能够做到"回到事实本身"。众所周知,德勒兹的哲学深受柏格森的影响,潘越的《柏格森"绵延"概念对德勒兹多样性理论的影响》,正是抓住对于柏格森和德勒兹两人都十分重要的"多样性"概念,从而加以剖析两位哲学家的思想关联。此外,本专栏还收录了一篇译文,由戴碧云译出,记录了 1922 年 4 月 6 日,爱因斯坦在巴黎作了一场学术报告之后,受邀参加的柏格森对爱因斯坦的时间观作了一番评论,爱因斯坦也给出了回应。尽管如此,两人不太成功的对话,实际上应当视作 20世纪哲学史和物理学史上的重大事件。

第二个专栏主题为"法国技术哲学研究"。陈明宽的《论斯蒂格勒技术哲学中的广义器官学思想》,抓住斯蒂格勒思想中的核心概念"器官学",由此展开对斯蒂格勒的技术哲学之整体的分析。钟立的《德里达论可生物降解性——生态解构初探》,从德里达不太著名的文章《可生物降解》出发,剖析德里达的技术思想,进一步提出"生态解构"的概念。樊熙奇的《免疫、一体化与种质:论埃斯波西托对"生命政治之谜"的解决》,指出埃斯波西托通过"免疫"的概念,填补了福柯生命政治理论中的空白,并通过"种质"的概念,从而为一种肯定式的生命政治提供了可能。滕腾的《阿甘本的西方人类学机器批判》一文,考察了阿甘本关于"人类学机器"的思想,以及阿甘本通助于对海德格尔和本雅明的重新解读,试图实现对"人类学机器"的批判和超越。

第三个专栏主题为"当代左翼批判理论"。张艳的《安提戈涅的再政治化——从齐泽克和巴特勒的争论看当代左翼政治话语的建构》一文,正如题目所揭示的,考察和比较了齐泽克和巴特勒两位哲学家对《安提戈涅》的解读。刘阳鹤的《历史的抗辩——论萨义德的世俗批评及其建构》,则考察和分析了萨义德的"世俗批判"概念。成家桢的《理论的斗争还是斗争的理论——从阿尔都塞到当代激进理论》,结合朗西埃、斯科特、格雷伯等人的视角,考察了阿尔都塞关于斗争和理论的复杂关系。俞盛宙的论文,从想象的侵凌、享乐的错失、能指的激情三个方面,讨论了拉康身体概念的三个基本面向。

第四个专栏的主题为"经典法国哲学研究"。张尧均的《自然法与历史》,通过文本细读的方式,深入地揭示了孟德斯鸠政治哲学中的自然法概念的新颖之处。朱麟钦在《连续性的丧失与复归:乔治·巴塔耶本体论转向的献祭研究》一文中认为,献祭理论使巴塔耶的本体论转向成为可能。余航在《内在的人:利奥塔的"幼年"》指出,"幼年"体现的正是利奥塔所论述的"心灵非人"的体现。穆潇然的《勾勒、发明、创造：浅谈德勒兹与伽塔利〈什么是哲学?〉中的概念建构》一文指出,德勒兹和瓜塔里对哲学以及概念进行了重新定义,哲学就是创造概念,这种创造需要概念、内在性平面、概念性人物三个要素。陈庆在《"虚空"(Kohra)的三种现代阐释》中,分析和比较了德里达、克里斯蒂娃、米歇尔·塞赫这三位哲学家对柏拉图的 Kohra 概念的三种阐释。孙震的《论列维-斯特劳斯的共时性之维》一文,梳理了列维-斯特劳斯对传统时间观的批判,以及他对共时性时间的原创理解。陈挺则从语言和肉身两个维度,来揭示《道成肉身》一书中,法国现象学家亨利所提出的生命现象学中的语言维度。第九篇论文来自法国著名哲学家、亚里士多德专家安若澜教授,他从实体和缺失两个角度重新梳理了亚里士多德哲学。

　　第五个专栏主题为"法国理论与文艺实践"。王欢在《艺术领域中的类性真理程序——阿兰·巴迪欧的艺术实践观探析》一文中,梳理巴迪欧的戏剧观,即如何在戏剧中确立一种类性真理程序。屠友祥、侯明珠的论文,对法国著名语言学家、符号学家格雷马斯的理论进行深入探讨。王霁青的文章,从瓦雷里的学说出发,从而阐发了一种舞蹈理论。曹慧、秦川的论文则对法国作家格里耶的著名小说《橡皮》进行了解读。

专栏一
柏格森研究

柏格森在何种意义上可被称为
现象学家？

——柏格森哲学与现象学的像与不像

江海全/文*

摘　要：胡塞尔的"直观中阐明的方法"不可避免地夹杂着一种"现象学的距离"，与现象学所追求"现象自身显现自身"的最基本原则背道而驰。海德格尔对"现象学"的词源学界定使现象学陷入了一种尴尬的局面，现象学"回到现象自身"的目标已经得不到保障。我们不应认为胡塞尔"回到事物本身"就是现象学所追求目标的唯一表达，柏格森"回到事实本身"，回到流动的经验实在，似乎更接近或者更精确地描述了现象学所追求的目标。柏格森的"直觉"更多被赋予一种情感和生命体验之含义，被理解为一种直接的领悟和共感，可以克服胡塞尔的"现象学的距离"。尽管是在宽泛意义上谈论柏格森的现象学，但柏格森在某些方面甚至比现象学家做得更好，他的哲学在某些方面更接近现象学。

关键词：柏格森　现象学　直接材料　现象学的距离　回到材料自身

前　　言

柏格森自己从来没有使用"现象学"一词称呼自己的哲学，然而梅洛-庞蒂、列维纳斯等法国现象学家从柏格森的著作中，首先读出的却是现象学的精神[①]；著名的柏格森研究专家亨利·于德（Henri Hude）称柏格森的哲学为"现象学"，尤其是他的早期哲学被赋予更多现象学的意义[②]，比如柏格森的第一本

---

* 江海全，哲学博士，南通大学马克思主义学院教授。

① John Mullarkey, "The Psycho-Physics of Phenomenology: Bergson and Henry", in *Bergson and Phenomenology*, edited by Michael R. Kelly, Palgrave Macmillan, 2010, p. 202.

② 王理平：《差异与绵延——柏格森哲学及其当代命运》，北京：人民出版社，2007年，第112页。

书《时间与自由意志》被认为是最具现象学意蕴的哲学著作[①]；国内学者高宣扬宣称柏格森哲学为"另类的现象学"[②]；国外学者卡米尔·里基耶（Camille Riquier）宣称柏格森创立了"物质现象学"[③]。因此，如果将柏格森定义为一位现象学家，我们必须澄清这一命题的合理性，分析柏格森在何种意义上可被称为现象学家？

一、现象学概念的词源学考释

一提到现象学，人们马上想到的是胡塞尔，因为胡塞尔往往被冠以现象学运动的开创者之名，而事实上，现象学并不是胡塞尔以后才出现的哲学术语，在胡塞尔采用和吸收它之前很久就存在了，比起他的所有前辈，胡塞尔赋予"现象学"这个旧的用语以更为丰富更为有生气的哲学意义。在《现象学运动》中，施皮格伯格针对现象学术语来源以及前胡塞尔哲学家使用"现象学"的具体含义，他一一列举了那些独立使用"现象学"这一术语的学者，而且做了详细的历史学考证。[④] 在诸多前胡塞尔的哲学家中，康德和黑格尔对"现象学"的理解更接近或者更有助于解释胡塞尔的"现象学"概念，而经典现象学家中，胡塞尔和海德格尔对"现象学"的界定应该最具有代表性和权威性。

（一）康德的"现象学"概念

"现象学"一词有文献可查的最早使用者是德国启蒙思想家拉姆贝特（J. H. Lambert，1728—1777），他在其《新工具》（1764）一书第四部分的标题中使

---

① 原书法文标题 *L'Essai sur les données immédiatesde la conscience*（《论意识的直接材料》）英译本 *Time and Free Will*（《时间与自由意志》），莱维纳斯评价《论意识的直接材料》是哲学史上五本最好的哲学书籍之一（柏拉图：《斐多篇》；康德《纯粹理性批判》；黑格尔《精神现象学》；柏格森《论意识的直接材料》；海德格尔：《存在与时间》），参阅杨大春：《20世纪法国哲学的现象学之旅》，北京：社会科学文献出版社，2014年，第56页。

② 高宣扬：《柏格森对21世纪哲学研究的现实意义》，载于《中国哲学年鉴2008》，北京：中国社会科学出版社，2008年，第391—397页。

③ 米歇尔·亨利（Michel Henry）出版了《物质现象学》（*Material Phenomenology*，1990）一书，宣称自己的哲学为"物质现象学"，学界一般将他看作"物质现象学"的创始人。参见 Camille Riquier，"Henry，Bergson et la Phénoménologie matérielle" in *Michel Henry' Radical Phenomenology*，edited by Jad Hatem & Rolf Kühn，Bucharest：Humanitas，2009，pp.157—172。

④ 关于现象学的词源学和历史学考证，以及前胡塞尔哲学家使用"现象学"的具体含义，参见施皮格伯格：《现象学运动》，王炳文、张金言译，北京：商务印书馆，2011年，第39—58页。

用了"现象学"一词,用以表示一种显象(Schein)的科学。拉姆贝特激发了康德在后来的若干书信中使用"现象学"一词。比如,在 1770 年 9 月 2 日与拉姆贝特的通信中,康德第一次提到需要将一种"否定的科学(一般现象学)"作为一门预备学科放到形而上学之前,作为通往哲学科学的目标即形而上学之路的预备性训练,它的任务是确定感性知觉原则的效力与界限①,或者说,划分感性与理性的界限,将经验知识的范围限制在现象界,不允许它过问物自身,因此康德的现象是一种排除了物自身的纯粹否定性的认知现象。之后,在 1772 年 2 月 21 日致马尔库斯·海尔茨的著名信件中,康德宣称他将要写一本书(即后来的《纯粹理性批判》)以论述感性知觉和理性的限度。按照康德当时的设想,这本书分为两大部分:理论部分和实践部分,其中理论部分又由两部分构成:一般现象学和形而上学。因此,康德最初的现象学显然只是"纯粹理性批判"的东西,尽管它与今天完全成熟的现象学几乎没有什么相似之处,但不应忽视,后期胡塞尔越来越发现自己与康德的《纯粹理性批判》是一致的,《纯粹理性批判》中确实有许多东西有利于解释胡塞尔后期现象学。无怪乎胡塞尔在《纯粹现象学和现象学哲学的观念》中称康德为"第一位正确地瞥见现象学的人"②,而且认为他已经走在现象学的道路上:"在《纯粹理性批判》第一版中的先验演绎,实际上已经是在现象学领域内的工作了。"③

康德也曾经在其成熟时期的著作中,在非哲学意义上使用"现象学"一词,如果仅从出版的时间上看,他应该是最先在科学文献中使用这一术语的人。④ 康德在《自然科学的形而上学基础》(1786)中,将物质科学划分为四个学科:运动学、动力学、机械力学和现象学。康德将物质的运动作为"现象",仅就其对于我们外感觉的显现,来探讨物质的运动与静止,因此,康德此处的"现象学"仅限于物理学问题,专门讨论物质运动在时间中显现的相对性与绝对性的基本问题,例如相对性运动或依赖于观察者的颜色等属性问题。

(二) 黑格尔对"现象学"理解

根据施皮格伯格的观点,德国现象学运动从来也没有把黑格尔视为完全

---

① 施皮格伯格:《现象学运动》,第 45 页。

② 胡塞尔:《纯粹现象学通论——纯粹现象学和现象学哲学的观念(第 1 卷)》,李幼蒸译,北京:中国人民大学出版社,2014 年,第 112 页。

③ 胡塞尔:《纯粹现象学通论——纯粹现象学和现象学哲学的观念(第 1 卷)》,第 112 页。

④ 施皮格伯格:《现象学运动》,第 41 页。

意义上的现象学家,但法国现象学者似乎认为把黑格尔包括到现象学运动中是理所当然的事。对于法国现象学者而言,黑格尔如果不是现象学的创始人的话,也应该当作真正现象学的先驱。① 美国学者汤姆·罗克摩尔(Tome Rockmore)为了突出黑格尔理论中的现象学精神以及与现象学的亲密关系,他明确宣称,不能错误地认为胡塞尔是现象学的唯一创始人②,他至多代表了现象学的一个新起点③,言外之意,黑格尔和胡塞尔都是现象学的创始人。

　　与胡塞尔将现象学理解为一种特殊哲学方法不同,黑格尔的现象学并不构成一种特殊哲学方法,它只是意识发展的形态学。这一观点,可以从以下两个事件中表现出来:(1)1807年,黑格尔将《精神现象学》看作他的"科学体系"的第一部分;(2)在1817年的《哲学科学百科全书》体系中,黑格尔又将"主观精神现象学"当作他的"人类学"和"心理学"之间的次要联系环节。因此黑格尔所谓"现象学"是一种精神发展的形态学,它研究精神的自我显现的过程,包括认识的诸阶段——由前科学的自然、朴素的意识到绝对意识的过程和阶梯,即自我意识由现象到达与本质同一的过程。黑格尔的"现象"可以说是绝对精神在其自我发展和提高过程中,在世界舞台上所显现的任何东西,当然包括康德意义上仅作为经验事实,不同于物自身的认知现象。正是在此意义上,施皮格伯格将黑格尔的"现象学"形象地比喻为"一种保存有关绝对精神向自我理解艰苦攀登记录的博物馆"④。

　　施皮格伯格同时比较了黑格尔现象学与胡塞尔现象学的亲密关系和差异性。其一,他们的现象学有一个非常接近的基本特征,即它们都探讨现象或"显现"。不同的是,黑格尔探讨精神的显现,也就是精神"本身"借以显现的具体形式。从显现构成意识发展的诸阶段的意义上来说,黑格尔处理的是本体论问题。相反,胡塞尔的"显现"是对象借以显现而被给予的方式,比如对空间事物的经验都是通过"侧显"(abschattung)的方式而被知觉,因此在这个意义上,胡塞尔处理的问题则是认识论问题。其二,黑格尔的哲学体系从朴素意识出发,赋予意识或主体性以优先地位,这与胡塞尔后期的态度保持了一致。不同的是,胡塞尔在对意识现象澄清过程中发展出一种直观中阐明的方法;黑

　　① 施皮格伯格:《现象学运动》,第46—47页。

　　② Tome Rockmore, *Hegel: Before and After—A Historical Introduction to Hegel's Though*, Berkely, Los Angeles and London: University of California Press, 1993, p. 86.

　　③ Tome Rockmore, *Hegel: Before and After—A Historical Introduction to Hegel's Though*, Berkely, Los Angeles and London: University of California Press, 1993, p. 171.

　　④ 施皮格伯格:《现象学运动》,第46页。

格尔现象学尽管也是从具体意识经验开始，但他在构建意识发展的形态学时，并没有提到任何与直观方法类似的东西。黑格尔特别强调的是"概念"的辩证发展，对于超越一般辩证方法而对本质结构进行纯粹直观，他并不特别感兴趣，因此他的现象学可以被称为"意识的经验学"；而胡塞尔反对向事物作历史的、辩证的考察，而是先验地直观其本质，故他的现象学应该说是一种"先验的本质学"。

（三）胡塞尔的"现象学"定义

胡塞尔毫无疑问是严格意义上的现象学运动的源头和领袖，他在 1907 年的《现象学的观念》中明确地将现象学定义为一种哲学方法："现象学……同时而且首先标志着一种方法和思维态度：一种特殊的哲学思维态度和特殊的哲学方法。"[1]而且现象学"最独特的核心就是它的方法。这一点在现象学家中很少有分歧"[2]。胡塞尔现象学的方法是一种直观中阐明的方法，即现象学不进行理论上的和数学上的建构，不在演绎理论意义上进行阐明，它所执行的比较、区分、连接、联系、分割到部分，或者去除某些要素等一切活动都在"纯粹观看"的行为中进行。[3] 由此，胡塞尔现象学之"现象"可以理解为通过"纯粹观看"而获得"绝对被给予性"。

被给予性在这里意味着什么？胡塞尔认为，当我正在感知时，"我还可以进一步考虑一个反思的行为，即观看这个观看行为自身，在这样的一种（反思）观看中，上述的被给予性，或者说，上述的存在方式构造其自身"[4]。这意味着，通过调整看的方式"纯粹的看"由"知觉的看"转向"精神的看"。所谓"知觉的看"就是经验的看（包括理智的经验），诸如我知觉、我怀疑、我判断等；而"精神的看"就是"反思观看"，我知觉、我怀疑的时候又在打量我这个知觉、我这个怀疑，也就是说"观看这个观看行为自身"。在后一个"观看"行为下，我这个知觉以及它所知觉的东西、我这个怀疑以及它所怀疑的对象是绝对无法再怀疑的，因为它正在进行，它正在我的第二个观看之下正在发生着，它作为现象学意义上的纯粹现象而被给予。

显然，通过"纯粹的看"，实项的内在之物（"我思"活动和感觉材料）被当

---

① Edmund Husserl, *The Idea of Phenomenology*, trans. Lee Hardy, Dordrecht: Kluwer Academic, 1999, p. 19.

② 斯皮格伯格：《现象学运动》，第 889 页。

③ Edmund Husserl, *The Idea of Phenomenology*, p. 43.

④ Edmund Husserl, *The Idea of Phenomenology*, p. 24.

作一种纯粹观看所把握的对象,但胡塞尔强调"(尽管)研究必须限制在纯粹的观看中,但并不因此就坚守着实项的内在之物。因为现象学是一种在纯粹明见性领域的研究,而且是本质研究"①。胡塞尔在"纯粹的观看"中,发现了一种"作为绝对被给予性的新对象性(objectivity),本质对象性"②。它同样是在"纯粹观看"中被给予的实事状态:"它不只是关于具体感性实体,也相关于观念性意义、客体和事态。"③这就涉及胡塞尔所说的"范畴直观",或者说"对于本质的直观",它是胡塞尔先验现象学的核心。根据胡塞尔的观点,我们除了具有纯感觉行为,还具有较高阶的纯粹范畴行为,以把握诸如统一体、复合体和存在等这样的逻辑范畴,比如范畴直观能够把握实体的存在(这张桌子是红色的),而非仅仅把握个别的属性(红性)。

简言之,现象学方法是一套复杂的、技术性很强的"看"的训练,即看到隐匿在"自然思维态度"背后的东西。对于胡塞尔来说,直观不仅仅是感性直观,他还发现了另一种直观,即本质直观,对普遍之物的感知。现象学宣称研究绝对被给予性领域,对意识和意识给予的东西进行描述和分析,尽管这个领域是"由现象组成的一条永恒的赫拉克利特河流"④,但胡塞尔现象学研究的重点发生了转向:绝对被给予性从个体直观的感觉材料转向了普遍性的本质,故胡塞尔真正关心的倒不是那些直观中直接显现的现象材料,而是这些现象材料的共相或者说本质。

(四) 海德格尔的"现象学"界定

海德格尔在《存在与时间》第 7 节中通过对"现象学"的词源考证而对现象学进行了界定。他认为,"现象学(phenomenology)"这个词由"现象(phenomen-)"和"学(-ology)"两个部分组成,并且将这两个词追溯到古希腊语"φαινόμενον(显现者)"和"λοyοζ(逻各斯)"。其中"现象学"的"现象"(即显现者,φαινόμενον)指"显示着自身的东西,显现者"⑤"就其自身显示自身者,公开者"⑥。"现象学"的"学"(即逻各斯,λοyοζ)原始意思是言谈,而言谈

---

① Edmund Husserl, *The Idea of Phenomenology*, p. 66.

② Edmund Husserl, *The Idea of Phenomenology*, p. 65.

③ 德尔默·莫兰:《现象学:一部历史的和批评的导论》,李幼蒸译,北京:中国人民大学出版社,2017 年,第 141 页。

④ Edmund Husserl, *The Idea of Phenomenology*, p. 36.

⑤ Martin Heidegger, *Being and Time*, trans. John Macquarrie & Edward Robinson, Oxford: Basil Blackwell, 2001, p. 51.

⑥ Martin Heidegger, *Being and Time*, p. 54.

恰恰就是将话题所及的东西公开出来，因此"学"则具有"让某种东西即言谈所及的东西被看见"的含义。① "现象"和"学"合起来之"现象学"的含义就是："让显现自身者就像它由其自身所显现的那样被看见。"②

现象学要让人来看到的东西到底是什么呢？——"显然是这样一种东西：首先而且总是不显现自身，也就是说，它是隐藏不露的东西，与首先而且总是显现自身的东西相对；但同时它又包含在首先而且总是显现自身的东西中，于是它从本质上构成这些东西的意义和根据。"③对于海德格尔而言，这就是"现象"，但必须在不同寻常意义上来理解，也就是说，尽管它构成已经呈现的、通常显现着的东西的意义与根据，但自身却首先而且未被给予，因而需要一门现象学将其揭示出来，现象学所讨论的应该就是这种通常意义上被遮蔽的、隐藏不露的东西，即"存在者的存在"④。于是，海德格尔实现了现象学从存在者到存在的位移："现象学的目光从对存在者的把握引回到对该存在者的存在的领会。"⑤针对"存在"这个问题到底意味着什么？海德格尔在寻找的并不是存在本身，而实际上是存在的意义。因为存在只与人有关系，只有人的存在可以有或没有意义，所以存在意义的问题只有涉及人的存在或者对人的存在的理解时才有意义。因此海德格尔现象学的现象意指这样的显现者："存在者的存在和这个存在的意义、变样和衍化物。"⑥

二、现象学遭遇的尴尬

胡塞尔在 1900 年至 1901 年的《逻辑研究》第二卷导言 §2 中提出了现象学的口号"回到事物自身"，其中的"事物"就是"现象"，它是基于直观来理解的，直观是对"事物"或"现象"的显露，而"事物"或"现象"就是"所予"（the given），即直观中被看到的东西。那么，以上哲学家有关现象学概念的理解是否真正实现了胡塞尔所宣称的"回到事物自身"的宏伟目标呢？

---

① Martin Heidegger, *Being and Time*, p. 56.

② Martin Heidegger, *Being and Time*, p. 58.

③ Martin Heidegger, *Being and Time*, p. 59.

④ Martin Heidegger, *Being and Time*, p. 59.

⑤ Martin Heidegger, *The Basic Problems of Phenomenology*, Trans. Albert Hofstadter, Bloomington：Indiana University Press, 1982, p. 21.

⑥ Martin Heidegger, *Being and Time*, p. 60.

（一）康德现象学的矛盾

康德现象学的现象意指我们杂多的感觉,与胡塞尔讲的本质的现象截然不同,他的这种现象是没有本质或者本体的现象,所以他在感性的杂多背后预设了一个物自身,现象就是物自身所表现出来的东西,我们可以通过感觉认识现象,但作为事物本质的物自身却不可认识,而只能被思维,换句话说,物自身不能在直观中被给予而成为现象,这是康德现象学的矛盾所在。因此海德格尔认为:"通过在康德意义上的经验直观来通达……还不是现象的现象学上的概念。"①值得一提的是,康德并非单纯讲感性直观,他在杂多的感觉中放进去实体、因果性等十二个知性范畴,以及时间、空间先天直观形式,直观形式使认识个别的东西得以可能,而知性范畴处理的则是普遍性的东西,二者的结合为自然科学寻找一个必然性和普遍性的根基,这与胡塞尔通过本质直观直接打通个别性与普遍性的方式有异曲同工之妙。这或许也启发了海德格尔对时间和空间的理解:时间和空间在显象中尽管没有标示但作为先行的且已经"于其自身显示自身的东西('直观形式')将是现象学的现象"②。康德的现象结构,如图 1 所示:

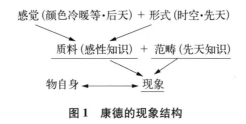

感觉 (颜色冷暖等·后天) ＋ 形式 (时空·先天)

质料 (感性知识) ＋ 范畴 (先天知识)

物自身 ←——— 现象

图1　康德的现象结构

（二）胡塞尔的"现象学的距离"

黑格尔现象学更接近胡塞尔现象学的一个基本特征就是它也探讨现象或"显现",只不过相对于胡塞尔探讨"事物自身"的显现方式,黑格尔探讨的是"绝对精神"借以显现而被给予的方式。胡塞尔明确地将这种现象给予的方式称为"纯粹观看"或者"本质直观"。在胡塞尔现象学里,他将直观当作一切原理的原理:"任何源初的给予的直观原则上都可以作为知识的合法源泉,所有在'直观'中源初给予我们的东西都可以作为自身被给予之物接受下来,而且

① Martin Heidegger, *Being and Time*, p. 54.

② Martin Heidegger, *Being and Time*, p. 55.

也只是在他们自身给予的范围被理解。"①直观和直观中的"被观视者"构成一个意向性结构。意识总是超越自身意向性地指向自身之外的对象,使对象被意识所"看到",现象就是以这种方式变得可见的东西,意向性就是"源初的使—被看见"的力量。

胡塞尔现象学的还原就在于通过纯粹观看把我思活动(我知觉、我怀疑、我判断等)"变成"纯粹观看的对象,变成"所见"意义上的纯粹现象。这里出现了两个"我思活动":一个作为绝对的所予的我思("所思之物"),另一个作为正在纯粹观看的我思("在思之物")。比如,我怀疑的时候又在打量我这个怀疑,我观看的时候又在观看这个观看行为自身,这两个命题中的"打量""观看"是作为"看的直接印象"的"在思的看",或者说"在思之物";而作为"打量""观看"对象的前一个"怀疑"、前一个"观看"是作为被反思对象的"观看",或者说"所思之物"。

很显然,现象("所看之物")的错误或者虚假并不由它自身来承担,而应该归咎于显现物的显现方式("纯粹观看")。作为"所看之物"的"现象"是被给予物,它的给予的模式就是纯粹观看,尽管它自身不具有显现能力,但正是以纯粹观看方式,它真正被看见并且获得其存在资格。在这种情况下,唯有凝视才是绝对之物,凝视之下的我思活动其实不够"绝对",因为它的实存、它的所谓"绝对性"是由外在力量、是由纯粹的观看从外部所赋予的,它并不是凭其自身自在地成为绝对的所予(the given)。胡塞尔将所见等同于源初的我思活动本身,用所见取代自在的我思活动,于是源初的而且被体验的我思被置换成纯粹观看下的所予,源初的我思活动的实在性消失了。而且因为"纯粹观看"必然意味着将其放置于一段距离之前,将其对象化、言说它们、命名它们、描述它们,看与被看之间存在间距和分离、差异和对峙,由此"纯粹观看"不可避免夹杂着一种"现象学的距离"②,导致显现物错误地或者虚假地显现,最终因未能保证在其中所看之物的真实而被纳入怀疑。

胡塞尔现象学宣称对意识和意识给予的东西如其自身直接显现的那样进行描述和分析,但他的意向性的纯粹观看意味着"让—被看见",是从外在的标

---

① Edmund Husserl, *Ideas Pertaining to a Pure Phenomenology and to a Phenomenological Philosophy*: *First Book—General Introduction to a Pure Phenomenology*, trans. Fred Kersten, The Hague: Martinus Nijhoff, 1982, p. 44.

② Michel Henry, *The Essence of Manifestation*, trans. Girard Etzkorn, The Hague: Martinus Nijhoff, 1973, p. 61.

准让事物显现自身,不是事物自身显现自身,这一点与现象学所追求"现象自身显现自身"的最基本原则背道而驰。其次,"让—被看见"的方式恰恰在直达对象的路径中,通过纯粹观看的方法所把握的对象不是源初的现象,而是纯粹观看下的所予,现象自身的实在性被剥夺了,这也就意味着,现象学的方法与对象不配套,或者说,现象学本质直观方法的失效。

(三) 海德格尔"现象学的词源学悖论"

海德格尔从词源学角度将"现象学"理解为"现象"和"逻格斯"的复合,将"现象学"作为"现象"之"逻格斯"的界定。这一概念完全是柏拉图式的:"或多或少可以明确地追溯到柏拉图的这样一种企图,即通过将现象与逻格斯的世界,即不变的形式世界联系起来的方法,把现象从赫拉克利特的流动的世界拯救出来。"①因此现象学的"学"(即逻各斯,λογος)本身就意味着揭示、拯救现象,现象学所有的研究都按照"学"(揭示、拯救)来进行。

如果从海德格尔的角度理解胡塞尔,那么胡塞尔的现象学也完全是柏拉图式的,它从意识的直接给予的材料出发,将经验现象的流变和逻格斯的不变形式结合起来,调和变与不变的冲突,试图寻求一种打败赫拉克利特的流变的恐怖世界的哲学。胡塞尔用本质直观的方法企图从流变中找到不变,找到一个稳定的世界,找到世界的根基。他希望找到的是现象材料背后的共相或者本质,而这些恰恰属于理念范畴的东西,是概念性的、逻辑的或者说观念性的东西。因此他找到的仅仅是一种"死的永恒",一个静止的"逻各斯"世界,而不是一个流动不居的现象界。"现象"与"逻格斯"两者的距离已经无法弥合,作为两者组合的"现象学"遭遇一种尴尬的局面,现象学"回到现象自身"的目标已经得不到保障。

即使海德格尔自己,根据他对现象学的理解,也很难说达到了对现象的拯救。他将"现象"(phainomenon)一词上溯到希腊语的动词 phainesthai,它携带了词根 pha-,phōs-,词根的意思是"光","即事物自身能够在其中变得显明、变得可见的东西"②。因此"现象"的意思就是进入世界中,被光照亮的东西,"光"则是事物或现象呈现自身的方式。类比"光"与"现象"的关系,又根据希腊人的理解:"'现象'等同于存在者"③,那么"存在"就成为"存在者"之光,恰

---

① 斯皮格伯格:《现象学运动》,第40页。
② Martin Heidegger, *Being and Time*, p. 51.
③ Martin Heidegger, *Being and Time*, p. 51

恰构成了"存在者"得以存在的方式。

（显现或存在）指的是照亮一切事物的亮光和明亮,在它的照亮之下,在这个光亮之中,一切事物都变得可见而且在这个意义上成为现象。换言之,显现自此以后把自己推崇为可见性视域。在这个视域范围内,一切能够变得可见,变成现象的事物莫不如此。①

因此,在海德格尔现象学的语境中,"存在"指"照亮一切事物的亮光和明亮",存在也等同于事物的"显现",存在是使存在者得以存在的外在条件。

当海德格尔的"存在"概念明显地被赋予了"光亮"和"显现"的内涵,他的存在论的现象学的内在张力也呈现在我们面前:其一,显现与显现者之间的差异和距离构成了显现对显现者揭示的条件。因为"光亮仅仅照亮与之不同的东西,隔开一段距离放在它面前而且是在它之外的东西……被照亮的东西、显现之物总是站在外部、隔开一段距离。现象被理解为保持在一段距离之外的事物,'在光亮中闪耀'的事物"②。其二,现象自身的实在性被剥夺,因为光没有能力设定它要揭示的现实,显现并不创造这个真实之物,它只是有限地去解蔽它。因为"确切地说,显现者并不能把自身的存在归功于显现的力量,因为显现的力量仅仅局限于解蔽一个在先的存在者,故而这个存在者的真正存在不能够依赖于显现"③。由此看出,海德格尔按照希腊思想来理解的"现象"与胡塞尔本质直观下的"现象"同样蕴含着一种"现象学的距离"。

三、柏格森哲学与现象学的像与不像

事实上,现象学界对柏格森哲学的态度经历了一个戏剧性的逆转,从早期罗素、海德格尔、萨特等权威哲学家的误解和批判到20世纪60年代德勒兹喊出了"回到柏格森"的口号,柏格森哲学对现象学研究的价值正在被重新发掘。德勒兹在《柏格森主义》中,不仅发现了柏格森哲学与现象学之间存在某些融洽的关系,而且指出,柏格森哲学的一些主题,比如直觉的方法,哲学作为严格的科学等也是现象学的主题。④ 本文接下来尝试从与此相关的几个话题探讨

---

① Michel Henry, *Material Phenomenology*, p. 84.

② Michel Henry, *Material Phenomenology*, p. 84.

③ Michel Henry, "Material Phenomenology and language (or, pathos and language)", in *Continental Philosophy Review*, 1999, Vol. 32, trans. Leonard Lawlor, p. 349.

④ G. Deleuze, *Bergsonism*, trans. H. Tomlinson and B. Habberjam, New York: Zone Books, 1999, pp. 117－118.

柏格森与现象学之间的关系。

（一）柏格森的"回到事实本身"与现象学的"回到事物本身"

柏格森在《形而上学导言》中明确地区分了"活的永恒(生命的永恒)"与"死的永恒(概念的永恒)"①。"活的永恒(生命的永恒)"指一种真正的实在，即那个作为柏格森哲学标志的"绵延"的集聚，这是一种活生生的、从而也是运动着的永恒创造性，在世界的变动不居面前奋勇向前，永不停息。柏格森说："这是一条无底的、无岸的河流，它不借可以标出的力量而流向一个不能确定的方向。即使如此，我们也只能称它为一条河流，而这条河流只是流动。"②而且他进一步指出，它是我们存在的基础，它是我们生存的这个世界的根本实质。③"死的永恒(概念的永恒)"指的是，借凝固的知性和稳定的概念把运动感知和表达为一种不动性的函项，如同用一张大网中去捕捉现实的洪流，结果从实在的东西中漏掉了作为实在本质的东西。它是抽空了可动性的运动，然而正是这种可动性使运动具有生命。人类的理智"本质上就是一种在现实的洪流中萃取稳定，规范事物的一种能力"④，它在世界的摇摇晃晃面前显得惴惴不安，企图寻找一个永恒不动的出发点，一种恒定性的哲学，而这种利用知觉与概念所把握和构成的永恒性的东西却是一种"死的永恒性"，因为"我们的思维可以从运动的实在中引出固定的概念，但是不能用固定的概念来重新构成实在的东西的可动性。"⑤

在《形而上学导言》中，尤其是结尾部分⑥，我们可以看到康德几乎成为柏格森的敌人，柏格森对他表现出一种极其强烈的文字暴力，他批判康德使形而上学成为不可能，因为康德证明了人类的知识总是而且仅仅是相对的："相对的知识就是以先在的概念表示的符号的知识，这种知识由固定的东西出发而达到运动的知识。"⑦对柏格森来说，我们的知识却是绝对的："直觉的知识是自身处于运动的东西之中并且把握了事物的生命本身。这种直觉达到了绝对

---

① 柏格森：《形而上学导言》，刘放桐译，北京：商务印书馆，1963 年，第 29 页。

② 柏格森：《形而上学导言》，第 28 页。

③ H. Bergson, *Creative Evolution*. trans. Arthur Mitchell. New York：Modern Library，1944, p. 45.

④ 柏格森：《思想与运动》，邓刚、李成季译，上海：上海人民出版社，2015 年，第 93 页。

⑤ 柏格森：《形而上学导言》，第 28 页。

⑥ 参阅柏格森：《形而上学导言》，第 36—41 页。

⑦ 柏格森：《形而上学导言》，第 33 页。

的东西。"①既然我们的知识是绝对的,那么形而上学就是可能的。柏格森认为,康德所犯的错误是他过于依赖"理智的自然倾向"②,理智的习惯性运作是为了实际利益,也就是说,它从我们已经获得的一般概念到事物,然后我们用这些一般概念来标记事物,以便为了我们自己的利益而操纵事物。然而,对于柏格森,也对于胡塞尔来说,当且仅当我们从事物本身出发到概念,形而上学才是可能的。只有通过这种对"理智的自然倾向"的"逆转",类似地胡塞尔也会谈到对"自然态度"的逆转,我们才有可能有回到对事物本身的直觉/直观(intuition)。

尽管很容易看到柏格森思想与胡塞尔思想的某种相似之处,但胡塞尔的现象学表现出的理智主义和柏拉图主义倾向更是与柏格森的反理智主义和反柏拉图主义针锋相对。柏格森批判理智主义道:"理智除了按柏拉图主义来活动外,不能有任何其他活动,这就是说,它只能把一切可能的经验注入先定的模式中。"③而世界本身是一个永恒的流变,永远处于正在生成的过程之中,停下来就是一种"死相",任何思想将它定格下来,加以划分的企图,都是不正当的。由柏拉图到柏罗丁为顶峰的全部哲学遵循的基本原则是:"变异只能作为不能变的东西的表达和发挥……不运动的东西较之运动的东西更为实在,而我们之由稳定的东西通达不稳定的东西,仅用减法就行了。"④根据施皮格伯格的观点,胡塞尔的现象学就是柏拉图式的现象学。胡塞尔是一位柏拉图主义的捍卫者,面对变动不居的流动世界,他还是重在"停下来",寻找一个不动的安身立命之所。

由此,柏格森"回到事实本身"(retour aux faits)与胡塞尔的"回到事物本身"(retour aux choses mêmes)极易混淆,因此我们必须加以区分。柏格森哲学的宏伟抱负是对经验的流动的实在的不懈追求,因此柏格森直接回到了赫拉克利特运动之流,他的"回到事实本身"意味着回到那种纯朴的源初经验,回到事物的"直接材料"(les données immédiates)。"直接材料"就是原初的事物本身,就是世界本身的源初给予。而对于胡塞尔来讲,他的雄心壮志是企图将现象从赫拉克利特的流动的世界拯救出来,努力把握流动中那些不动的东西,胡塞尔所努力把握到的东西是某个瞬间精神状态的定格,他的思想体系处理

① 柏格森:《形而上学导言》,第 33 页。
② 柏格森:《形而上学导言》,第 30 页。
③ 柏格森:《形而上学导言》,第 38 页。
④ 柏格森:《形而上学导言》,第 34 页。

或分析这些被瞬间定格下来的、具有清楚明白含义的概念之间的关系。因此胡塞尔努力把握到的"事物本身"从根本上来说属于事物共相和抽象本质,这也是他的"本质直观"的意蕴所在。

因此,不能错误地认为胡塞尔"回到事物本身"是现象学追求目标的唯一表达——我们无意贬损胡塞尔现象学理论的原创性——但我们至少应该注意到,企图借僵固的知性活动和稳定的概念之网去捕获赫拉克利特之流中那些流动的实在,这难道不是一幅可望却难以企及的诱人"幻境"吗? 相较之下,柏格森"回到事实本身",回到持续不断的流动世界,这似乎更接近,或者更精确地描述了现象学所追求的目标。

(二) 柏格森的"直觉"与现象学的"直观"

在英文中"直觉"和"直观"是同一个词 intuition,它的本意是"看",不仅指肉眼之观看,也包含心(智)之"观看"。[①] "intuition(直觉/直观)"是柏格森生命哲学和胡塞尔现象学的核心概念之一。对于柏格森的生命哲学来说,人们通常冠以"直觉主义"的称号,而提起胡塞尔的现象学,学界则更普遍使用"直观"概念而较少使用"直觉"概念。胡塞尔将"直觉"(intuition)与"直观"(anschauung)完全等义使用,因此 Intuition 在胡塞尔现象学语境中译作"直观"。[②] 尽管胡塞尔已经不是在柏格森的直觉意义上使用该词汇,但我们依然可以发现胡塞尔的"直观"与柏格森的"直觉"存在某种高度一致性,胡塞尔曾经自称是"真正的柏格森主义者"。[③]

第一,"intuition"被二者提升到哲学方法的高度,都被理解为一种方法论概念。柏格森在《形而上学导言》开篇就区分开两种认识方法:直觉的方法以及分析与综合的方法。他认为:"绝对的东西只能在直觉中获得,而其他任何东西则属于分析的范围。"[④]胡塞尔在哥廷根的五次讲座文稿中宣称:"在现象学最严格的还原之中的直观和本质直观方法是它唯一所有的东西……它是一

---

① "intuition"一词于 19 世纪末 20 世纪初经日本学者的翻译进入中国学术界,译作"直观",王国维认为翻译为"直观"并不精确,他从词源上考证并对其含义加以澄清:"'intuition'之语,源出于拉丁之'In'及'tuitus'二语。'tuitus'者,观之意味也,盖观之作用,于五官中为最要,故悉取由他官之知觉,而以其最要之名名之也。""夫谓'intuition'者,吾心直视五官之感觉,故听嗅尝触,苟于五官之作用外加以心之作用,皆谓之'intuition',不独目之所观而已。"参见王国维:《论新学语之输入》,载《王国维学术经典集·上卷》,南昌:江西人民出版社,1997 年,第 102—104 页。
② 倪梁康:《胡塞尔现象学概念通释》,北京:生活·读书·新知三联书店,2007 年,第 261 页。
③ 施皮格伯格:《现象学运动》,第 575—576 页。
④ 柏格森:《形而上学导言》,第 3 页。

种哲学的方法。"①胡塞尔同时将其类比为一种操作方法。②

第二，"intuition"概念在两位哲学家的思想中各自具有同等重要的地位。直觉方法贯穿柏格森整个著作，在《创造进化论》（1907）中，这种方法甚至被描述为"为了生命自身的一种超级—现象学"（a super-phenomenology for life itself）③。胡塞尔把直观强调到无以复加的最重要性的地步，他在1913年的纲领性著作《纯粹现象学和现象学哲学的观念》中，将直观提升到"一切原则之原则"的地位。④

第三，"intuition"分别构成柏格森式或胡塞尔式的现象学还原的第二个步骤。柏格森式的现象学还原的第二个步骤置是身于绵延之内，成为绵延的一个部分，紧跟绵延，单纯地"直觉"。胡塞尔现象学第二个步骤是返回主体意识的内在性，"纯粹直观"意识当下显现的东西。柏格森的"直觉"不像胡塞尔的意识现象学，后者将其作为一种哲学的操作方法，而更像释义学在海德格尔那里，是一种存在论的方法。

两位哲学大师关于"intuition"理解的差异性表现在：

第一，本能的直觉与反思的直观。柏格森将"直觉"与"本能"联系起来理解："直觉指的是这样一种本能：它能站在公正立场上，且能拥有自我意识能力，能反思其对象，并无限地扩展其对象。"⑤柏格森强调直觉、本能的同时，并没有将直觉、本能和理智对峙，柏格森认为，如果没有智力，直觉便会一直处于本能的形式。实际上，本能与智力相互渗透、相互伴随，相互补充，没有发现过两者中任何一个处于纯粹状态，它们处处都混合在一起，所不同的只是两者的比例而已，而且他认为这是他得出的"最为重要的观点之一"⑥。

在前文分析中，我们将胡塞尔的"纯粹观看"分为两个层次，第二个层次的"观看"是带有反思性质的"观看"，普遍本质的绝对被给予性就是在第二层次的"观看"下被把握的，所以胡塞尔的直观也可以叫作"反思直观"。胡

---

① Edmund Husserl, *The Idea of Phenomenology*, p. 43.

② Edmund Husserl, *The Idea of Phenomenology*, p. 43.

③ 转引自 John Mullarkey, "The Psycho-Physics of Phenomenology: Bergson and Henry", in *Bergson and Phenomenology*, p. 208。原文参阅 F. T. C. Moore, *Bergson, Thinking Backwards*, p. 9。

④ Edmund Husserl, *Ideas Pertaining to a Pure Phenomenology and to a Phenomenological Philosophy: First Book—General Introduction to a Pure Phenomenology*, p. 44.

⑤ H. Bergson, *Creative Evolution*, trans. Arthur Mitchell. New York: Modern Library, 1944, p. 194.

⑥ H. Bergson, *Creative Evolution*, p. 150.

塞尔的反思性的直观能够获得的对象仅仅是逻辑范畴、一般概念或普遍本质。显然,胡塞尔的直观本质对于柏格森来说是不可能想象的,但柏格森那个能够透入世界之绵延的直觉所能把握范围要比胡塞尔的反思直观宽广得多。

第二,直觉/直观与意识的构造。胡塞尔现象学属于认识现象学,或者意向性现象学。意向性有两种基本内涵:第一,构造性。它指涉意识总是“构造对象”。比如,认知行为都具有意向性,因为认知活动总是包含着对对象进行表象和判断,这些行为都是对象化的活动,是客体化的行为,它们构造对象和事态,它们为非客体化行为奠基。第二,指向性。它指涉意识总是“指向对象”。按照这种意义的意向性概念,人的情感行为和意愿行为就是“意向性的”,它们指向对象,比如喜欢总是有喜欢的对象,厌恶总是有厌恶的对象,但是情感行为和意愿行为并不构造对象,因为情感行为和意愿行为是非客体化行为,它们需要奠基于对对象的认知之上。胡塞尔的直观与意向性构造息息相关,构造就是对象在意识中被建立起来,比如空间事物在意识中的构成,内时间意识的构成等。其中胡塞尔的内时间意识构成思想具有举足轻重的意义——意识在它的构成的时间流中完成自己的统一性,“这种无所不包的内时间意识是一种普遍合成的根本形式,使得所有其他意识的合成成为可能。”①因此,胡塞尔是从主体—对象的关系定义意识的本质和形式,在他的眼中,绵延是被意识构成的直接经验。

但是柏格森似乎对意识的构造思想不屑一顾,直觉、绵延和构造似乎毫不相容。他认为,只有常识的对时间的感知才是被构成的,而具体的活生生的意识的绵延仅仅表现为一种差异性和多样性的质,而非同一性的量。对于柏格森来说,只有考虑理智的分析能力时,意识构造才成为一个问题。构造是理智的功能,理智分解、碎片化它的对象。理智分析的往往是并列的、静止的东西,而直觉恰恰置身于可动性之中。理智迂回于对象的外围,却从未进入它的内部;而直觉通过“共感”直接进入到对象之中,把握对象内在的实在性。因此理智构造恰恰错失了对具体绵延的直觉把握。事实上,柏格森坚持认为他的直觉概念并非柏拉图式和康德式的,他明确指出:“不用任何表达、复制或者符号肖像来把握实在。因此,形而上学就是一门不用符号的科学。”②他所说的“符

---

① Edmund Husserl, *Cartesian Meditations: An Introduction to Phenomenology*, trans. Dorion Cairns, The Hague: Martinus Nijhoff, 1982, p.43.

② 柏格森:《形而上学导言》,第4页。

号"指的是"表象"（representation），而直觉是非表象的：它是"实在"的一部分，直觉和实在都是过程，可以在没有表征的情况下相互参与。

（三）柏格森式还原与现象学的还原

"柏格森式还原"的第一个操作步骤，类似现象学的"悬置"，其内涵包括：第一，摆脱掉那种完全是理智的东西的形式和习惯。哲学思维就是逆转思维活动的习惯的方向：要么"必须不断地修正或者改造它所有的范畴……以达到流动的概念"①；要么"暂且假定我们对关于物质的理论和精神的理论都一无所知"②，以悬置掉所有哲学家的先见，将自己置于一种对哲学家的争论一无所知的状态。第二，撤销自然经验已经建立的东西，摆脱任何功利的，实用的观点。"哲学的职责……必须是积极地研究和考察活动东西，而不顾及实际的使用，它的特殊对象就是明思慎辩。"③

"柏格森式还原"的第二个操作步骤：置身于绵延之内的"观看"，类似现象学的"本质直观"。但柏格森观看由处于对象本身之外转向事物内在的真实运动，对直觉之外的东西无动于衷，柏格森称之为"精神对精神的直接观看"④。第一步，将自身限制于绵延之中，成为绵延活动的一个部分。柏格森说："所谓直觉，就是一种理智的交融，这种交融使人们自己置身于对象之内，以便与其中独特的、从而无法表达的东西相符合。"⑤因此，直觉对绵延的把握也就成为自我—直觉（self-intuition），或者自我—直观。第二步，紧追绵延，纯粹观看。"直觉把绵延的可动性作为它的对象"⑥，因此直觉所看到的不是绵延的一个切面，直觉活动必须紧追绵延活动的无限多样性系列，"直觉是一个无限的活动系列"与"所有不同程度的存在系列相应"。⑦

对于两位哲学大师还原理论的比较分析：

第一，直觉/直观的发生似乎都要经过现象学的"悬置"，但悬置掉的东西

---

① 柏格森：《形而上学导言》，第 31 页。

② Henri Bergson, *Matter and Memory*, trans. N. M. Paul and W. S. Palmer, New York: Zone Books, 1991, p. 17.

③ H. Bergson, *Creative Evolution*, p. 215.

④ 柏格森：《思想与运动》，第 27 页。

⑤ 柏格森：《形而上学导言》，第 3—4 页。

⑥ 柏格森：《形而上学导言》，第 25 页。

⑦ 柏格森：《形而上学导言》，第 25 页。

却截然不同。对于胡塞尔来说,现象学还原悬置掉两种东西(如图2)①:一种是实在的外在超越之物,它是一种外在于我们的意识,在外部世界中存在着的实在事物。一种是实在的内在之物,它是心理学的统摄和客观化中的心理现象。它们必须被打上可疑性的标记,它们的存在,它们的有效性始终是被搁置的,是现象学研究无法利用的对象。由此,胡塞尔现象学还原的排除法将自然态度中设定的、在经验中被实际发现的这个世界,即心理的和物理的世界置入括号,宣布其完全无效,既不检验它,也不再为其辩驳,终止了对世界的判断。通过对这两类对象的排除,胡塞尔完全返回意识内,仅关注于在意识中显现的东西,没有给现实世界留一点位置,现象学仅仅将意识中被给予的对象作为其真正合法的研究对象,因此学界一般把胡塞尔解读为典型的内在主义哲学家。

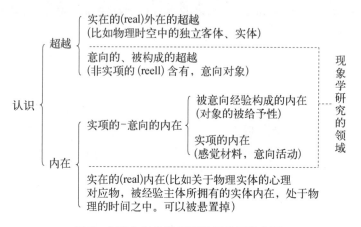

图2　胡塞尔现象学还原悬置的两种东西

反观柏格森的绵延理论,经历了意识绵延、物质绵延、宇宙绵延三个阶段:在《论意识的直接材料》中,柏格森发现的绵延呈现为个人的心理经验,绵延理论局限在意识领域;在《物质与记忆》中,他通过记忆理论发现了物质的绵延性,迈向物质世界;在《创造进化论》中,绵延弥漫整个宇宙。从他构造绵延理论的思维路线图来看,从《物质与记忆》开始,绵延已经走出意识领域,因此,如果他不能算作一个外在性的哲学家,但至少不是一个内在性的哲学家。其次,在《时间与自由意志》之后,柏格森逐渐给外部世界的超越留一些现实性,例如,在《物质与记忆》中,柏格森将世界看作物象(image)的集合,而又将“物

————————————

① 参阅张祥龙:《现象学导论七讲:从原著阐发原意》,北京:人民大学出版社,2011年,第48页。

象"解释为"一种介于'物体'和'表象'之间的存在物。"①显然柏格森"物象"一词既分享了观念论所强调的"表象"概念的含义,也分享了实在论的物体所拥有的"自在存在"的属性。

第二,柏格森式的现象学还原之第二个操作步骤:置身于绵延之内的"观看",可以克服胡塞尔的"现象学的距离"。尽管"直觉"(intuition)的本意是"看",但对于柏格森来说,"看"的本意被弱化,直觉更多被赋予一种情感和生命体验之含义,直觉更应该理解为一种直接的领悟和共感。关于"直觉",柏格森最著名的界定是:"我们将直觉称作共感(sympathie),通过这种共感,我们即置身于对象之内,并且与那独一无二的、因而不可表达的东西融为一体。"②在此举出柏格森作品中的两个例子说明这一点:第一个例子关于审美经验。③ 艺术家借助于某种共感,将自己放置于对象中,凭借直觉的努力,可以打破空间的障碍,融入审美对象,有一刹那能使自己与审美对象本身同一起来,他就会体验到一种单纯而不可分割的感受,这种感受是与眼睛观察到的对象外围特征不等值的。第二个例子是倾听诗人的朗诵。④ 一位诗人给我朗诵他的诗作时,我对诗人的兴趣足以使我深入他的思想,产生与诗人相同的感情,并重新体验那种已经被他分割成词语的简单状态。因此,我对诗人的灵感产生了共感,我在借助于一种连续的运动跟随着诗人的灵感,而这种连续运动如同灵感本身一样,是个未分割的行动。我此刻感受到了那些松散的字母像是手拉手在某种奇幻的纸上跳舞。柏格森认为,这种"创造性情感"是直觉的另一个名称⑤,直觉是一种力量,通过这种力量,一个主体能够通过重新创造自身内部的运动来调整自己以适应对象的变化。但这种再创造并不是一种表象,因为一般情感被理解为表象的结果而且被加到表象之上,但是这情感并不是由一种表象或灵感引起的,它"孕育"着它自己的表象,在某种程度上也是表象的原因。比如,任何一个从事写作的人,他的独创性与独特情感性的东西都是从作者与其对象的同一性中产生出来的,即是说从直觉中产生出来的。

---

① H. Bergson, *Matter and Memory*, p. 9.
② 柏格森:《思想与运动》,第162页。引用时有改动。
③ 参见 H. Bergson, *Creative Evolution*, p. 194。
④ 参见 H. Bergson, *Creative Evolution*, p. 228。
⑤ 参阅 H. Bergson, *The Two Sources of Morality and Religion*, trans. R. A. Audra and C. Brereton, Notre Dame: Notre Dame Press, 1977, pp. 46, 64。

（四）柏格森的"物象"（image）①与现象学的"现象"

鉴于各个现象学家对"现象"的理解不同,我们仅就现象学运动领袖胡塞尔的现象与柏格森式的现象进行比较分析。通过现象学的悬置,胡塞尔为现象学的研究划定了领域,也对现象学的研究对象"现象"进行了界定(见图 2)。现象学不在考虑实在的外在超越之物和实在的内在之物,而仅仅将研究范围限制在图 2 中的虚线部分,因此胡塞尔现象学的"纯粹现象"的构成=实项的内在(感觉材料,意向活动)+内在的超越(意向对象)。意向活动激活感觉材料,共同构造出意向对象。意向对象作为构造的结果既是内在的又是超越的,之所以说意向对象是内在的,是因为相对于物理时空中的那些独立的客体和实体,它内在于意识;之所以说意向对象又是超越的,是因为它超越了实项的感觉材料和意向活动,成为一种"被意向构成的超越"。实项与意向相对,实项的两个部分都参与了意识的意向性构造活动,实项只能是内在的;而现象学的超越既是与实项的内在相对的超越,又与实在的外在相对的内在,正是在这个意义上,图 2 中两虚线中间部分:被意向构成的超越和被意向经验构成的内在,两者实质上是一回事。由此,现象学是研究纯粹现象的一门科学,也意味着它的任务在于探索意向对象与它们相应的意向活动之间的关联。

作为现象学之"现象"构成要素之一的"意向活动",它引起的争议比较少,它指涉我们借以意指事物的意识的意向性行为:知觉、判断、想象、回忆、符号行为、空虚意向、充实意向等,意向活动构造了意向对象,并使得被揭示的事物呈现给我们。但不幸的是,人们常常在自然主义、认识论或者语义学的意义上理解"意向对象",而忽视了先验态度和自然态度之间关注点的差异,"意向对象"不是自然态度的各种意识活动所指向的超越的实体对象,比如一幅画、一棵树、一个词语等。意向行为可以确立或瞄准的对象范围广阔得多:知觉对象、图像、语词、言辞的意义以及言辞的所指,因此意向对象可以是思想的任何对象,它作为某一个意向性的相关项的对象,它是正在被思考或者被意向的对象。它的对象可以是不存在的对象,比如"独角兽""方的圆";意向对象不是意识的构成部分,比如观看一朵玫瑰花,玫瑰花并没有进入到意识内,成为意识的一部分;意向对象也不是内在于心灵的图像或表象,现象学反对表象

---

① image 一词通常被翻译成"影像""形象""表象""图像""肖像"等,在此,我们接受国内学者尚新建、王理平的观点,将 image 译作"物象",一方面取其"物"字来表达它的自足性,另一方面"象"则又毫无疑问表示其"图像"的含义。参见尚新建:《重新发现直觉主义——柏格森哲学新探》,北京:北京大学出版社,2000 年,第 237 页。王理平:《差异与绵延——柏格森哲学及其当代命运》,第 134 页。

论。比如范畴对象既不是主观的,也不是心理学意义的"心灵中事物"。范畴对象是事物的显现方式,既存在于事物的存在论方面(事态、事物、属性),也存在于判断学方面(判断、命题、含义、主词、谓词)。现象学既没有把判断和意义设定为心灵的存在体或者概念性的存在体,也没有将它当作心灵和事物之间的中介者,借以与外面的对象联系起来,并给予它们一定的意义。

胡塞尔将"现象"局限在意识领域,现象学的"现象"仅仅理解为"意识现象",亦即意识绝对的被给予的东西,相较之下,柏格森的"物象"(image)概念涵盖的领域则更广泛:"宇宙是物象的集合。"①柏格森将"物象"解释为"这样一种存在:它大于观念论者(idealist)指称的表象,却又小于实在论者(realist)指称的物体——它是一种介于'物体'和'表象'之间的存在物"②。我们可以从两个方面理解柏格森"物象"一词的具体含义:其一,柏格森"物象"分享了观念论所强调的"表象"概念的含义,但它不等于表象。物象是意识的构造,具有精神存在的属性。其二,物象分享了实在论的物体所拥有的"自在存在"的属性,但它不等于物自体。物象有意识的一面,但它不尽然纯属心灵产物。显然柏格森关于物象的定义是在调和观念论和实在论,因为观念论还和实在论一开始就存在一个割裂:物质的存在与它呈现的表象的割裂。

柏格森企图通过"知觉"概念将物质领域与意识领域"缝合":"我把物质(matter)称为物象的集合,而把与一个能够行动的特定物象,即我的身体相关联的那些物象称为对物质的知觉。这些物象和前面的物象是同一物象。"③因此,根据柏格森的观点,在一个宽泛意义上以下等式成立:物象=宇宙=物质=知觉,就它们都是物象而言,仅仅存在程度上的不同,而没有种类上的差异。具体分析它们的差别:"一个物象可能不被知觉而依然是个物象——它可能显现(present),但未被表象(represented)——显现(presentation)与表象(representation)之间的距离似乎正可以衡量物质本身与我们对物质的有意识的知觉之间的差别。"④我们对物质的表象,就在于知觉对它们可能采取的行动的尺度,其差异仅仅在于多大程度上抛弃与我们需要无关的东西。有意识的知觉意味着选择,知觉仅仅是把整个对象中我们关心的那个侧面分离出来。换句话说,显现出来的物象不能不放弃自身的一些东西,将其纯粹的显现转变

---

① Henri Bergson. *Matter and Memory*, p. 18.
② Henri Bergson. *Matter and Memory*, p. 9.
③ Henri Bergson. *Matter and Memory*, p. 22.
④ Henri Bergson. *Matter and Memory*, p. 35.

成对物象的表象。理想的知觉应该是全部物象的集合，而实际上的知觉仅仅是经过选择和过滤，于全部物象中引起你兴趣的那一部分，因此具体知觉作为物质显现出的一部分，既是被缩减的物象，又是一定程度的精神。

通过这种弥合，整个世界成为一个物象世界，当然也是现象的世界：“我对物质的知觉不是主观的，因为这种知觉在事物之中，而不在自我之中，我对物质的知觉不是相对的，因为‘现象’与‘事物’之间的关系不再是显象（appearance）与实在（reality）的关系，完全是部分与整体的关系。”①简言之，物象就是我们直接经验到的东西，是直接在我们面前展现的图景。无怪乎，马拉基（John Mullarkey）将“物象”称为“未被理论污染的柏格森的现象”②，由此也看出柏格森的“物象”与现象学的“现象”的确存在某种一致性，但二者之间的差异性也是明显的：

第一，柏格森关于“物象”的观念并没有进展到现象学，一个重要的原因就在于，他很大程度上维持着心灵与身体、精神与物质的二元对立。他的“物象”理论介于观念论和实在论之间，又企图折中妥协以弥合精神与物质之间的鸿沟。胡塞尔则坚持先验观念论的立场，但他的先验现象学的观念论从根本上区别于任何传统的观念论，比如他对表象论的批判可以看作对观念论和实在论的批判，这也可以解释胡塞尔现象学的“现象”领域（图2）为什么既不涵盖内在于心灵的表象（实在的内在），也不涵盖外在于心灵的对象（实在的外在的超越）。

第二，柏格森的“物象”（至少在《论意识的直接材料》中）和胡塞尔的“现象”作为意识直接给予的现成的东西都具有“源初的直接性”，但二者也存在细微差别：柏格森的“物象”是直接呈现在我们面前的意识的“直接材料”，他从意识直接材料出发，直接面对意识状态以求捕捉一种“流动的绵延”。而胡塞尔也承认意识本身的流变和直接性，但胡塞尔的心思不在流动的东西上面，而在于流动中的那些“不动”的东西，即这些现象材料的共相或者说静止的本质，因此胡塞尔现象学的“现象”面对的是意识流动中给出的东西，或者意识“直接给予的材料”。

（五）柏格森哲学与胡塞尔现象学的追求：“作为严格科学的哲学”

“作为严格科学的哲学”这个说法似乎并不属于胡塞尔的个人专利，它的

---

① Henri Bergson. *Matter and Memory*, p. 230.

② John Mullarkey，“The Psycho-Physics of Phenomenology：Bergson and Henry”，in *Bergson and Phenomenology*, p. 207.

确也应该是柏格森哲学的应有内涵。柏格森在《形而上学导言》中，表达了一种类似的愿望，他想要建立一种新的实证哲学，"一种真正直觉的哲学"："科学和形而上学在直觉中结合起来……它使科学愈来愈成为形而上学，使形而上学愈来愈成为科学。"①柏格森批判传统的形而上学家和科学家都没有真正接触到事物的运动之流："形而上学家在实在之下掘了一条深长的地道，科学家则在实在之上架了一座高大的桥梁。"②对于柏格森来说，真正的哲学用一种直觉的努力使自己处于具体的实在之中，把科学和形而上学系于理智的直觉之上的纽带。

德勒兹认为，直觉是柏格森精心设计的一种真正"精确"的哲学方法，"它有它严格的规则。这些规则构成了柏格森所说的哲学的'精确性'"③。他进一步论述道："柏格森借助直觉的方法把哲学确立为绝对'精确'的学科，它在其领域内的精确犹如科学在科学领域内的精确，而且如同科学一样可以延续并可以流传。若不是直觉在方法上的连续，绵延、记忆、生命冲动之间的关系从知识的角度看仍将是不确定的。无论从哪一方面看，我们都应该首先把直觉看成严格和精确的方法。"④因此柏格森所理解的"精确性"与具体科学所指的"精确性"截然不一样。柏格森所理解的"精确性"是指达到实在经验世界的一种方式，而且这种实在是具体科学的方法不能度量的，包括理智推理、抽象论证、计算量化等，因为真正的实在是一种绵延，它本身是不断变化的，要把握运动的实在就必须与实在一起运动，唯有直觉才能透入这种实在，承担达到运动的实在的重任。直觉作为方法的意义就在于保证他的哲学能够回到那种前苏格拉底的纯朴存有，回到那种纯朴的源初经验，以一种"直接材料"为出发点。

《哲学作为严格的科学》是胡塞尔于1911年发表在德国哲学杂志《逻各斯》（第1期，第289—341页）上的一篇长篇论文，它被视为现象学宣言的重要著作，确立了现象学的最初目标。为了建立这样一门严格科学，胡塞尔对自然主义和历史主义进行了有力抨击：

第一，自然主义主要表现为当时盛行的实验心理学的各种学说，在胡塞尔看来，所有形式的自然主义都具有这样的本质特征："一方面是将意识自然化；

---

① 　柏格森：《形而上学导言》，第33页。

② 　柏格森：《形而上学导言》，第36页。

③ 　吉尔·德勒兹：《康德与柏格森解读》，张宇凌、关群德译，北京：社会科学文献出版社，2002年，第99页。

④ 　吉尔·德勒兹：《康德与柏格森解读》，第100页。

包括将所有意向-内在的意识被给予性自然化;另一方面将观念自然化,并因此而将所有绝对的理想和规范自然化。"①意识自然化,或者意识事物化是用生理活动来解释思想,比如精神活动被自然主义解释为大脑过程;观念自然化则是把一些思维规则自然化,例如形式逻辑规律被自然主义解释为思维的自然规律,或者说逻辑规律来源于经验的概括。胡塞尔通过对自然主义(经验科学和事实科学)的批判得出结论:任何科学认识必须建立在意识的基础上,只有从意识出发才能具有认识意义,他写道:"任何一类对象,如果它想成为一种理性话语的客体,想成为前科学认识,尔后是科学认识的客体,那么它就必须在认识中,也就是在意识中显示自身,并且根据所有认识的意义而成为被给予。"②

第二,历史主义主要指狄尔泰等人所倡导的历史学派。历史主义强调,一切东西都受历史条件的制约,因而是相对的,并摆脱任何最终的有效性。胡塞尔批判狄尔泰的世界观的哲学与自然科学相对立的观点。这种观点认为,哲学不是科学,而是"世界观",同时,他也反对狄尔泰将世界观哲学建立在历史基础上而不是建立在数学的基础上,反对将哲学的根本任务限制于仅仅对其自身历史的描写。胡塞尔认为,世界观哲学也能以严格科学的形态存在,要具有普遍性、最终有效性。他写道:"历史上哲学肯定是世界观哲学,只要它们的缔造者是处在智慧本欲的主宰之下;但它们同样也是科学的哲学,只要在它们之中也曾活跃着严格科学的目标。"③

胡塞尔通过批判自然主义和历史主义以阐明"哲学作为严格的科学"的具体内涵:其一,"哲学作为严格的科学"之"科学"绝对不是指经验科学或者实证科学,也绝不意味着将哲学还原到个别科学,或者哲学符合现代自然科学的方法。其二,"作为严格的科学的哲学"不是世界观,不是历史主义,不受历史条件制约,它应当具有科学性、普遍性和绝对性。这样一种科学起源于对意识的内在直观和内在反思,"虽然是关于意识的科学,却不是心理学,它是一门与关于意识的自然科学相对立的意识现象学"④,它远离任何自然的思维,具有绝对的确定性和无前提的自明性。其三,"作为严格的科学的哲学"为经验的自然科学和精神科学奠定基础,因为现象学所探讨的不仅是"意识构形的本质联

① 胡塞尔:《哲学作为严格的科学》,倪梁康译,北京:商务印书馆,2010 年,第 9 页。
② 胡塞尔:《哲学作为严格的科学》,第 17 页。
③ 胡塞尔:《哲学作为严格的科学》,第 58 页。
④ 胡塞尔:《哲学作为严格的科学》,第 18 页。

系"(即意识的"心理"方面,或意向活动[noesis]),也探讨"与它们相关的本质相属的被意指性"①(即被意识所构造出来的"物理"方面,或意向对象[noema])。

简言之,从柏格森和胡塞尔两位哲学家的思想起点来看,二者都曾经批判科学主义和心理主义,进而转向了对意识经验的探讨。他们都想建立一种新的实证的科学,即"作为科学的哲学",这种哲学建立在感觉和超感觉材料的基础之上。但柏格森"作为严格的科学的哲学"意味着直觉方法的精确性与回到意识的直接材料,而胡塞尔"作为严格的科学的哲学"更加注重的是现象学方法的自明性与回到生活经验世界。

结　语

根据斯皮格伯格的观点,仅就"现象学"这个词汇在某一著作中的出现并不就是承认其为现象学的充分理由。为此,斯皮格伯格将"现象学"术语的用法分成两组:"非哲学的现象学"和"哲学的现象学"。② 一般情况下,提到"现象学"意指哲学意义上的现象学。其次,在现象学内部,即使被认为权威现象学家,比如胡塞尔、海德格尔等对现象学的理解也没有达到完全协调一致。为此,斯皮格伯格以第一篇现象学宣言,即胡塞尔等创办的《哲学与现象学研究年鉴(1913)》的创刊宣言发表为标志,区分了"狭义现象学"和"广义现象学"。③ "狭义现象学"意指,在现象学运动宣言发表之后,各种受胡塞尔思想影响且秉持本质直观、先验还原、回到事物自身等现象学的基本方法和原则的哲学潮流;"广义现象学"则指的是,那些按照"学"(即逻各斯、揭示、拯救,λoyoς)的方式研究纯粹现象显现的哲学派别,这些哲学家主观上没有参加现象学运动,或者不可能参加现象学运动(前胡塞尔哲学家),但有意或无意符合了现象学的某些客观标准。

显然,如果谈论柏格森的现象学,根本不可能在严格意义上,"狭义现象学"的语境下进行。柏格森不能归属于胡塞尔等参加了"现象学运动"的哲学家阵营,他的哲学只能在宽泛意义上被称作"广义现象学",或者说,"柏格森

① 胡塞尔:《哲学作为严格的科学》,译者前言,第 vii 页。
② 关于现象学的词源学和历史学考证,以及前胡塞尔哲学家使用"现象学"的具体含义,参见施皮格伯格:《现象学运动》,第 39—58 页。
③ 施皮格伯格:《现象学运动》,第 39 页。

的'现象学'在某种程度上说，只能是'现象学运动'之前的现象学，一种原始的、'野性的'现象学①。尽管我们在一种宽泛意义上谈论柏格森的现象学，但这并不意味我们故意标新立异或者牵强附会地给柏格森罩上一个现象学的光环，相反，根据前文的分析，我们有理由认为，柏格森在某些方面甚至比现象学家做得更好，他的哲学在某些方面更接近现象学。

① 王理平：《差异与绵延——柏格森哲学及其当代命运》，第113页。

柏格森"绵延"概念对
德勒兹多样性理论的影响

潘　越/文 *

摘　要：德勒兹在《柏格森主义》中列出了柏格森哲学的三个重要阶段，"绵延"理论作为其中之一，对德勒兹的多样性理论影响深远。柏格森区分了两种不同的多样性：对应于空间的是数量式、非连续、并列而可计量的多样性；对应于时间的是强度性、连续性、不可计量的绵延多样性。其中绵延多样性的引入是柏格森的哲学创造。德勒兹继承了柏格森的划分方式，将其代入多样性问题研究和对哲学史上一与多问题的讨论，并赋予这种新式多样性以连贯性和内在性的特点，试图以此消弭一元论和多元论的分歧。然而，德勒兹并没有因为这一区分而陷入自己一直以来所反对的二元论陷阱。他用自己标志性的先验经验论整合了这两种多样性，使其成为认识论领域中先验和经验各自的特点，同时也没有放弃先验对于经验的内在性。而这种整合方式也早在柏格森哲学中就初现端倪。

关键词：柏格森　德勒兹　绵延　多样性　二元论　先验经验论

　　亨利·柏格森的哲学很难被归类为某一具体流派，这也是 20 世纪后半叶法国哲学和"法国理论"（French Theory）的共同特点。20 世纪初，随着柏格森获得诺贝尔文学奖，柏格森哲学一度产生了巨大影响，然而很快被胡塞尔现象学的蓬勃发展掩盖和超越。学界普遍认为柏格森哲学在 21 世纪伴随着新技术和新理论的发展而重焕生机，但实际上 20 世纪 60 年代以来的法国后结构主义思潮中就早已渗透了柏格森的哲学创造，"绵延""直觉""生机"等观念已然成为后结构主义理论的思想基底和他们改造传统哲学的利刃。

　　德勒兹是后结构主义思潮中受柏格森影响最为深远的哲学家之一。巴迪

---

* 潘越，哲学博士，现任北京师范大学哲学学院讲师。

欧在《德勒兹：存在的喧嚣》中认为"柏格森是他（德勒兹）真正的师傅，更甚于斯宾诺莎，可能更甚于尼采。"①虽然这部专著以其对德勒兹的批判性结论在学界饱受争议，但是巴迪欧对德勒兹思想渊源的判断却十分准确。学界在研究德勒兹思想中碎片化的一面时，习惯将尼采等解构性的哲学家视为其主要思想来源，而在面对德勒兹思想中建构性的一面时，又会转向斯宾诺莎的一元论。然而，相较于柏格森对德勒兹哲学的影响来说，学界对于柏格森和德勒兹哲学的比较研究严重不足。德勒兹在《柏格森主义》中将柏格森的学说统称为"柏格森主义"（Bergsonisme），认为"绵延"（durée）"记忆"（mémoire）和"生命冲动"（élan vital）作为柏格森哲学三个重要阶段，共同构成了自成一派的柏格森哲学和柏格森思潮。这种思潮无法为过去任何一派哲学所统摄，只能单独被称为柏格森主义。德勒兹希望以《柏格森主义》一书重新阐释柏格森哲学的开创性意义并呼唤柏格森主义在现时代回归。

柏格森的"绵延"观念作为德勒兹笔下柏格森哲学的重要组成部分和公认的柏格森思想中的关键概念，对德勒兹的影响主要体现在其多样性理论中。

一、作为两种多样性之一的绵延

柏格森在《论意识的直接材料》②中区分了外部空间的广度和内部感觉的强度，认为二者分属于人类意识不可互相还原的不同感知。其中只能在空间中呈现的广度具有可计量性，而内在的心理感觉和心理状态的强度则是不可计量的。在他之前，许多科学家试图用研究空间的一套方法来讨论心理感觉，但都是徒劳的。一些人尝试把人的情绪还原为肌肉的收缩状态，或者把人类对光强的感知还原为对光源数量的分析计算，但这类还原都是事后由结果至原因的反推过程，而非对于意识状态的直接描述。同理可见机械原子论把原子作为最小单位来对物质和运动进行简单组装的做法更不可行。这类还原论的观点错误地认为一切感觉状态都是可计算的。而柏格森认为真实的心理状态是连续性、强度性的。人们不必意识到光源数量的多少就可以体会到光的强度，不必了解自身肌肉状态的变化就可以感受到愤怒或悲伤。这类感知都

---

① 巴迪欧：《德勒兹：存在的喧嚣》，杨凯麟译，南京：南京大学出版社，2018 年，第 51 页。
② 英译本题目为《时间与自由意志》。

是有关于强度的,是连续却又涉及性质差异的,是身体向着同一方向努力的趋势和结果而非身体基本单位的量变。

随后柏格森把这一区分扩展到了空间与时间、物质与意识之间的区分。一般来说,人们直觉地认为空间中排列的物质是可计量的,并习惯于以同样的思维方式思考人类的意识。假设草地上存在一群羊,羊作为一般意义上可计量的物体,可以经清点后得出草地上有 50 只羊这一结论。但如果把同样的思维方式带入感觉,即把对于物质的思维方式带入对于意识的思维方式,人们对于 50 这个抽象数字的理解就会仅限于 50 个 1 相加的总和,而非将 50 理解为在性质上与 1 完全不同的另一个数字,即理解为性质变化和强度变化。对于时间的误解和对于数字的误解类似,对于 50 秒和 1 秒之间关系的理解同样不能是总和式的,而应该是性质式、强度式的。相加的思维模式是空间的思维模式,把这种思维方式运用于数字和其他意识活动中,人们就会不自觉地在脑海中构建出它们在空间中依次排列的情景,于是意识活动和意识内时间的流逝也就变得可计量了。但是柏格森认为意识不是这样运作的,意识是绵延的、不可计量的,时间同样是绵延的,是没有基本单位的。意识内的差异都是强度性的、连续性的、不可计量的绵延差异;空间中的差异则是数量性的、非连续的、可计量的单元差异。至此,柏格森已经基于康德的时空观对外部感觉和内部感觉、空间和时间、物质和意识进行了一种相对区分。这三重区分之中的后者所代表的就是人们思考绵延时应该采取的思维方式,也就是说绵延是强度性的、连续性的、不可计量的。柏格森进一步把这种思维方式的区分上升为形而上学区分,认为事实上存在着两种不同的多样性:性质式的多样性和数量式的多样性。① 绵延作为性质式的多样性存在,因此也可以将性质式的多样性表述为绵延的多样性。这就把绵延和哲学史上"一"与"多"的问题结合起来,为解决这一问题提供了一条新路径。

跟随柏格森走到这里之后,德勒兹开始踏上了自己的道路。他试图将这一以绵延为基础的性质式的新多样性应用于哲学史上多元论与一元论分歧的

---

① 参见柏格森:《时间与自由意志》,吴士栋译,北京:商务印书馆,1989 年,第 82 页。"多样性"法文原文为"multiplicité",在《时间与自由意志》中被译为"众多性";在《资本主义与精神分裂(卷二):千高原》(德勒兹、加塔利著,姜宇辉译,上海:上海书店出版社,2010 年)中被译为"多元体";在《斯宾诺莎与表现问题》(德勒兹著,龚重林译,北京:商务印书馆,2019 年)中被译为"多元性";在《差异与重复》(德勒兹著,安靖译,上海:华东师范大学出版社,2019 年)中被译为"繁复体"。笔者认为该词译为"多样性"或"多样体"较为合适。德勒兹本人认为这一理论不同于多元论,因此译为"多元体"或"多元性"有可能使读者产生误解;而译为"繁复体"或"众多体"又有些难以理解,因此本文按其本意译为"多样性"或"多样体"。

解决,走出传统多元论和一元论的理论困境,巩固后结构主义思潮的理论基础。

二、容贯而内强:德勒兹的多样性理论

德勒兹继承了柏格森对于两种多样性的划分,并在《资本主义与精神分裂:千高原》中确认并拓展了这一划分:"我们经常会发现两种多元体之间的种种差异:度量性的,非度量性的;广延的,性质的;中心化的,去中心的;树形的,根茎的;数字的,平面的;维度性的,方向性的;总量的,集群的;量值,间距;间断,频率;纹理化的,平滑的。"[①]可以看出,即使换了一组描述词,并加入了自己独有的"根茎"(rhizome)"内在性平面"(plan d'immanence)等哲学概念,德勒兹对于两种多样性的区分依然紧随柏格森而来,本质上还是绵延与非绵延多样性的区别。对多样性进行划分后,德勒兹用"内在性平面"和"根茎"来描述绵延的多样状态,这两个专业术语所表现出的绵延多样性的特点可以从两个方面进行概括:容贯(consistant)而内强(intensif)。容贯所以连续,内强所以无外,于是这两个特点也可以被概括为连续性和内在性,而这正是柏格森绵延理论在德勒兹多样性理论中的投射。

(一)容贯的多样性

容贯的多样性是一种没有明确分别的平滑状态。它与"层化"(stratification)和"纹理化"(striage)相对,指的是一种边界模糊的不可分的多样性状态。即使对其进行分化,每一次分化也都会改变它各个部分的性质,改变其内在的强度。举例来说,一套完整的色谱有助于更好地理解容贯的多样性的思维模式。日常思维习惯于以"赤橙黄绿青蓝紫"笼统地指代色谱,但真实的色谱其实包括无数种颜色,而颜色与颜色之间的过渡却并非截然分明。比如红色偏黄一些会变成橙色,但红色和橙色之间还存在深红色、浅红色、偏橙色的红色、更偏橙色的红色等等无数种居间的颜色。当用绵延多样性的视角看待色谱时,颜色之间是没有明确分界线的,是渐变的,因此也是相对来说不可分的。

另一例证是德勒兹在《资本主义与精神分裂:千高原》中提出的"层"

---

① 德勒兹、加塔利:《资本主义与精神分裂(卷二):千高原》,第698页。

（strate）"准层"（épistrate）"副层"（parastrate）概念，此处德勒兹进一步证明了明确区分和截然分离本身的不可能性。"层"是德勒兹借用地质学概念来描述事物分化状态的创造词。事物分化之后即进入了分层的状态，"准层"和"副层"分别对应"层"之前和之后的两个阶段。"准层"代表了"中间状态的增长和多样化，这个过程是核心环的局部条件之一（在某个同一性阈限之下可被接受的不同的浓度和变异）。"①简单来说，"准层"就是新的层形成之前的预备状态，是一个层向一个新的层进行转化的中间过程。而副层则代表着"核心带被碎片化为'边'和'侧'，以及与它们结合在一起的不可还原的形式和环境"②。也就是说，"副层"是对于前一个层的消解和分化，是层的碎片化。

　　但是德勒兹关于"层"的论述存在内部矛盾。设想这样一个过程：在即将形成的新层和即将消散的旧层之间存在同一个过程，这个过程既代表了新层的预备阶段，是新层的"准层"，同时又代表了旧层的分化阶段，是旧层的"副层"，它同时具备了集聚和分化两种相反的趋势，"准层与副层"的悖论因此产生。这一悖论不同于弗雷格"晨星"和"昏星"的悖论③，因为尽管"晨星"和"昏星"所指是同一物体，但其能指的意义内涵毕竟不矛盾，太阳升起前出现的星和太阳落下后出现的星有可能是同一颗。然而"准层与副层"的悖论却因为内含相反的趋势而无从解决。借"准层与副层"悖论可以证明作为悖论大前提的分化和区分的不可能性以及分化和区分背后蕴含的数量式多样性思维方式的悖论性。

　　然而这种容贯的不可分状态却丝毫不妨碍辨认不同的颜色或者妨碍辨别新层和旧层。一旦把它们分开来看并进行比较，就能轻易区分出两者之间的性质差异。那么在这种容贯性之下的不可区分之区分何以可能？这就涉及德勒兹提出的"微分"（différentielle）的"差异关系"（rapports différentiels）的方法。

　　"严格说来，间距并非不可分：它们是可分的［……］然而，与大小（量值）相反，它们在每次分化的同时都必然会改变其本性。"④"微分"的"差异关系"的方法是一种基于比较的方法。还是以色谱为例，在拥有任何关于颜色之间区分的观念之前的理想状态中，当看到红色的物体时人们不知道它是红色的，只把它当作一种视觉效果或者感觉本身。为了区分出这一颜色，人们首先需

---

①　德勒兹、加塔利：《资本主义与精神分裂（卷二）：千高原》，第68页。
②　德勒兹、加塔利：《资本主义与精神分裂（卷二）：千高原》，第71页。
③　G. Frege, "On sense and reference", *The Philosophical Review*, Vol. 57, No. 3, Durham: Duke University Press, 1948, pp. 209 – 230.
④　德勒兹、加塔利：《资本主义与精神分裂（卷二）：千高原》，第697页。

要见过与之相似和相异的其他颜色,通过比较才能确定它和与之相似的其他颜色具有某种相同的趋势,而这种趋势之后就被定义为红色。利用红色和与之相异的其他颜色之间的差异进行类推,人们就可以想象整个色谱的构成。这种区分是对于表现为趋势的性质的区分,是基于关系性的对比而建立的。通过重叠覆盖要进行比较的对象来比较它们之间的细微差异和相似趋势,这就是微分的差异关系的方法。而德勒兹认为这种差异是到处都存在的,是绝对的,因此一切事物也都可以用绵延多样性的方式被思考。

这种适用于绵延多样体的方法与数量多样体的方法不同。在数量多样体的方法中,人们通过某一颜色的三原色比例来锚定色谱中的这一颜色。但是在绵延的多样体中,不必知道红色和橙色的三原色构成比例就可以知道两种颜色之间的相对关系。在这种多样体思维中,红色和橙色是可以相互转化的,同时又是有性质差异的。这样,绵延的多样体就把容贯性和异质性完美地结合在了一起。“拼缝的平滑空间充分揭示了,‘平滑’并不意味着‘同质’,恰恰相反:它是一种无定形,未定形的空间。”①连续性和异质性的完美结合——这恰恰是德勒兹在《柏格森主义》中对柏格森绵延根本特征的总结。② 柏格森对德勒兹多样性理论的影响由此可见一斑。

(二) 内强的多样性

“内强”是相对于“外强”(extensif)的概念,表示内在的强度变化,是绵延多样性的另一个特点。“内强”和德勒兹的“内在性平面”等概念一起共同揭示了绵延式多样性的内在性。在这种内在的多样体中不存在任何更高的维度,所有内含物都居于同一维度和层面。其中的任何差异都是内在的,都是不可被涵盖进更高一级范畴的。值得注意的是,这一组反义词在法语中同时也有“内涵”和“广延”的义项,这也是德勒兹沿袭柏格森,反对空间式和数量式多样性的霸权的体现。

内在性的多样性所展现的是一种完全相异的差异,是一种没有更高同一性的纯粹差异。德勒兹用“根茎”来形容这种差异关系。“从有待构成的多元体中减去独一无二者;在 n-1 的维度上写作。这样的体系可以被称为根茎。作为地下的茎,根茎不同于根和须根。球茎和块茎都属于根茎。……根茎自身具有异常多样的形态,从在各个方向上分叉的表面延展,到凝聚成球茎和块

---

① 德勒兹、加塔利:《资本主义与精神分裂(卷二):千高原》,第687页。
② Gilles Deleuze, *Le Bergsonisme*, Paris:PUF, 1966, p. 29.

茎的形态。"①这是一种全然无中心的,或者说无主根的多样体模式。从另一个角度看,这也揭示了绵延的多样体只能被包括在唯一一个维度之中,不再有一个更高的维度。这一点在分形中体现得最为贴切,在著名的分形图案科赫曲线(Koch curve)中,无限增加的等腰三角形无限地拓展着这条曲线的长度,并无限接近于构成一个闭合的二维平面,但这个维度始终是一个大于1同时小于2的分数,永远不会上升一个维度。门格海绵(Menger sponge)也是同样的道理,这个类立方体始终处于面和体之间,维度永远在二维和三维之间。类似的分形图案永远不会上升到一个更高的维度,因此一切都始终处于 n-1 的维度内,这是德勒兹认为对多样体内在性的完美解释。这种理解在柏格森的《论意识的直接材料》中又一次找到了渊源:柏格森在批驳人们对绵延的理解中带入了空间概念时,认为纯粹的绵延就像一根线条中的点不会认为自己是一条线的组成部分一样,是意识不到一个更高维度的,因此也就不会跳出自身用外在的角度审视自己。纯粹绵延"互相渗透,互相融化,没有清楚的轮廓,在彼此之间不倾向于发生外在关系"②这里,柏格森既描述了身处绵延之中的不可跳脱性,又描述了类似于分形所揭示的被唯一维度所包括的状态。

对于德勒兹 n-1 的公式和方法论有两种理解方式:一方面,从存在论的角度看,可以理解为对神和人类主体性的祛除;另一方面,这也是对亚里士多德"属加种差"模式的批判和颠倒。中世纪神学对哲学的统治,就是建立于上帝这个唯一创造者对于多元世界的绝对统辖之上。上帝作为世界的创造者,自然地拥有世界上一切事物的一切属性,因此是多元世界的基础和大全式的统合。即使对于泛神论而言,上帝虽然分散于具体事物之中,但依然是多元世界各色事物属性的提取和总和,因此依然是那个大写的一,是多元世界可通约性的基础,也正因如此,德勒兹希望在他的多元论体系中减去这个总领式的1,以解放互不相似的作为纯粹差异的 n。

启蒙运动后高扬的人的主体性和理性也是如此,人们逐渐把理性捧上了神坛,这一趋势在黑格尔的哲学理论中达到了顶峰,绝对理性把一切矛盾差异和一切历史进程都包括在了自身之内,理性成为超出纷繁多元世界的绝对统一者,是一切背后的原理和一切属性的抽象。在这个意义上,德勒兹反对理性至上的论调,试图在他的体系中去掉理性的首要地位,并以偶性和差异来代

---

① 德勒兹、加塔利:《资本主义与精神分裂(卷二):千高原》,第6—7页。
② 柏格森:《时间与自由意志》,第70页。

替,实现无中心的多元化。祛除了神和人的至上性,德勒兹的体系中就只剩下神人之间为事物存在提供可能性的"世界"了,无限的 n 在世界中共存。但这个"世界"并非现在熟知的祛魅后的"自然",而是前苏格拉底时期的阿那克西美尼、赫拉克利特、恩培多克勒、阿纳克萨戈拉与德谟克利特所说的存在于诸神和一切存在者之前的场域。比如阿那克西美尼所说的,"无限的气是本原,从其中方生者、已成者、将在者、诸神和神圣者被生成"①。"气"可以被理解为阿那克西美尼式的自然,它存在于神和人之前,是一种前存在论的场域,是一切发生的场所。而德勒兹向古希腊时期"世界"的回归,不仅体现了他对 20 世纪哲学"世界问题"的关注②,更体现了他对神—人主体的祛除和根茎式的多样性理论。巧合的是,世界问题在古希腊的代表者大多也是多元论的坚持者,足以体现德勒兹在多元论上对前苏格拉底时期古希腊哲人的传承,而非仅就斯宾诺莎、尼采、柏格森等人的哲学语境来讨论德勒兹的思想渊源。

对于根茎模式和"n-1"公式的另一种理解方式则与亚里士多德的范畴和分类学相关。亚里士多德认为,除了最高的十个范畴("实体[本质]、质、量、关系、场所、时间、施动、受动、状态、具有")③之外,其他的存在物之间的差异都可以用"属加种差"的方式来把握。这种分类方式一直沿用至今,在生物学应用广泛。比如"人"(homo)这一属之下,包含了 17 个种,包括能人、智人、尼安德特人等。种之间各有差异,但都属于人,被"人"这个更高层次的属概念所统筹。而人又可以被归为更高级的"动物"这一属,以此类推,最终归属于"实体"。德勒兹提出根茎模型和"n-1"公式的目的就在于反转亚里士多德的分类体系:既摧毁作为存在物之间中介的"属"概念,又剔除最高级的"实体[本质]"概念。根茎模型中的每个个体都是直接联系在一起的,并不都与一个唯一的主根相连。属对于众多的种来说就相当于 1,从无数个体中减去层层的属就意味着个体与世界的无中介的直接对话,意味着个体之间的差异不再需要依靠更高层次的同一性来表征,而成为完全自在的差异,同时也意味着作为最高等级的属的同一性的消亡。

---

① 基尔克:《前苏格拉底哲学家:原文精选的批评史》,上海:华东师范大学出版社,2014 年,第 218 页。

② 关于"世界问题"参见安靖:《"世界是万物的尺度"——论德勒兹对单义性存在论的赫拉克利特—斯宾诺莎式重建》,《现代哲学》,2017 年第 2 期,第 69—70 页。

③ Aristote, *Métaphysique*, 1017a22—27, présentation et traduction par M. P. Duminil & A. Jaulin, Flammarion, 2008, p. 194. 转引自安靖:《论德勒兹哲学中理念论和单义性存在论的同——以德勒兹对亚里士多德主义的颠倒为线索》,《南京社会科学》,2019 年第 12 期,第 56 页。

众所周知,柏格森与詹姆士及其实用主义有着密切的联系,巧合的是,詹姆士与德勒兹在多元论上也达成了共识。① 在《多元的宇宙》中,詹姆士认为"我们对具体事物的理智处理是一种回顾性的拼凑,是一种事后的剖析,因而能够依从我们认为最为方便的次序"②。应用到亚里士多德的种属理论上,就可以说明"属"只是理性的总结和回溯,而非自在先在的存在论秩序,这一存在论顺序的颠倒与德勒兹的"n-1"理论不谋而合。然而,更加值得关注的是二人多元论的不同之处。德勒兹的多元论相比詹姆士来说更加具有创造力,一方面因为德勒兹替换了传统的实体系统,建立了关系系统,使关系而非个体成为世界的基本单元。在这里,主体隐去,世界变成了关系的世界,个体通过差异关系相连;另一方面,德勒兹利用"绵延的多样性"的思路为存在物保留了连贯性,使得脱离了人类主观综合能力的世界本身不再是分散在各处的零散部分,而是相互接续的整体,这也有助于解决传统多元论和一元论现存的问题。

(三) 传统理论的问题与解决

如上所述,德勒兹继承并丰富了柏格森的绵延多样性,构建出其连贯性和内在性等特点,而这种对于多样性的区分和描述的理论意义在于解决传统一元论和多元论的理论问题和分歧。一元论主张世界可以在本原上或在概念上被归为一,所有事物都具有共同的基础,可以通约。而多元论主张世界上众多的事物没有一个共同的本质或本原,无法通约和划归为唯一的东西。在前苏格拉底时期的古希腊,主张"存在是一"的爱利亚学派和主张"本原是多"的多元论者共同构成了古代西方世界关于"一"与"多"问题的首次较量,恩培多克勒认为世界是由水火土气"四根"组成的,阿纳克萨戈拉认为世界由"种子"构成,之后德谟克利特等人代表的原子论派把无数的原子当作世界的本原;之后,经过柏拉图的努力,至上且唯一的"理念"被提出,用"一"统摄"多"的形式被确立,亚里士多德对"形而上学"概念的发明更是让追寻本原的思维方式深入人心;在中世纪,尽管基督教的统治以及上帝概念的完善具有极强的一元论倾向,但是依然同时存在着"唯名论"和"唯实论"两种分别代表多元论和一元论的派别,17 世纪的莱布尼茨也提出自己的多元论,世界由无数精神性的"单

---

① 德勒兹与詹姆士的历史和理论联系参见 Zamberlin M F. Rhizosphere, *Gilles Deleuze and the "minor" American Writings of William James*, *Web Du Bois*, *Gertrude Stein*, *Jean Toomer*, *and William Faulkner*, London: Taylor & Francis, 2006.

② 詹姆士:《多元的宇宙》,吴棠译,北京:商务印书馆,2002 年,第 143 页。

子"构成;启蒙运动之后,"理性"代替"神性"被发扬,多元的力量迸发出来,但理性也似乎形成了一种新的一元统治而被法兰克福学派批判。直到最近的几十年,伴随着尼采的精神遗产,后现代主义带来了迄今为止最强劲的多元论浪潮,但这股浪潮似乎也正在因为其虚无主义、相对主义和破坏性的态度而渐渐消退出人们的视野。

传统多元论倾向于把本体分成不同的几个部分,但是只要它们的理论基础建立在一种数量式的多样性之上,而没有把多元和多样理解为不可分的、连续性的、强度和性质的多元,那么都会面临同样的问题:多元的可拼接性。截然且边界分明的差异使人们可以很容易将其严丝合缝地拼接成一个整体,这很容易让人们产生一种总体式思维。比如恩培多克勒的"四根"理论,人们的思维不会在把世界归结为水、火、土、气四样本原之后就停止,而是会继续试图把四根糅合为一种更高的至高本原,用一种本原来概括所有。而传统一元论运用的原理其实是和多元论一模一样的:比如柏拉图的理念论中至高的理念就是由现实世界中的众多形象拼接而成,黑格尔的绝对精神就是由矛盾的截然相反的两方拼接而成,等等。其面临的问题自然也是和传统多元论一样的:一旦把本原归结为一样东西,设想它为 A,那么人们就会更进一步设想出"非 A",并追问是否存在能把 A 和非 A 统摄在一起的更高范畴,如此以至无穷,一元论也就永远无法找到最终的一元。我们可以借此顺畅地理解德勒兹在《千高原》之中提出的"一元论=多元论"[1]这一悖论性的公式,因为两者原理相同,困境也相同。此时德勒兹和柏格森的绵延多样性理论就显示出优势,一方面其容贯性使得多元之间无法在数量上分开,仅能在性质上分开,因此无法拼接成一个更高总体。另一方面其内在性限制了一元论不断追问更高一级的本原。看似有利于多元论的截然分明的差异反而使大全式思维简单易行;紧密相关、互相粘连的差异因为无法分开,反倒使得一元论用来剪裁拼接的剪刀无从下手。德勒兹的多样性理论用容贯性和内强性代替了传统多元论和一元论的共同原理,这种既包含性质差异又具有连贯性的多样体也消弭了传统多元论和一元论的理论分歧。

三、两种多样性与二元论问题

在确认了作为两种多样性之一的绵延的多样性并理解了其连贯而内在的

---

① 德勒兹、加塔利:《资本主义与精神分裂(卷二):千高原》,第 27 页。

特点之后,我们回到开篇对两种不同的多样性的区分。柏格森在《论意识的直接材料》中区分了两种多样性:对应于空间的数量式的、非连续的、并列而可计量的多样性;对应于时间的强度性的、连续性的、不可计量的绵延多样性。德勒兹继承了这一区分。然而与此同时,德勒兹又以反对二元论著称,并且在20世纪70年代的一次研讨会中明确解释了反对二元论的原因。那么,德勒兹为什么还会同意并发展柏格森对于多样性的这种二元区分?难道这两种多样性之中其实只有一种是真正存在的多样性?抑或两种多样性看似有别,其实为一?

　　在1973年3月26日题为《二元论,一元论和多样性(欲望—愉悦—享乐)》的研讨会上,德勒兹批判了自笛卡尔以来哲学史上不断沿袭的主体与客体的二元论,认为这种二元论并未把思想当作一个过程来考察。这种二元论的思维模式一直延续到了精神分析学派,而后者是德勒兹学术生涯始终批判的对象。在德勒兹看来,二元论并非以"一分为二"作为背后的基础,而是将理论建立于大写的一之上。二元论始终把一元和多元只当作两个形容词,并未把它们作为过程来看待,而它们所形容的都是同一事物,是大写的一,因此二元论实际上并不存在,存在的只有多样性。[①] 由此可以看出,德勒兹反对二元论的态度是十分明确的。但是如前文所述,德勒兹已经在《资本主义与精神分裂:千高原》中确证了柏格森提出的两种多样性都是真实存在的,并没有真假的区分。那么避免德勒兹对待二元论矛盾态度的可能性就只剩下一种:两种多样性实则是以某种方式融合的,是同一过程的两个方面。事实也确实如此,德勒兹哲学最为标志性的先验经验论所试图解决的就是认识论的二元论问题。

　　德勒兹的先验经验论以康德的先验观念论为最主要的批判对象。康德的先验观念论认为人类的认识活动先天地具有时空形式和十二个知性范畴,人类是在这一先天框架之下认识世界的。而认识的质料来自人的感性,感官收集的材料被上升到知性和理性,被按照范畴的方式进行理解。但德勒兹认为这样会造成感性和知性、理性的脱节,使感觉经验作为质料在被知性和理性整理之前都只具有经验性而不具有先验性。当然,在康德看来,由经验到先验的过程只是逻辑上的分别,实际上两个过程是须臾之间同时发生的,不分先后。但德勒兹依然认为康德从经验中提取先验的这种方法是矛盾的,因为不论是

---

① 参见德勒兹的课堂记录:https://www.webdeleuze.com/textes/166。

在逻辑还是事实上,在经验发生之后提取出指导经验的先天范畴是有悖于先验和经验的先后关系的。另一方面,在批判了先验观念论所造成的先验和经验的脱节之后,德勒兹接着批评了先验和经验的相似性。在康德的先验观念论中,先验从经验中提取出来,因此先验必然具有和经验的相似性。这说明康德还是在潜能(possible)与实现(actuel)的关系中把握先验与经验,而德勒兹则是从潜在(virtuel)的角度出发,而潜在本身并非实现之前的可能状态,潜在就是实在的和现实的。据此,安靖在论文中提出了德勒兹先验经验论的两条基本原则:"第一,先验原理应当对感性存在的特殊性进行说明,也就是要揭示实在经验的内在发生机制;第二,先验原理应当与被它所规定的经验处在一种绝不相似的关系之中。"①也就是说,先验与经验并不分离,先验也并不先于经验,而是内在于经验之中的。先验并非经验发生的可能性条件,而是经验发生的潜在却又现实的场域。

澄清了德勒兹的先验经验论后,我们回到柏格森和德勒兹对于两种多样性的区分。既然德勒兹不可能承认这种区分是一种二元论的区分,那么这一区分就只可能是先验经验论的同一过程的一体两面。根据上文德勒兹的说法,"当我们在感觉中直接领会那只能被感觉之物、领会感觉之存在本身——差异、潜在差异、作为多样性质之成因的强度差异——之时,经验论就变成了先验经验论,而美学也就变成了一门毋庸置疑的学科"②。也就是说,先验经验论中作为先验的部分是"潜在差异和作为多样性质之成因的强度差异",与之前对两种多样性特点的总结进行对比就会发现,代表先验的多样性是对应于时间的强度性的、连续性的、不可计量的绵延多样性,而代表经验的多样性自然就是对应于空间的数量式的、非连续的、并列而可计量的多样性。对于德勒兹来说,两种多样性所代表的是先验经验论中先验和经验各自的特点,也就是同一过程的两个不可分离的方面,因此也就不存在二元论的问题,同样不存在对于两种多样性的褒贬。德勒兹不会认为绵延的多样性才是真正的多样性,也不会认为它优于数量式的多样性。这样,德勒兹就解决了区分两种多样性之后可能产生的二元论问题。

为了更好地理解德勒兹的先验经验论,我们还是以色谱为例进行说明。对于色谱来说,存在着以三原色锚定法表示的数量式的多样性,也存在着根据

① 安靖:《作为纯粹繁复体哲学的先验经验论——简论德勒兹早期哲学的斯宾诺莎主义基础》,《现代哲学》,2013年第3期,第60—65页。

② Gilles Deleuze, *Différence et répétition*, Paris:PUF, 1968, p. 79.

颜色之间差异关系来表示的绵延式的多样性。假设我们在生活中看到了橙色的一种,那么这一经验事实在经验层面可以用三原色锚定法来表达。在经验性理解中,我们看到了某一色号的橙色,它与在经验中看到的其他颜色是并列着的,比如这里有一个红色的杯子,那里有一个橙色的橙子,它们是数量式的、在空间中并置的。而绵延的色谱和渐变则是作为先验场域而存在的。在经验中第一眼看到橙色时很难采取色谱的方法把它理解为偏黄一些的红色,而会直接把橙色理解为某种颜色,但这种理解只是表面的规定性的理解,色谱才是真正生产这种颜色的场域,是某颜色得以被真正理解的不可或缺的背景。先验的色谱并不是从经验中一个个单独的颜色中提取出来的,而是一种真实存在的潜在认识论背景。而这种先验场域并非早已先于经验预设,而是与经验一同产生,并且只有在经验中才能形成的内在与经验的认识论背景和场域。另一方面,以三原色锚定法表示的数量式的多样性和根据色谱来表示的绵延式的多样性作为同一认知过程的经验和先验两个层面,它们完全不具有相似性,而是两套不同的多样性系统。很难说颜色的三原色配比和色谱有任何相似性,因为三原色配比类似于某一颜色的组成结构,而色谱则类似于这一颜色所在的位置,组成方式和位置是两个分别向内和向外的向度,它们之间没有任何性质上的相似性。德勒兹所构建的先验经验论的内核就是这样两种内在性的却又毫不相似的多样性和多样体。

　　柏格森在此对德勒兹有两方面启发:一是处理两种多样性时先区分再融合的方法论,二是先验经验论将先验与经验融为一体的思路。德勒兹在《柏格森主义》中论及柏格森在《物质与记忆》中处理主体与客体关系问题时使用的方法,认为"柏格森的方法表现为两个主要方面,一是二元论,另一是一元论:人们首先应该沿着不同的线或性质差异直至到达'经验的转折'之外;然后,人们应该进一步重新找到这些线的交汇点,并且恢复新的一元论的种种权利"①。虽然讨论的是不同的书和不同的问题,但柏格森处理问题的基本方式是一贯的:先进行类似二元论的二元区分,再将其统一在同一过程或同一概念之中。因此德勒兹是熟悉柏格森的这一方法论的,我们也有充分理由认为,德勒兹在处理柏格森提出的两种多样性区分的二元论问题时借鉴了柏格森先分化再融合的方法论。

　　此外,柏格森在先验与经验的融合问题上也对德勒兹有所启发。在《时间

① G. Deleuze, *Le Bergsonisme*, p.71.

与自由意志》第 154 条,柏格森批评康德"宁愿把自由放在时间之外,而在现象界与本体界二者之间划了一道无法越过的鸿沟"①,而柏格森认为实现自由的方法就是将绵延引入时间,从而实现现象与本体的共同自由。这对德勒兹先验经验论的启发在于:一方面柏格森指出了现象界与本体界不应该被截然分开;另一方面实现二者融合的手段就是引入绵延。在德勒兹这里,绵延甚至不止被引入时间,还同样被引入空间,最终使绵延连接了先验与经验、现象与本体,使其共存于内在性平面内,这也是德勒兹相异于柏格森之处。

四、结 语

人们在研究德勒兹思想中碎片化的一面时,习惯于将尼采等解构性的哲学家视为主要思想来源,而在面对德勒兹思想中建构性的一面时又会转向斯宾诺莎的一元论中寻找德勒兹的精神渊源。这种现象甚至普遍出现在对于后结构主义和后现代主义思潮的研究中。然而绝不应该忽视柏格森在解构与建构之间为德勒兹和后结构主义、后现代主义留下的思想遗产。柏格森的绵延思想为划分多样性提供了依据,同时又为划分之后的合而为一奠定了理论基础;是去结构化的思想依据,同时又是对无结构状态进行重新组织的理论来源。如果说在关于唯一实体与多样性问题的讨论中斯宾诺莎把一元论倾向和"属性"(attribute)的多样性带给了德勒兹,那么柏格森哲学中与之相对应的容贯的绵延和性质式的多样性,则强化了德勒兹对这两点的认同,启发了德勒兹发展自己容贯而内强的多样性理论和先验经验论。

---

① 柏格森:《时间与自由意志》,第 161 页。

关于时间的对谈

柏格森　爱因斯坦/文

戴碧云/译

[编者按] 1922 年 4 月 6 日，爱因斯坦受邀在巴黎的法国哲学协会（Société française de philosophie）作了一场讲座，柏格森也受邀参加。在讲座结束后的讨论环节，柏格森受邀作了简要的发言，爱因斯坦也给予回应。以下是当时这场对谈的笔录的中译。这段谈话的文字稿，最早发表在 1922 年 7 月 3 日出版的 *Bulletin de la Société française de philosophie*，在此之后，先后收录到柏格森的《文字与讲话集》（*Ecrits et Paroles*）《杂著集》（*Mélanges*）《哲学著述集》（*Ecrits philosophiques*）。两人的论争及相关背景的中文资料，参见美国学者卡纳莱丝所著的《爱因斯坦与柏格森之辩：改变我们时间观念的跨学科交锋》（漓江出版社，2019 年）。

柏格森　我是来听讲的，原本没有打算发言。但哲学协会友好的坚持让我盛情难却。

首先我想说，我十分钦佩爱因斯坦先生的大作。在我看来，它不仅引起了专家学者（savants）的注意，也引起了哲学家的注意。我看到的不仅仅是一种新物理学，从某种意义上说，也是一种新的思想方式。

对这项工作的完整研究，自然应该既关注广义相对论又关注狭义相对论，既关注空间问题又关注时间问题。既然要选择，那我就选我特别感兴趣的问题，即时间的问题。因为讨论时间不能不考虑钟点，而钟点不等人，所以我将只限于简要指出一两个要点，而不得不把实质放在一边。

常识相信时间是唯一的，对于所有的存在和所有的事物都一样。这个信念来自哪里？我们每个人都感到自身在持续（durer）：这种绵延（durée）就是我们的连续不断的内在生命之流本身。但是我们的内在生命包含知觉

(perceptions)，这些知觉在我们看来好像既是我们自身的一部分，又是事物的一部分，这样我们就把自己的绵延给延伸到切身的物质环境(entourage materiel immédiat)。进而，由于这些环境本身也有环境，一个接一个永无止境，我们就认为，我们的绵延没理由不同样也是所有事物的绵延。这是我们每个人含糊地(我想说几乎无意识地)勾画的推理。当我们将这一推理带到更高程度的清晰和准确时，我们想象，在我们所谓的外部知觉视域之外，有一个意识，其知觉场半覆盖在我们的知觉场之上，然后，在那个意识及其知觉场之外，又有另一个意识以类似的方式位于其上，一个接一个永无止境。所有这些意识都是人的意识，因此我们好像活在同一个绵延中。所有的外在经验都会这样发生在这同一个时间中。所有这些经验彼此交叠，两两都有共同的部分，因此我们最终想象一个唯一的经验，占据一个唯一的时间。由此，只要我们愿意，就可以取消掉我们原本在这里那里布置下的，与我们思想运动的中转同样多的人的意识：只有一个无人格的时间，所有的事情都在其中流逝。这是同一个推理的更精确形式。不过，无论我们保持模糊还是寻求精确，两种情况下，意识与事物共有的普遍时间的观念都是一个单纯的假设。

但这是一个我认为有根据的假设，在我看来，它与相对论没有任何不相容之处。我不能着手论证这一点。首先，我们必须比我刚才所做的更加仔细地研究实际的绵延和可测量的时间。然后，我们应该一个接一个地研究洛伦兹公式中的各项，并寻找具体的含义。由此我们会发现，相对论中所讨论的多重时间，远不是全都能宣称具有相同程度的现实性。随着这项研究的推进，我们会看到，符合科学观点的相对论概念和大致反映了被给予直观或意识的东西的常识概念是如何相互补充、相互支持的。的确，在这一过程中必须消除一种非常严重的混乱，相对论的某些广为接受的诠释由于这种混乱而具有悖论的形式。所有这些会让我们离题太远。

虽然我无法从总体上确定时间，但请允许我至少粗略看看同时性这一特殊情况。这里比较容易看到，相对论观点并不排斥，甚至必定暗含直观的观点。

两个事件的同时性通常是什么意思？为了简单起见，我将考虑两个不会持续的事件的情况，这两个事件本身并不流动。因此，同时性显然意味着两件事：第一，瞬时的知觉；第二，我们的注意力可以在不分裂的情况下分配。我睁开眼睛看了一会儿，我感知到从两个点发出的两个瞬时闪烁。我说它们是同时的，是因为它们既是一又是二：它们是一，因为我的注意行为是不可分的,然而它们又是二,因为我的注意力分配给了它们,分成了两份而又没有分裂。注意行为怎么会在同一瞬间任意地是一又是多呢?训练有素的耳朵怎么会在每一瞬间既能感知乐队奏出的声音整体,然而只要乐意,又能分清两件或多件乐器发出的音符呢?我不负责解释这件事,这是心理生活的奥秘之一。我只是注意到这一点,并且指出,如果我们称多个乐器发出的音符是同时的,那么我们就是在表达:第一,我们对整体有瞬时的知觉;第二,只要我们愿意,这个整体就是不可分割的,只要我们愿意,它也是可分割的:有一个单一的知觉,然而也有复数的知觉。这就是通常意义上的同时性。它是直观地被给予的。它是绝对的,因为它不依赖于任何数学约定,也不依赖任何物理操作,比如时钟的校准。我承认,同时性无法得到确认,除了在邻近的事件之间。但常识会毫不犹豫地将其推广到相隔任意距离的事件。常识本能地说,距离不是绝对的,距离是"大"是"小"则取决于视点,取决于比较项,取决于知觉的工具或器官。一个拥有超凡视力的超人能感知两个"非常遥远"的瞬时事件的同时性,就像我们感知两个"邻近"事件的同时性那样。当我们说到绝对的同时性时,当我们想象宇宙的瞬间片段时(可以说汇集了任意遥远的事件之间确定的同时性),我们想到的是这种超人的意识,共同扩展到所有事物。

现在,毫无疑问,相对论所定义的同时性完全是另一层次上的。属于同一系统 S 的两个相距或多或少遥远的事件,如果它们在同一时刻发生,如果它们对应于两个分别离它们较近的时钟所给出的相同指示,它们就被称为同时的。然而,这些时钟是通过光学信号的交换来彼此校准的,或者更一般地,是通过电磁信号,假定信号往返的路程相同。毫无疑问,如果我们从系统内部观察者的角度来看,确实如此,他认为这个系统是静止的。但是在相对于系统 S 运动的另一个系统 S′ 中的观察者则把自己的系统作为参照系,把它当作静止的,而看到第一个系统在运动。对他来说,在系统 S 中的两个时钟之间来回的信号,其往返路程通常并不相同,因此,对他来说,该系统中两个时钟标示相同时刻时发生的事件并不同时发生,而是相继发生的。如果我们考虑到这种因人而异的同时性——相对论就是这样考虑的——很明显,同时性不是绝对的,同样的事件是同时还是相继,取决于我们从哪个角度来看待它们。

但是,在提出这第二个同时性定义时,我们不是也得接受第一个定义吗?我们不也含蓄地承认了这个定义伴随着那个定义吗?让我们把要比较的两个事件称为 E 和 E′,分别放在它们旁边的时钟称为 H 和 H′。在第二种意义上,同时性存在于 H 和 H′ 标示同一时刻时,并且是相对的,因为它取决于这两个时钟相互校准的操作。但是,如果时钟 H 和 H′的指示之间的同时性是这样,那么时钟 H′的指示跟事件 E′之间的同时性也是这样吗? 显然不是。事件和时钟指示之间的同时性是由知觉给出的,知觉将它们统一在一个不可分割的行为中;同时性本质上包含在如下事实中,而独立于任何时钟校准,即这个行为任意地是一或是二。如果没有这种同时性,时钟就不会有任何用处。它不会被制造出来,或者至少没有人会买它。因为我们买它只是为了知道现在是什么时刻。"知道现在是什么时刻"不是在一个时钟指示和另一个时钟指示之间,而是在一个时钟指示和我们自己,或所发生的事件,即某种最终并非时钟指示的东西所处的瞬间之间看到一种对应。

您会告诉我,在任一事件和时钟指示这一特定事件之间直观地看到的同时性,是相邻的、非常近的事件之间的同时性,而您通常关心的同时性是相距遥远的事件之间的同时性。但问题又来了,从哪里开始算近,到哪里为止算远呢? 分别位于 E 点和 H 点的微生物中的科学家会认为它们之间的距离,也就是您的"相邻"所表示的时钟和事件之间的距离,是异常遥远的。微生物中的科学家将建造微生物时钟,并通过交换光信号来同步。如果您来告诉他们,您的眼睛纯粹地看到,在"相邻"的事件 E 和时钟 H 的指示之间有同时性,他们会回答说:"啊,不! 我们不接受这一点。我们比您更像爱因斯坦,爱因斯坦先生。在事件 E 和您的人类时钟 H 之间,只有当我们放置在 E 和 H 处的微生物时钟标示相同的时刻时,才具有同时性;对于我们系统之外的观察者来说,这种同时性可能是相继性,没有什么是直观的或绝对的。"

不过,我不反对您对同时性的定义,就像我不反对广义相对论一样。我刚才提出的评论(或者更确切地说,我草拟的评论,因为如果我要以一种严格的形式提出这些评论,那就会离题太远)具有完全不同的目的。我想确立的不过是:一旦相对论被接受为物理理论,一切都还没有结束。它所引入的概念的哲学意义还有待确定。还有待探究它在多大程度上抛弃了直观,又在多大程度上仍然依附于直观。在相对论所导致的结果中,或者更确切地说,在它所确立的从提出问题到解决问题的中间过程中,仍然有待区分实在的部分与约定的部分。我相信,通过这一关于时间的研究,我们会发现,相对论与常识观念没有任何不相容之处。

爱因斯坦　这就提出一个问题:哲学家的时间和物理学家的时间是一样的吗? 我认为,哲学家的时间既是心理上的,也是物理上的;然而物理时间可以从意识的时间中派生出来。最初,个体有知觉的同时性概念,然后他们就可以彼此达成一致,并就他们所知觉到的东西约定某种事物。这是迈向客观实在的第一步。但也有独立于个体的客观事件,并且我们已经从知觉的同时性转到事件本身的同时性。而且,事实上,由于光传播的速度很大,这种同时性并不引起长时间的矛盾。因此,同时性概念可以从知觉转移到对象。从这里到演绎出事件的时间顺序没有多远,本能就做到了。但在我们的意识中,没有任何东西能让我们推断出事件的同时性,因为它们只是心理结构、逻辑存在。所以没有哲学家的时间,只有一种跟物理学家的时间不同的心理时间。

皮埃隆[①]   关于柏格森先生试图用心理绵延与爱因斯坦式的时间对照,我想指出的是,已有一些案例通过实验实现了这种对照,在这些案例中,心理生理学家通过一种科学的方法研究了绵延、相继性和同时性的印象。

然而,长久以来,天文学家们已经认识到不可能依靠心理的同时性来精确地确定物理的同时性,如果涉及使用眼睛和耳朵的方法,在摆锤敲击的瞬间确定一颗恒星在望远镜分划板中的位置。这就是柏格森先生所指出的那类具体经验,它表明了绵延的印象在确定物理时间方面可能发挥的作用。

然而我们知道,从生理学上讲,异质的感官印象之间的物理同时性不可能准确地转译到精神上。事实上,外部刺激转化为神经冲动时的延迟,以及这种冲动的传播时间,会随着身体部位和感觉器官的不同而变化,更不用说大脑复杂而不规则的差异了。但还有更多:假设视网膜上对称的两点接收到一个发光的印象,在这种情况下,在给定的近似范围内,所知觉到的同时性似乎是物理同时性的一个确定的标志。然而,只要发光的印象有不同的强度,就足以令其失效。我能够确定一个强度差异,使得最弱的光刺激虽然比最强的光刺激在物理上提前几百分之一秒,却实际上被清晰地知觉为在后发生。因此,心理上的相继性或同时性的确定无论如何都对物理时间的测量毫无用处,而物理时间的测量需要根据柏格森先生正确阐明的科学规律进行空间转译。正是通过信号装置在或多或少快速运动的表面上留下的痕迹的重合或不重合,并考虑到一切有用的修正,我们才判断出物理上的同时性。这些时间测量,就像所有其他测量一样,要牵涉到视觉敏锐度。因此,在我看来,柏格森式的绵延应

---

①   皮埃隆(Louis Charles Henri Piéron,1881—1964),法国实验心理学家。

该与一般的物理时间，尤其是爱因斯坦式的时间保持不相关。

柏格森　我完全同意皮埃隆先生的观点：对同时性的物理观察必然是不精确的。但是，为了通过实验室经验来确定这一点，必须诉诸同时性的心理确认——同样不精确——没有这些就不可能获取仪器读数。

专栏二
法国技术哲学研究

论斯蒂格勒技术哲学中的
广义器官学思想

陈明宽/文 *

摘　要：广义器官学思想是斯蒂格勒技术哲学中的重要思想。这一思想是从斯蒂格勒对人类之进化的基本假设推演而出的成果。斯蒂格勒认为，人类缺乏先天固有的本能，必须依赖于外在于躯体的技术而进化。人类的进化遵循后种系生成的模式。技术是人类的躯体外器官。躯体器官与躯体外器官共同构成了人类的广义器官。同时，人类通过技术用欲望替代本能对力比多能量进行疏导，人类的广义器官就持续地处在去功能化和再功能化的过程中。技术的更新迭代不仅导致器官功能的形变，也导致欲望形态的变化。欲望的压抑与释放的系谱学，就是广义器官学的系谱学。斯蒂格勒的广义器官学思想是一种从技术角度分析当代消费主义非常有效的思想。

关键词：斯蒂格勒　技术　广义器官学　后种系生成　欲望

作为当代颇具影响力的思想家，贝尔纳·斯蒂格勒为我们提供了一种理解技术及当代技术现象的原创性较强的思想。在斯蒂格勒这里，技术问题是其理解包括政治、经济、教育、文化、艺术等各种社会问题的基础，而不只是他所关注的各种问题中的一个问题。[①] 技术在斯蒂格勒这里不仅是人类手中的工具，或是为实现某种目的而发明出的手段。在斯蒂格勒看来，技术实则构成了人类的本质和存在方式。因为与动物相比，人类天生缺乏足以维持其生存

---

* 陈明宽，西北大学哲学学院讲师，研究方向为技术哲学、法国哲学、政治哲学。

① "技术是即将来临之所有可能性和未来之所有可能性的视野。十年前，当我开始构思其最初之轮廓时，技术问题仍然是次要的。但今天，它贯穿我所有的研究，其范围之广，无所不及。"Bernard Stiegler, *Technics and Time*, 1: *The Fault of Epimetheus*, trans. Richard Beardsworth and George Collins, California：Stanford University Press, 1998, p. ix。

的本能,而不得不借助外在的技术。① 人类的进化就是不断地将自身躯体的器官功能逐渐外在化于技术之中的进化。② 躯体官能的外在化使躯体部分官能消失了,但在这一过程中,躯体器官(somatic organs)又获得了功能。由于技术承载了人类的部分器官功能,在斯蒂格勒看来,技术也就成了技术器官。承载骨骼功能和肌肉官能的武器,以及承载神经官能和意识官能的文献和数码设备,就像动物生命体一样在运作的过程中,形成彼此内部协调一致的制度、风俗、律法等组织系统。这是种整体的技术器官,斯蒂格勒称之为社会组织(social organization)③。技术器官与社会组织共同组成了人类的躯体外器官(exosomatic organs)。从技术的角度对躯体器官、技术器官和社会组织这三重器官系统之间功能化、去功能化和再功能化的稳定与冲突的研究,就是一种广义器官学(general organology)。④

于是,人类的生命进化过程就不再局限于生物躯体周期性衰变过程,而是将生物躯体器官与技术器官和社会组织联合起来的广义生命(life in general)的进化过程。⑤ 而躯体器官、技术器官和社会组织,这三重器官系统共同构成了人类生命的广义器官系统。在广义器官系统中,器官的功能一直处于形变(transformation)过程中。这也就是斯蒂格勒所谓的器官的去功能化(defunctionalization)和再功能化(refunctionalization)。那么,广义器官为什么

---

① 这里所说的"人类天生缺乏足以维持其生存的本能",并不是生物学意义上的物种发生而缺乏本能。斯蒂格勒在此是从神话学意义上对人类起源下定义的:宙斯吩咐普罗米修斯和爱比米修斯为每一个会死的族类分配相应的本能和属性。由于爱比米修斯粗心大意而无远见,他给其他动物分配了所有的本能和属性。而轮到人类时,爱比米修斯才发现任何本能和属性都没有了,人类成了被遗忘者,人类从起源处就一无所有。在此意义上,斯蒂格勒说,人类天生缺乏足以维持其生存的本能。参见 Bernard Stiegler, *Technics and Time,1: The Fault of Epimetheus*, pp. 187—192。这个神话的出处可见赫西俄德的《神谱》,以及柏拉图的《普罗泰戈拉篇》。

② 外在化(exteriorization)是法国人类学家和考古学家勒鲁瓦-古兰(André Leroi-Gourhan)的主要思想,详见于其著作 *Gesture and Speech*。斯蒂格勒强调从技术出发来解释人类的各种问题,其哲学上的起点是德里达的"延异"思想,而真正能将这种哲学思想导入具体、实证性的人类经验的,就是这种外在化思想。*Gesture and Speech* 将人类学和考古学的实证论据与哲学思想联通了起来,是一本跨学科的里程碑式著作。斯蒂格勒认为,这本著作的重要性无论怎样强调都不为过。

③ Bernard Stiegler, *For a New Critique of Political Economy*, trans. Daniel Ross, Cambridge: Polity Press, 2010, p.34.

④ 广义器官学概念并不是斯蒂格勒本人提出的。这一概念的提出者是法国哲学家和内科医生乔治·康吉莱姆(Georges Canguilhem)。这一概念的出处见康吉莱姆的 *Knowledge of Life*(NewYork: Fordham University Press, 2008)中的第四篇论文"Machine and Organism"。不过,康吉莱姆只是建议发展一种广义器官学理论,他本人并没有发展这种理论。广义器官学之成为一种有效地从技术角度来解释社会中各种问题的理论,其主要贡献来自斯蒂格勒。

⑤ Gerald Moore, "On the Origin of Aisthesis by Means of Artificial Selection; or, The Preservation of Favored Traces in the Struggle for Existence", *Boundary 2*, 2017, 44(1), p.196.

一直处于去功能化和再功能化的过程中呢？ 要找出其中的原因，并进一步理解斯蒂格勒之广义器官学的全部思想，我们必须回到斯蒂格勒对人类之进化模式的基本假设上来。

一、种系生成与后种系生成

人类的进化与动物的进化遵循着两种完全不同的进化模式。在斯蒂格勒看来，生命机体共拥有三种形式的记忆：基因记忆（genetic memory），后生成记忆（epigenetic memory），以及后种系生成记忆（epiphylogenetic memory）。[①]

动物的进化在很大程度上是由基因记忆决定的。动物通过基因遗传从其前代获得种系特征和生存本能。种系特征保证了其与前代的统一性，生存本能则保证此物种种系的延续。由于基因记忆的封闭性，使得动物在进化过程中很难应对外部环境发生的剧烈变化，这种剧烈变化往往会导致物种的大灭绝。例如，约 6 500 万年前白垩纪末期，因地外空间陨星雨和火山喷发而导致的生物物种大灭绝。这种物种灭绝，相应地也就导致了其所累积的种系特征的消失。对于动物来说，如果不是出于基因的原因，其作为统一物种的完整性几乎不会突然地发生改变。动物基因记忆的突变当然可能发生，如核辐射所导致的突变。动物无法在短时期内产生应对这些突变的策略，基因突变反倒会干涉动物的进化，扰乱其种系的完整性。

动物在其生命过程中，也会获得后生成记忆。这种后生成记忆是动物在与环境适应的过程中获得的记忆。绝大部分后生成记忆会被遗忘，只有极小一部分会被写入基因之中累积起来，并逐渐改变着此物种的种系特征。因为，动物的后生成记忆只能通过内在化于基因之中的方式传递给后代，而绝不会通过外在化的技术传递给后代。"灵长类动物学家普遍地认同，即使是与我们最近的非人属的亲戚所使用的工具，也只是被每一代碰巧重新发明的。矮黑猩猩用木棍钓食白蚁的技能，并不被作为累积的和协调的文化技能之产物，被其下一代所接纳。这种关于前代的有利的（后生成）记忆并不会被遗传给矮黑猩猩的下代。"[②]那些能够被写入基因之中逐渐累积起来而影响物种进化的后生成记忆，只是极其微小的一部分。因此，动物的进化遵循着由基因记忆决定

①　Bernard Stiegler, *Technics and Time*,*1: The Fault of Epimetheus*, p. 177.

②　Gerald Moore, "On the Origin of Aisthesis by Means of Artificial Selection; or, The Preservation of Favored Traces in the Struggle for Existence", pp. 208 – 209.

的渐进的种系生成模式。

人类的进化几乎不受封闭的基因记忆的影响，"基因记忆的遗传隔离在于保证动物物种的单一稳定性"①。比如，猫科动物和熊科动物能够比邻进化几千年却从不互相混杂，并且，在这几千年的过程中，其各自的种系特征只发生着极其微小的变化。事实上，人类的生物种系特征也是如此。"从解剖学上看，人类的身体从旧石器时代中期，到新石器时代的农业革命，再到青铜时代的原始书写，直到我们所谓的数字时代，也一直没有发生变化。"②不过，与旧石器时代打制石器的早期智人相比，因技术的进化而导致的我们与其之间的差别，就如同猫科动物与熊科动物之间的差别那么大。③ 这其中的关键原因在于，人类与动物对待后生成记忆的方式的差别：人类能够将其认为是有利的后生成记忆，运用技术保存起来。这些被保存在技术载体中的后生成记忆，以及作为记忆的技术本身，就构成了人类的后种系生成记忆。人类的身体从早期智人时代至今，没有发生过明显的变化。但人类的技术水平已经进化了无数个量级，以至于早期智人和现代人虽没有先天的种系差异，但二者在后天文化上的差异却已无限大。甚至从旁观者的视角来看人类的进化，早期智人与现代人已根本不属于同一物种。

"人类生命的后生成层次并不随着生命的死去而丧失，相反，它把自身储存沉淀起来，就像一件礼物、一笔债或者一种命运一样遗传到余生和后代中去……这种后生成的沉淀，是对已发生之事的记忆，也就是过去，是我们以人类的后种系生成命名的东西。这个概念意味着，连续的后生成的储存、累积和沉淀。"④因此，人类的进化遵循后种系生成（epiphylogenesis）的进化模式。它标志着人类与外部环境之间构成了一种新的关系，这种关系的纽带就是技术。⑤ 技术承载着人类生命过程不可或缺的器官功能，与人类躯体器官一道共同构筑了人类生命的本质。在此意义上，技术就是一种器官。后种系生成概念扩大了人类生命的范围，它将承载着生命后生成记忆的技术纳入人类生命的范围。"以至于伴随着人类（技术）的生命，构成进化中负熵之分化

---

① Bernard Stiegler, *Technics and Time*, 1: *The Fault of Epimetheus*, pp. 50 – 51.

② Gerald Moore, "On the Origin of Aisthesis by Means of Artificial Selection; or, The Preservation of Favored Traces in the Struggle for Existence", p. 199.

③ André Leroi-Gourhan, *Gesture and Speech*, trans. by Anna Bostock Berger, Boston: The MIT Press, 1993, p. 247.

④ Bernard Stiegler, *Technics and Time*, 1: *The Fault of Epimetheus*, p. 140.

⑤ Bernard Stiegler, *Technics and Time*, 1: *The Fault of Epimetheus*, p. 177.

的,不再局限于胚胎记忆和躯体记忆之中。"①一代人的生命并不是仅仅随着
其生物机体的消亡而不见,他们的记忆被保存在他们所发明和使用的技术
中。在此意义上,他们的生命随着其记忆的保存而永远地存续着,并影响其
后代。

人类生命范围的扩大意味着,人类之为人类,不仅由其躯体器官定义,更
主要地是由其躯体外器官定义的。躯体外器官是外在于人类躯体,但对人类
的生存有本质意义的器官。在斯蒂格勒看来,躯体外器官主要包括两部分:
第一部分,即技术器官,包括纸笔、衣服、手机、汽车等人类生活离不开的技术
物体;第二部分,则是因上述技术物体对个体精神和集体精神不断冲刷影响而
沉淀稳定下来的制度、风俗、律法等社会组织。因此,作为后种系生成的物种,
人类拥有着三重器官系统。人类的生命就是由躯体器官、技术器官和社会组
织这三重器官系统构成的广义生命。而对后种系生成的人类的广义器官系统
的研究,实际上就是一种广义器官学。那么,从广义器官学的角度来看,这三
重器官系统处于什么样的关系中呢?

二、转导关系与器官功能的形变

躯体器官、技术器官和社会组织始终处于转导关系(transductive
relationships)之中。"转导关系就是将躯体器官与技术器官和社会组织联系起
来,并使这些器官不断地进化和形变的关系。"②而转导关系之所以存在,正是
因为这些器官本身就处在功能不断形变的过程中。器官功能的形变,斯蒂格
勒称之为器官的去功能化和再功能化。③ 即使是看起来功能不会发生变化的
躯体器官,也总是处于因技术而引起的功能形变之中。

后种系生成的人类的起源本身就意味着躯体器官的去功能化与再功能
化。斯蒂格勒和勒鲁瓦-古兰都认为,人类起源于脚,而不是大脑。④⑤ "脚作
为人类的脚、行走的脚和运动的脚,就在于它承载了躯体的重量,它使手获得

① Bernard Stiegler, *Symbolic Misery*, 2: *The Catastrophe of the Sensible*, trans. by Barnaby Norman. Cambridge: Polity Press, 2015, pp. 139 – 140.

② Bernard Stiegler, *Symbolic Misery*, 2: *The Catastrophe of the Sensible*, p. 119.

③ Bernard Stiegler, *Symbolic Misery*, 2: *The Catastrophe of the Sensible*, pp. 118 – 124.

④ Bernard Stiegler, *Technics and Time*, 1: *The Fault of Epimetheus*, p. 113.

⑤ André Leroi-Gourhan, *Gesture and Speech*, p. 229.

解放,履行手的使命,使手获得操作的可能性。"①但是在自然环境下,与那些凶禽猛兽相比,两足直立行走使得人类的防御和捕食的器官功能弱化了。因为脚的扁平化,人类无法在凶禽猛兽的追逐下飞速地逃跑,也无法快速地爬上树。然而,脚的扁平化却也使人类获得了新的器官和器官功能:手从之前的运动功能中去功能化了,而手再功能化为"抓取"(prehension)。"手之为手就在于,它为进入技艺、技巧和技术提供了通道。"②手所抓取的东西,也就是作为技术物体的工具。运动功能被去除的手与老虎、猎豹等凶禽猛兽的尖利爪牙相比,其防御功能和捕食功能确是非常之弱。但是,拿刀枪和传递信号以彼此协作的手却能够战胜老虎、猎豹这类凶禽猛兽。"技术性,作为手的解放的后果,就是置身于自己之外,也就是置身于躯体范围之外。"③"随着外在化过程的出现,生命个体的躯体就不再仅仅是躯体了:躯体只能够伴随工具而活动。"④所以,人类的起源过程就是因外在化的技术发生而引起的器官功能不断形变的过程。而在这一过程中,大脑只是伴随着石器的进化而进化,它并不对人类进化起决定性的作用。

　　大脑皮层的形成始于第一个南方古猿使用燧石。⑤ "大脑皮层在燧石中投影,而燧石就是大脑皮层原初的镜子。这种原初的投影是'外在化'过程矛盾的和非逻辑的开端。大脑皮层就形成于从东非人⑥到新人⑦过渡的几十万年的过程中,在此过程中,石器形成了。石器是大脑皮层通过对自身的反射而与物质耦合的结果。"⑧于是,石器就成了大脑皮层反射记忆的第一面镜子。⑨ "在人类化的开端,……后种系生成的载体是石器,因为石器保存了后生成的记忆。大脑皮层的形成过程就是这一保存的反射过程,而这一保存本身已经是对后生成记忆的反射。"⑩与其说大脑决定了石器的演化过程,不如说大脑受惠于这一过程。大脑皮层的扩张过程与石器的漫长演化过程是一致的⑪,形成

① Bernard Stiegler, *Technics and Time, 1: The Fault of Epimetheus*, p. 113.
② Bernard Stiegler, *Technics and Time, 1: The Fault of Epimetheus*, p. 113.
③ Bernard Stiegler, *Technics and Time, 1: The Fault of Epimetheus*, p. 146.
④ Bernard Stiegler, *Technics and Time, 1: The Fault of Epimetheus*, p. 148.
⑤ Bernard Stiegler, *Technics and Time, 1: The Fault of Epimetheus*, p. 142.
⑥ 东非人(约550万年—130万年前),南方古猿的一个曾用名。
⑦ 新人,也就是晚期智人,是原始人进化过程中第三阶段出现的人种。
⑧ Bernard Stiegler, *Technics and Time, 1: The Fault of Epimetheus*, p. 141.
⑨ Bernard Stiegler, *Technics and Time, 1: The Fault of Epimetheus*, p. 142.
⑩ Bernard Stiegler, *Technics and Time, 1: The Fault of Epimetheus*, p. 142.
⑪ Bernard Stiegler, *Technics and Time, 1: The Fault of Epimetheus*, p. 134.

于南方古猿和晚期智人之间。在晚期智人之后,随着旧石器文明的终结,大脑皮层的扩张也就终结了。① 晚期智人的脑容量与现代人的脑容量几乎没有差别。② "因为,从遗传学上讲,新人以后,大脑皮层的组织已经基本定型了。"③ 而在其定型之后,人类技术的进化却飞跃了无数个量级。大脑是广义器官学中的一个重要器官,它处于连接躯体器官与技术器官和社会组织之转导关系的重要位置上。但这个位置绝不是中央指挥中枢。因为,大脑持续地处在因技术的原因而发生的功能形变过程中,并且"大脑的功能形变并不是由大脑自身控制的。"④

　　"对于斯蒂格勒来说,直立姿势的获得就开启了人类大脑功能形变的过程,这种形变不是由大脑本身发出指令的,而是作为活的记忆的大脑与作为死的记忆的技术代具之间的互动而引发的。"⑤柏拉图在《斐德罗篇》中借苏格拉底之口强调,作为一种提示记忆的技术——书写的出现,会导致严重的记忆遗忘。这种遗忘就代表了大脑作为一种记忆器官的去功能化。书写技术接管了大脑部分的记忆功能,使本来能被铭刻于大脑皮层中的言语,以文字的形式铭刻于纸张文献之中。大脑的确将这些记忆遗忘了,丧失了部分记忆功能。但这些记忆并非真正被遗忘了,而是以外在化的形式留存于技术物体中。它会比大脑中的记忆留存更为久远,更能影响后代人。虽然书写使大脑去功能化了,但同时也使大脑再功能化了。柏拉图担心书写导致遗忘,但他仍然是通过文字书写形式将苏格拉底的言行记录了下来。而且这些文字里面不仅包括了苏格拉底的言行,也包括了他自己的思想。也就是说,柏拉图将自己的思想也通过文字书写记录了下来。这就是大脑的再功能化:书写使大脑丧失了部分的记忆功能,但书写也开发了大脑的思考功能。因为有了书写,思考者就不用担心自己的思考会在思考之后飘散无迹。于是,大脑作为一个思考器官被再功能化了。⑥

　　"人们过去认为,我们的神经网络,即我们头颅内千万亿的神经元所形成的密集连接,在我们成年之后就已经固定了。但是,大脑研究人员发现情况并

---

　　① Bernard Stiegler, *Technics and Time*, 1: *The Fault of Epimetheus*, p. 142.
　　② 晚期智人,距今约 5 万年—1 万年前,脑容量 900—1 600 ml。现代人产生于大约 1 万年前,脑容量 1 400—1 600 ml。
　　③ Bernard Stiegler, *Technics and Time*, 1: *The Fault of Epimetheus*, p. 135.
　　④ Bernard Stiegler, *Symbolic Misery*, 2: *The Catastrophe of the Sensible*, pp. 141.
　　⑤ Mark B. N. Hansen, "Bernard Stiegler, Philosopher of Desire?", *Boundary 2*, 2017: 44(1), p. 181.
　　⑥ Bernard Stiegler, *Symbolic Misery*, 2: *The Catastrophe of the Sensible*, p. 136.

非如此。……即使是成年人的大脑也具有很强的可塑性。神经元通常会打破旧的联系，并形成新的联系。"①在人类个体成熟之后，大脑的神经元和突触系统仍然在与技术环境的接触中发生着变化。我们可以在作为一个成年人的尼采身上找到这种因技术方式的变化而导致大脑功能形变的例子。1882 年，尼采因长时间书写书稿，致使其头痛欲裂、视力下降。为了改变这种状况，尼采买了台打字机。因为只要足够熟练，就可以把眼睛闭起来打字。但也正是因为这台打字机，尼采手写的书稿与打印出的书稿的文风发生了明显的变化。尼采的文风从雄辩议论变为格言警句，从观点鲜明变为语带双关，从修辞华丽变得用词简约。尼采自己承认说，机器已经参与进了他的思想中，改变了他的思考风格，也就是说，机器形变了尼采大脑的某些功能。② 人类的大脑具有无限的可塑性。"21 世纪前十年的神经科学研究发现，这种可塑性事实上贯穿整个生命期间，即在大脑发展的每一个步骤及其老化的过程中，它总是处于塑造和重塑中。"③这也意味着，我们依赖技术在与外部环境互动时，能够塑造大脑的神经网络及其突触联系。大脑依赖于技术的持续的功能形变，就解构了大脑在人类进化过程中作为中心器官的功能及其决定性的意义。④

　　在斯蒂格勒看来，"如果人类的身体—大脑持续地跟随广义器官的进化而发生形变，其原因只能是，其生命能量（力比多）的去功能化和再功能化，是与社会组织所选出的技术代具相联系的"⑤。各种器官都处在持续的去功能化与再功能化的过程中。躯体器官功能的形变在根本上由技术器官的变化引起。从器官学上来讲，踩在离合器上的脚与奔跑在热带草原上的脚已经不是相同的脚了。同样，使用 MP3 播放器来听音乐的耳朵，与 19 世纪中产阶级通过手与眼睛并用来聆听音乐的耳朵，在功能上也不是相同的耳朵。⑥ "因此，这就意味着，这些器官不再以相同的方式来管理力比多了。"⑦这些器官的功能发生了形变，就是说作为生命内驱力的力比多的流通回路发生了变化，也意味着人类

　　① Nicholas Carr, "Is Google Making Us Stupid?", *Yearbook of the National Society for the Study of Education*, 2008：107(2), p. 91.

　　② Nicholas Carr, "Is Google Making Us Stupid?", p. 91.

　　③ Ian James, "Technics and Cerebrality", *Stiegler and Technics*, Christina Howells, Gerald Moore eds. Edinburgh：Edinburgh University Press, 2013, pp. 77—78.

　　④ Ian James, "Technics and Cerebrality", *Stiegler and Technics*, Christina Howells, Gerald Moore eds. Edinburgh：Edinburgh University Press, 2013, p. 80.

　　⑤ Nicholas Carr, "Is Google Making Us Stupid?", p. 181.

　　⑥ Bernard Stiegler, *Symbolic Misery, 2: The Catastrophe of the Sensible*, p. 139.

　　⑦ Bernard Stiegler, *Symbolic Misery, 2: The Catastrophe of the Sensible*, p. 139.

的欲望形态发生了变化。那么,斯蒂格勒的广义器官学能为我们分析欲望形态的变化提供怎样的视野呢?

三、器官、欲望与力比多

只要是欲望就一定会发生形态变化。因为作为一种缺乏固定本能的生命体①,人类必须用另外的方式对生命内驱力进行疏导。生命内驱力在此也就是斯蒂格勒所说的力比多(libido)②。这种方式就是欲望。"欲望的出现是躯体器官之去功能化,以及人类对直立姿势的接纳而产生……的结果。"③而人类对直立姿势的接纳,同时就是人类对技术的接纳。因此,人类的欲望总是依赖技术而存在。

从生物学意义上讲,人类在进化过程中,将躯体器官功能逐渐地外在化于技术物体之中,这本身是一种偶然的结果。④ 也就是说,技术是一种偶然的发生,但也正是这种偶然发生,缺乏本能的人类找到了疏导生命内驱力的方式,即将力比多投注到技术物体之中。这就意味着技术物体成了力比多投注的对象,也即成了欲望的对象。我们可以把本能看作是力比多流通的固定回路,欲望则是力比多流通的不固定回路。技术协助躯体器官对生命内驱力进行疏导,技术相应地就成了人类之必不可少的躯体外器官。但利用技术来疏导力比多只能形成不固定的回路。当技术器官因技术的更新发生功能形变的时候,欲望的形态也相应地发生变化。这种欲望形态的变化可能导致对欲望的压抑,但同时它也为欲望的释放打开了新的可能性。而斯蒂格勒的这种欲望观是在对弗洛伊德的欲望观批判的基础上建立的。在斯蒂格勒看来,弗洛伊德只注意到了因器官功能的形变而导致的对欲望的压抑,没有注意到器官功能的形变引起的对欲望的释放。因此,"弗洛伊德的器官学是阉割过的,是经过柔化处理过的。弗洛伊德没有考虑到直立姿势及其功能化器官化的后果,

---

① 此处同样可以参见,上述斯蒂格勒从神话学意义上通过爱比米修斯的过失对人类起源的解读。

② 力比多这个概念在弗洛伊德的思想中,主要有两种含义。弗洛伊德最初使用这个词时,主要指作为生理和心理能量的性驱力。而在弗洛伊德晚期的著作中,力比多则成了与死亡冲动(thanatos)、死亡本能相对立的生命能量,即生的本能、爱欲(eros)。("Libido." Britannica Academic, Encyclopædia Britannica, 7 May. 2017. academic. eb. com/levels/collegiate/article/libido/48136.)斯蒂格勒就是在后者意义上使用力比多概念的。

③ Bernard Stiegler, *Symbolic Misery*, *2: The Catastrophe of the Sensible*, p. 140.

④ Ben Roberts, "Introduction to Bernard Stiegler", *Parallax*, 2007: 13(4), p. 27.

没有考虑处于升华之核心地位的技术性。"[①]

弗洛伊德认为,人类欲望的压抑就始于其两足直立行走。"当鼻子与肛门处在同一水平线上时,肛门所产生的嗅觉刺激就是一种明显的性吸引的信号。直立行走的出现引起了迄今为止都存在的鼻子与肛门的力比多排斥,或者说去功能化。"[②]"直立行走,使人类的鼻子远离地面,进而也使得一些之前接近地面时有吸引力的感觉变得令人厌恶。"[③]与此同时,"之前隐蔽的生殖器,变得可见以及需要被保护起来,因而这就引起了羞耻感"[④]。"随着人类对直立姿势的适应及其嗅觉能力的降低,他的整个性征(不只是其性欲)就处在屈服于器官压抑的危险中。以至于从此开始,性功能就伴随着一种莫名其妙的反感。"[⑤]因此,在弗洛伊德看来,人类的文明就是以对器官或者欲望的压抑为开端的,这种压抑贯穿了每一文明之始终。

然而,因直立姿势而带来的对躯体器官的压抑,即躯体器官的去功能化,也是对躯体器官的再功能化。尽管直立姿势使鼻子远离地面,使之丧失了与性吸引的直接联系,鼻子的嗅觉功能弱化了。但"从此以后,通过探测而发现性吸引的功能相应地就转移到了眼睛,这是一种再功能化"[⑥]。而且,"人类身体的直立姿势与身体的技术性几乎是同时实现的"[⑦]。因为,承担运动功能的手被去功能化了,而再功能化为使用技术的手。技术的出现使力比多能量的流通不再局限于躯体器官的范围之内,技术的使用接管了被压抑的躯体器官的功能。技术本身就成了外在化的器官,它重新疏导了力比多能量,使能量在技术器官中得以释放。弗洛伊德只认为直立姿势带来了欲望的压抑,但却忽视了与直立姿势相伴而生的技术为欲望之释放开启的通路。他对欲望的思考只考虑到了躯体器官,而没有考虑躯体外器官。[⑧]"躯体的器官学系统只有在

---

① Bernard Stiegler, *Symbolic Misery, 2: The Catastrophe of the Sensible*, p. 124.

② Gerald Moore, "On the Origin of Aisthesis by Means of Artificial Selection; or, The Preservation of Favored Traces in the Struggle for Existence", p. 202.

③ Sigmund Freud, *The Complete Letters of Sigmund Freud to Wilhelm Fliess, 1887－1904*, trans. and edited by Jeffrey Moussaieff Masson. Cambridge, MA: Belknap/Harvard University Press, 1986, p. 279.

④ Sigmund Freud, *Civilization and Its Discontents*, trans. by David McLintock, London: Penguin, 2002, p. 43.

⑤ Sigmund Freud, *Civilization and Its Discontents*, p. 43.

⑥ Gerald Moore, "On the Origin of Aisthesis by Means of Artificial Selection; or, The Preservation of Favored Traces in the Struggle for Existence", p. 202.

⑦ Bernard Stiegler, *Symbolic Misery, 2: The Catastrophe of the Sensible*, p. 124.

⑧ Bernard Stiegler, *Symbolic Misery, 2: The Catastrophe of the Sensible*, p. 140.

与技术的器官学系统和社会的器官学系统一起才能够存在。而弗洛伊德忽视了这三重器官学。"①躯体器官与躯体外器官的"这种关系正是人类身体之直立姿势的根本后果"②。

但与本能相比,欲望这种依赖技术而疏导力比多能量的不固定回路,总是会因技术的更新迭代而发生形态的变化。汽车作为一种技术器官,代替了脚的奔跑功能。但从第一台蒸汽汽车开始,汽车所承载的人类欲望的形态就不断地因技术的更新而发生形变。从蒸汽汽车,到汽油汽车,再到电力汽车,以及在可以预见的未来大规模投入使用的无人驾驶汽车,汽车所承载的已不仅仅是人类快速奔跑的欲望,也承载着人类奔跑时的视觉享受、听觉享受和感觉享受等欲望。汽车这种技术器官所代表的欲望形态也随着汽车的更新换代而变化。由于欲望形态的变化既表示技术器官功能形变的系谱,又表示力比多流通回路变化的系谱。因此,研究三重器官系统的去功能化与再功能化的广义器官学就是欲望的系谱学,是器官功能形变的系谱学,也是力比多经济(libidinal economy)的系谱学。③ 所谓力比多经济,就是如何有效地利用力比多,管理力比多。④ 在力比多经济中,力比多能量不断地进行转变,更新自己的投注对象。而当新的技术对广义器官系统产生实质的影响时,力比多流通的回路也会相应地发生变化。欲望的系谱也随之发生变化。欲望或被压抑,或被释放。这就是斯蒂格勒的广义器官学思想为我们分析欲望形态变化的系谱学以及力比多经济的系谱学提供的视野。在此视野下,一种典型的欲望形态和力比多经济就是消费主义。

四、广义器官学与消费主义

在现代社会中,消费主义制造着铺天盖地的虚假欲望。消费主义之所以能够在世界范围内盛行,一方面的原因在于资本主义将剥削的范围从生产者扩大到消费者,以避免利润率整体下降的趋势。⑤ 另一方面的原因在于,互网

---

① Bernard Stiegler, *Symbolic Misery, 2: The Catastrophe of the Sensible*, p. 141.

② Bernard Stiegler, *Symbolic Misery, 2: The Catastrophe of the Sensible*, p. 140.

③ Bernard Stiegler, *Symbolic Misery, 2: The Catastrophe of the Sensible*, p. 118.

④ Mark B. N. Hansen, "Bernard Stiegler, Philosopher of Desire?", p. 181.

⑤ 斯蒂格勒认为,消费主义是当代资本主义社会对抗利润下降趋势的新手段。根据马克思的看法,资本主义的目的在于利润的最大化。资本家通过对生产者的剥削,所得到的剩余价值整体上是下降的,即所谓平均利润率走向下降的规律。利润下降的最终结果就是资本主义的崩溃。当代资本主义社会为了避免这一趋势,就将其剥削的范围从生产者扩大到消费者。这就产生了资本主义的消费主义模式。消费主义从 20 世纪 80 年代开始在全世界范围内扩张,其主要方式就是市场营销。可参见 Bernard Stiegler, *For a New Critique of Political Economy*, pp. 87—98。

络、多媒体和人工智能等数字技术精密度的提升,使市场不仅可以提供更多的虚拟消费品,也使其能够控制消费者的意识注意力,接管其选择的能力,以动员其进行消费的力比多能量。① 但是,消费主义否定任何长远趋势的存在②,将任何对经济的长远规划都解释为对自由市场的否定。于是,消费主义便天然地形成了其宏观上的短视趋势。③ 消费主义把所有的东西都变成需求,变成一次性的消费,制造了无数虚假的欲望。④ 这些虚假的欲望会为经济带来表面的繁荣,却也导致了极度的浪费。无论是数码产品、化妆品还是衣服,为了在市场的引导下能够被快速消费,所以不停地更新。它们不仅在生产的过程造成资源的浪费,而且在其快速更新的过程中,也产生大量无法处理的垃圾。⑤更严重的则是虚假欲望对力比多能量的浪费。

在广义器官学的视野下,消费主义通过数字技术,制造无处不在的共时化时间客体,驱使力比多快速地流通,进而制造虚假的欲望。消费主义作为一种力比多经济,它并不是在有效地利用力比多,而是最大限度地消耗力比多。它所制造的虚假欲望产生了无数力比多流通的短回路。⑥ 这种力比多流通的短回路,无法使新的技术和技术物体获得其在广义器官系统中适当的地位和器官功能,躯体器官和躯体外器官所形成的稳定的转导关系就会被这种短回路破坏。这是对力比多能量的浪费,也是对真实欲望的破坏。⑦ 人们沉溺于现代感十足的数码产品,沉溺于昂贵而繁杂的化妆品,沉溺于时尚而便宜的衣服,这种沉溺就是消费主义制造出的短视的、盲目的愚蠢状态。斯蒂格勒将这种盲目短视称为系统性的愚蠢(systemic stupidity)⑧,也就是作为躯体外器官的社会组织整体上的愚蠢状态,它是最大限度地消耗力比多的消费主义模式所固有的。⑨

然而,在广义器官学的视野下来看,这种愚蠢并不是因数字技术的快速发

---

① Bernard Stiegler, *For a New Critique of Political Economy*, p. 68.

② Bernard Stiegler, *For a New Critique of Political Economy*, p. 124.

③ Bernard Stiegler, *For a New Critique of Political Economy*, p. 91.

④ Bernard Stiegler, *For a New Critique of Political Economy*, p. 65.

⑤ Bernard Stiegler, *For a New Critique of Political Economy*, p. 92.

⑥ Bernard Stiegler, *For a New Critique of Political Economy*, pp. 42 – 43.

⑦ Christina Howells, "'Le Défautd'origine': the prosthetic constitution of love and desire", *Stiegler and Technics*, Christina Howells and Gerald Moore, eds., Edinburgh: Edinburgh University Press, 2013, p. 148.

⑧ Bernard Stiegler, *For a New Critique of Political Economy*, p. 5.

⑨ Bernard Stiegler, *States of Shock: Stupidity and Knowledge in the 21st Century*, trans. by Daniel Ross. Cambridge: Polity Press, 2015, p. 83.

展而产生的必然结果,它只是一种暂时状态。数字技术的快速发展会打乱原有的广义器官系统的稳定状态。也就是说,数字技术的快速发展使欲望形态发生变化,使力比多流通的回路发生变化。这种系统性的愚蠢是广义器官系统在去功能化中所表现出的盲目状态,因为新的数字技术还没有找到合适的位置和稳定的器官功能。技术的发展原本就是一种对社会组织的破坏,而且在广义器官学意义上,技术的生成也总是领先于社会组织的生成。社会组织在协调技术生成与广义器官系统原有的稳定状态时总会遇到阻力,这种阻力就表现为系统性的愚蠢。当这种系统性愚蠢产生时,就意味着社会组织已将原有的价值判断悬置了起来,广义器官系统就已经具备了再功能化的条件。[①]但是,广义器官系统的再功能化并不是一个简单的被动适应(adaption)过程。在斯蒂格勒看来,人类必须主动地去选择接纳(adoption)。人类应该主动地去利用这些条件,促使力比多流通形成稳定的长回路,也即主动地去培育真实的欲望。

　　真实的欲望是对欲求对象的关怀照料,是力比多流通的长回路,而不是一次性的消费。[②] 数字技术在消费主义的诱导下制造了无数的虚假欲望,这不仅是对真实欲望的破坏,也是对力比多能量的浪费。然而,在广义器官学的视野下,现代社会真正应担心的并不是数字技术,而是消费主义这种力比多经济模式。我们必须思考如何接纳数字技术,如何在这种新的技术条件下克服最大限度地浪费力比多的消费主义,建立对力比多进行有效利用的新经济模式,即对真实欲望进行关怀照料的力比多经济模式。这就是广义器官学视野下的消费主义,它不仅分析了消费主义是什么,也为克服消费主义指明了方向。因此,广义器官学是分析当代消费主义的一种有效思想。

---

① Bernard Stiegler, *States of Shock: Stupidity and Knowledge in the 21st Century*, pp. 62 – 63.

② Bernard Stiegler, *For a New Critique of Political Economy*, p. 85.

德里达论可生物降解性

——生态解构初探

钟　立/文*

摘　要："什么是一个事物？什么会余存下来？最后，余存是什么样的？"在《可生物降解》中，通过提出这些问题，德里达反思了事物的(生物)降解，以及与之伴随的"余存"问题。德里达分析了可生物降解性的概念、可降解的事物以及作为词汇的"可生物降解"(因此，也是作为一个事物)。接下来，他提出了该词汇可以很好地描述文化物件的自我摧毁以及自我遗忘的假设。基于可降解与可解构的事物的类同性，德里达实际上将反思带进了一般文本的领域。本论文探究了德里达的作品中这篇十分奇异的文本《可生物降解》的特殊出版条件，对于构成形式的精心选择，以及该文本所涉及的多样主题。最后，本论文试图勾勒此文本在发表三十年后其(生物)降解以及非(生物)降解的踪迹。

关键词：德里达　生态　解构　可生物降解　余存　余烬

蒂莫森·莫顿(Timothy Morton)是生态议题上在当代最有影响力的哲学家之一，他将解构当作进入生态批判的必经之路。[①] 在《德里达与生态学》一文中，他指出，生态与德里达在《人文科学话语中的结构、符号与游戏》中提到的"结构的结构性"十分相似。生态是一个没有中心也没有边缘的开放"结构"。在每一个尺度上，当我们去观察构成生态的关系，我们都会发现悖论式的、开放的、无中心、无边缘的现象。[②] 很明显，在莫顿对德里达的阅读中，核心

---

　*　钟立，同济大学哲学系博士研究生，研究方向为德里达、解构、法国当代哲学、技术哲学。

　①　"解构是生态批判的最佳隐秘伙伴……我们无法不去思考过去数千年的哲学与科学，人文科学尤其不能不去思考解构。"Timothy Morton, "Deconstruction and/as Ecology", *The Oxford Handbook of Ecocriticism*, Greg Garrard, eds., New York: Oxford University Press, 2014, p. 296.

　②　Timothy Morton, "Ecology", *Jacuqes Derrida: Key Concepts*, Claire Colebrook, eds., London and New York: Routledge, 2015, p. 41.

的资源是德里达早期对 l'écriture(书写)概念的扩展与更新——特别是在《论
文字学》以及《书写与差异》中——以及伴随之的对内外区隔的质问(著名的
"il n'y a pas de hors-texte"的思想,即没有外部文本)引发的传统自然概念、结
构概念的震动,即便这些工作中德里达并未明确地反思生态的问题。很有意
思的是,作为德里达的出色阅读者以及生态议题专家,莫顿也并不了解《可生
物降解》这篇特别文本的存在(至少在他的专著中没有直接的引用)。而仅因
这一文本的标题,或许便可以宣称它在今天德里达研究中很流行的"生态—解
构"中应该拥有核心的地位,这是德里达唯一涉及过的直接与生态相关的议
题;更不用讲"可生物降解性"这一篇文章中确实出现了德里达对生态环境,以
及相关的生命、余存、浪费、核威胁(对于之的忧虑或许类同于今天人们对于第
七次大灭绝的忧虑)等问题的明确反思。

《可生物降解》为莫顿所遗忘并非是一个个例。实际上,自1989年发表以
来,很少有人读过它。即使是很了解德里达的人,也很少评论它。这一文本自
身的命运也很像一份"可生物降解的产品",它变得不可辨认、不可阅读、至少
是无人问津,静静地躺在当代思想"理论"的大回收站中,为档案馆的白噪音盖
过了它特别的语调。在本论文中,我将尝试将之从遗忘中打捞,并期许这或许
将帮助我们在今天重新思考生物-可降解的问题、可持续性的问题、余存的问
题、生命的问题,或者更为流行的,逆熵的问题。

一、可降解的速朽写作

《可生物降解》的出版情况或许可以解释为什么有着那么诱人标题的长文
(60多页)却无人问津。首先,与其他德里达的所有写作相同,该论文是用法
语写的,但至今它都未以原语言发表过;市面上仅存的是佩吉·卡穆芙(Peggy
Kamuf)的英译本。其次,即使该论文曾在一份核心的人文期刊《批判探究》
(*Critical Inquiry*)上发表过[①],在2013年前,它并没有被收录到任何德里达的
论文集;后来,它被收录在了《批判探究》的特辑《德里达签名》(*Signature
Derrida*)中,后者是德里达最先发表在《批判探究》上的所有论文的合辑。最
后,该论文的最初出版是在《批判探究》的特辑《论德里达的"保罗·德·曼"》

---

① 最初出版情况参见 Jacques Derrida, "Biodegradables: Seven Diary Fragments", trans. Peggy
Kamuf, *Critical Inquiry*, vol. 15, no. 4, 1989, pp. 812—873。

里;而这个大标题显然并不怎么受人欢迎①,却很好地描述了该文的内容。

《可生物降解》的很大篇幅确实是关于保罗·德·曼的。后者二战时期反犹倾向的新闻写作为人们所发现后引发了巨大争议;而后,批评者甚至有将战火引向解构。德里达对事件的最初回应文章也发表在《批判探究》上。② 同时,在《可生物降解》中,除去一系列对可生物降解性、余存、踪迹观念的反思外,也有很大篇幅是德里达在回应一些学者对他否认德·曼战时反犹主义的指控。本论文并不会涉及德·曼的战时写作以及德里达的辩护(假使这真的是辩护)所引起的争议。但需要指出的是,有关德·曼的反思使德里达关于"可生物降解"的论述显得没有那么"直截了当"(完全不像是在解释一个技术科学的名词),甚至有一些晦涩。并且,这一语境也容易给读者留下印象,该文仅是在回复当时很急迫的争议——或许它在当时很让人感兴趣,但于今日却没有什么值得回顾的意义。

《可生物降解》的副标题是"七篇日记的残篇"。在形式上,它是以 1988 年 12 月 24 日星期六到 1989 年 2 月 4 日星期六,七个工作结束后的休息日的日记残篇组成的。这像是七个休息日的一周,因而要求人们不要将它误认为什么严肃的哲学工作——它邀请人们将它拿起来阅读,稍后放在一边,认真地看一会儿,然后完全置之不理,或许是在很久后再次翻阅。

可以看到,无论是对于出版形式的选择以及文章体裁风格的选择,这篇文章都很好地对应了"可生物降解"的主题。德里达要写一篇可降解的关于可降解的文字——这在本质上会是一篇稍纵即逝的文章,但它会向我们揭示关于余存的艰难教训,或许是关于可降解与不可降解、速朽与永恒间并不那么如人愿的事态的教训。

降解的主题也是德里达从德·曼那里生态回收来的。后者第一次提及写作的降解,写作为时间的遗忘,是于 1941 年 11 月份一篇发表在比利时《晚报》(Le Soir)上的文章。他引用了法国作家亨利·德·蒙瑟兰(Henry de Montherlant)的一段文字。在他看来,这段文字很好地说明了那些时段的文学

---

① 据艾维塔·罗内尔(Avital Ronell)回忆,当时美国的解构主义者对怎么回应保罗·德·曼的事件也有很大分歧。德里达本人希望有一个一致的反抗阵线,但并未得到完全赞同。相关信息可见伯努瓦·佩特斯(Benoît Peeters)所写的德里达传记:Benoît Peeters, *Derrida: A Biography*, Cambridge: Polity Press, 2010, p.397。

② 标题为《就像贝壳深处的海声:保罗·德·曼的战争》,最初出版见:Jacques Derrida, "Like the Sound of the Sea Deep within a Shell: Paul De Man's War", trans. Peggy Kamuf, *Critical Inquiry*, vol. 14, no. 3, 1988, pp.590—652。

注定要被遗忘的命运：

> 在蒙瑟兰的文集中，有一段文字是关注了自 1940 年八月以来的文学
> 出版的人士会同意的："那些对当下的事件赋予了太多关注的作者，我预
> 言，他们作品中的这一部分，将遭遇最为完全(the worst)的遗忘。当我打
> 开了今天的新闻与杂志时，我听闻到了未来翻阅它们时的漫不经心，像是
> 人们拿着贝壳贴近耳朵的时候听到的海的声音(just as one hears the
> sound of the sea when one holds certain seashells up to the ear)。"没有比此
> 更妙的说法了。[1]

这里并没有对全身心投入时政的作者的鄙夷。蒙瑟兰与德·曼都甘愿写
注定会降解、会被时间遗忘的文字。但是，德·曼并没有等到他设想的未来的
漠不关心。至少在表观上，人们开始关注起了在德·曼最有影响力的理论著
作发表几十年前的战时写作。因此，是德·曼首先提出了文学作品的降解性
以及可生物降解性的问题，也是他自己揭示了作品解体或者余存的不可预
测性。

从中我们已经可以揣测到，为什么之于德·曼事件，德里达的反思是关于
"可生物降解"的了。文中，德里达不断地质疑人们所赋予德·曼战时写作的
地位(早于那个为世人所知的德·曼几十年)。而于更早一篇的最初回应《就
像贝壳深处的海声》(*Like the Sound of the Sea Deep within a Shell*)，德里达探
究了德·曼在上述的这一段引用中，对于蒙瑟兰的作品的被遗忘以及他自身
的被遗忘的信心：

> 这一文章开始于引用蒙瑟兰的评论，好似是在题词(epigraph)中以来
> 准许自己的写。而后，它以讽刺的方式转而攻击了德·曼自己，其无情的
> 清醒，唉(太过清醒，不够清醒，盲目的清醒)，让任何人都无法幸免，甚至
> 是近半个世纪后的德·曼。他的职业是写时事，他处理的是这个领域的
> 时事，他宣布那些把文学献给时事的人将被遗忘。难道这一些语句，这一
> "最糟糕"(the worst)的名称，不从此变得不可忘却了？想到德·曼可能
> 应用了这么冰冷的双刃剑是让人感到恐惧的，或许他正在期待"最为糟糕

---

[1]　Paul De Man, "Le Solstice de juin, par Henri de Montherlant", *Le Soir*, 11 Nov. 1941.

的”(the worst)。①

从蒙瑟兰至德·曼至德里达,甚至更多的人,谁又可以预想到,一句关于遗忘以及匿名的短语("就像贝壳深处的海声")会留存下来,像一个签名或专名,抵制了它所谈到的匿名和遗忘,完全与德曼认为它所注定的被遗忘相对立。

二、人工物与自然物

以上论述的语境不免让读者很难一开始便把握到在"可生物降解"的标题下,德里达论述的究竟是哪一些议题,为什么对于后者的讨论要放置在"可生物降解"的标题下,并且是有效的、行得通的。简单地概括,在《可生物降解》中,与德·曼一同或在德·曼一旁,德里达所试图思考的是"可生物降解"的概念、人们称为"可生物降解"的事物以及"可生物降解"这个词汇之间的关联。而对于"可生物降解"的词汇的思考,也可以延展至语言,或更一般的文本(后者在莫顿看来才是真正的生态②)。通过提出"一般剩余物的问题"③,德里达提出了事物的可生物降解和文化或写作的(生物)降解之间的关系的问题,并且解构了许多关于事物的可生物降解性的预设。实际上,这一关于可生物降解的沉思,再一次重复了解构所教给人们的事情——关于余存、关于更一般的词和事物之间的关系、关于能指的可迭代性等。

实际上,"可生物降解"一词的意义并不像人们所预想的由技术—科学的简单定义便可以敲定,它绝对无法限定在某一个领域。首先,一个十分棘手的问题是它背后关于"自然"与"人工物"区分的预设。德里达提醒我们,人们并不会用该词汇来形容一个可以降解的自然物。仅有可为微生物分解的人工

---

① Jacques Derrida, "Like the Sound of the Sea Deep within a Shell: Paul de Man's War," in *Signature Derrida*, Jay Williams, eds., Chicago and London: The University of Chicago Press, 2013, p. 105.

② Timothy Morton, "Ecology as Text, Text as Ecology", *Oxford Literary Review*, vol. 32, no. 1, 2010, pp. 1–17.

③ 卡穆夫在注释中写道,德里达原文对于剩余物使用的词汇是"le reste"。相对于"剩余",它有一个不可翻译的剩余。因为 reste 有命令式的用法,意义为"留下"。例如短语"reste avec moi"的意义为"留下与我一起"。Jacques Derrida, "Biodegradables: Seven Diary Fragments", in *Signature Derrida*, Jay Williams, eds., Chicago and London: The University of Chicago Press, 2013, p. 175.

物,"很快回归至有机自然并且丧失其人工属性"①的工业产品,才会被称作"可生物降解"。严格而言,不经过技术设计也会自我分解的植物或动物的身体以及别的天然的有机物都不可以称为"可生物降解"的。出于相同的原因,在漫长岁月中都不易被侵蚀、受微生物的影响且保持完整的岩石、矿物、稀土元素也不是"不可生物降解"的。不可生物降解的事物也是工业的产品,它相比较别的事物生物降解地更慢,在其使用与被丢弃后的漫长岁月,几十年、甚至几个世纪中保持原样不变化。最极端的例子是核废料,钚需要两万四千年、铀 238 需要四十亿年才可以"降解"半衰。

所以,"可生物降解性"是专属一类人工的、工业(大规模)生产的事物的。德里达写道,其与别的事物的区别在于:"这一事物剩余为不会剩余的,在本质上是可以分解的事物,注定要毁坏,丧失自身作为事物的同一性并且再一次变成非-事物。"②与其他一样会分解的事物不同的是,它是被设计为会分解与毁坏的。它伴随着被分解、被侵蚀成为非自身之物的目的而生。

而可生物降解的词汇,在 1988 年至 1989 年时看来,尚是一个"新近的人工制品"③。它由希腊语 *bios* 以及拉丁语 *degradare* 组成,同时明显有技术-科学词汇的风格。这一怪异的混合体,"合成的复合材料",在那时候看来不怎么优雅。于是人们不免猜测,它并不会时兴很久,也许会比其他词"更容易分解",更容易"消失或让自己在第一时间被取代"④。德里达在那时候早已经听惯了别人讲解构不过是一时的风尚(自七十年代开始,这般的语调便一直没有休止,但是十年后、二十年后、三十年后、五六十年后,解构仍在那里),很快便无人问津。在这一层面上,可生物降解可能会让人们想到"解构"本身。偏偏这一综合的、人工的、技艺的特质使得"可生物降解"这一词汇比别的词汇更难以降解。在一个特别凄美的比喻中,德里达写道,它的余存或许能"与我们文化的伟大作品以及我们承诺了永恒的纪念碑相媲美"⑤。

假使要去说明解构所教会人们的事情——像是符号的基本可迭代性

---

① Jacques Derrida, "Biodegradables: Seven Diary Fragments", in *Signature Derrida*, p. 169.
② Jacques Derrida, "Biodegradables: Seven Diary Fragments", in *Signature Derrida*, p. 153.
③ Jacques Derrida, "Biodegradables: Seven Diary Fragments", in *Signature Derrida*, p. 155.
④ Jacques Derrida, "Biodegradables: Seven Diary Fragments", in *Signature Derrida*, p. 155.
⑤ Jacques Derrida, "Biodegradables: Seven Diary Fragments", in *Signature Derrida*, p. 155.

(itérabilité)①怎么从传统中找寻并回收资源,将之重新书写至新的语境中——对于"可生物降解性"的思考是一个理想的载体。在文本某处,于长时间地使用了"文化""农业"与"自然"等词后,德里达写道:"这些词都很不好,我将它们放进了引用符号之中,实际上,我使用它们是为了穷尽它们,然后将它们像无用的垃圾一般遗弃,但是它们十分有韧性,或许像是引用符号的静默主义。"②

可生物降解的事物与可以解构的事物有一定的相似性,它以一个全新的方式提出了事物的可解构性的问题,也提出了解构作为一个可辨认的事物的余存的问题。在最初的时候,解构便开始思考踪迹、剩余以及余烬的问题,自然以及文化的问题,生命、死亡以及余存的问题,摧毁、自体摧毁乃至自体免疫的问题。所以解构自一开始,便是对"可生物降解"的思考。

三、构成文化的失忆/意

思考作为词汇的"可生物降解",也将涵盖对其物性的思考。假使"可生物降解"是一个事物,那么以上论述到的"自然物"以及"人工物"的区分便不再可用。因为词汇乃至更一般的文本不能被还原为它预设的"支持"或者基底支持(subjectile),即便没有后者(纸、塑料、赛璐珞、电影屏幕)它不会存在。所以德里达认为必须区分支持的余存以及语义内容的余存。③

大规模生产的人工物降解为有机自然所吸纳的模式显然在此便不足够了,因为词汇的"可生物降解性"需要在"构成文化的失忆"④中得到思考——这一原初的失忆,允许文化在它所忘却的事物上存在,或者是经由忘却而存在。⑤ 德里达降解并回收了"可生物降解",他提出了假设:该词汇可以描述文化物件的自我摧毁以及自我遗忘;在一段时间可辨认地存在后,文化物件简单地成为文化噪音的一部分,成为档案的一部分,像是"贝壳深处的海声"。在今天,德里达的这一描述似乎相较他写作的时代更为贴切了。于他写作时,尚且

---

① 在词源学上,法语中的 itérabilité(可迭代性)与 altérité(他性)十分接近,书写是他者可以解谜的标记——为他者所注目(re-marquée)的标记(la marque)——书写本质上是由自身根本的可迭代性构成的。参见 Jacques Derrida, *Marges de la philosophie*, Paris: Minuit, 1972, p. 375。

② Jacques Derrida, "Biodegradables: Seven Diary Fragments", in *Signature Derrida*, p. 165.

③ Jacques Derrida, "Biodegradables: Seven Diary Fragments", in *Signature Derrida*, p. 155.

④ Jacques Derrida, "Biodegradables: Seven Diary Fragments", in *Signature Derrida*, p. 155.

⑤ Jacques Derrida, "Biodegradables: Seven Diary Fragments", in *Signature Derrida*, p. 155.

没有互联网的广泛民用,没有大规模的电子档案。这些新近的技术使我们对余存的所有定义受到挑战——谁又可以讲明储存在大数据中是会让人类文明发生的所有过去余存,还是大数据的储存本身让人类文明事件成为白噪音,不再可降解?换而言之,可生物降解与不可生物降解的边界模糊在当下更醒目了。

而假使让"可生物降解"的词汇有效的先决条件是人们必须可以做出类似于"某一出版物相比于另一出版物更可降解,会更快地降解"①的判断,那么,这不会是一个简单的判断,要"区分侵蚀的程度、节奏、律法、随机的因素"是一场试练。② 而大多数时候,人们认为这是明晰的——有些文本"抵御了或将抵御几个世纪的侵蚀和诠释学的微生物"③;而另一些文本人们翻开第一页便明白,自己会在阅读后立即忘记它们,它们似乎自身便携带了微生物,携带了自身的摧毁。④ 德·曼事件以及更为一般的德·曼的作品是试验文本的可生物降解性的极佳案例。关于这场在期刊与报纸上就德·曼的战时新闻写作(1939—1943)展开的全部争论,德里达问道:"几年后,十年后,二十年后,这一切会留下什么?档案将如何被过滤?哪些文本将被重读?"⑤争议开始一年后,德里达已经看到:"人们开始忘记那些文章和那么多混乱的、匆忙的、愤怒的教授记者的名字。"⑥他同意对同一期《批判探索》中的前六篇文章作出回应,"将回应作为他的责任,不留下任何没有回应的事情"。⑦ 并且他很清楚回应那些可能该被遗忘或被(生物)降解的文本的悖谬(aporia)。或许他的回应会减速那些"虚弱的、滑稽的、暴力的、不得体的"文章本将引来的迅速降解。⑧ 但是他很快否认了这一可能,因为这仅会出现在德里达使那些文章免于批判、免于声名狼藉时。

而这里的反思将延展至更为一般的文化物件的可生物降解性——什么会让文化物件生物降解,又是什么会让文化物件抵制生物降解,生物降解之于文化物件是好事还是坏事?首先,德里达明确地指出,"可生物降解"指示

---

① Jacques Derrida, "Biodegradables: Seven Diary Fragments", in *Signature Derrida*, p. 154.
② Jacques Derrida, "Biodegradables: Seven Diary Fragments", in *Signature Derrida*, p. 153.
③ Jacques Derrida, "Biodegradables: Seven Diary Fragments", in *Signature Derrida*, p. 154.
④ Jacques Derrida, "Biodegradables: Seven Diary Fragments", in *Signature Derrida*, p. 154.
⑤ Jacques Derrida, "Biodegradables: Seven Diary Fragments", in *Signature Derrida*, p. 156.
⑥ Jacques Derrida, "Biodegradables: Seven Diary Fragments", in *Signature Derrida*, p. 157.
⑦ Jacques Derrida, "Biodegradables: Seven Diary Fragments", in *Signature Derrida*, p. 157.
⑧ Jacques Derrida, "Biodegradables: Seven Diary Fragments", in *Signature Derrida*, p. 179.

了文化物件同一性摧毁并进入更为一般的文化环境的可能性。即文化物为它所在的环境收回，以匿名的方式为这一环境提供养料。① "可生物降解"通过同一性的摧毁，塑造了文化物件在更为一般的文化中的匿名余存。在作品的形式自身同一性消解后，它可以滋养活的文化、记忆、传统。② 在这一意义上，或许文本的生物降解是值得祝福的。但是，人们也会希望一篇文本是不可降解的，希望它作为一个命名的存在保留自身的专名（或者德里达所说的"本名""签名"）。而这必须付出的代价是：写作将没有完全地被吸纳进文化。

　　或许我们可以作出总结：可生物降解对应的是本名的湮灭，而本名的余存以及它对降解的抵抗对应的是不可生物降解。但二者并非对立，二者的差别是两类余存的差别：一者是匿名的，它的特殊性与事件性，于语境、环境中不再引人注目；另一者则承载了"事件、日期的单一的标志"③，是"本名""签名"不可降解的余存。一方面，会有一些可以简单地降解的意义，将匿名地为传统以及共同记忆吸纳的意义；另一方面，会有本名、签名的余存，有文学性以及"文本事件的奇异性"的余存。④

　　而这会引来一个让人诧异的结果，即在文化中不可生物降解地余存的本名、签名并非伟大的意义的索引，它甚至不属于语言，德里达写道：

　　　　本名并不属于语言或者概念总体性。在这一方面，所有作品的余存都是作为本名或者像是本名的……以本名的方式，作品是奇异的，它并不像是自然语言一般使用下的一般成分。它也更少为自身所贡献于的文化体制所轻易吸纳。即使更为脆弱，拥有绝对的脆弱性，作为本名它相比其抵抗的文化中所有的其他事物更少地可生物降解，它抵抗并且余存，在抵抗的文化内建构一个传统，它的传统，作为不可吸收者——确实的不可阅读的什么，或许是不重要的什么——在那里铭写。本名不重要，但是要变得不重要，有很多的方式，或有趣或不。人们或许可以讲意义并不是趣味的度量——或者也不是损耗的（usure）度量。⑤

---

① Jacques Derrida, "Biodegradables：Seven Diary Fragments", in *Signature Derrida*, pp. 179－180.
② Jacques Derrida, "Biodegradables：Seven Diary Fragments", in *Signature Derrida*, p. 188.
③ Jacques Derrida, "Biodegradables：Seven Diary Fragments", in *Signature Derrida*, p. 180.
④ Jacques Derrida, "Biodegradables：Seven Diary Fragments", in *Signature Derrida*, p. 210.
⑤ Jacques Derrida, "Biodegradables：Seven Diary Fragments", in *Signature Derrida*, p. 166.

换而言之,能够去抵抗立刻的降解的,并不处在意义的秩序之上。抵抗生物降解的并非是一些意义或者感性的特殊性,而是"无关紧要"。它没有办法为文化作出概括并进食,收入腹中。本名最终不属于任何事物,它无法为任何事物占有,甚至不为它的承载者所占有。它不是最初的意义,而是"奇异的不得体性,后者允许它去抵制降解——即便不是永远,但也会持续抵制很长时间"①。

四、假使无意义间有区分

然而,并非所有的"无关紧要"都会余存,否则,荒谬的言语、逻辑的错误、差劲的解读、错乱、混淆等等必将余存。② 德里达有一定的信念:"简单的、纯粹的无意义,是立刻的可生物降解的,坏的不会抵抗,为了去余存一会儿,意义必须以一定的方式与超越它的什么联系在一起。"③但同时他也肯定,不可能去确定一篇在语义上更为丰富的文本相比语义贫瘠的文本有更多的机会余存,因为没有任何的计算可以掌控一份档案将来的"生物降解"。④ 德里达邀请我们去区分多类不同的"无关紧要",多类不同的"抵制文化的吸纳,多类不同的抵抗它,质问它,问询它以及批判它的方法(我是否敢讲,解构它)……"⑤

对历史的解构理解,最为关键的姿势在于,从文化的共同构成物中追回那些为文化驱逐于遗忘之地的话语,它们受到了压抑、贬值,被少数化⑥;换言之,特定的力量希望将它们融入不再可辨认的文化的匿名物质中。解构要做的,是将被略过的与被压抑的文本带到表面——换言之,让它们的"无关紧要",让它们的签名、本名显现出来。

什么是"伟大"作品中——像是柏拉图、莎士比亚、雨果、马拉美、詹姆士、乔伊斯、卡夫卡、海德格尔、本雅明、布朗肖、策兰的作品中——抵抗侵蚀的部分? 没有在失忆之中丧尽,增长了人们可以从中获得什么的储备,

---

① Jacques Derrida, "Biodegradables: Seven Diary Fragments", in *Signature Derrida*, p. 188.

② Jacques Derrida, "Biodegradables: Seven Diary Fragments", in *Signature Derrida*, pp. 188 – 189.

③ Jacques Derrida, "Biodegradables: Seven Diary Fragments", in *Signature Derrida*, p. 189.

④ Jacques Derrida, "Biodegradables: Seven Diary Fragments", in *Signature Derrida*, p. 178.

⑤ Jacques Derrida, "Biodegradables: Seven Diary Fragments", in *Signature Derrida*, p. 188.

⑥ Jacques Derrida, "Biodegradables: Seven Diary Fragments", in *Signature Derrida*, p. 162.

像是浪费增长了资本？①

在以上提到的伟大作者的作品中，仍在抵抗降解的并非一些被遗忘的、被压抑的意义。并非伟大作品的意义使它抵制失忆——从而余存下来——而是由于它缺乏意义。作品的本名、签名作用使得作品余存，抵抗占有或者翻译，抵抗被拆分并装配进其他的话语中，抵抗被还原为没有剩余的内容。在"可生物降解性"的英译的最后，德里达询问，抵抗翻译的是有更多的可生物降解性，还是更少？② 答案是后者的。一方面，仅有翻译，让自己翻译，一篇文本确定了自身更为广泛的播撒与在一般文化之中的余存。另一方面，通过抵制翻译，通过坚持习语的不可翻译性，一个文本保留了自身的签名。

正是余存与否的问题，以善的方式还是不理想的方式、可辨认的方式还是不可辨认的方式余存的问题，形成了德里达思考德·曼事件的经纬。德里达始终在询问，在德·曼的工作中，在抵制被吸纳为论争之中所呈现的之外，是否还有什么。自然，他的回应是肯定的："有一些剩余，有一些余存的事物铭刻了他的名字。很难去解码、翻译、同化。"③并且，德里达认为相似的抵抗出现在他自己的工作中：

　　假使在斥责以这一方式向我提出以后，这样的评注并非是不得体的、不诚实，我敢讲，在我看来最可以抵抗时间的作品是最雄辩的与最神秘的，最慷慨的富饶又有无尽的曲折的。正是由此，它们最多的，也最少的（假使你喜欢讲最少的话）"可生物降解"。④

最能抵抗时间的作品是最不可生物降解的。所以，最佳的余存方式并不是简单地降解与被回收（像那些可生物降解的人工工业制品），也不是简单的不可降解，而是"作为不可同化者的同化"——"被保留下来，因为不可感知而难以忘怀，能够诱发意义而不被意义所耗尽，不可理解的曲折，秘密"⑤。在此，德里达向我们诉说了可余存性的秘密。

---

① Jacques Derrida, "Biodegradables: Seven Diary Fragments", in *Signature Derrida*, p. 188.
② Jacques Derrida, "Biodegradables: Seven Diary Fragments", in *Signature Derrida*, p. 217.
③ Jacques Derrida, "Biodegradables: Seven Diary Fragments", in *Signature Derrida*, p. 206.
④ Jacques Derrida, "Biodegradables: Seven Diary Fragments", in *Signature Derrida*, p. 206.
⑤ Jacques Derrida, "Biodegradables: Seven Diary Fragments", in *Signature Derrida*, p. 188.

五、不 可 降 解

　　要论述可生物降解,一个最佳也是必要的途径是论述不可生物降解;因为后者作为前者的反面,将向我们诉说人们在构造、使用"可生物降解"的类别时,内心的恐惧、不安以及忧心。在《可生物降解》中,有不少于六次对核的不同提及,其中五次提到了"核废料"以及它的"长久性"。[①] 诚然,它是半衰的,但从人的生命的量度出发,核废料的长久性近似于(人所可以设想的)不朽。它像是我们之前讨论的伟大作品,以可以辨别的并且是不可生物降解的方式余存。[②] 显然,这不是一件值得欣喜的事情,因此,德里达会写:"与可生物降解的一致,不可生物降解的可以被说成是最坏的与最好的。"[③]而文本中,德里达唯一一次提及核战争而非核废料是在他论及档案以及集体无意识的时候:

　　　　今天,大容量的归档技术让我们可以保留几乎所有的出版物,即使我们没有把它们保存在过去所谓的活的记忆中,即使图书馆不得不越来越频繁地销毁其藏品的一部分。这只是一个表象:原件或微缩胶片在其他地方,长期安全地保存,除非发生核战争或"自然"灾难。[④]

　　这里,论述并不再仅限于可生物降解或不可生物降解的余存,而是涉及了没有剩余的毁灭的可能性,"一类没有逆转可能的根本性毁灭的可能性,一类没有剩余的遗忘的可能性"[⑤]。这在德里达的工作中对应了"余烬"(cendres)的思想,十分吊诡的是:"没有余烬的可能便没有痕迹,这也出现在对可(生物)降解和非可(生物)降解的等待中。"[⑥]概念的总体性总是对应了概念的可剥离性,后者是作为前者条件的,那么灰烬、余烬则是痕迹或一般剩余的可能性。假使是这样,那么我们对可生物降解以及不可生物降解的设想,则为一个十分具体的历史渊源标记,后者即大屠杀以及核爆:

---

　　① Jacques Derrida, "Biodegradables: Seven Diary Fragments", in *Signature Derrida*, pp. 155, 159, 178, 188, 207.

　　② Jacques Derrida, "Biodegradables: Seven Diary Fragments", in *Signature Derrida*, p. 188.

　　③ Jacques Derrida, "Biodegradables: Seven Diary Fragments", in *Signature Derrida*, p. 155.

　　④ Jacques Derrida, "Biodegradables: Seven Diary Fragments", in *Signature Derrida*, pp. 169 – 170.

　　⑤ Jacques Derrida, "Biodegradables: Seven Diary Fragments", in *Signature Derrida*, p. 207.

　　⑥ Jacques Derrida, "Biodegradables: Seven Diary Fragments", in *Signature Derrida*, p. 207.

　　关于踪迹与余烬。所有设法存活下来的,余存本身,是一些名字,在大型的黑色档案中,或在耶路撒冷的一个博物馆的阴森的匾牌上。即使如此,它们也不是全部。即使名字也会被焚烧。没有被压抑或谴责,被保留在另一个地方,名字也永远在被焚烧。①

　　这里所讨论的"永远在焚烧"(forever incinerated),即"踪迹背后的那里有余烬"(Il y a là cendre)。德里达不但注意到了"可生物降解性"的希腊语与拉丁语渊源、英美式的技术—科学渊源,他也用二十世纪欧洲人的耳听闻到了这个词。这怎么不让他想到集中营、乱葬岗、尸体回收、用动物脂肪制造"肥皂"等? 怎么不想到一般的灰烬,特别是奥斯威辛的灰烬? 这是他在"保罗·德·曼的战争"中多次提及的"最糟糕"的事情。②

　　1984 年,德里达写下了《没有启示,没有现在》,这是他所有文本中最直接地与核军备以及核修辞相关的一篇。③ 五年后,他写下了《可生物降解》,战争的记忆与威胁依旧没有退散。它在许多方面仍是一篇冷战的文本,是关于可生物降解与战争,关于在 1988 年和 1989 年无法忽视的核威胁的。然而今天核的威胁(关于世界之终结)是否仍然困扰着我们,萦绕在我们的话语以及无意识中? 答案自然是肯定的。德里达对于"一些绝对不可(生物)降解"的例子的论述向我们说明了无意识"审查与压抑、凝缩与置换"的操作,而这一些操作使得它们试图使之消失的事物恒久地留存下来(因为它们将之置换到了别处)。④ 这实际上已经说明了另一无意识的逻辑,它将恒久地抵抗、不可吸纳的事物当作不可吸纳者吸纳进来,而后者的名字正是"创伤"(trauma)。但在可(生物)降解的例子中,这将会是未来的创伤,还将来到的创伤。德里达写道:"就好像,一些不可生物降解的事物淹没在了海底。它在放射。"⑤

　　因此,贝壳深处的海声不仅是未来漠不关心的白噪音,它还涵盖一些类似"大冲击"(像是陨石对地球表面的冲击,它是将要来到的对人类世界的冲击)所会发射的光芒。在贝壳深处的海声可以被听成是一切被摧毁后留下的声音,一个已经下线(off-line)的世界的声音,一个没有剩余的世界的声音。

---

①　Jacques Derrida, "Biodegradables: Seven Diary Fragments", in *Signature Derrida*, p. 198.

②　Jacques Derrida, "Biodegradables: Seven Diary Fragments", in *Signature Derrida*, p. 198.

③　Jacques Derrida, "No Apocalypse, Not Now", *Diacritics*, vol. 14, no. 2, 1984, pp. 20 – 31.

④　Jacques Derrida, "Biodegradables: Seven Diary Fragments", in *Signature Derrida*, p. 207.

⑤　Jacques Derrida, "Biodegradables: Seven Diary Fragments", in *Signature Derrida*, p. 206.

六、结　语

在《可生物降解》的最后,德里达向我们提出了挑战,让我们敢于阅读,然后抛弃他的作品。《可生物降解》的最后一句话是:"一份文件,在这里,它现在让人读到,唯一的一句:'忘记它,放弃它,所有这些都是可生物降解的。'这一份文件未来的命运会是什么?"①而这一段涵盖了一个悖论,因为被命令要忘记而记住的悖论。这个文本的赌注,德里达的赌注,是这个文本不仅试图提供一些关于可生物降解的命题,而且想要见证它本身可生物降解以及不可生物降解(很显然,这一文本中很大的部分抵抗被还原为可接收的意义)的是什么,从而成为可生物降解典范的范例。同样在文本的最后,德里达问自己,他为什么要写这个文本,他自己回答道:

> 好吧,不为什么,只是为了看看,反思一下,看看它会剩下什么,也许是在这里衡量一下这个文本的"(生物)可降解性",准确地说,在它的意义之外,测试它的翻译、出版和保存条件。②

三十年以后,当人们翻开这一文本试图弄清楚它写作的缘由,它背后的烦恼、恐惧,它是怎么运作的,带着什么许诺,面对了什么威胁时,他们会理解到德里达自己的意图或要写的意义之内或之外的事情。这是一个赌注,而可生物降解也是一个赌注,没有人可以确实地理解余存的条件是什么,我们都在尝试的是给予余存额外的机会。

---

① Jacques Derrida, "Biodegradables: Seven Diary Fragments", in *Signature Derrida*, p. 219.
② Jacques Derrida, "Biodegradables: Seven Diary Fragments", in *Signature Derrida*, p. 211.

免疫、一体化与种质：论埃斯波西托对"生命政治之谜"的解决

樊熙奇/文*

摘　要：福柯的生命政治理论并未解现代共同体内从生到死的转换问题，对此埃斯波西托通过"免疫"概念来填补前者所留下的理论空白。他认为，现代政治理论将古代个体与共同体间的中介关系打破，最终在死亡政治中，生命的位置从个体转至整体的"种质"，使原本被用来保护个体的免疫机制开始反噬生命。同时他也认为，死亡政治产生了一种全新的生命观，这为从福柯和阿甘本的否定式生命政治转向对肯定式的生命政治提供了可能。

关键词："生命政治之谜"　免疫　一体化　种质　独一性的生命

一、问题的提出及初步解决："免疫"概念

《阿甘本词典》是这么解释"谜"（enigma）这个词的：它关乎对一种特定哲学的质询，这一质询力图展示这一哲学中的某种未说出并且就自身而言也无法说出的东西，从而让质询者与被质询者之间形成一种对话。其中最好的例子是"在福柯这里，对主权和生命权力（biopower）的区分，它并未被福柯自己进行彻底的解释，但就其自身的思想而言，它却造成了诸多意义深远的结果"①。

对于这个福柯生命政治思想中的"谜"，阿甘本自己的总结是："无论，在什么情况下，'zoe'进入城邦领域——赤裸生命的政治化——都构成了现代性的决定事件，标志着古典思想之诸种政治—哲学范畴的激进转变……被本世

＊　樊熙奇，同济大学哲学博士；上海第二工业大学马克思主义学院，讲师。

① Alex Murray，Jessica Whyte. *The Agamben Dictionary*，Edinburgh：Edinburgh University Press，2011，pp. 61－66.

纪归为历史原因且一直未解开的诸'谜团'（纳粹主义只是其中最令人不安的一个），只能在它们形成的地方——生命政治之域——被解开。"①

我们从上述两段文字中可以得知，生命政治之"谜"包含了两个方面的内容：一是政治—哲学范畴如何从古典式转变为现代式的问题；二是纳粹主义何以可能的问题。第一个问题在福柯这里表述为古代的主权权力（sovereign power）和现代的生命权力（biopower）之间的关系。君主的主权权力是一种杀戮权力："在统治权的经典理论中，生与死的权利是其根本特性之一……生与死的权利只能以一种不平衡的方式运转，而且总是在死这一边。"②而现代的生命权力则是一种保护和提高生命的权力，自现代政治发端以来，"以君主权力为代表的旧的死亡权力现在被对肉体的管理和对生命的有分寸的支配小心翼翼地取代了"③。第二个问题则关乎种族主义（racism）："使种族主义进入国家机制的正是生命权力的出现。"④福柯认为，正是种族主义这一概念装置，让国家机制能够在行驶保护和提高生命的生命权力的同时，也执行主权的杀戮权力。

在与阿甘本齐名的另一位意大利生命政治理论家埃斯波西托（Roberto Esposito）这里，福柯的两个问题则以另一种方式被质询：

> 在什么意义上可以说生命管理政治，又在什么意义上说政治管理生命？它到底关乎的是生命的管理还是对生命的管理？……生命政治（biopolitics）的概念存在着丧失其自身同一性的危险，变成了一个谜。⑤

在他看来，福柯虽然提出了这一问题，却缺乏解决这一问题的明确路径。"（他所）遗留下的未被回答的关键问题是：如果生命要强于围绕它的权力……那么我们又该如何解释在现代性中大量产生的死亡？"⑥正如阿甘本所说："再一次地，我们遭遇到那个谜，这个可怕的未说出的东西，是这个前置在政治（politics）之前的'生命'（bios）决定了（'生命政治'）这个词的真正含义。

---

　　① 阿甘本：《神圣人：至高权力与神圣生命》，吴冠军译，北京：中央编译出版社，2016年，第7页。

　　② 福柯：《必须保卫社会》，钱翰译，上海：上海人民出版社，1999年，第227页。

　　③ 福柯：《性经验史》，佘碧平译，上海：上海人民出版社，2005年，第90页。

　　④ 福柯：《必须保卫社会》，第239页。

　　⑤ Roberto Esposito. *Bios: Biopolitics and Philosophy*, Minnesota：University of Minnesota Press, 2008, p. 15.

　　⑥ Roberto Esposito. *Bios: Biopolitics and Philosophy*, p. 39.

为什么生命政治一直有被颠倒为死亡政治(thanatopolitics)的危险?"①即是说,如果生命权力与主权权力在本质上彼此矛盾,那么福柯的这种通过"种族主义"来让生命权力行驶杀戮职能的思路就立刻变得可疑,至少说它还需要被进一步解释。

为了解决"生命政治之谜",埃斯波西托直截了当地使用一个全新的概念——"免疫"(immunity),并将之视为解决这一问题的真正钥匙。"免疫"一词在司法上指对某项义务或罪责的豁免权利,在生物学和医学上则指免除某种致病源对身体戕害的生命防御机制,总之无论哪种意义,它都指向其的拉丁语源:"immunitas"。埃斯波西托发现,在实际的使用过程中,这个词常常与另一个词呈对子的形式出现:"communitas",后者为"共同体"(community)一词的词源。这个对子的词根皆为"munus",意指礼物、负担、责任等。所谓"communitas",即是某种共同担负的外在责任;所谓"immunitas",即是对这一共同责任的免去和卸除。对此他进一步发现,"免疫"常常是后发性的(reaction),而这一共同的责任则是先在的、先发性的(action),即必须在责任或者负担"攻击"个体,或者说至少对个体产生危害之时,"免疫"才能发挥功效。更为重要的是,它的运行机制非但不是直接与危害个体的"munus"相对抗,反而是对后者的接受,真正被免去的是后者的外在性和"共同性":"比较这个词的谱系发端,免疫是一种部分化的条件:无论它涉及的是个体还是集体,它总是'专有的'(proper)②,即'属于某人',故而它是'非共同的'。"③

这就是贯穿于司法实践和医学实践的"免疫"概念的真实内涵:将某种外在于生命的压迫性力量纳入其内部,从而免除掉它的致死性,让生命可以"带毒生存"。埃斯波西托认为,这一免疫机制正是现代政治典型且独有的特征,后者"具有着一种清晰的生命政治倾向,确切地说它是如此被强调的,即它开始于保护生命(conservatio vitae)这一问题"。在古代的政治机制中并没有免疫机制。固然这并非说后者并不关心生命问题,而是说它缺乏对个体生命进行保护的机制,毋宁说,它是"反—免疫"的:对于个体生命的处置,是为了城

---

①　阿甘本:《神圣人:至高权力与神圣生命》,第 39 页。

②　"专有"一词来自夏可君对吕克·南希的"propre"概念的翻译,可以很明显看到埃斯波西托此处对南希相关思想的借用与阐发。参见夏可君,《出生到在场:让-吕克·南希论身体的"非实在性场域"》,《东吴学术》,2012 年。

③　Roberto Esposito. *Immunitas: The Protection and Negation of Life*, Cambridge:Polity Press, 2011, p. 6.

邦的善好(the good of koinon)①,是为了强化某种至高秩序或原则而必须强加给生命的共同的"munus"。虽然在其中同样存在着对个体生命之"免除义务"的功能,但这一政治性操作仍然建立在对共同义务的强化和提纯的基础上,旨在将某些不符合这一"共同义务"的非政治倾向(impolitical tendency)的内容剔除出共同体。②

相比较古代政治原则,现代政治机制则在同一套"communitas-immunitas"转换逻辑中进行相反的操作:之所以仍然要构建起"共同义务",是因为如果不这样做,个体生命就要进入到霍布斯式的"一切人对一切人的战争"之中。免疫机制是中介化的,即现代政治的核心概念,诸如主权、财产、自由和权力等,作为被外加在生命之中的"munus",被免除掉了古代政治中的那种"共同性",不再是外在于且高于生命的至高秩序,而成为个体所"独占"(appropriation)的东西:"在这个视角之下,没有权力外在于生命,正如生命从来没有离开过与权力的关系。从这个角度出发,政治不是别的,而仅是为了保证生命存活的可能性和工具。"③从这个角度出发,现代政治就是生命自行建造的一套生物学意义上的免疫系统。它本身并非不带有毒性,只不过这一毒性被用来抵抗更为凶险的外在于自然生命的东西。④

综上所述,我们可以归纳出埃斯波西托"免疫"概念的两个基本内容:一是保护生命的方式并非直接与死亡和危险相对抗,相反,它必须通过"死亡"才能保护生命;二是被用作对抗死亡的"死亡"必须是温和的、可以忍受的、不致死的。至此,"生命政治之谜"也得到最初步的解决:现代政治中主权权力与生命权力之间的重合关系奠基于对个体生命的保护,为了个体生命的安全,就必须引入戕害至少是不利于前者的东西——生命"像一个永远也无法愈合的伤口"⑤。

然而我们必须进一步追问:就生命权力与主权权力的根本矛盾而言,这个谜仍然晦暗不明:如果现代政治被保护的是个体生命,那么无论以何种名义对之杀戮均是不被允许的,即便它需要引入不致死的戕害。换句话说,"免疫"概念的第二重含义——用温和的戕害来对抗致死的戕害——仍然晦暗不

① Roberto Esposito. *Immunitas: The Protection and Negation of Life*, p. 54.
② Roberto Esposito. *Bios: Biopolitics and Philosophy*, p. 54.
③ Roberto Esposito. *Bios: Biopolitics and Philosophy*, p. 46.
④ Roberto Esposito. *Immunitas: The Protection and Negation of Life*, p. 125.
⑤ Roberto Esposito. *Bios: Biopolitics and Philosophy*, p. 8.

明。对此,埃斯波西托的解决方法之要点则在于,他认为在现代政治的思想和实践中,其必须被保护的"生命"的内涵发生了偏移:从个体偏移向国家,再从国家偏移向种族。

二、问题的进一步解决:"一体化"

如果说现代政治的基本运行机制是通过"免疫"来保护生命,那么对这个"生命"的定义,则逐渐从个体偏移向国家。根据埃斯波西托的分析,将国家视为一个生命的观念并非现代政治所特有,比如在中世纪政治神学中就已存在将国家比作一个身体的"政治身体"(body politic)隐喻:"我们可以发现,数世纪以来在政治官方和学者那里最惯用的术语就是对政治性身体之结构和功能的表征。它的每一部分都被比作人的身体的不同部分……保证了国王/头和臣民/四肢以及王国中不同实体和秩序之间的等级关系。"[①]

在古代西方的政治观中,国家的"生命"与每一个体的生命必须通过不同等级和阶层的中间过渡才得以发生关系,对于国家的保护并不与对个体的保护直接相关。而在现代政治理论中,个体与国家之间不再具有中介联系,二者融为一体,即埃斯波西托所谓的"一体化"(incorporation),它在现代政治理论的发端就已初现端倪。在霍布斯的政治理论中,国家旨在保护个体的自然生命,但无论如何生命并非不朽,它必然会死亡,故而国家作为一个"人工的人"(artificial man),它自身必须具备某种"不朽"的品质才能承担起保护个体自然生命安全的责任。[②]与古代的"政治身体"隐喻相反,霍布斯将国家视为一个运转良好的机器,它不能像自然生命那样处在无序和混乱的状态,而必须通过严密的机械性计算才能被构建起来。对此埃斯波西托评价道:

> 被霍布斯采用的机械性词汇并非被用来反对身体性词汇,而是要支撑后者。机械隐喻意在强化生命与身体之间原本的不稳定联系,像是一个被用来保证活的身体超越自身自然能力的金属骨骼。[③]

当然,这个加固在政治身体上的机器并不能保证每一个体的生存,但它可

---

① Roberto Esposito. *Immunitas: The Protection and Negation of Life*, pp. 113 – 114.

② Roberto Esposito. *Immunitas: The Protection and Negation of Life*, p. 86.

③ Roberto Esposito. *Immunitas: The Protection and Negation of Life*, p. 115.

以最大限度地避免因个体的凋亡而影响到整体，从而最大程度上保证最大多数个体生命的安全。这样一来，原本用来保障个体生命的现代政治免疫机制，在操作实践上则被转移至对国家整体之安全的保障。在这一转移中，个体与总体虽然仍是二分的，但与古代的"政治身体"不同，在这里国家整体的保护与对个体的保护之间发生了关联。①

　　埃斯波西托认为，通过卢梭的"公意"（general will）概念，个体与国家的一体化得到进一步加深。他引用卢梭的经典论述："我们每个人都以其自身及其全部的力量共同置于公意的最高指导之下，并且我们在共同体中接纳每一个成员作为全体之不可分割的一部分。"②这样一来，国家不再被看作用来保护个体生命的人工的额外支撑，它自己就是一个大写的生命，对个体的戕害等于对国家的戕害，反之亦然。在卢梭这里，"政治身体"的隐喻失去了区分个体与国家、政治主体与客体的功能，对此埃斯波西托总结道：

　　　　从这一观点出发，身体不同部分或者组成国家的不同器官之间的等级式关系，便不再有意义了。因为区分主体与客体的主权功能内在于一个没有头的身体之中，或者说这个头延伸到了整个身体的平面之上。③

　　虽然从表面上看，"一体化"让古老的"政治身体"隐喻在现代政治思想和实践中不再适用，但事实上这一身体与国家的类比关系并未因此而消失，反而通过某种变形而得以加深。自19世纪以来，西方政治理论开始借用生物学和医学的新近发展，将"政治身体"的隐喻转变为一种"有机性的隐喻"（organismic metaphor），即"国家组织"（state organism）概念。在这一全新的隐喻中，政治学借用胚胎理论中的先成说和后成说来解释国家构建之基础，管理学和经济学则借用血液循环概念来解释市民社会及市场的流通问题。④

　　埃斯波西托发现，通过有机性的隐喻作为中介，不仅政治学借用生物学的术语和概念，生物学反过来也借用政治学来阐述自身，其中最著名的当属魏尔肖（Rudolf Virchow）的细胞理论。魏尔肖批判当时流行的血液病理学和神经病理学来构建自己细胞理论的逻辑基础，后者将血液循环和神经系统视为身

----

① Roberto Esposito. *Immunitas: The Protection and Negation of Life*, p. 116.
② Roberto Esposito. *Immunitas: The Protection and Negation of Life*, p. 116.
③ Roberto Esposito. *Immunitas: The Protection and Negation of Life*, p. 117.
④ Roberto Esposito. *Immunitas: The Protection and Negation of Life*, pp. 128 – 129.

体的一项功能,而其内在的细胞则是实现这一功能的组成要素,它必须被放置在整个功能系统之中才具有研究价值。① 魏尔肖则认为,细胞本身就是实体,它们通过互相之间能量和物质的交换作用来维持身体整体的活力。② 埃斯波西托认为,这种细胞理论展示出了"国家组织"作为"政治身体"隐喻的全新变形的基本面貌:"正是魏尔肖完成了这一语言和概念上的转变,将国家和身体之间的相似性转移到一个新的领域。他从身体的不同部位之间的比较(君主国家的不同秩序或阶层)和身体的总体性(民主国家的人民—民族),转移到组成身体的个体性元素之上。"③

在"国家组织"隐喻中,身体不再是一个不可分割的整体,而是由彼此平等的组成部分复合而成。每一个体都是单个的细胞,彼此之间并没有等级式的区分,而仅仅基于不同特性及所处的位置而起到不同功能:"身体既不是一个受到绝对统治的王国,也不是一个由公意所统一的民族国家,而是一个由其内在彼此平等的全部成员所组成的共同体。"④与之类似,国家也不是不同阶层的总和,而是个体间依赖于某种总体性力量而复合成的有机整体。⑤ 如果说霍布斯和卢梭对"政治身体"的"一体化"变形仍然未触及其根本——国家位于一个超越个体的位置,无论它是超越于个体自然生命的人造机器,还是将彻底取消个体之间彼此相对独立的"公意",那么在"国家组织"隐喻中,国家则不再被视为一个实体,它并不高于个体,仅仅是个体生命的有机整合。埃斯波西托认为,从"政治身体"向"国家组织"的隐喻转换是走向"生命政治极为关键的一步"⑥,某种种族主义式的生命观念几乎呼之欲出。表面上看,这一转换似乎是向古代"政治身体"的简单回归,即将生命从个人对之的独占中剥离出来而归还给国家,但问题在于,这里的"国家"不再具有实体性,它基于某种让这个体复合在一起的总体性力量而产生,这一力量被贮存在个体之中:在细胞中"贮存着生命的启动性力量,即吸收营养和生长的功能"。⑦ 但生命的力量又不完全属于个体,相反它依赖于"离散的实体间互相联系及互相作用而产生的多样性(multiplicity)"⑧。

---

① Roberto Esposito. *Immunitas: The Protection and Negation of Life*, p. 129.

② Roberto Esposito. *Immunitas: The Protection and Negation of Life*, p. 129.

③ Roberto Esposito. *Immunitas: The Protection and Negation of Life*, p. 129.

④ Roberto Esposito. *Immunitas: The Protection and Negation of Life*, p. 133.

⑤ Roberto Esposito. *Immunitas: The Protection and Negation of Life*, pp. 129 – 131.

⑥ Roberto Esposito. *Immunitas: The Protection and Negation of Life*, p. 133.

⑦ Roberto Esposito. *Immunitas: The Protection and Negation of Life*, p. 129.

⑧ Roberto Esposito. *Immunitas: The Protection and Negation of Life*, p. 129.

三、问题的最终解决："种质"

个体与国家的"一体化"让生命所处的位置发生了偏移：作为保护个体自然生命的国家不再是人工的、中介性的机器，它本身就是一个"生命"。但这个有"生命"的国家并不完全等于古代的"政治身体"，因为在后者那里个体与国家之间是割裂的，而在"国家组织"隐喻中，国家则被视为个体复合成的有机整体，在其中生命既不完全属于国家，也不完全属于个体，它是一个与二者都不相同又将二者完全覆盖的第三者。至此，对"生命政治之谜"的解决仅差最后一步：只有将生命带离出个体与国家的简单二分，将之放置在种族之上，免疫机制的杀戮功能才得以实现。

如果生命以忍受作用于自己身上不致死的伤害来换取免于横死的危险，那么为何免疫机制发展到纳粹主义阶段为何凶相毕露，成了彻底的杀戮机器？更为诡异的是，纳粹德国的国家机器事实上对于个体的生命健康是相当关心的，它对于石棉、烟草和杀虫剂的使用与癌症之间关系的研究领先世界，也提倡和推广有机蔬菜，更不用提希特勒本人从不抽烟，热爱素食，还是一个热心的动物保护主义者。[①] 以此为旁证，可以看到纳粹的种族灭绝政策完全是自我矛盾的。[②] 对此我们是否可以说，纳粹的免疫机制想要保护的是一种比个体和国家还要重要和根本的生命？

让我们重新回到福柯对生命政治与纳粹之间关系的表述："在国家按照生命权力的模式运转之后，国家杀人的职能就只能由种族主义来保证。"[③]他认为，古代的"种族"（race）概念涉及一种战争状态，即国家为保障本种族的安全而与其他种族交战。但随着 19 世纪以来政治学对生物学和医学新近发展的吸收，敌人不再是位于国家外部的其他敌对种族，而是那些不断侵扰入种族内部的移民、异族，他们如致病菌一般从内部威胁种族的生存和健康。故而现代国家不再执行二元式的敌我交战职能，转而成为某种一元性、整体性的"保证种族纯洁性的工具"：

种族主义实际上将导致在我自己的生命和他人的死亡之间建立一种

---

① Roberto Esposito. *Bios: Biopolitics and Philosophy*, p. 115.
② Roberto Esposito. *Bios: Biopolitics and Philosophy*, p. 138.
③ 福柯：《必须保卫社会》，第 241 页。

联系,这种联系不是军事和战争冲突的联系,而是生物学类型的联系……他人的死亡,不仅仅是我在个人安全意义上的生命;他人的死亡,劣等种族、低等种族(或退化、变态种族)的死亡,将使整体生命更加健康,更加纯粹。[1]

对此,埃斯波西托引用 19 世纪法国历史学家戈比诺(Arthur de Gobineau)的《人类种族的不平等》的观点,对福柯的观点形成佐证。戈比诺将同时代的法国病理学家比夏(Xavier Bichat)的病理学理论从个体生命的领域挪用到对种族的分析上,旨在发现作为种族的生命何以衰败的原因。他认为,导致生命衰败的腐败性力量首先由不同种族的杂合所致。[2] 而同时代的德国动物学家海克尔(Ernst Haeckel)则进一步将"动物性"(animality)视为区分人类种族之间健康差异的衡量标准。他将不同的人种从高到低归类,认为越是低级的人种越具有动物性:"训练最具智慧的家养动物要比那些没有理性的野兽般的人要容易……他们远远低于没有理性的动物。"[3]

在埃斯波西托看来,这种将"动物性"放置在人类种族谱系的连续性之中的尝试,让海克尔的人种学成为纳粹死亡政治的先声。[4] 与一般印象相反,纳粹并非简单地把低等种族视为动物,将人"动物化";而是将人的概念扩展到所有物种之中,将动物"人化"(anthropologized)。[5] 在种族屠杀中被消灭掉的人并不是一个动物,而是处于人与动物的中间阶段的"半人",因其身体包含较多的动物属性而处于整个"人—动物"之生命链条中较低的位置,甚至低于动物,故而可以被杀戮。[6] 相应地,动物也必然包含了部分"人性"(humanity),那些包含了较多"人性"的动物自然不能被随意屠杀,它们的生命甚至比人的还要宝贵。[7]

这个既包含"动物性"也包含"人性"的生命既不属于个体,也不属于国家,甚至也不完全属于人类整体,它是一种存在于从动物到人的广阔遗传谱系

---

[1]　福柯:《必须保卫社会》,第 240 页。

[2]　Roberto Esposito. *Third Person: Political of Life and Philosophy of Impersonal*, Cambridge: Polity Press, 2012, p. 45.

[3]　Roberto Esposito. *Third Person: Political of Life and Philosophy of Impersonal*, Cambridge: Polity Press, 2012, p. 54.

[4]　Roberto Esposito. *Bios: Biopolitics and Philosophy*, p. 52.

[5]　Roberto Esposito. *Bios: Biopolitics and Philosophy*, p. 130.

[6]　Roberto Esposito. *Bios: Biopolitics and Philosophy*, p. 134.

[7]　Roberto Esposito. *Bios: Biopolitics and Philosophy*, p. 135.

中的生长性力量。① 德国胚胎学家魏斯曼（August Weismann）将之定义为"种质"（germinative plasma），在"国家组织"隐喻中，个体所具有的生长（germinative）能力脱离了个体对之的占有而成为一个全新的实体，②正如法国生物学家拉普居（Vacher de Lapouge）所说："不朽的不是灵魂，这个可能是想象中的东西，而是身体，或者说遗传的种质。"③

在种族主义看来，真正的生命并不是个体，也不是所有个体生命的集合，更不是国家总体，而是隐藏在每一个体身体之下不断传续的"种质"。④ 每一个体的生命并不与其自身保持同一，而是整个遗传链条的一环，是种质的连续性本质与中断性的表象，甚而种族整体也并非生命本身，因为种族也会消亡，真正能够不朽的仅仅是"种质"本身。⑤

四、结语：独一性的生命

至此，埃斯波西托解决了福柯的"生命政治之谜"：现代政治的核心是免疫机制，它必须通过死亡才能完成保护生命的职责。这一机制并非天生嗜血，但作为纳粹死亡政治的技术装置的种族主义，生命所处的位置从个体转至种质，在这一视角下，用温和的戕害来保护生命免于死亡的免疫逻辑并未失效，只不过其中个体不再是被保护的对象，他可以在保护健康种质的名义下被随意杀戮。

在解答了福柯未言明的这个谜团之后，埃斯波西托也提出了自己的问题：虽然"种质"的极端化导致了纳粹主义这种生命政治的最为灾难性和否定性的结果——死亡政治，但这个概念本身却是他所谓"肯定的生命政治"（affirmative biopolitics）的某种准备性的基础："这是我们的问题，这个怪兽不仅在我们身后接近我们，它也出现在我们的未来。"⑥

他将目光转向在德勒兹生前所写作的最后一部作品：《内在性：一个生命……》，认为它"包括了全部的我们所认为的肯定的生命政治的内容。"⑦其

---

① Roberto Esposito. *Bios: Biopolitics and Philosophy*, p. 135.

② Roberto Esposito. *Bios: Biopolitics and Philosophy*, p. 121.

③ Roberto Esposito. *Bios: Biopolitics and Philosophy*, pp. 162–163.

④ Roberto Esposito. *Bios: Biopolitics and Philosophy*, p. 6.

⑤ Roberto Esposito. *Bios: Biopolitics and Philosophy*, p. 142.

⑥ Roberto Esposito. *Terms of the Political*, New York：Fordham University Press, 2003. p. 80.

⑦ Roberto Esposito. *Bios: Biopolitics and Philosophy*, Minnesota：University of Minnesota Press, 2008. p. 192.

中,德勒兹着力于分析狄更斯的小说《我们共同的朋友》中的一个名叫莱德胡（Riderhood）的"人物"（person）。这个十恶不赦的恶人,当他活着的时候,所有人都厌弃他,当他濒临死亡时,所有人却又都想拯救,他们不是在拯救这个具有具体社会属性的人,而是拯救在他身上的那一残存的生命微光。这个生命就是德勒兹所说的"独一的生命"（singular life）,"一个生命"（a life）[①]。埃斯波西托认为,"这种形式的生命无法被内嵌入有意识的主体中,故而也无法从属于个体或人格（person）的形式"[②]。它的形象在纳粹死亡政治中已经被捕捉到了,即"种质",这两者是镜像式的翻转关系:如果说"种质"需要权力进行杀戮才能存活,那么莱德胡的"独一的生命"则仅在死亡逼近之时才得以被发现。这种生命逾越出个体和国家的范畴,破坏了个体的同一性以及生命与政治的截然二分:"这些（生命的）特征重新出现在纳粹死亡政治的翻转中……不再是生命屈服于规范（norm）的超越性,而是让规范成为生命的内在性冲动。"[③]通过"免疫"概念对现代政治理论的再解释,埃斯波西托不再将政治看作压抑生命的外在性力量,而是生命保障自身安全的一种特定形式。这让我们不得不想起法国生命哲学家康吉莱姆的论断:"一个健康的生命,一个对其的生存和价值有信心的生命,就是一个弹性的、易顺从的、近乎柔软的生命。"[④]在生命与外在环境（milieu）的互动关系中,生命通过不断改变自身的规范来不断适应环境、利用环境。他的这种理解生命的方式来自比夏——生命的"活"（alive）,表现在它不断与死亡的压力的对抗性活动中。生命不断受到环境外在力量的压迫,但它与之相对抗的方式,并非在某一特定的时刻与死亡进行"决斗",而是免疫式地将死亡包含进来:所谓生命,就是一个不断与死亡进行包含性排斥的过程。相应的,埃斯波西托所定义的"非人格"（impersonal）的生命是对现代政治的基本运作逻辑（即免疫机制）所做的视角之翻转:在"communitas-immunitas"的转换游戏中,"munus"不是生命为保障自身而不得不忍受的东西,而是生命展开自身所必然经历的过程。

---

① Gilles Deleuze. *Pure Immanence: Essays on A Life*, New York: Zone Books, 2001, p. 29。另可参瓦特（Miguel Vatter）的相关研究,在《永恒的生命和生命权力》一文中,他将埃斯波西托所定义的这种生命理解为与个体可朽生命相对的"永恒的生命"（eternal life）:"通过一种积极的方式,我的假设是:一种关于生命之权力的肯定性概念需要构建一种作为永恒之生命,永恒的生命（zoe ainios）是不死的,它超然于自身隐秘的神秘之中。"Miguel Vatter. "*Eternal* Life and Biopower," *The New Centennial Review*, 2010: 10, p. 218。

② Roberto Esposito. *Bios: Biopolitics and Philosophy*, p. 192.

③ Roberto Esposito. *Bios: Biopolitics and Philosophy*, p. 194.

④ Georges Canguilhem. *Knowledge of Life*, New York: Fordham University Press, 2008, p. 113.

　　如果对于阿甘本来说，"任何思考生命的思想都与权力共享其对象，并必然会面对权力的策略"[①]，那么对于埃斯波西托来说，生命与权力之间的关系则必然倒向生命这一侧。在他对福柯的一段评价中，我们可以清晰地看到其理论旨趣和意图：

　　　　对于福柯来说，生命作为其生物学上的层面来说从不与主体性（subjectivity）并存……这是一个权力永远也无法彻底地掌握其的空间，甚至它在不断产生抵抗的全新形式。从这个角度出发，我们可以辨认出一种肯定的生命政治的模糊轮廓，它并非对现代知识/权力装置的否定性定义，而是将一种张力横贯入它们之中。[②]

---

① 阿甘本：《潜能》，王立秋等译，桂林：漓江出版社，2014年，第423页。
② Roberto Esposito. *Third Person: Political of Life and Philosophy of Impersonal*, p. 18.

阿甘本的西方人类学机器批判

滕　腾/文*

摘　要：阿甘本从"生命政治"的角度审视了西方政治传统中的人类中心主义，并将这一区分人类和动物的历史装置命名为"人类学机器"。人类学机器的运作遵循这样一个基本的法则：首先把人类的自然生命定义为动物性，然后把动物等同于赤裸生命。在对于海德格尔哲学的复杂逆转中，阿甘本借助于作为"解毒剂"本雅明思想发展出了使得人类学机器"无作"的可能性，从而带来了超越所有分离和分裂的"被拯救的生命"。

关键词：生命政治　人类学机器　海德格尔　本雅明　无作

在世纪之交的几年里，阿甘本对"生命政治"研究的聚焦在西方政治传统中的人类中心主义，即动物及其与人类的关系问题之上，当然在阿甘本这里，这一关系更多地体现为人类与其自身的动物性的关系。阿甘本的这一理论兴趣的偏移，仍然接续着他的生命政治批判理路和"肯定的政治"的逻辑。正如谢尔盖·普罗佐罗夫（Sergei Prozorov）所言，阿甘本的政治逻辑在语言、国家、历史和人类四个领域是相同的：

> 阿甘本对先于并超越于所有意义的语言经验的肯定性反思，为他对超越任何特定身份的政治共同体的理论化铺平了道路，这是任何后国家主义政治的先决条件。这种后国家主义政治反过来又被明确地规定为后历史的政治，但这后历史的政治不是更为人熟知的科耶夫或福山意义上的历史进程的最终完成，而是要使这个历史进程无作，悬置以未来解放的名义使人类生存于当下的辩证否定行动。最后，由于历史性在传统上被

---

* 滕腾，同济大学人文学院博士研究生。

假定为人类生存的组成部分,这种对历史终结的重新思考,提出了无作的政治对人类和动物区别之影响的问题。①

接续着先前的生命政治批判方向,阿甘本展示了在西方政治传统中人类与非人区别是如何通过他所谓的"人类学机器"(anthropological machine)的运作偶然产生的。阿甘本描绘了关于人类和动物之区分的生命政治史。这一生命政治史就是人类学机器的运作历史,这一机器的运作遵循这样一个基本的法则:首先把人类的自然生命(zōē)定义为动物性,然后把动物等同于赤裸生命(bare life)。通过暴露在人的自我定义中动物和人的虚假接合,把动物阿甘本试图打破了人类与非人之间的区别,使得人类学机器无作。

海德格尔的哲学在阿甘本的人类学机器批判中占据着极为重要的位置,通过对海德格尔之"在此"的"生命政治"式的阅读,阿甘本揭示了海德格尔哲学的困局,海德格尔哲学并没有真正超越人类中心主义,但海德格尔哲学已经逼近了人类学机器运作的界限。使用本雅明的思想作为"解毒剂",阿甘本从海德格尔哲学中发展出朝向"存在之外"的可能。

一、人类学机器的运作

对于阿甘本所谓的人类学机器,马修·卡拉科(Matthew Calarco)给出的定义很恰当:人类学机器"可以理解为在各种科学和人类学话语中发挥效用的象征性的和物质性的机制,这些机制通过包容和排斥的双重过程对人和动物进行分类和区分"②。

阿甘本在《敞开域》(The Open)一书中对人类学机器的运作进行了"炫技"一般的揭示。阿甘本的探讨虽然涉及哲学、神学和自然科学等诸多领域,但他的目光从未离开过生命政治的维度。正如多米尼克·拉卡普拉(Dominick La Capra)所言:"《敞开域》一书除了不是人的动物(other-than-human animals)或他们的生命之外,几乎没有说什么特别的东西。"③

通过诸多精彩的分析,阿甘本指明,种种人类学机器的运作都涉及如何从

---

① Sergei Prozorov, *Agamben and Politics*, Edinburgh: Edinburgh UP, 2014, p. 6.

② Matthew Calarco, "Jamming the Anthropological Machine", in Calarco and Steven DeCaroli, eds., *Giorgio Agamben: Sovereignty and Life*, Stanford: Stanford UP, 2007, p. 170.

③ Dominick La Capra, *History and Its Limits: Human, Animal, Violence*, Ithaca: Cornell UP, 2009, p. 168.

人类自身中分离出人类的自然生命,并把它与动物性等同,同时在对这一动物性施以禁令的基础上生产出人类。也就是说:

> 只要人的生产是通过人与动物、人与非人的对立进行,只要这一对立是生产的根本,机器必然通过排斥(这也总已经是一种捕获)和包含(这也总已经是一种排斥)来运作。事实上,正是因为人类每一次都已经被预设,机器实际上产生了一种例外状态,一种不确定的区域,在这种不确定的区域中,外部只不过是对内部的排斥,而内部只不过是对外部的包含。①

阿甘本区分了在西方文化中起作用人类学机器的两个变体,即古代人类学机器和现代人类学机器,这两种机器的方式工作相互对称。在现代人类学机器的运作中,外部是通过排斥内部而产生的,也就是说,非人是通过人类的动物化而产生的。在古代人类学机器中,内部是通过包含外部而获得的,也就是说,非人是通过动物的人化而产生的。

在《例外状态》一书的结尾,阿甘本曾谈道:"如果有可能试图停止这台机器,表明它的位于中心的虚构,这是因为在暴力和法之间,在生命和规范之间,没有实体性的接合。"②这一结论同样适合于阿甘本对人类学机器之运作的批判,阿甘本的这一人类学机器批判的目标同样在于揭示人与动物虚构性的接合与分离。不得不说的是,在对各种装置的批判中,阿甘本的批判理路表现出了明显的重复性,正如贾斯汀·克莱门斯(Justin Clemens)所言:"阿甘本的网很宽,但他一次又一次地捕捉到同一条鱼。"③对于阿甘本的批判理路的重复性,我们不应纯粹从否定的角度来理解,而要着眼于批判本身的有效性。

让我们先来看阿甘本对三种古代人类学机器的分析。阿甘本的第一个古代人类学机器分析涉及神学史中的一个难题——在天国里复活的人的身体中的动物性功能是怎样的? 对于这一问题,阿甘本在《敞开域》一书的"有福者的生理学"(Physiology of the Blessed)这一章里,列举了大量的相互冲突的神学观点。以约翰·司格特·爱留金纳(John Scotus Erigena)为代表的教父神

---

① Giorgio Agamben, *The Open*, trans. Kevin Attell, Stanford: Stanford UP, 2004, p. 37.

② Giorgio Agamben, *State of Exception*, trans. Kevin Attell, Chicago: UP of Chicago P, 2005, p. 87.

③ Justin Clemens, "The Role of the Shifter and the Problem of Reference in Giorgio Agamben", in J. Clemens, N. Heron and A. Murray, eds., *The Work of Giorgio Agamben: Law, Literature, Life*, Edinburgh: Edinburgh University Press, 2008, p. 55.

学家认为,复活者的身体恢复成了亚当和夏娃在伊甸园时期的身体样式。以阿奎那为代表的教父神学家则认为,人类的动物生命被排除在复活的身体之外,复活不是指向人的自然生命的完美,而只指向那最终的冥想的生命。当然,还有一些"才子",比如奥弗涅的威廉(William of Auvergne),把这一问题所显示出来的悖论当作攻击基督教的有力武器。在阿甘本看来,这一复活的教义本身的矛盾揭示了基督教神学本身作为一种人类学机器的运作,它创造了必然被拯救的人类和人类所依附的动物身体之间的分离,通过这一机器的运作,人类对自身的动物性包容性地排斥,即施以禁令。这一复活教义的矛盾正源于动物性的身体这一"例外"本身。

让我们再来看阿甘本对自然史中的林奈(Carolus Linnaeus)的"现代科学分类学"的考察。阿甘本的关注点在于人类学机器的运作。他把注意力放在林奈如何处理在"科学分类学"中安置人的位置这一难题。通过诸多精彩的分析,阿甘本指明:"智人既不是一个被明确定义的物种,也不是一种实体;更确切地说,它是一种机器或装置,用于产生对人类的识别。"①

林奈是现代科学分类学的奠基人,他提出了自然分类方法,取代了传统的混乱的按时间顺序的分类法。通过现代科学分类学,林奈得以把前人的全部动植物知识系统化。

传统神学家认为猿猴本质上不同于人类,因为它们缺乏灵魂。笛卡尔也持有类似的观点,他将动物看作自动机器。林奈驳斥了以笛卡尔为代表的理论家,讲道:"笛卡尔肯定从来没有见过猿。"②那么到底这位现代科学分类学的奠基人是如何在他的分类学体系中安置人的位置呢? 林奈认为除了在道德和宗教层面上把人与野兽区分开来的明显区别以外,他找不到从自然科学的角度来区分类人猿和人类的具体标准。在他写道:"我必须……作为一个博物学家来考察人和他的身体,除了猿的犬齿和其他牙齿之间有一个空隙外,我几乎不知道一个区分人和猿的标志。"③

始终无法确定一个坚实的区分标准的林奈后面做出了一个令现代读者震惊的"荒谬"划分,在《自然系统》一书中,他把人与猿猴、狐猴和蝙蝠并列到在一起放在人形动物的序列里(《自然系统》一书的第 10 版中,这一序列改称为

---

① Giorgio Agamben, *The Open*, p. 26.

② Giorgio Agamben, *The Open*, p. 23.

③ Carolus Linnaeus, *Menniskans Cousiner*, Telemak Fredbärj, eds., Uppsala: Ekenäs, 1955, pp. 4 - 5.

灵长类动物),并给出了一个"反讽"式的定义：把人归为灵长类动物,然后加上了一句古老的哲学格言——认识你自己(nosce te ipsum),"只有当他把自己提升至人时,他才能成为人"①。

对于林奈这一定义,阿甘本谈道："人除了认识自己的能力之外,没有任何特定的特征。定义人,不是通过任何一个专门特征,而是通过他的自我知识,这意味着人是承认自己是人的存在,人是必须通过承认自己是人才能成为人的动物。"②

在阿甘本看来,林奈认为人不可能从自然科学的角度找到把自己同动物区分开来的标准。真正把人区分出来的是人类学机器的运作。林奈的"认识你自己"其实就是一种人类学机器。林奈的人类学机器可以说是一种"光学"机器,它由一系列镜子构成,在镜子中,人类看着自己,看到自己的形象总是在猿的特征中变形。人是一种结构性地像人的人形动物,为了成为人类,人必须首先承认自己是非人。在林奈的光学机器里,谁拒绝承认自己是猿猴,谁就变成了猿猴,只有当人类意识到自己不是人类时,它才是人类。

在《敞开域》一书的题为"没有等级"(Without Rank)的一章中,阿甘本考察了人文主义的人类学机器,即人文主义者对人的发现,这一人类学机器同样是一部反讽机器。阿甘本考察了人文主义代表乔瓦尼·皮科·德拉·米兰多拉(Giovanni Pico della Mirandola)的《关于人的尊严》这一演说。阿甘本认为,这一"人道主义宣言"被命名为《关于人的尊严》是不恰当的,因为在这里所谓的"尊严"一词应该是"等级"的意思。在这篇演说中,皮科的议题很明确,他讲道："当创造的模型全部用完时,人被塑造出来,人既没有原型,也没有适当的位置,也没有特定的等级,"③"他甚至没有自己的脸。"④皮科没有赋予人特定的特征,人作为自由非凡的自我塑造者可以把自己塑造成他喜欢的任何形式,即可以堕落成低等的野兽,也可以是高级的神灵。因为没有本质,所以人在本质上就是非人的,他因之能接受所有的本性和所有的面孔。以皮科为代表的人文主义者反讽地发现了缺乏他自身的人,发现缺乏存在等级的人。

阿甘本将人类主义者对人的短暂性和非人性的发现与18世纪对"野孩"

---

① Carolus Linnaeus, *Systema naturae*, *sive*, *Regna tria naturae system-atice proposita per classes*, *ordines*, *genera*, *& species*, Lugduni Batavorum：Haak, 1735, p. 6.

② Giorgio Agamben, *The Open*, p. 26.

③ Giovanni Pico della Mirandola, *On the Dignity of Man*, trans. Charles Glenn Wallis, Indianapolis：Hackett, 1998, p. 4.

④ Giovanni Pico della Mirandola, *On the Dignity of Man*, p. 4.

的发现并置起来。在 18 世纪,随着人文主义的流行,"野孩"的出现日益频繁。比如上文提到的林奈在 1758 年版的《自然系统》一书里就记载了在不到十五年的时间里发现的五个野孩的案例。这些野孩四足行走、不会用语言、全身覆盖毛发。当人文主义的人类科学开始描绘人的相貌轮廓时,"野孩"也越来越多地出现在欧洲的阴暗地带,它们正是人类的非人性的化身。

现在让我们来看一个现代人类学机器的例子。我们将会看到,现代人类学机器的运作方式是把一个已经是人类的人作为还不是人类的动物从自身中排除出来,也就是说,把人类动物化,把非人从人类内部的隔离开来。

在《敞开域》一书的名为《人类学机器》的一章中,阿甘本探究了 19 世纪对于人类和其他灵长类动物之间"缺失的联系"的寻找。在 19 世纪末期,恩斯特·海克尔(Ernst Haeckel)、托马斯·赫胥黎(Thomas Huxley)等进化论理论家试图通过对达尔文进化论的彻底和连贯应用来解决人类起源的问题,正如海克尔所言:"'人类是从猿类进化而来'的理论是达尔文主义的必然结果。"①进而,这些进化论理论家试图顺着这一理论方向在生物化石中寻找人类和史前灵长类动物之间的过渡生物。

以海克尔为例,海克尔于 1874 年在他的《人类起源》(Anthropogenie)一书中设想了一种从类人猿到人类的过渡形式,一种他称之为"猿人"(affemenschn,apema)的奇特生物,它的特征是没有语言。海克尔进而十分武断地把荷兰军医尤金·杜布瓦(Eugen Dubois,海克尔的热心读者)于 1874 年在爪哇岛上发现了一块头骨和一根股骨确认为这一"不会说话的猿人"(sprachloser Urmensch)。

对于这一看似基于古生物学和比较解剖学的人类起源研究,阿甘本一针见血地指出了它的问题。阿甘本认为,这一批进化论理论家对人类和史前灵长类动物之间的过渡生物的性质的设想"总是通过减去一个与比较解剖学和古生物学都无关的元素而产生,是这一元素被假定为人类的识别特征,这一元素就是语言"。这一运作正是人类学机器的运转方式,会说话的人把自己的沉默视为动物性而置于自身之外,同时把这一沉默的动物当作已经是人、同时又还不是人的人类。我们想象一个不说话的猿人来充当一个从动物到人类的桥梁,"这只是语言投射的阴影,是会说话的人的一种预设,通过这种预设,我们总是只能获得人的动物化(动物人,如海克尔的猿人)或动物的人性化(人

① Ernst Haeckel, *The Riddle of the Universe*, trans. Joseph McCabe, New York and London: Harper and Brothers, 1900, p. 82.

猿)。动物人和人动物是同一个断裂的两侧,不能从任何一侧修补"①。

在以上的四个案例分析中,我们都看到了运作在人的生产之中的包含性排斥的禁令结构。在禁令中被捕获的正是被定义为动物性的人的生命本身,这一被包含性地排斥的生命正是所谓的赤裸生命。赤裸生命是从人和动物的区别中产生的,又是这一区分得以可能的否定性基础,它占据着人和动物之间不可区分的领域,即例外空间。赤裸生命遭受着双重的剥夺,它既不属于人的领域也不属于动物的领域,暴露于死亡之中。人类学机器的禁令结构的运作依赖于不断地产生出例外的空间:

> 机器只有在它们的中心建立一个无法区分的区域,在这个区域内……人和动物、人和非人、会说话的存在和生物之间的接合必须发生。就像每一个例外的空间一样,这个区域实际上是完全空无的。真正的人类应该出现的地方,只是一个决断不断更新的地方,在这个地方,人和动物、人和非人、会说话的存在和生物之间停顿和再接合总是会再次错位并被重新替换。然而,这样得到的既不是动物的生命,也不是人的生命,而只是一种与自身分离和被自身排斥的生命,只是一种赤裸生命。②

在阿甘本看来,当代西方人类学机器的运作愈发恐怖,"今天,西方最根本的生命政治范式不是城市,而是集中营"③。当代西方人类学机器的运作把对生物生命本身(即人类的动物性)的"全面管理"作为最高的政治(或者说是非政治)任务,"基因组、全球经济和人道主义意识形态则是这一进程的三张联合在一起的面孔,后历史的人在其中似乎将其自身的生理学作为其最后的非政治任务"④。

阿纳特·皮克(Anat Pick)犀利指出,阿甘本所批判的"动物化"与维利里奥所谓的"基因工程的彻底的表现主义性质"有理论共鸣⑤,在《艺术与恐惧》

① Giorgio Agamben, *The Open*, p. 36.

② Giorgio Agamben, *The Open*, p. 38.

③ Giorgio Agamben, *Homo Sacer: Sovereign Power and Bare Life*, trans. Daniel Heller-Roazen, Stanford：Stanford UP, 1998, p. 181.

④ Giorgio Agamben, *The Open*, p. 77.

⑤ Pick, Anat, "Review of " Review of Giorgio Agamben, The Open：Man and Animal, trans. Kevin Attell, in *Bryn Mawr Review of Comparative Literature*, Vol. 5, No. 2, 2006, p. 9. Available at：https：//repository. brynmawr. edu/bmrcl/vol5/iss2/1.

（*Art and Fear*）一书中，维利里奥谈道：

> 遗传学家现在正在利用克隆来制造怪物，即人与动物的杂交……这种转基因实践的目的无非是让生物学走上一条"表现主义"的道路，即畸形学不再满足于仅仅研究畸形，而是奋力开发它们的嵌合性再造。……这与勒内·金佩尔（René Gimpel）所谴责的德国表现主义已经产生出来的东西一致。但首先也是最重要的是，这与灭绝营实验室的恐怖已经产生出来的东西一致。①

二、海德格尔的困局

众所周知，海德格尔毫无保留地批判了传统形而上学，彻底放弃了人类中心主义，并以一种最激进的方式来思考此在，正如德里达所言："在此在这一术语中，人的人性必须被重新思考。"②

通过对海德格尔哲学进行"生命政治"式的阅读，阿甘本认为海德格尔哲学仍然基于人类学机器，它并未能使我们真正超越生命政治。不过，阿甘本同时认为，海德格尔哲学代表着人类中心主义形而上学的极限，海德格尔哲学中同时拥有着朝向"幸福生命"（happy life）的潜能。

在1929—30年的冬季学期，海德格尔在弗莱堡大学开设了名为"形而上学的基本概念：世界—有限性—孤独性"的课程。海德格尔在该课程讲座中试图以一种极为激进的方式来思考讨论了动物与人的问题。在这一思考中，海德格尔的论述主线是由三重命题构成的："1. 石头（质料性的东西）是无世界（weltlos）的；2. 动物是缺乏世界（Weltarm）的；3. 人是形成着世界（weltbildend）的。"③

阿甘本认为，海德格尔对于动物之"缺乏世界"的探讨深受汉斯·德里施（Hans Driesch）、雅克布·约翰·冯·威克斯库尔（Jakob Johann von Uexküll）等人的生物学研究影响。这其中又以威克斯库尔的研究对海德格尔的影响最大。让我们先来看威克斯库尔的生物学研究。

阿甘本认为，威克斯库尔的生物学研究"表达了对生命科学中每一种人类

---

① Paul Virilio, *Art and Fear*, trans. Julie Rose, London: Continuum, 2003, pp. 51 – 52.

② Jacques Derrid, *Aporias*, trans. Thomas Dutoit. Stanford: Stanford UP, 1993, p. 35.

③ 海德格尔：《形而上学的基本概念》，赵卫国译，北京：商务印书馆，2017年，第263页。

中心主义观点的毫无保留的抛弃，以及对自然形象的彻底非人性化。"威克斯库尔首先仔细区分了"实体环境"（Umgebung）和"周围世界"（Umwelt），实体环境是我们看到一个生物在其中移动的客观空间，而周围世界是由一系列或多或少的元素构成的环境世界，他称这些元素为"意义载体"（bedeut-ungsträge，merkmalträger，carrier of significance），它们是动物唯一感兴趣的东西。研究动物的首要任务是识别构成其周围世界的意义载体。这些意义载体和动物构成了一个紧密的功能性统一体，动物的接收器官感知意义载体的标记并对其作出反应。意义载体和它在动物体内的接收器以一种"神奇"的方式紧密地联系在一起，统一在一起。动物"就是这种关系；她只在它之中并为它而活"①。

让我们来看非常典型的蜱虫的例子。让我们从威克斯库尔对蜱虫的描写开始：

> 这只无眼的动物找到了通往岗哨的路，这仅仅是因为它的皮肤对光的常规敏感。只有通过嗅觉，这个又聋又瞎的强盗才能获知猎物的接近。所有哺乳动物的皮脂腺毛囊都散发出丁酸的气味，这种气味作为一种信号作用于蜱虫，使它离开自己栖息的地方，盲目地朝着猎物下落。如果她幸运地落在温暖的东西上（她通过对特定的温度敏感的器官来感知），那么她就得到了她的猎物——温血动物，此后，她只需要借助触觉就可以找到毛发最少的地方，并将自己的整个头牢牢地插入猎物的皮肤组织中。她现在可以慢慢吸进一股热血了。②

另外，威克斯库尔通过充满各种液体的人造膜进行的实验表明，蜱虫会急切地吸收任何 37 摄氏度（相当于哺乳动物的血液温度）的液体。

蜱虫的例子清楚地显示了所有动物都具有的一般环境结构。蜱虫的周围世界可以被简化为只有三个重要的意义载体：（1）哺乳动物汗液中所含丁酸的气味；（2）哺乳动物的体温；（3）哺乳动物特有的皮肤类型。一旦这三种元素具备，蜱虫就立刻与之结合在一起，形成一种强烈而充满激情的关系。

在海德格尔的理论探讨中，他将威克斯库尔的"周围世界"这一概念等同

---

① Giorgio Agamben, *The Open*, p. 47.

② Jakob von Uexküll and Georg Kriszat, *Streifzüge durch die Umwelten von Tieren und Menschen: Ein Bilderbuch unsichtbarer Welten*, Hamburg：Rowohlt, 1956, pp. 86 – 87.

于自己的"排除障碍环"(enthemmungsring, disinhibiting ring)这一概念,他将威克斯库尔的"意义载体"这一概念等同于自己的"排除着的东西"(das enthemmende, the disinhibitor)这一概念。

同时,正是在他对动物与其排除障碍环的关系的解释中,海德格尔离开了威克斯库尔的生物学理论,在海德格尔的理路中,对动物之"缺乏世界"的探讨和他对人类之"形成着世界"的探讨是同步进行的。

海德格尔认为,恰当的定义了动物与排除着的东西之关系的模式应该是"迷醉"(benommenheit, captivation)。海德格尔把人的存在方式称为行动(verhalten, comportment),而把动物存在的方式称为行为(benehmen, behaviour),并认为两者根本不同。只要动物本质上被它自己的排除着的东西吸引,它就不能真正地行动,它只能夺取。

> 作为存在方式的夺取行为,根本上只有基于动物本身之被吸引(Eingenommenheit)才是可能的。我们将动物之特殊的在自身中存在,这种完全不同于作为人格的行动着的人之本己性,这种动物本身的被吸引状态,描画为迷醉(Benommenheit)。动物只有依其本质被夺走,它才可能夺取。①

在海德格尔看来,动物永远不会向一个世界敞开,正是在这一点上,海德格尔开始转向对敞开域(the open)本身追问——动物对什么敞开?

在海德格尔看来,动物没有"察觉"(vernehmen, apprehending),只有本能的行为,"动物之迷醉一是说:本质上被夺走了一切对某物作为某物的觉察,然后还说明:就那种被夺走而言,恰恰是被引向……"②

动物的迷醉是因为将某物觉察为某物的可能性已经从根本上被夺走了。通过这一说法,海德格尔得以将存在以否定的方式引入动物的环境,从而定义动物在迷醉时所指向的特定的存在论状态。

> 在迷醉状态下,对于动物而言,存在者不敞开或不显露,但正因为这样它也不隐蔽,迷醉状态处于这种可能性之外……动物本身不身处于存

---

① 海德格尔:《形而上学的基本概念》,第344—345页。
② 海德格尔:《形而上学的基本概念》,第356页。

在者之敞开状态中,既非其所谓的环境,本身也不作为存在者而敞开。①

动物由于其迷醉状态,原则上不具有介入其本身所是以及其所不是的存在者的可能性。动物仿佛悬置在自己本身和环境之间,无法将这个或那个东西作为存在者来经验。在此,海德格尔做出了一个反转,动物虽然不拥有存在者之敞开状态,动物的被夺取或夺取行为却显示了某种对于……的开放性,也就是被引向……海德格尔进而认为,动物那种在本能性的迷醉之下的特殊的开放性是一种敞开的形式,但这种敞开永远不会把排除着的东西揭示为一个存在者。对动物来说,存在者是敞开的,但不可介入。这种不揭示的开放性,使动物之缺乏世界与人之形成着世界区别开来。

> 恰恰是由于动物在其迷醉状态中与所有那些排除障碍环中照面的东西相关联,恰恰因此它们不站在人这一边,恰恰因此它们才没有世界。只是,这种不拥有世界却也不——更确切地说根本不——把动物逼到石头那边。因为本能性的被夺走的行为之有能力存在,也就是说,被排除着的东西所吸引,就是一种对……的开放,尽管具有自身—不—介入到……之中的特性……欠缺世界的这种内在可能性——这种可能性的一个建构环节——就是行为中的被吸引状态之本能性的开放,动物依其本质而享有这种开放,在迷醉状态中的开放,是动物的本质性的所有。基于这种拥有,它才是缺失的或缺乏的,就其存在而言被欠缺所规定。②

那么海德格尔是如何进一步规定人和动物与敞开域之关系的不同呢? 在海德格尔看来,敞开域就是存在本身,在"巴门尼德"这一课程中,海德格尔讲道:"每个存在者都被解放进的作为其自由的敞开域,这个敞开域就是存在自身。"③而存在本身进一步被规定为无蔽和遮蔽之争执的真理领域。动物看不见敞开域,正是因为动物"既不能在一个作为锁闭者的锁闭者(Verschlossenen)中活动,也不能对被遮蔽者有所行动。动物是被排除在无蔽状态和遮蔽状态的斗争之本质领域之外的。这种本质性的排除的标志是,动物和植物都'没有

---

① 海德格尔:《形而上学的基本概念》,第 356—357 页。
② 海德格尔:《形而上学的基本概念》,第 385—386 页。
③ 海德格尔:《巴门尼德》,朱清华译,北京: 商务印书馆,2018 年,第 220 页。

词语'"①。

从上文的思路来看,海德格尔似乎会把动物环境和人类世界彻底地区分开来。然而出人意料的是,海德格尔并没有把两者规定为根本异质性,海德格尔突然反转笔锋:

> 随着动物对排除着的东西的开放,动物在其迷醉状态中本质性地被置出到某个他物之中,虽说对它而言这个他物向来既不是作为存在者,也不是作为非存在者得以敞开,但作为排除着的东西,随着所有包含在其中的排除障碍的变换,将一种本质性的动荡带进到动物之本质中。②

海德格尔对动物在不揭示的敞开状态中所经历的本质性的动荡的探讨,大大地缩短了人与动物的距离,海德格尔进而认为,作为动物本质的沉醉"最终仿佛是合适的地基,人的本质现在可以在其上面得以凸显,更确切地说,恰恰从我们所思考的:世界—建立世界方面衬托出来"③。

海德格尔最终把动物的沉醉和他称所谓"深度无聊"(tiefe langewile, profound boredom)的人的基本情绪关联起来。

> 我们表明,这种基本情绪以及所有那些其中所包含的东西,如何相比于我们称作动物性的本质,相比于迷醉状态而突显出来。这种突显对于我们来说,比动物性之本质或迷醉状态更加具有决定性意义,似乎与我们描画为深度无聊之某种特性的东西最为切近,我们曾称之为此在在存在者之整体范围内被吸引住(Gebanntheit)。④

阿甘本认为,海德格尔此处对于人和动物之关系的讨论,并不是预先假定存在人的世界,再通过减法得出动物的沉醉。恰恰相反,人类世界只能通过在动物的沉醉性上实施的行动来实现。这个行动只能在无聊这一基本情绪中展开,在无聊中,人类在世界之中的敞开状态和动物朝向它的排除着的东西的敞开状态似乎在一瞬间重合了。

---

① 海德格尔:《巴门尼德》,第234页。
② 海德格尔:《形而上学的基本概念》,第390页。
③ 海德格尔:《形而上学的基本概念》,第402页。
④ 海德格尔:《形而上学的基本概念》,第403页。

　　在海德格尔那里,情绪不是心理学的概念,它必须从最一般的意义上来理解,它是此在总已被抛入其中的最基本的情态,是我们遭遇自己和他人的最原始的方式。在"形而上学的基本概念"这一课程中,海德格尔通过逐渐加深的三种无聊形式来阐明他的分析,直到达到他定义为"深度无聊"的情绪,这三种无聊集中在两个"结构环节"中,第一个结构环节是被搞得无所事事的状态,第二个结构环节是被拖住,使用阿甘本的术语来说,也就是悬置。

　　让我们先来看第一个结构环节,海德格尔给出了无聊的经典例子。

　　　　我们坐在一个索然无味的火车站里,一条小轨道消失,在远方,下一趟火车要四个小时之后才来,附近周围也平淡无奇,虽然背包里有一本书——读一读? 不。或许,有一个问题,一个难题要思考? 没有的事。我们读一读列车时刻表,或者研究一下从这个车站到其他我们根本不再熟悉的地方不同距离的一览表。我们看看表—才过了一刻钟,于是出来走到公路上,我们走来走去,只是为了找点儿什么事干干,但无济于事。我们数着公路边的树,又一次看看表——距刚才看表刚刚过了五分钟。厌倦了走来走去,我们坐在一块石头上,在沙地上画着各种各样的图形,而突然发现,我们已经又一次看了表——过了半个小时——如此等等。①

　　对于这一被搞得无所事事的状态,海德格尔分析道,在这种无聊中,"诸物对我们来说确实没有被拿走或消灭掉"②,它们在那里,但它们没有什么可以给我们的,它们对我们完全漠不关心,然而我们却无法从它们那里解脱出来,我们被让我们感到无聊的东西牢牢地困住,"就被某事物搞得无聊而言,我们直接就被无聊事物牢牢地抓住,我们对其本身挥之不去,或者出于某种原因被强迫、被束缚在那里,甚至当我们事先自由地投身于它的时候"③。

　　阿甘本认为,作为无聊的第一个结构环节的被搞得无所事事的状态显示了此在与动物的出乎意料的接近。当此在变得无聊时,此在被交付给拒绝给出它自己的东西,就像动物在沉醉时朝向拒绝敞开自身的东西开放。也就是说,人和动物都完全向某个顽固地拒绝它们的东西敞开。

　　让我们接着来看无聊的第二个结构环节,也就是被拖住。通过对深度无

　　① 海德格尔:《形而上学的基本概念》,第139—140页。
　　② 海德格尔:《形而上学的基本概念》,第153页。
　　③ 海德格尔:《形而上学的基本概念》,第138页。

聊的第二个结构环节的分析,海德格尔阐明了它与动物之沉醉的接近程度以及无聊是如何超越动物之沉醉的。在最初的时刻存在者整体拒绝此在,这在某种程度上使得此在的可能性通过一种被夺走的方式显现出来,这些可能性现在冷漠地站在此在的面前。

> 拒绝言及此在的这些诸多可能性。拒绝并不谈论这些,也不对此进行什么讨论,而是以拒绝的方式表明它们或使其宣告出来,同时以这种方式拒绝它们……此在可能具有的,而恰恰被闲置在这种"某人无聊"中的可能性——作为闲置着的东西丢弃我们——,逐渐明了起来。我们无论如何都看到:拒绝中包含着指向其他东西,这种指示就是宣告困置着的诸多可能性。①

在阿甘本看来,在无聊的第二个结构环节,此在的具体可能性,它做这个或那个的潜能,正处于悬置状态。但正是这种具体可能性的无作第一次使得纯粹可能性成为可能,使得纯粹的潜能显现出来。或者,正如海德格尔所说:

> 此在本身,也就是说,属于其能—存在本身的东西,关涉此在本身之可能性的东西,被自行拒绝着的存在者之整体所遭遇。存在者之整体……这种通过拒绝的宣告是一种呼唤,呼唤那真正使我们中的此在得以可能的东西。这种与拒绝同行的、对诸多可能性本身的呼唤,绝非不明确地指向任意的、变化不定的此在之可能性,而是完全了然一义的指向那使得以可能的东西,它承载或导致一切此在之本质可能性。②

至此,在此在之深度无聊与动物之沉醉之间的接近与差别终于被揭示出来。在沉醉中,动物与它的排除着的东西有直接联系,然而它的排除着的东西永远不会被领会为存在者。动物所不能做的恰恰是悬置它与它的排除障碍环的沉醉关系,因而那种纯粹的可能性永远不会在其中显现出来。

在阿甘本看来,海德格尔看似通过比较研究得出的此在的独特结构,其实仍然没有超越人类学机器的运作,此在的获得是通过把动物性从人类的内部的排除开来,并施以禁令。"动物的环境是以这样一种方式构成的,在这种构

---

① 海德格尔:《形而上学的基本概念》,第211页。
② 海德格尔:《形而上学的基本概念》,第215页。

成方式中一种纯粹的可能性永远不会在其中显现出来。然后,深度无聊作为形而上学的操作器出现,在深度无聊中,实现了从缺乏世界到世界,从动物环境到人类世界的过渡。"①

就动物的环境和生命而言,存在、世界和敞开域并不是别的东西:它们不过是对生物与其排除着的东西之关系的中断和捕捉。敞开域只是对动物非敞开域的捕捉。人类悬置了自己的动物性,并以这种方式打开了一个"空无"的区域,在这个区域中,生命被捕获并被离弃在一个例外的区域中。②

三、存 在 之 外

在海德格尔看来,发生在此在的敞开域中的作为真理之本质的遮蔽与无蔽之间的争执,其实就是政治本身。比如《艺术作品的本源》一文中,海德格尔对世界和大地的争执的讨论就带有明显的政治色彩:"而世界不能飘然飞离大地,因为世界是一切根本性命运的具有决定作用的境地和道路,它把自身建基于一个坚固的基础之上。"③

又如在"巴门尼德"这一课程中,城邦正是由遮蔽与无蔽之间的斗争来定义的:

> Polis 是将存在者的无蔽状态聚集于自身的处所。但是如果斗争的本质属于 aletheia——就如这个词所表达的,并且,如果斗争性也在伪装和遗忘的诸种对立形式中显现出来,那么在作为人的本质处所的 polis 中,就有所有最极端的对立本质,其中包括对无蔽之域和对存在者而言的一切非—本质(Un-wesen),也就是说,在其对立本质的多样性中的非存在者(Unseiende)。④

在阿甘本看来,海德格尔所讨论的"动物"其实就是海德格尔在其他地方讨论的"遮蔽"或者"大地"等概念。因而政治冲突最根本的维度,其实正是人类与动物之间的冲突,也就是说,西方政治在本质上就是生命政治。

对这一最根本的政治冲突,在阿甘本看来,运行在人类学机器之极限的海德格尔的哲学有两种可能的未来导向:

---

① Giorgio Agamben, *The Open*, p. 68.
② Giorgio Agamben, *The Open*, p. 79.
③ 海德格尔:《林中路》,孙周兴译,北京:商务印书馆,2015 年,第 38 页。
④ 海德格尔:《巴门尼德》,第 132 页。

第一,后历史的人不再把自己的动物性作为不可揭示的东西来保存,而是试图通过技术来把握和治理它;第二,人,存在的牧羊人,居有他自己的遮蔽状态,他自己的动物性,它既不被遮蔽,也不成为掌握的对象,而是被思作它本身,也即被思作纯粹的离弃。①

阿甘本选择的无疑是后者,那么我们该如何去思考这一导向? 在此,阿甘本的思考再次回到神奇的蜱虫——罗斯托克(Rostock)实验室里的一只蜱虫,它守护着不可被拯救的"存在之外"(outside of being),"动物可以有效地悬置它与她的环境的直接关系,但同时不会进入要么不再是动物要么成为人类的状态"②。这是威克斯库尔和海德格尔都没有准备好去面对的。

这是威克斯库尔记述的一个让我们难以置信的事件,在罗斯托克的实验室里,一只处于与环境完全隔离的状态的蜱虫,在没有进食的情况下存活了 18年。威克斯库尔没有解释这个惊人的发现,只是假设在那"等待的时期",蜱虫处于睡眠状态。最后他得出唯一的结论:"没有一个活的主体,时间不可能存在。"③在前文中,同样是在威克斯库尔的研究中,我们看到蜱虫是一个完全依赖于环境的生物,它怎么可能在被完全剥夺了环境的情况下存活呢?

对于这一不可思议的事件,阿甘本《敞开》一书的英译者凯文·阿泰尔(Kevin Attell)给出了一段凝练又精彩的评述:

在实验室实验的剥夺性的条件下,蜱虫没有经历任何可以通过一种包含性的排斥的方式被接合到作为此在的基本世界——揭示性情绪的无聊的"本质性的动荡"。蜱虫既不是迷醉的也不是无聊的;它顽固地栖居在人类学机器拓扑结构中一个隐藏的、模糊的空间里,这个空间既不是人类的空间,也不是动物的空间。它无名地悬置在人类世界和动物环境之间,蜱虫因此避开了"动物"的禁令,拒绝接合人类世界和动物环境。它没有维持人类学机器之运转的虚构性,而是标记并暴露了最终可能破坏人类学机器的接合和人类发生机制的断裂。④

---

① Giorgio Agamben, *The Open*, p. 80.

② Giorgio Agamben, *The Open*, p. 70.

③ Jakob von Uexküll and Georg Kriszat, *Streifzüge durch die Umwelten von Tieren und Menschen: Ein Bilderbuch unsichtbarer Welten*, p. 98.

④ Kevin Attell, *Giorgio Agamben: Beyond the Threshold of Deconstruction*, New York: Fordham University Press, 2015, p. 211.

　　在阿甘本的思考中,这只蜱虫指向的正是"超越了无蔽和遮蔽,超越了存在与虚无"①的存在之外。

　　在阿甘本看来,这一朝向存在之外的探险只有借助本雅明的思想才能完成。阿甘本在多次访谈中重复表达了本雅明思想作为超越海德格尔思想困境之解毒剂的作用:

> 　　这是生活中的相遇的真正趣味,就像在思想中的相遇一样:它们使生活成为可能(或者,有时,成为不可能)。无论如何,这就是我与海德格尔相遇时所发生的事情,几乎同时,我也接触到了本雅明的思想。每一部伟大的作品都包含着黑暗和毒药的成分,但它并不总能提供解药。本雅明是让我活过海德格尔的解毒剂。②

　　"本雅明是从海德格尔那里救了我的解毒剂。"③阿甘本借助本雅明的思想,提出了一种不同于海德格尔之敞开域的敞开域,一种无作的敞开域,在这种敞开域中,人和动物进入了"拯救之夜"(die derettte nacht,saved night)。

　　拯救之夜是本雅明的一个哲学运思,本雅明讲道,拯救之夜"不等待任何一天,因此也不等待最后审判日"④,它"不是历史的舞台,也不是人类栖居地"⑤。在阿甘本看来,拯救之夜是一种完全不同于人类学机器之运作的哲学思考,在拯救之夜中,人与自然,自然与历史之间的关系全然不同于人类学机器对上述关系的安排。对于这一"拯救之夜",阿甘本谈到,"'拯救之夜'是这个已经回归到它自己的自然的名字……拯救之夜是一种与某种无法拯救的东西的关系"⑥。

　　在拯救之夜中,封闭的自然作为那无法被拯救的东西而不被掌握和征服,

---

① Giorgio Agamben, *The Open*, p. 91.

② Giorgio Agamben. "Agamben, le chercheur d'homme", Interview. *Libération*, vol. 1, April, 1999, pp. ii – iii.

③ "Intervista a Giorgio Agamben: dalla teologia politica alia teologia economica", Interview conducted March 8, 20 in Rome by Gianluca Sacco. Transcript (in Italian) available at http: www. rivista. ssef. it/site. php?page = 20040308184630627&edition = 2004 – 06 – 01.

④ Walter Benjamin, "Benjamin to Florens Christian Rang, December 9, 1923", trans. Rodney Livingstone, in Walter Benjamin, *Selected Writings*, vol. 1, 1913 – 1926, Ed. Marcus Bullock and Michael W. Jennings, Cambridge: Harvard University Press, Belknap Press, 1996, p. 389.

⑤ Walter Benjamin, "Benjamin to Florens Christian Rang, December 9, 1923", trans. Rodney Livingstone, in Walter Benjamin, *Selected Writings*, vol. 1, 1913 – 1926, p. 389.

⑥ Giorgio Agamben, *The Open*, p. 82.

我们与它的关系是接受它的封闭性与不可揭示性,让自然作为那无法被拯救的东西留在它的封闭和沉默中。在这一拯救之夜中,人不能驾驭自然,自然也不能掌控人。两者也会在作为它们的辩证综合的第三项中被超越。在此处至为关键的是本雅明的"凝固的辩证法"(dialectics at a standstill),与对立的两项在第三项中得以辩证综合不同,这一凝固的辩证法的关键只是"之间"(between),或者说,处在非一致性的星丛中的两项之间的游戏。在这一凝固的辩证法中,人类学的机器的运作停止了。在人类与动物的相互悬置中,"一些我们也许没有名字,既不是动物也不是人的东西,在自然和人类之间安顿下来,在拯救之夜"①。

那么我们应该如何设想阿甘本的这一"之间"? 阿甘本写道:

> 在我们的文化中,人一直是动物和人类之同时性的分裂和接合的结果,在这个运作中,两方中的一方成为运作的方向。因此,使支配着我们的人类概念的机器失效,将不再意味着寻求新的——更有效的或更本真的——接合方式,而是要显示位于中心的空无,在人之中的分离人与动物的空隙,并在这种空无中冒险:对悬置的悬置,动物和人的安息日。②

在阿甘本看来,最终这一人与动物之间的"空无"只能通过非知识(ignoscenza,a-knowledge)而达到。

正如"本雅明令人惊讶地把思想和艺术作品都归于自然的封闭领域"③,阿甘本所谓的非知识最终也只能在艺术作品中触及,阿甘本最终把目光转向了提香的画作《仙女和牧羊人》(Nymph and Shepherd, 约 1570 年)。

这是一副让学者们感到困惑的画作。比较明显的是仙女和牧羊人的联系肯定与性爱有关,除了画面上对情色显而易见的描绘外,这个裸体的仙女所躺的豹皮也是淫荡和性欲的传统象征。与此同时,阿甘本认为他们的关系同时也是疏远的,正如潘诺夫斯基所言,他们一定是"沮丧的恋人,身体如此接近,感情却如此疏远"④。

阿甘本对画中的仙女和牧羊人的奇特关系所指向的非知识的解读同样借

---

①　Giorgio Agamben, *The Open*, p. 83.

②　Giorgio Agamben, *The Open*, p. 92.

③　Giorgio Agamben, *The Open*, p. 81.

④　Erwin Panofsky, *Problems in Titian*, *Mostly Iconographic*, New York: New York University Press, 1969, p. 169.

助了本雅明的哲学。在本雅明看来,割断把人与动物生命接合在一起的秘密纽带的是一个似乎完全属于自然但却处处超越自然的元素:性满足。在这一性满足中恋人只以失去自己的神秘为代价它摆脱了其与自然的关系。

> 性满足使男人从他自己的秘密里解脱了出来。这个秘密并不在于性欲本身,而在于性欲的满足,并且可能恰恰就在性欲的满足中,秘密被从中间切断,而不是解开。这个秘密可以比作维系男人生命的绳索,女人割断了它,男人就将赤裸裸地、无所倚傍地走向死亡,因为他的生命已经失去了秘密。他由此而重获新生。就像他所爱的女人把他从母亲的魔力下解放出来一样,女人让他更彻底地与大地母亲断绝一切联系。女人是助产师,剪断了男人植根于自然奥秘中盘结成的那条脐带。①

回到提香的画作《仙女和牧羊人》,阿甘本接受了朱迪思·邓达斯(Judith Dundas)的观点,即提香在这一画作中创造了"一个反思身体和精神关系的领域"②。阿甘本进一步认为在这一画作中这一关系被无效化。

> 在他们的性满足中,这对恋人从彼此身上学到了一些他们本不该知道的东西,他们已经失去了他们的神秘,但仍没有失去封闭性。但是在这种对他们的秘密的共同醒悟中,正如本雅明的格言所说的,他们进入了一种新的有福的生命,一种既不是动物也不是人类的生命。并不是大自然在他们的性满足中被达到,而是(以在生命和善恶知识之树前跃起的动物为象征)一个超越自然和知识、超越遮蔽和无蔽的更高阶段被触及了。③

在恋人们的性满足中,提香的恋人们被带到了"拯救之夜"。他们互相原谅对方,失去了神秘的恋人们沉思着不可拯救的无作的人和无作的动物。这正是存在之外。

---

① 本雅明:《单行道》,姜雪译,北京:北京师范大学出版社,2019 年,第 124 页。
② Judith Dundas, "A Titian Enigma", in *Artibuset Historiae*, vol. 12, 1985, p. 55.
③ Giorgio Agamben, *The Open*, p. 87.

专栏三
当代左翼批判理论

ZHUAN LAN SAN
DANGDAI ZUOYI PIPAN LILUN

安提戈涅的再政治化

——从齐泽克和巴特勒的争论看当代左翼政治话语的建构

张　艳/文*

摘　要： 齐泽克和巴特勒在《安提戈涅》阐释问题上产生争议，体现了左翼阵营当中的两种分裂的政治态度。巴特勒用述行理论将安提戈涅的行为解读为一种性别表演，它扰乱了主导亲缘结构和异性恋秩序，站在"边缘立场"打开了秩序的可能性。而齐泽克却认为，巴特勒倡导的特殊性表达容易被资本主义社会吸纳，反倒支撑了自由主义意识形态。对此，齐泽克批判道，安提戈涅体现的不是个性化的表演，而是一种普遍性的政治意涵。她正是通过凸显政治秩序预先排除的空白位置，跃入世界原初的创伤内核，来摧毁连续性的象征秩序，宣告一切重来。尽管齐泽克的"纯粹主体"和"本真行动"理论被批判为不切实际，但是保留这样一种乌托邦维度在当今政治世界依然是必要的，它不断驱使着我们超越现存秩序的裹挟，并开启未来救赎的可能性。

关键词： 巴特勒　齐泽克　安提戈涅　本真行动　主体

一、引　言

自 20 世纪 60 年代以来，西方左翼政治话语的主流从"阶级政治"转向了"身份政治"，"文化马克思主义"大行其道，其支持者积极投身于为少数族裔、女性、同性恋等边缘人群争取权利的斗争中，而传统马克思主义中最核心的阶级问题和经济问题却仿佛已经退隐于历史帷幕。左派转向寻求差异性和特殊性的身份，以此来抵抗文化帝国主义的霸权。然而，这些"解放"的努力最终变成一些不痛不痒、轻描淡写的"个性表达"被顺利地整合到资本主义社会。在

---

* 张艳，同济大学艺术与传媒学院助理教授，研究领域为文艺美学与法国理论。

2016 年美国大选的进程当中,齐泽克讽刺地描述了希拉里所强调的"社会共识"和主流政治价值观:"我们可以对你们一切文化要求让步,只要不危及全球市场经济就行。"①苹果 CEO 蒂姆·库克(Timothy Cook)就是这一共识的绝佳象征,他可以充满善意地在支持少数族裔的请愿信上签名,同时却仿佛不知道自己的公司在第三世界装配车间中对工人的剥削,假装自己是平等价值的化身。"民主"由此变成了一个空洞的能指,各个政治派别都在声称自己支持民主、平等、自由等价值,然而那些真正非正义的事情却无法在公共话语中得到表达和讨论。甚至在选举中,左翼政党和右翼政党为了吸引更多选民的投票,提出的政策和价值观都越来越趋于同化。全球新自由主义市场体系如今被默认为唯一的政治选项和出路,不必被"问题化"(problematize),也不必被摆到台面上讨论。在文化多元主义和身份政治占主导话语的情势下,如何能为主体在资本主义社会中突围的政治行动真正提供一种普遍性的意义保障和根本动力,就成了摆在左翼知识分子面前的巨大难题。

古希腊悲剧《安提戈涅》是齐泽克在构建自己政治行动主体理论的过程中反复援引的资源和文本,齐泽克甚至在 2015 年重新改编了这部戏剧,出版了《安提戈涅的三生》(*Die drei Leben der Antigone: Ein Theaterstück*)一书,可见,安提戈涅这一神话形象长期以来一直萦绕在齐泽克思想的布景当中,她对他来说究竟为何如此重要? 为何齐泽克反反复复地利用安提戈涅来言说自己的政治愿景? 我们必须理解安提戈涅对于齐泽克的意义,才能理解其政治理论的核心,尤其是他的解放主体理论(the subject of liberation)。一方面,齐泽克继承了朱迪斯·巴特勒(Judith Butler)的解构主义理路,另一方面,他又在这一基础上提出了自己独辟蹊径的解释。巴特勒和齐泽克都认为,无论是经典的黑格尔版本的解读还是拉康版本的解读都没能让我们走出父权秩序(patriarchal order)的制约和阴影。这是二人理论的相通之处。不同之处在于,齐泽克认为,巴特勒强调的在表象上制造差异的思路容易被多元主义意识形态利用,进而为资本主义统治张目。齐泽克有意在安提戈涅解读的问题上挑选巴特勒作为论辩对手,是有具体政治语境的指向性的。二人的理论之争实际上表现出当前左翼内部面对政治困境的两种较为典型的态度,齐泽克将安提戈涅的行动解读成拥抱实在界、直面虚无的本真行动(authentic acts),直接对抗巴特勒一派的解构主义思路。为左翼走出当下的困境提供了一个独辟蹊

---

① 丁雄飞:《齐泽克"挺"特朗普:大选这场戏中理想的恶棍》,https://www.guancha.cn/america/2016_09_22_375095_s.shtml,2019-4-30。

径的方案。

　　一直以来,学界对齐泽克的安提戈涅解读的研究大多集中于意识形态批判的问题①,对其"拉康化"的理论结构着墨较多,而对其政治旨归和现实意义着墨较少。事实上,齐泽克理论批判的锋芒必须联系其指向的急迫的政治语境才能被最大程度地发挥。近年来,齐泽克越来越多地在媒体和报章上及时地发表针对政治时事的评论,说明我们在讨论的时候不能不将其理论联系到当前的政治语境。

　　齐泽克对《安提戈涅》的解读主要集中于以下几个文本:《有人说过集权主义吗》(*Did Somebody Say Totalitarianism*)《易碎的绝对》(*The Fragile Absolute*)《质问真实》(*Interrogating the Real*)《歌剧的第二次死亡》(*Opera's Second Death*)等。本文将利用这些文本以及他近来发表的时事评论,进行以下思考:第一,指出齐泽克的安提戈涅解读继承了巴特勒的解构主义理路,他们的思考都立足于对黑格尔版本和拉康版本的双重批判;第二,指出齐泽克对巴特勒的批判,正是为了直接回应左翼政治话语面对现实时陷入的困境,他批判巴特勒这些文化左派的理论是为了突破现有的政治格局,更彻底地打击资本主义社会;第三、结合当前的政治语境,更具体地分析齐泽克的安提戈涅解读对新自由主义意识形态大行其道的环境下如何能为主体行动提供动力和意义,最后会对齐泽克的这一方案进行评价。

二、从"边缘立场"到"政治行动": 从巴特勒到齐泽克的思想路径

　　齐泽克对安提戈涅的解读实际上延续了巴特勒的解读。巴特勒从解构主义的视角分别对黑格尔和拉康版本的安提戈涅解读予以批驳。她认为,无论是将安提戈涅置于象征秩序内部的黑格尔解读,还是将安提戈涅从象征秩序排除出去的拉康解读,都不具有解放的潜能,因为他们的做法将象征秩序进一步封闭化、固化和物化了,反过来印证了象征秩序之强大和不可逾越性。齐泽克赞同巴特勒的立场,将安提戈涅定性为一种非生非死的、游移在象征秩序脆弱边界的"中间性存在物"。然而,相对于巴特勒而言,齐泽克更进一步地强调

---

　　① 对这一问题的现有研究可参见:韩振江:《安提戈涅:赤裸生命的抵抗——论齐泽克对〈安提戈涅〉的意识形态阐释》,《马克思主义与现实》,2014 年第 1 期,第 121—127 页;苏平富、赵伟:《"安提戈涅式"的激进抗争——齐泽克欲望化政治行动理论探析》,《观察与思考》,2013 年第 3 期,第 27—31 页。

现实政治的针对性,他提出了"再政治化"(repoliticization)概念,强调安提戈涅行动的反讽色彩和彻底的颠覆力量,来想象一种崭新形式的主体行动。以下首先论述巴特勒的解读,然后分析齐泽克如何对巴特勒进行延伸和拓展。

安提戈涅是西方文化艺术传统中的宝贵文化遗产,乔治·斯坦纳(George Steiner)称其不仅为古希腊悲剧中最出色的作品,更是整个历史长河中所有人类精神创造中至臻完美的杰作。[①] 他还指出,自法国大革命以来的哲学体系都是悲剧体系。自卢梭和康德以降,悲剧意识主导了整个哲学话语,于是当时盛行一种试图回返古希腊悲剧去寻找人类自由解放力量的风潮。正是在这一思想史背景下,黑格尔通过解读《安提戈涅》来阐发了自己的悲剧理论。他在《精神现象学》(The Phenomenology of Mind)中奠定了对《安提戈涅》最为系统而经典的论述。在此之后,拉康版本的安提戈涅的解读也成为划时代的经典论述。这两个版本都是巴特勒的直接对话对象。

黑格尔将克瑞翁和安提戈涅之间的矛盾视为国家和家庭、公共领域和私人领域之间的矛盾,克瑞翁代表前者,安提戈涅代表后者。二者的矛盾体现了象征秩序内部两种不同伦理价值之间的矛盾。虽然黑格尔认为这两种伦理价值都是片面的,要通过辩证综合(dialectic synthesis)走向更高的和解,但在具体论述中,他依然明显地站在国家伦理这一边,因为国家共同体代表的是普遍性,而安提戈涅代表的个体性则低于普遍性。

不同于黑格尔,拉康则将安提戈涅完全视为父法和符号秩序的对立面,安提戈涅宁愿违反法律秩序,亲身赴死,也要埋葬自己的哥哥。这一行动是从"死亡驱力"出发的,即一种犯罪、违抗禁忌和放弃自身生命的欲望。这样一来,安提戈涅代表的就是无法被符号秩序所表征和容纳的怪物性(monstrosity)存在。

在2002年出版的《安提戈涅的诉求》(Antigone's Claim: Kinship Between Life and Death)中,巴特勒分别对这两种阐释予以了批驳。

首先,巴特勒质疑了黑格尔论述中公共领域和私人领域的划分,她认为,这种建立在国家/家庭二元对立基础上的象征秩序本身就是不稳定、不确定的。规范性的异性恋秩序的构成前提是乱伦禁忌,乱伦禁忌让人类得以从生物层面跨越到文化层面,将性本能升华成由词语和范畴起作用的语言结构。乱伦禁忌构成两个层面断裂处的一个缝合点,保证象征秩序的一致性和稳定

① George Steiner, *Antigones: How the Antigone Legend Has Endured in Western Literature*, *Art and Thought*, New York: Oxford University Press, 1986, p. 1.

性。但安提戈涅却是乱伦的产物,她是她的母亲和其亲生儿子俄狄浦斯结合所生,她的诞生破坏和扰乱了建立在乱伦禁忌基础上的亲缘关系,成了一个在其中无法被表征和言说的存在。"应把这种行为看作消解社会规范的一个必要的幽灵,一个使得社会权力网络浮出水面的幽灵。"①换言之,安提戈涅实则是权力秩序无法框定和控制的"例外状态"和偶然因子。巴特勒认为,那些被社会唾弃的艾滋病人,那些生不如死的活死人都是安提戈涅的化身。用阿甘本的术语来说,他们都是"赤裸生命"(bare life),都在边缘位置上挑战和质疑着主导的规范性秩序,动摇并松绑着它的边界。

第二,巴特勒同样反对拉康的观点,即安提戈涅被父法禁令完全排除出象征秩序。拉康这一阐释建立在男性/女性二元对立的立场上,男性代表理性,而女性代表不可被表现和解释的疯狂欲望和非理性深渊。而巴特勒通过细致的文本解读发现,这两者之间的界限并没有那么明晰,更多的时候,安提戈涅表现得像一个男性。她敏锐地指出,安提戈涅在反抗克瑞翁的过程中实际上模仿并采用了科瑞翁的男性语言。"从某种意义上来说,她自己就是一个男人。"②她援引奥斯丁(J. T. Austin)的"以言行事"理论(do things with words),认为当她以言行事的时候,"她便开始背离自己",声称自己如男人般具有自主性,她的言辞吸纳了她所拒斥的国家法令的权威,这使她得以进入象征界。"即便在她要求公正的时候,她仍在法律语域之内行动。"③这样一来,安提戈涅又并非全然外在于象征秩序。

巴特勒通过对黑格尔和拉康的批驳证明了,安提戈涅处于一个边缘立场,她既不完全处于内部,也不完全站在外部,只有这样,象征秩序才能被真正地解构和取消。巴特勒的"述行"(performative)理论强调以身体表现(expression)和符号再现(representation)的方式让性别身份处于无限生成的状态,以此颠覆和突破被社会建构的某种固定身份和命名,就像安提戈涅可以自由地操演男性话语一样。巴特勒揭示出,先验结构无法涵盖社会现实中复杂和多样化的"过剩"(excess)经验,结构边界因而总是不停地在流转和变化。因此,克瑞翁和安提戈涅之间的对立,就既不是黑格尔所说的象征秩序内部两种伦理价值的对立,也非拉康认为的文明和野蛮之间的对立,而是一面是轨范

---

① 巴特勒:《安提戈涅的诉求:生与死之间的亲缘关系》,王楠译,郑州:河南大学出版社,2017年,第66页。
② 巴特勒:《安提戈涅的诉求:生与死之间的亲缘关系》,第117页。
③ 巴特勒:《安提戈涅的诉求:生与死之间的亲缘关系》,第105页。

结构,一面是不断拓展和搅动系统的多元生成的现实经验。

齐泽克吸纳和挪用了巴特勒的"边缘立场"的阐释,认为安提戈涅形象指示出在象征律法和"狂喜僭越"(ecstatic transgression)之外的第三种可能性。齐泽克评论到,巴特勒所说的"活死人"(undead)绝不是拉康意义上的"埃特"①(ate)②,因为安提戈涅没有表现出极致的癫狂,反而像男性一样冷静和自制。完全处于象征秩序的外部其实只不过是对秩序封闭性的承认和认同而已,缺乏根本性的颠覆力量。为了获得挑战律法边界的权力,我们必须维持系统的不稳定性和开放性,让其始终处于可被调节的状态。

然而,齐泽克认为,仅仅在表象上维持一种多元开放性,也不足以构成真正的颠覆性,真正的颠覆性来自实在界对象征秩序的根本否定。出于这种立场,齐泽克在阐释安提戈涅篡夺男性话语时表现出比巴特勒更深刻的穿透性和辩证性。他认为,安提戈涅虽然采用了男性权威话语,然而这种挪用并非单纯的复刻和模仿,她不是真的"操演"(perform)出了一种具有实在内容的男性身份,也就是说,她并不真的表达出一种自身的声音(commit herself),仿佛自己等同于一位男性。她的这种模仿是以"乖谬"(perverse)"移置"(displaced)和反讽的方式完成的,因而,她的模仿是一种"无效"(invalid)的、空洞的表演,从内部构成一种对男性权威的嘲讽和瓦解。她仿佛直接把象征秩序的空洞摆到台面上,表达出这些符号表象就是皇帝的新衣,底下其实什么都没有,所以女性也可以假装来穿上一穿。她自己也并非想要篡夺对它界定的权力,齐泽克在分析圣女贞德时也表达过类似看法:"贞德不是真的想要统治法兰西,她想要国王把王国交给她,如此她就能以神之名义归还。"③这种行动即构成了齐泽克所说的"政治性"(politics)④。

齐泽克认为,安提戈涅占据第三种位置的意义,绝不只是简单地为世界增添了一抹多元的色彩,另一个特殊的个体身份,而是具有一种普遍性的政治意味。他认为,安提戈涅被政治领域排除在外,同时又作为例外(exception)形式直接成了"政治"的化身。⑤ 安提戈涅之被排除不代表她的不重要,恰恰相反,

---

① Slavoj Žižek, *Dolar M. Opera's Second Death*, London: Routledge, 2013, p. 187.

② 埃特原意指希腊象征恶作剧、幻想、毁灭和愚蠢的女神。

③ Slavoj Žižek, *Dolar M. Opera's Second Death*, p. 191.

④ Marc De Kesel 敏锐地指出了极权主义和安提戈涅为代表的革命行动之间的区别。极权主义和革命行动都建立在系统缺失的基础上,但是极权主义试图掩盖和转嫁这种缺失,革命行动则公开地承认它的存在。参见 De Kesel Marc, Act without Denial: "Slavoj Žižek on Totalitarianism, Revolution and Political Act", *Studies in East European Thought* 56: 299—334, 2004。

⑤ Slavoj Žižek, *Dolar M. Opera's Second Death*, p. 188.

她用公开声明的方式把这种"被排除"和不被认可的空白位置给凸显出来。她通过表达所居位置被"去政治化"的不满,将这一位置重新政治化(repoliticization)。① 她的政治性不在于对抗某个具体的权威——比如克瑞翁——来取得权力,她的行动提示的是,公共领域本身是充满裂痕和缝隙的,而她直接跳入这一实在界,打断历史连续性,宣告一切从头来过。

三、女性过剩(feminine excess)与纯粹主体(pure subjectivity):齐泽克的黑格尔主义内核

事实上,齐泽克和巴特勒在解读安提戈涅的立场上之所以有显著区别,源于他们在主体构建理论上的根本差异。在齐泽克看来,巴特勒的分析还是没有跳出阿尔都塞主体理论的框架,依然围绕着一个假定的、先在的抽象结构为基轴运转。巴特勒并没有真正地理解拉康思想的精髓——即"大他者不存在"。差异并不存在于一个先定的"秩序"和多样态的现实之间,而在于现实和内在于它本身的裂隙之间。

在 2000 年出版的《偶然性、霸权和普遍性》(Contingency, Hegemony, Universality: Contemporary Dialogues on the Left)中,齐泽克和巴特勒以及拉克劳就左翼在当今世界的困局以及斗争主体等问题进行了激烈的辩论。齐泽克对巴特勒和拉克劳的"历史主义"进行了批判,认为这种"历史主义"只不过是一种"形式主义",二者只是一个硬币的正反面。齐泽克认为,巴特勒把"大他者"理解为某种非历史性的先验框架,仿佛在真实的历史运动的过程之外还存在着一个独立于其上的超验规范(norm),而这一规范总和真实的历史之间存在差异,因而永远无法被满足。② 齐泽克指出,这其实是一种形式主义,一头是普遍性,一头是历史偶然性,仿佛差异就在这两个空洞名词之间非历史的僵化对立之中。我们从巴特勒的理论只能得出这样的结论:象征秩序本身不断变化,它随时会被现实更新的经验置换。然而这种解释并没有为革命主体提供任何动力性保证,仿佛我们只需要等待秩序自行变化就可以了。但是齐泽克认为更重要的是直面那个一开始就被排除的主体内的创伤内核。

齐泽克认为,"历史主义的每一种变体都依赖于最小限度的'非历史的'

① Slavoj Žižek, Dolar M. Opera's Second Death, p. 188.
② Slavoj Žižek, Interrogating the Real, London: Bloomsbury Publishing, 2006, p. 313.

形式的框架来定义地平线,偶然性的包容/排他、替代、再谈判、移置等等开放的、无休止的游戏在其中发生"①。举例而言,在如今政治场域的斗争当中,每一种立场都在指责其他立场不够"民主",自由主义指责社会民主主义是极权主义,而社会民主主义又指责自由主义在分裂社会,每种立场都是建立在一个具体的包容/排他逻辑之上。但是巴特勒他们却忽略了这些立场其实共同设定了某个总框架,其中存在着某种根本性的"排他",已经有些东西被预先排除掉了,无法被摆到"民主"牌桌上讨论。②

在齐泽克这里,差异发生在历史过程和它内部抵抗被符号化的内核、某种创伤性的绝对(absolute)之间。这一思路带有鲜明的黑格尔主义色彩,在黑格尔主义的理论中,"所有的外部关系——至少在观念上——都能够转化成内部关系"③。他者并不外在于自身,而是存在于自身内部,主体遭遇他者的那一刻其实是遭遇到的是自身的不完满性,即"非全"(not-all)。"大他者不存在"指的是,父亲能指只是一种临时的构造,连续性和语言结构并不真实存在,它们是主体事后为了追寻意义,回溯性地缝合成的暂时性的网络。因而在逻辑上,实在界其实在象征界之先。主体在遭遇他者前只是一片混沌的实在界。因而,他者并非巴特勒所认为的悬置在真实历史过程之外,而源于其自身。

由此,巴特勒和齐泽克在女性和性别的问题上也发生了巨大分歧。巴特勒的理论建立在"性别操演"(gender performance)的框架上,性别这一概念在她那里就等同于一种表演实践,尽管她强调性别不是僵化的,但是她依然需要建立一系列包容/排他的对立(如异性恋排斥同性恋和其他性变态等)。与之相反的是,齐泽克则将"性别差异"(sexual difference)视为某种僵局、创伤和悬而未决的代名词,他认为,任何一种把性别差异象征化的努力都终归失败,性别指向的正是这样一种表征的不可能性。"走出盲谷(blind valley)只有一条途径,这正如我们对于垃圾分类的处理一样。公共的垃圾筒现在越来越细化:我们有为纸张回收设计的垃圾筒、为玻璃回收的、为金属罐头回收的、为塑料回收的等等。即使这样,现实中仍然存在一些困扰:如果我需要扔一个防水的纸袋,或者带塑料塑封的笔记本,我该将它们扔到哪个垃圾筒?"④很明显,没

---

① 巴特勒、齐泽克:《偶然性、霸权和普遍性——关于左派的当代对话》,胡大平译,南京:江苏人民出版社,2004 年,第 114 页。

② 巴特勒、齐泽克:《偶然性、霸权和普遍性——关于左派的当代对话》,第 114 页。

③ 齐泽克:《暴力——六个侧面的反思》,唐健、张嘉荣译,北京:中国法制出版社,2012 年,第 2 页。

④ 齐泽克:《性别即政治》,https://thephilosophicalsalon. com/the-sexual-is-political/, 2019 - 04 - 20。

有任何一种分类方式能够满足所有的身份需求。任何分类系统已经在内部蕴含了一些无法被分类的东西，因而是天然缺失的。

为了阐释"性别差异即实在界"的观点，齐泽克提出了"纯粹主体"（pure subjectivity）和"女性过剩"（feminine excess）的概念。主体只有在遭遇他者，即在遭遇分离和异化的同时才能将自己经验为主体。那么当他被彻底他者化之后，也就是被剥夺了一切实在的内容时，就成了一个最纯粹的主体。纯粹的他者也就是纯粹的主体。从最激进的意义上来说，纯粹主体性就是欲望和缺失本身，永远无法完满。齐泽克认为"女性"最适合用来象征这个最激进的空无。因为作为男性他者的女性概念总被视为男性之间互相交换的对象，交换就地一个异化和外在化过程，在这一过程中，她们成了一般等价物，丧失了自身的实在性，成了毫无内容的、最空洞的东西。[1]

齐泽克将安提戈涅与诸多古希腊悲剧中的女性做对比，以突出安提戈涅独特的意义。他列出了古希腊悲剧中两个女性谱系，这两个谱系分别代表两类打破家庭和私人领域，并穿越到公共领域的方式。第一类女性为了家族中的男性无条件自我牺牲，典型例子是伊菲吉妮娅。她们全然服从男性共同体赋予她们的神圣命令，从而成为被整个希腊铭记的英雄人物。另一条与之对立的线索则是那些毁灭性的复仇女性形象，如赫库芭，美地亚和菲德拉等。她们身上呈现出一种野兽性和不可理解性，也就是为死亡驱力所驱使的女性。但是安提戈涅却不属于以上任何一个序列。

安提戈涅对两条线索构成了双重反讽，演绎了崇高/卑贱辩证法。一方面，虽然安提戈涅的确为了自己的父亲（兄弟）而牺牲，但她的自我牺牲并不是为了一个共同的善好（goods），她不为了被国家铭记，不为了成为共同体认可的英雄。安提戈涅之"崇高"不是为了从大他者那里获得回报，而是出于错误的理由（wrong cause）。这里就构成一种反讽，恰恰是她的僭越和违法才成全了她的崇高。

从另一个方面来说，驱使安提戈涅行动的也不是死亡驱力，她不是被驱逐出社会符号秩序之后歇斯底里的毁灭者，在崩溃中享受自己痛苦的症状，歇斯底里者依然臣服于象征秩序的强大力量。而与之相反，安提戈涅表现出异常的平静和克制，这种平静不是因为她受到大他者的庇护，而是因为她位于"符号化的零度"（symbolized zero），她成了缺失本身，从这一位置要求对现存秩

---

① Slavoj Žižek, *Dolar M. Opera's Second Death*, p. 193.

序进行"激进重述"（radical rearticulation）。①

　　齐泽克讲了关于爱德华·蒙克（Edward Munch）的一个故事来戏剧性地呈现何为"女性过剩"。蒙克与一女子相恋，但是为了让她不再干扰自己的工作就抛弃了她。第一次，女子谎称自己濒临死亡，只愿见他最后一面，而当蒙克走向她床边的最后一刻，却起身放声大笑，表明这仅仅是个恶作剧。之后蒙克想离开，女子又拿出一把枪对准自己，威胁要自杀，蒙克上前阻止时，她才暴露出这又是一个处心积虑的玩笑。② 女性表面声称需要的东西并不是她真正需要的，她想把一切（all）都告诉你，但是总做不到，并不是因为她不知道那些无法说出的内容（仿佛它们真的存在），而是因为真相本身就是缺失的，她的坦白就在于她把真相的"非全"（not-all）呈现出来。她的这种"要"于是总是一场"恶作剧"。不像那些戴着面具伪装成"真理"在握样子的人，女性则坦诚地表现出面具背后根本空无一物，仿佛剥洋葱一般，剥到最后其实没有所谓的秘密，她的表演之下也没有任何实在的内容，真正的自我躲在任何想要房获它的语言之外。这就是齐泽克所设想的一种最激进的政治行动，它要求我们刺穿一切象征界的伪装，直面实在界的真相。

四、拒绝对话：当代左翼困局和
安提戈涅的本真行动

　　如今，西方宣称新自由主义是唯一的社会方案，除此之外所有的替代方案无法为人们想象。齐泽克认为，新自由主义把自身内部的矛盾和它造成的暴力事件都打成了它的对立面和敌人，宣称它们会将人民的幸福的毁于一旦，它成了世上唯一的救世主。但是不幸的是，这些"对立面"只是它自身危机的向外投射而已。齐泽克在 2007 年出版的《暴力》（Violence）中称，自由派共产主义表面上满怀爱心地向着暴力宣战，但是它恰恰才是制造出那些敌人（性别歧视，种族主义，宗教蒙昧）的元凶。齐泽克称之为一种"无法容许暴力的暴力"，而这才是一种真正的暴力，如果说后者是主观性暴力，那么前者可谓是一套看不见摸不着、如同一摊棉花似的，躲在背后的体系性暴力，你甚至无法找

① Slavoj Žižek, *Dolar M. Opera's Second Death*, p. 187.
② Slavoj Žižek, *Dolar M. Opera's Second Death*, p. 192.

到罪魁祸首。① 这使得在现实基础上的任何改变都寸步难行。在这种情况下，要想成为真正的"现实主义者"，就必须去要求"不可能的东西"，打破一切看上去"可能"之物的约束。这也就是安提戈涅精神带给我们的启示，唯有如此，当今的西方左翼才能走出困局。

齐泽克反复提及的一个例子是电影《生死时速》（1994），这正是安提戈涅的本真行动在现实情境下的一例绝佳应用。电影中，一个歹徒挟持主人公的伙伴来威胁主人公，但是主人公选择了射击同伴的腿，来表明自己不会受到任何形式的胁迫。齐泽克说："敌人通过占有对主体最宝贵的对象而对主体取得控制，而主体则是通过使自己从对象身边摆脱束缚而获得了自由行动的空间。"②主人公表现出一种"自我打击"的激进姿态——我什么都不要。安提戈涅的行动也遵循同样的逻辑，他们顽固地执着于某种比自己生命本身还要重要的东西，甚至不惜牺牲和丢弃所有有关自己生命尊严的东西，而拒绝了一切形式的妥协，由此，反倒获得了真正的尊严。

在多次对现实政治事件的演说和评论中，齐泽克也不断援引安提戈涅的精神来为政治行动提出自己的斗争方略。在 2011 年占领华尔街运动时，他激烈反对克林顿的言论。克林顿认为，示威行动必须有某种明确的诉求，必须为了某件特别的东西而奋斗。而齐泽克认为，克林顿之流只是无产阶级的虚假同盟者，因为他们迫使示威者迅速地接受资本主义递过来的"糖果"，例如对于某次事件的妥协性补偿，或者一些关于社会福利的许诺等等，而这些许诺会让我们停留在琐碎的恩惠上，而忽略了整个全球资本主义运作系统的罪恶。"解决途径不是缅因街，不是华尔街，而是要改变那个缅因街没有华尔街就无法运行的体系。"③我们应该抵制的恰恰是把示威能量迅速地转变成一系列具体的实用主义要求的做法。在反抗行动和结果之间，这样一种意义的真空、中断和悬置的状态是必要的，因为只有这样一种真空才能给出一个空间，让我们得以从连续的日常中跳脱出来，去想象全新事物的到来。

他在评论华尔街游行时说："我们总要记住，此时此地的任何讨论，必然是敌人地盘上的讨论；我们需要时间去展开新的内容。现在我们说，一切都可以从我们身上被夺走——除了沉默。"这种沉默，是对对话的拒绝，对一切扭抱形

---

① Slavoj Žižek, *Dolar M. Opera's Second Death*, p. 1.

② 齐泽克：《易碎的绝对》，蒋桂琴等译，南京：江苏人民出版社，2004 年，第 142 页。

③ 《齐泽克：先占领，再要求》，http://www.art-ba-ba.com/main/main.art? threadId = 55848& forumId = 8，2019 - 04 - 20。

式的拒绝。① 因为在哈贝马斯意义上的协商和谈判,必然会陷入新自由主义的同化逻辑。安提戈涅是一位杰出的反哈贝马斯分子。她没有采用对话,没有用理智的论辩努力使科瑞翁相信她的行为是有充分理由的,因为所有正当和合法性的理由都有利于克瑞翁。那么安提戈涅唯一的办法只有"盲目"地坚持她违抗的权利本身。她只能说:"好吧,你想说什么就说什么吧,那什么也改变不了,我仍然坚持我的决定!"②

　　齐泽克以拉康的主人能指概念直接批判了哈贝马斯的"对话伦理学"。在齐泽克看来,世界上根本不存在哈贝马斯所说的平等主义的交互主体性空间③,因为语言本质上就是暴力的,这也就是本雅明所说的"神圣暴力"(divine violence),主人能指是非理性的,如列维纳斯所言,在我和另一个主体的遭遇中从来不存在平衡的关系。在语词层面上强加一套"什么为暴力"的标准就是一种最高形式的暴力。我们应当时刻保持能够愤慨和对峙的力量,拒绝妥协,对于那些不正义,拒绝将它正常化,拒绝将它变成可被解释原因的、可被合理化的东西,因为一切理性解释都将无法偿还罪行造成的不正义。

　　诚然,已经有许多学者对齐泽克的"革命行动"理论提出了批评与质疑。这些批评大致可以分成两类。一类是从实践的角度,一种典型的批评认为,齐泽克的革命观直接来源于列宁主义,表明他的行动依赖于强权领导人,这呼应着遥远的极权主义回声,可能会导向恐怖主义和不可预料的灾难。④ 显然齐泽克已经预料到了这种声音,他曾多次为自己辩护过:"回到列宁的目标既不是怀乡式的重置逝去的革命黄金时代,……而是在当下的全球条件下重述列宁,重述那种在帝国主义和殖民主义条件下重新制定革命规划的列宁主义态度。"⑤换言之,他看重的是列宁那种勇于决断、不怕把一切推倒重来的态度,那种超越于一切合法性保障,时刻准备创造全新的历史的精神。

　　而另一类理论层面上的批评则可以说击中了齐泽克的七寸。马克·德·凯瑟尔(Marc De Kesel)指出,齐泽克的主体理论中存在着关键性的悖论,像安提戈涅这样的代表空无的纯粹主体实际上就是纯粹的"去主体"。按照齐泽克的观点,革命行动不可以被主体化,它必须是彻底盲目的,因为一旦主体化,当

　　① 《齐泽克:先占领,再要求》,http://www.art-ba-ba.com/main/main.art? threadId = 55848&forumId = 8,2019 - 04 - 20。

　　② Slavoj Žižek, *Interrogating the Real.* London:Bloomsbury Publishing, 2006. p. 307.

　　③ 齐泽克:《暴力——六个侧面的反思》,第 55 页。

　　④ See Kirsch, Adam (2008)'The Deadly Jester', *The New Republic*, December 2.

　　⑤ 齐泽克:《为列宁的不宽容辩护》,周嘉昕译,《马克思主义与现实》,2010(2),1—10。

革命者意识到自己正在执行一次"实现真理"的行动,那么就很可能落入齐泽克自己批判的极权主义了。然而,一个"无主体的主体"要如何才能"避免成为大他者的工具,继而成为他享乐的工具呢?"①而类似的,雅尼斯·斯塔夫拉卡基斯(Yannis Stavrakakis)则质疑了"纯粹主体"的理论基础,认为这背后是齐泽克对拉康的误读。在拉康那里,不可能有如此纯洁的行动,没有哪种行动能完全摆脱父法和象征秩序的沾染和纠缠。齐泽克的政治行动必然是一个超越了现实空间界限的乌托邦:"它作为一个奇迹般的创造瞬间运作,没有任何空间性的锚定或暗示。"②因而最后只能以自杀的终极形式出现。

这些批评都是中肯的,齐泽克对革命主体的要求过高,以至于在当今政治世界的现实中,没有任何行动能达到安提戈涅所代表的"本真行动"。但是维持这样一种革命乌托邦的维度却依然必要。批评齐泽克没有为革命提供任何具体的方略和步骤是不公正的,因为任何有规划和目的论的实践都不可能诞生真正的"事件",真正的事件不可能被预测,是颠覆任何既定图式的偶然性。齐泽克的行动理论的意义就在于启示我们,不要被现有秩序裹足不前,丧失对未来的想象力。他用尼采的永恒轮回辩护道,革命本就是一项注定要失败的事业,正是因为它不断地被接近但是永远无法达成,才有其意义。"一个人失败后,可以继续并失败得更好。但冷漠只能让我们在愚蠢的泥沼中越陷越深。"③

正如巴迪欧更愿意把"共产主义"称为"假设"。④"假设"之所以为"假设",正因为它不能被实现。但假如没有这样的"假设"引领着民众,就不可能促成一次又一次的解放政治事件,但这恰恰反过来证明了这一"假设"的正确性,因为很显然,它在历史的长河中从未被人们遗忘和抛弃,并一次又一次地点亮了人们心中持续斗争的火种。

综上,如今当左翼理论越来越成为支撑多元文化主义意识形态的力量,这些对于群体特殊性和差异性的需求很容易被新自由主义意识形态当作文化问题处理,如果"颠覆"变成了巴特勒那种一套置换象征符码的身份游戏,本来激进的意图最后只变成了一些个性化表演和独特的生活方式,那么很容易就会

---

① De Kesel Marc, Act without Denial: "Slavoj Žižek on Totalitarianism, Revolution and Political Act", *Studies in East European Thought* 56: 299 – 334, 2004.

② Yannis Stavrakakis, "The radical act: Towards a spatial critique", *Planning Theory*, 10(4), 301 – 324.

③ Slavoj Žižek, *In defense of lost causes*. London: Verso Publishers, 2008. p. 8.

④ See Badiou, Alain. *The communist hypothesis*. Verso Books, 2015.

被资本主义体系"友善"而"仁慈"地接纳和包容,这种颠覆就成了假颠覆。正如齐泽克在一次采访中谈道:"性自由、旅行自由、贸易自由和自由致富。但是,我在想这些是否足够,这些个人选择方面的自由是否一个陷阱。在个人自由的面具下,其实是社会自由的丧失。"①身份政治话语引发的冲突实际上掩盖并转移了底下真正的问题,也就是全球资本主义经济体系。在批判巴特勒的基础上,齐泽克提供了更为激进的革命行动的方案,每一次行动都要是一次重新的开始,每一次都要开启一个全新的世界。尽管这一方案有一定的理想主义色彩,但是保留这样一种乌托邦的维度在当今世界依然必要,它能不断驱使我们超越现存秩序的裹挟,明了它们的有限性和历史性,用行动创造出历史,展开未来救赎的可能性。

---

① SPIEGEL Interview with Slavoj Zizek "The Greatest Threat to Europe Is Its Inertia", Last modified April 20th 2019.

历 史 的 抗 辩

——论萨义德的世俗批评及其建构

刘阳鹤/文 *

摘 要:20 世纪 60 年代末到 80 年代初,爱德华·萨义德凭借着丰富而强劲的批评经验和政治热忱,在文学文化、社会历史,以及国际政治等领域不断深入,从而积极地践行着直到 1983 年才得以确立的所谓"世俗批评"(secular criticism)。基于此,本文考察了作为批评术语的"世俗批评"是如何在重建批评家的任务、理论旅行,以及对宗教批评发难的意义上得以被建构起来的,并且认为:与其说世俗批评在历史之维针对理论进行抗辩时遭遇到了伦理困境,毋宁说世俗批评应当更为包容地看待理论本身也在进行着某种内在历史的抗辩工作。

关键词:萨义德 世俗批评 理论旅行 宗教批评

批评并非科学;科学是探索意义的,批评是产生意义的……批评所能做的,是在通过形式——即作品,演绎意义时孕育出某种意义。

——罗兰·巴特《批评与真实》

要把创造和知识、艺术和科学、神话和概念之间破碎了的联系重新焊接起来……如果批评家去从事自己的事,那么其劳动的社会和实践的成果总会呈现出来,而且必将日益明显。

——诺斯洛普·弗莱《批评的剖析》

20 世纪 60 年代末到 80 年代初,无疑是结构主义思想在美国登陆后的黄金时期,当然也是萨义德置身其中而在个人批评事业上有所开创的黄金阶段。

* 刘阳鹤,同济大学人文学院哲学系博士研究生,研究方向为法国理论、艺术哲学、当代诗学。

正如我们将要看到的,他凭借着丰富而强劲的批评经验和政治热忱,在文学文化,社会历史,以及国际政治等领域不断深入其中,从而积极地践行着直到1983年才得以确立的所谓"世俗批评"。无独有偶,在同年出版的《文学理论:导论》(Literary Theory: An Introduction)中,伊格尔顿通过概要式地考察自英国文学兴起以来关于文学理论的历史演变,试图从其政治向度去证明"现代文学理论的历史是我们时代的政治和意识形态史的一部分"①,并在结论中将这一对理论带有反思性的批评取名为:政治批评。尽管两者均与"政治"有着密切的联系,但它们的不同之处在于:前者试图超越理论以寻求一种替代性的批评主张,而后者则仅仅是对文学理论具有政治性的揭示。那么,萨义德的"世俗批评"到底所谓何物,我们又当如何看待它与理论之间的关系纠葛呢?

作为一个批评术语,"世俗批评"首次出现在《世界·文本·批评家》(1983)一书的绪论部分,这一术语的确立建立在萨义德对其十余年(1969—1981)批评实践的经验总结上,尤其是在文学和文化批评领域。在《世俗批评》一文中,萨义德约略地概括了当时在美国普遍实行的四种文学批评类型:一是实用批评,可见于图书评论和文学报章杂志;二是继19世纪诸如经典研究、语文文献学、文化史这些专门研究之后而产生的学院式文学史;三是文学鉴赏与阐释,主要仍是学院式的,但不局限于前两者,且偏重于教学实践;四是文学理论,20世纪初发端于欧洲,六七十年代在美国兴起,受结构主义、符号学、解构主义的影响。对萨义德来说,在当前批评的普遍情况中,这四种类型"无论哪一种都代表着各自的专门化(specialization)和非常精确的智识劳动分工"②,而他认为世俗批评的实践意图则在于贯穿并超越它们所受惠于各自专业和惯例的特点,其特点表现为对高级或高雅文化的尊崇和确认、对专门化专业技能的崇拜,并对社会历史世界采取不干预原则等。与此特点恰恰相反,在萨义德那里,世俗批评所要处理的是局部的、现世性的情境,本质上反对大规模的封闭体系的生产,这些封闭体系直指70年代以来美国文学理论退缩至文本性迷宫这一理论现状,个中当然无法脱离其复杂的社会政治背景,而他怀着巨大的政治勇气在这一阶段著书立说,积极介入与其阿拉伯身份有所牵涉的政治活动。正是这样的历史时刻,才使得萨义德不得不重新界定批评家的任

---

① 伊格尔顿:《二十世纪西方文学理论》,伍晓明译,西安:陕西师范大学出版社,1987年,第214页。

② 萨义德:《世界·文本·批评家》,李自修译,北京:生活·读书·新知三联书店,2009年,第2页。

务,而这意味着他要通过批评重建世界与文本的联系,让文本回到自身与世界的连接处,理论也概莫能外。

一、重建批评家的任务

相较而言,与法国文学批评家罗兰·巴特、加拿大批评家诺斯洛普·弗莱(Northrop Frye)不同,萨义德并不认同将文学科学化,因此他们分别指派给批评的任务也就自然有所不同。在巴兰·巴特那里,批评在面对文学科学时有其自身的限度,这归咎于文学科学并不能告诉我们作品的确切意义,而批评总是试图给我们一个特定的意义,这导致他在后来从“作品”转向了“文本”,并将后者视为批评可以在其间嬉戏的自由空间。对诺斯洛普·弗莱来说,批评则被拟定委托于重新焊接创造和知识、艺术和科学、神话和概念之间破碎了的联系,这种旨在文学的内部世界进行系统化的结构研究,与萨义德试图重新连接起外部世界与文本之间的关系显然不在同一个维度。毋庸置疑,他们两人自始至终均对文本性问题保持着高度的专注,而在 1975 年发表的《文本·世界·批评家》(The Text, the Word, the Critic)一文中,萨义德就已指出:“批评家在某种程度上应该清晰地发出那些被文本的文本性所主导和取代或者使之沉寂了的声音。文本是由占统治地位的文化,以牺牲它的种种构成成分的某些人类因素为代价,体制化了的力量体系。因为文本毕竟不是一个由理念上同样不朽的作品构成的理想世界。”①这并不是说萨义德罔顾文本性问题的客观存在,而是说他想竭力借此从批评家的世俗关切出发,进而指出当代批评理论所存在的特有问题,这一问题就在于其或正视、或忽视世俗世界就文本(文本性)研究所提出的问题。为此,萨义德在 1978 年发表了颇具针对性的论文《文本性问题:两个范例》(The Problem of Textuality: Two Exemplary Positions),本文重点考察对当代批评界影响至深的两位典范人物:福柯与德里达,并用分析和批判的方式检视了他们伴随当代批评危机所提供的替代性方案,从而说明为把人类科学的文本性问题转化为文本知识描述所做的尝试,其主要兴趣在于他们怎样在那种历史所限定的界限内来定位他们的著述。首先,我们必须据此了解到萨义德的问题意识之所在,以及他为批评所设定的任务究竟从何而来:

① 萨义德:《世界·文本·批评家》,第86页。

　　因为,为了明白我们作为文本研究者所能了解的东西,我们必须能够理解作为文本性功能的知识的各种单位,而这本身又必然是可以借助这样一些用语进行描述的,这些用语不仅处理以其意识形态的、政治的、体制的和历史的形式出现的文化中介问题,还满足清晰的方法和知识的物质形式的诸要求,这种知识如果不具备神圣的或超自然的源头的话,那么就是在世俗世界里产生的。①

　　关于文本知识的世俗性缘起,决定了萨义德批评的根本出发点,这与其 70 年代左右开始介入政治的(《巴勒斯坦问题》)、历史的(《东方学》)、意识形态的(《报道伊斯兰》)等实践经验息息相关,而福柯与德里达的根本分歧也使他认定了批评的世俗立场,并不断地调适自己与他们在理论之间上的距离。正如我们所知,在萨义德看来,"德里达的批评,使我们陷入了(in-to)文本,而福柯却让我们进入(in)而又跳出了(out)文本"②,这一被后来广泛征引的著名论断使我们不难看到其亲福柯、远德里达的倾向,而他也确实在 70 年代的批评实践中主要受惠于福柯的思想。

　　问题在于,萨义德似乎并没有集中去谈论(或界定)与世俗批评更为切题的世俗、世俗主义、世俗化等术语,而是在非与宗教对立的概念层面提出了他所谓的"现世性"(worldliness),这一术语所标示的内容无疑也是世俗批评得以确立自身的思想根基。由此,在澳大利亚新南威尔士大学教授比尔·阿什克洛夫特(Bill Ashcroft)与当时任职于阿德莱德大学的教授帕勒·阿鲁瓦利亚(Pal Ahluwalia)出版的《爱德华·萨义德》(1999)一书中,我们看到作者在前两章着重就"现世性"概念分别从"文本"和"批评家"角度进行了关键性论述,他们围绕"文本的现世性"和"批评家的现世性"探讨了两者与世界的从属关系,并认为"对萨义德来说,批评家的现世性仅仅是以文本的现世性作为基础的"③,此后又举出相关例证进一步断定:"毫无疑问,正是这种现世性驱动着他自己关于文本、读者、批评家的互动理论(theory of the interactive operations)。"④如果从词源上加以追溯,萨义德在《开端》中只是偶然引用到了 worldly 一词,并没有将其转化为术语 worldliness 而作为其批评思想的关键概

---

① 萨义德:《世界·文本·批评家》,第 322 页。
② 萨义德:《世界·文本·批评家》,第 324 页。
③ Bill Ashcroft and Pal Ahluwalia, *Edward Said*, London and New York: Routledge, 2011, p. 32.
④ Bill Ashcroft and Pal Ahluwalia, *Edward Said*, p. 32.

念。事实上,萨义德对这一概念的使用大致始于 1975 年,首次出现应该是在我们前面已经提到的《世界·文本·批评家》一文中,该文一开始先以加拿大钢琴家格伦·古尔德(Glenn Gould)的音乐演绎作为出发点来探讨文本的现世性依据,并以法国哲学家保罗·利科(Paul Ricoeur)的文本观作为参照,认为保罗·利科将文本悬于境况性现实的上空(in the air),使其并没有赖以依托的现世性场所,所以萨义德指出文本是在世的,因而是现世性的,它们自身有其介入的场合和语境,而这与法国理论家米歇尔·里法泰尔(Michael Riffaterre)的"文本自足观"完全相反。在萨义德看来,文本的在世决定了其与外界现实的隶属关系,而并非只是里法泰尔意义上一个完全向内的或智识性的世界,这就要求批评家需要将文本拉回到它的现世性之所在,因而他自此以后不断深化其文本的现世性观念,并结合其十多年的实践经验在《世俗批评》一文中再次重申:

> 文本是现世性的,从某种程度上说是事件,而且即便是在文本似乎否认这一点时,仍然是他们在其中被发现并得到释义的社会世态、人类生活和历史各阶段(moments)的一部分。①

从这一点出发,萨义德在《世界·文本·批评家》一书中收录的文章基本上均肯定了文本与人类生活、政治、社会和事件存在真实之间的关联,这当然也存在于关涉东方主义话语、巴勒斯坦问题等同步进行的批评实践之中。可见,对萨义德来说,批评意识的确立,批评的干预性,在这一阶段的批评事业中,无疑起到了巨大而影响深远的决定性作用,使得他作为批评家不得不如同公共知识分子一样,置身于文化与社会的具体现实当中。这种责任意识的彰显,不但积极地推动着他投身于现实的政治实践,也使他在当代批评界日渐理论化的趋势中开辟了一块崭新的后殖民领地,并且能够在 80 年代以来的结构主义落潮之后,与新历史主义、女性主义批评、文化研究等一同扭转局面,逐渐完成了从"语言转向"到"文化转向"的过渡。无法否认的是,在萨义德那里,这一局面的形成,的确也是仰赖于他对理论知识的吸收和借取,而理论从根本上成为其从事批评实践的助推力量,即便是在后来他仍抱持着对理论有所偏离的责难态度,但也未曾否认过理论对批评的增益与助长,从其对批评实践的

---

① 萨义德:《世界·文本·批评家》,第 7 页。

偏爱来考量,我们似乎也能够理解德勒兹和福柯在 1972 年以《知识分子与权力》为题的访谈中所指出的观点,即理论本身就是实践。

二、人·境域·时代：理论旅行说

"理论旅行吗?",这是 1997 年美国学者伊凡·卡普(Ivan Karp)论及区域研究与文化研究时提出的问题,时间上远远晚于萨义德在 80 年代初提出的"理论旅行"①(travelling theory),直至今日萨义德的这一说法仍旧是国内外理论界广泛讨论的对象之一。在这里,很突兀地提及伊凡·卡普的这一发问,并不是想借其面对区域研究的危机而表达某种理论上的质疑,而是想以此引出萨义德起初是如何提出并确立这一观念的,至少我们还可以进而认为: 此处的发问,是作者对萨义德在 90 年代重新思考"理论旅行说"的又一次追问,在《理论旅行吗? 区域研究与文化研究》一文中,伊凡·卡普根据当前存在的研究困境,通过对萨义德"理论旅行说"的针对性个案考察指出:"首先,他采取了相对主义立场,认为一旦转移到其他文化语境时,理论便失去了唤起和解释的力量,必须从根本上加以修正。在十多年后的写作中,他认为理论的旅行实际上有两种方式: 首先,它作为一个网格是在其他时间和文化上被强加的;第二,它从其他背景中获得了诸多特异性,因为它只是用来解释其他背景的。"②

首先,我们暂且避开这一相对主义立场是否存在问题,而应回到萨义德在 1982 年冬发表的论文《理论旅行》中,该文一开篇即已做出立论:"正像人们和批评学派一样,各种观念和理论也在人与人、境域与境域,以及时代与时代之间旅行。"③毫无疑问,人、境域、时代,作为"理论旅行说"的三元素,从一开始就成了萨义德论述其观念必不可少的依傍对象,这自然得益于他对人类实际生活中旅行经验的归纳与总结,也与其六七十年代接触法国理论移植美国批评界的现象有着直接的关联,尽管他并没有在开头言明这一事实性的历史依据,但其在后文中对卢卡奇的物化理论,尤其是对福柯权力观的举证分析,似乎也进一步证实了这一点确凿无疑。在萨义德看来,任何理论或者观念的旅行方式都需要经历四个步骤,这里权且采用陶家俊教授的归纳,其总结如下:

---

① "理论旅行",也被译为旅行理论、旅行中的理论、理论之旅行等,本文视其为某种关于理论旅行的学说,故采用"理论旅行说"贯穿本节所展开的内容。

② Ivan Karp, *Does Theory Travel? Area Studies and Cultural Studies* Source：Africa Today, Vol. 44, No. 3, 1997, p.291.

③ 萨义德:《世界·文本·批评家》,第 400 页。

第一,原始起点是孕育理论的温床;第二,各种外在压力促使理论跨越时间和空间距离,寻找到新的栖息地;第三,新环境接纳吸收或抵制长途迁徙来的理论;第四,适应新的环境时空中激烈的生存竞争后,理论发生变异,融入新环境。① 基于此,萨义德在后来的《理论旅行再思考》(*Traveling Theory Reconsidered*)一文中又从理论越界的意义上进一步发挥,这在陶家俊看来可归因于萨义德对批评现世性问题关注的前兆,也是"理论旅行文本建构的纯理论空间与社会文化现实空间的协商、转换和批评干预"②。

无论如何,这一切看起来并非是一件简单的理论任务,虽然我们知道萨义德已明确表示出,他并不打算、也无力去进入这一庞大的理论建构工程,但他还是兴趣盎然地试图以例证的方式来考察理论从一地向另一地运动时所发生的状况,这与他对当代批评与理论之间纠葛现状的揭示和检视有莫大关系。举例来看,在对卢卡奇及其学生吕西安·戈德曼(Lucien Goldman)的双向观察中,萨义德发现卢卡奇的物化理论及其阶级意识概念在戈德曼那里被改写,这使其理论在政治上的反叛性被弱化,但他也并不认为"戈德曼把反叛的、激进的、对抗性的意识转变为一种温和的相通和同构性的意识,存在着什么内在错误"③,而是想揭示这一改写的情境变化在其中所起到的作用,紧接着他又通过对英国批评家雷蒙·威廉斯(Raymond Williams)笔下的戈德曼进行观察,看到了威廉斯从理论中摄取批判意识避免其落入理论的意识形态陷阱。按上述步骤来看,作为原始起点的卢卡奇理论,经由戈德曼、威廉斯在不同时空境域下的演绎和借取,从而在新的情境下发生了变异现象,而对这一理论旅行的现象透视使得萨义德意识到了理论的位置以及批判意识的重要性:

> 不过我的论点是,凭借着指出批判意识是一种空间的意义,是对确定和定位理论之才能的一种量度,我们区分出了理论和批判意识,这就是说,作为时间的一部分,在那时间之内以及为了那时间发挥作用,并做了回应的理论,必须放在那一时间和地点之内才能领会;而结果则是,第一地点就可以由其后理论被应用的那些地点加以量度了。批判意识是对诸情境间差异的认识,也是对任何体系或理论都穷尽不了它源于斯、用于斯

---

① 陶家俊:《萨义德"旅行理论"观的启示——纵论理论旅行模式及批评主体性》,《英美文学研究论丛》,2008 年第 1 期,第 293 页。

② 陶家俊:《萨义德"旅行理论"观的启示——纵论理论旅行模式及批评主体性》,《英美文学研究论丛》,2008 年第 1 期,第 297 页。

③ 萨义德:《世界·文本·批评家》,第 415 页。

的诸情境的一种认识。而最重要的还在于,批判意识也是对于那种对理论的一种抵抗,对经由那些与之相冲突的具体经验,或者释义所引发的对它的各种反应的认识。的确,我甚至想说批评家的工作就是对理论的提出抵抗,使它向着历史现实、向着人类需要和利益开放,彰显这些从释义领域之外或刚刚超出这领域的日常现实中汲取来的具体事例,而这一领域又必然由每一种理论事先标志出来,事后再由它确定界限的。[①]

在上述引文中,萨义德十分鲜明地指出了自己的批评立场,那就是我们应当在需要理论的基础上建立一种批判意识,这也是世俗批评本身始终把持的态度和定位,它被指派为一种对抗性的批评实践,将矛头对准的是一种封闭性的理论体系,并视其为一种社会惯例或文化教条。照此说来,对理论的超越似乎成了 80 年代以来美国学界一直想要达成的主要目标,尽管我们知道伊格尔顿在这一时期亦从政治性的分析视角对敌视理论的批评家们给予了某种理论意义上的辩护式还击,但也终究无法力挽狂澜并在新世纪初不无哀婉地宣告了“后理论”时代的到来。毫无疑问,作为理论的僭越者或(后殖民)理论的创造者,萨义德在理论旅行的意义上很大程度地异化或修正了法国理论给美国当代批评界带来的颠覆性影响,并对与文学密切相关的文化、历史、政治等领域之间的互动也起到了相当大的推动作用。然而,问题在于:在伊格尔顿所宣示的“理论之后”意义上,如何看待理论旅行至终点——当然,这里并不是在说“理论的终结”——的意味究竟为何,这似乎已经在人文视域下形成了某种知识生产意义上的理论关切,以及审美实践层面上的价值诉求,我们可在李西建、贺卫东教授的《理论之后:文学理论的知识图景和知识生产》一文中看到如下论述:“文学理论作为一种现代学科形态,其发展固然需要专业化与制度化的学术认同与建构,需要学科理论与知识的系统化生产与表述,但作为一种以人文阐释与审美价值判断为特征的学科形态,似乎并不完全在于学科范畴的完整性及原理构成的系统性,而主要在于其所拥有的人文立场与价值向度;在于它所显示的捕捉与提炼问题、阐释与评价对象的能力;在于该学科的生产所显示出来的价值取向、理论活力及实践品格。”[②]的确如此,萨义德虽对专门

---

① 萨义德:《世界·文本·批评家》,第 423—424 页。
② 李西建、贺卫东:《理论之后:文学理论的知识图景与知识生产》,《陕西师范大学学报》,2012年 3 月,第 17 页。

化与系统性的理论保持距离,但其自身从根本上来说是一个欧洲传统意义上的人文主义者,且能够在批评实践中不断表达某种世俗意义上的价值关怀。

世俗批评之后,萨义德在聚焦政治批评实践的同时,大踏步地进入了审美实践(摄影、音乐、文学)的批评领域,而在理论批评的战场上逐渐成为被关注或重点讨论的对象,一跃成为学界声望极高的明星级人物,并在公共领域成为颇具影响力的知识分子,甚至曾有评论家将其比附为萨特的后继者。经过七八十年代的理论洗礼后,萨义德交织于其间的爱憎纠葛,其批评事业不可避免地浸染着浓重的个人色彩,一方面是其阿拉伯身份的决定性影响,而另一方面则取决于他本人早年就已确立的人文主义理想。在面对着各色人等、时代挑战,以及不同的境域时,萨义德的理论之旅仍然还没有走到尽头,这赋予了他在世纪末更巨大的批评责任,以及更坚决的抵抗意识,尤其是与自我生命的抗争,这一切均出自他内心深处的那种格格不入(out of place),比如对童年的不快记忆、家族的流亡经历等。可以说,萨义德的抗拒心理是极其强烈的,除了一些传记性的因素影响外,批评意识无疑在其中起着关键的作用,我们将由此出发在最后一节谈论其理论批评中的对立面。

三、对宗教批评的发难

与世俗批评相对,萨义德在较为简短的结论《宗教批评》中,指出当代批评话语中,俨然已表现出某种宗教性的、具有宗教倾向的,或者宗教式的转变现象,这使他颇为忧虑地在更进一步的否弃意义上,重申了批评的世俗主义立场,同时在结尾对批评家们进行了相当严肃的诘难,并呼吁批评应当被视作一项真正的世俗事业而重新得到确证。在本文中,萨义德以世俗批评为前提,使我们不难看到"宗教批评"在此处的指涉有其针对性,它当然并非启蒙运动以来对宗教本身的批判,如霍布斯、斯宾诺莎、费尔巴哈、马克思等人的宗教批判,也与俄罗斯当代文学批评理论中的"宗教批评"①无关,更没有直接针对哈罗德·布鲁姆对宗教文本的解构批评,而是指对世俗批评发挥了其压制功能的东方观念,这一观念在他看来有某种类宗教话语的特质和属性,当然这只是其中之一。

---

① 在当代俄罗斯文论发展的潮流中,宗教批评是唯一一支距今历史最短的批评力量,主张从宗教研究的角度来解释文学现象,甚至撰写文学史。该流派的理论家们大都把宗教意识(即俄罗斯人所信奉的东正教意识)作为认识世界、分析文学创作活动的一种认知范式。参见朱立元主编:《当代西方文艺理论》,上海:华东师范大学出版社,第269—270页。

可见，"去宗教化"在萨义德的批评意识中，似乎占据着重要的地位。在二战之后，甚或在后现代社会中，现代性观念的分崩离析确乎造成了某种程度上的价值真空，人们的内心世界求诸宗教的慰藉似有逐渐增长的趋势，在知识界的确也同样存在着宗教转向的势头，这对于萨义德批评的世俗主义立场来说，无疑形成了极大的威胁和挑战。新宗教意识的复兴，在他所投身的批评理论场域有自身形式的外化，这在他与之相关的访谈言论中，也已经表现出了深深的忧虑和省思，萨义德失望地视其为"不可想象性、不可决定性和悖论的各种变体，以及诉诸巫术、神圣仪式，或者宗教文本的一种异常的统一性"[1]。而这些变体与统一性的根源，使他注意到了当代一个重要的思潮在场，即宗教重又回到了人们的世俗生活之中，并开始深刻地影响着人们的知识实践。实际上，严格说来，宗教始终未曾远离过人类社会，无论是在宗教社会意义上的，抑或是在世俗社会中内在于文学、文化、政治、历史等领域之间的。在《萨义德与宗教他者》一文中，以色列特拉维夫大学教授哈立德·弗拉尼（Khaled Furani）重点讨论了萨义德的世俗批评、东方主义话语，并以阿拉伯现代诗歌作为例证，认为萨义德在《世界·文本·批评家》一书中也塑造了一个与"宗教权威"相平行的"世俗权威"，而"世俗主义是东方主义的一个续集，探索着支配与自我支配之间的关系，就像萨义德在他那不朽之作中所做的那样"[2]。由此来看，这里明显是对萨义德世俗批评的质疑和诘难，如同萨义德对宗教批评的发难一样，无疑前后两者均表现出了相对主义的立场，事实上这种相对主义立场是无可避免的，它取决于我们所置身的特定情境。在萨义德那里，宗教批评不但是指与宗教建立直接联系的批评实践，比如某种意义上的神学转向，还指向了自20世纪初就滥觞于新批评（或形式主义）的非历史化倾向，它们均带有某种宗教性色彩，使之面对的是一种强化了的智识劳动分工，而不再只是人所创造的历史对象，这一倾向才是萨义德真正所担忧的，正如我们刚刚已经提到的：回归到一项真正的世俗事业，才是批评家们应当互相诘问的问题所在。

尽管我们知道萨义德出生在一个基督教家庭，但他自身似乎与宗教生活相去甚远，甚至在个人传记中我们也能看到他对宗教有某种厌恶之感，而且在一些访谈言论中亦曾声称自己的无神论立场。对于萨义德来说，我认为这并不是问题之所在，问题可能在于：当他置身基督教、伊斯兰世界进行某种知识

---

[1]　萨义德：《世界·文本·批评家》，第506页。

[2]　Khaled Furani, "Said and the Religious Other", *Comparative Studies in Society and History*, Vol. 52, No. 3, 2010, p. 605.

实践或政治实践时,势必会与宗教发生直接或间接的联系,无论是站在对原教旨主义现象进行批判的立场上,还是站在与伊斯兰社会苦难的对立面进行辩驳的立场上,这实际上与有宗教关切的批评家——无论信奉宗教与否——在处理宗教文本时的处境没有什么大的不同,除了伦理价值上的考量外。从更为严苛的角度来看,我们可以见到在现实情境中,种种问题的蜂拥出现,均造成了萨义德在批评实践中不断遭遇着某种伦理意义上的理论困境,这导致我们不得不试想从一种更为包容的、理性的理论立场出发去就此做出某种调和,正如我在绪论中提到的一种后世俗的设想,当然这并不意味着萨义德的世俗批评就是不包容的,非理性的,它自有其针对性,只是其中暗自涌动着的某种感性冲动,或者说是一开始就有的意志行为,促使其批评自始至终内含着一股对抗性的反权威力量,看起来颇有几分英雄主义的情结和色彩,此处绝无反讽之意,这在美国著名批评家塔拉尔·阿萨德(Talal Asad)那里衍生出了三个问题:

> 首先,“世俗”这个概念在此处有何作用? 它是指权威还是感性? 其次,既然批评采用了判断,它也试图寻求——对自己和他人的——信念,那么它在多大程度上能够设法克服怀疑论? 最后,如果世俗批评认为自己是在面对着强大的镇压力量,并发觉自己能够接纳其所有失误,我们可以说世俗批评渴望成为英雄吗?①

毋庸置疑,萨义德并非是一个企图树立某种权威的批评家,甚至在政治生活中也同样无意于去做一个权威性的象征,比如因参与“巴以”政治事务有卓越贡献而被认为极有可能成为巴勒斯坦总统这样的人物,况且世俗批评在某种程度上有其自反性的一面,正如萨义德认识到它也在“反思地坦然面对着自己的失误之处”②。那么,在阿萨德的发问中,我们自当认识到萨义德的批评中着实凝聚着较为明显的感性力量,这使其难免会附加着对现世性问题的关切和判断,从而凭借某种“对反的意志”以世俗批评家、公共知识分子的身份介入到现实世界的学术实践和政治生活中,即便是在面对着强大的镇压力量,以及因患白血病而在生命力日渐衰弱的情况下也同样如此。但是,萨义德好像也并不能被严格视为一个英雄,毕竟“英雄”在平常人眼中的确也是权威的象征,

----

① Talal Asad, Wendy Brown, Judith Butler, Saba Mahmood. *Is Critique Secular? Blasphemy, Injury, And Free Speech*. C. 2009, pp. 54 - 55.

② 萨义德:《世界·文本·批评家》,第41页。

　　然而世俗批评的根本目的恰恰是在解构诸种意义上的权威性对象,兴许是其批评呈现的方式,及其批评对象的选取,让我们觉得他显现出所谓的"英雄主义"罢了。于我而言,我不打算就这些问题再做进一步解读,而是想回到文学批评的实践层面上来,去重新审视萨义德的世俗批评遗产究竟有何启示。

　　结合本文的题记所示,我想在此指出的悖论在于:罗兰·巴特与诺斯洛普·弗莱的批评理论体系,在萨义德看来恰恰属于某种宗教批评的范畴,但前者批评观中的非科学化见解、意义生产,以及后者对批评家工作的有益指认,可能也与萨义德的知识实践并不相互冲突。在我看来,这里的问题自可归结为两个层面:其一是宗教批评家对历史及其主体的消解,使批评行为本身有些"不染尘埃",而只是提供一种智识上的新突破;其二则是世俗批评家旨在强调批评的现世性,从而形成某种批判性的伦理意识和干预意向,转而更进一步地参与到人类生活的世俗历史进程之中。如果非得就此进行某种调解的话,我倾向于认为历史中的理论处境并非只是向内的,而理论的历史境遇也并非是遗世独立的;与其说世俗批评在历史之维针对理论进行抗辩时遭遇到了伦理困境,毋宁说世俗批评应当更为包容地看待理论本身也在进行着某种内在历史的抗辩工作。事实上,至少在萨义德的表述中,他并不是一味地敌视着理论的知识生产,而是对理论本身的现世性规避提出了自己基于历史的抗辩,这里的"历史的"未必是"历史主义的"或"新历史主义的",尽管其著作与这两种"主义"保持着一定程度上的暧昧,但我们也不能忽视他对历史主义和新历史主义的批判性反思。总体来看,世俗批评的建构始于《开端》中的批评设想,这一设想虽在近十年之后才获其名,但它仍将处在一种自我建构的过程之中,且必将在此过程中不断检视自身,而萨义德所自认其必现的失误之处,我情愿试探性地用某种后世俗的眼光去打量,问题在于后者果真能克服世俗批评的失误吗?

四重生态、后进化与独异性[*]

张先广/文[**]

王　丽　张先广/译

摘　要：本文从媒介生态学和法国思想(尤其是德勒兹、瓜塔里和维利里奥的思想)之间的生产性界面出发,对人类所面临的迫在眉睫的突变界限进行回应。文章提出"四重生态"的概念,从而延伸了瓜塔里的思想。与此同时,它还揭示了我们所处时代的后进化性质,倡导有别于技术独异性的精神独异性,并将后者视为当前历史节点上追求善的生活的审慎方式。

关键词：柏格森　德勒兹　瓜塔里　维利里奥　弗卢瑟　后进化　独异性　间性论

印刷媒介可谓塑造人本主义的背景,而数字媒介则是塑造后人本主义的背景。如果人本主义意味着一幅人类居于中心的世界图景,那么有理由将后人本主义与另外一幅世界图景相联系,在此图景中,后人类不过是些节点,这些节点在跟处于同一关系场中的无数其他节点偶遇时自我实现为无常的相。印刷媒介创造了一种标准化的文化,标准化是导致竞争的配方。数字媒介有强劲的复兴和去稳定效应,因而有助于多元性。[①] 印刷媒介跟达尔文主义的生态学(强调物竞天择和适者生存)相关联。[②] 数字媒介则强化柏格森意义上的

---

[*]　本文的英文版发表于 *Explorations in Media Ecology* 15.3&4 (2016)。

[**]　张先广,延安大学政法与公共管理学院、美国格兰谷州立大学传播学院教授,研究方向：法国思想、媒介哲学、传播哲学、间性论等。

①　然而,作为数字时代的通用语,数字代码又将所有的东西都化为 1 和 0。

②　值得指出,达尔文自己的思想和达尔文主义之间存在着微妙的区别。在某种意义上,达尔文的思想之于达尔文主义,犹如柏拉图的思想之于柏拉图主义。每一对中的后者都有较为僵化和歪曲化的倾向。达尔文本人不只强调竞争和自然选择,也同样强调共生。

生态学(强调创造性演化、分化和相异相成)。① 柏格森式的环境生态有着共生与对位关系充盈的特点;类似地,柏格森式的精神生态有着生产性界面和负熵性遭遇充裕的特点。这样的精神生态利于产生弗卢瑟所说的"持续的脑部性高潮"②。印刷媒介会强化定居心态,这种心态注重占有、实在和确定性。数字媒介则会复兴游牧情怀,这种情怀珍视体验、虚在和探险性。

　　人本主义之于牛顿物理学犹如后人本主义之于量子物理学。人本主义是一种本体主义,后人本主义则以间性为取向。间性取向跟柏格森式的生态思维(强调关系性、互惠性、一同发挥功用、共同演化)更相契。基于数字媒介的文化有指向间性论和生态思维之倾向。数字媒介之所以被用来强化占有性资本主义可归因于文化滞后——正如马歇尔·麦克卢汉所说:"我们通过后视镜看当下。我们倒退着步入未来。"③我们尚待促成羽翼丰满的后人本主义的到来,它依然只是地平线上的一个迫近的事件,最好保持其意义的未定性,而不是过早地使之固化。数字媒介固然会令我们醒悟到我们存在之关系性,但也会控制并异化我们。④ 我们对数字式背叛的研究分明是不够的。

　　1957 年苏联伴侣号人造卫星的发射触发了生态意识。数字媒介强化了该

---

① 赫肖克扼要阐述了这一柏格森式的见解:"尽管有可能把生态系统中的物种看成在就稀缺的环境资源进行相互竞争,但另外一种看法能更为准确地反映演化过程中物种之间相互作用的方式,后一种看法认为物种在以各自特有的方式释放环境中的资源并将其置于有效的循环之中。演化过程中的生态位不是物种避难于其中的被限制的空间,而是通过把在特定环境中激活并维持的关系性之范围进行创造性的拓展从而开辟的资源边疆。" Peter Hershock, *Valuing Diversity: Buddhist Reflection on Realizing a More Equitable Global Future*, Albany: SUNY Press, 2012, p. 50. 赫肖克进一步指出:"变自什么不光意味着变成什么,还意味着为了什么而变。" Peter Hershock, *Valuing Diversity: Buddhist Reflection on Realizing a More Equitable Global Future*. Albany: SUNY Press, 2012, p. 75. 具有讽刺意味的是,尽管数字媒介给柏格森的见解打上了一道荣光并有利于它被认可,在数字时代,生命冲动所固有的直觉或创造性智能却能被由智力衍生而来的计算智能或算法智能所遮掩。直觉是进化过程中先于大脑出现的一种智能,因此不依赖于大脑。它优越于智力。我们的时代为计算智能所主宰。可以说,我们把低劣的东西偶像化了。这即便不是我们的变态,也是我们的愚行。

② Vilém Flusser, *Into the Universe of Technical Images*, Minneapolis, MN: University of Minnesota Press, 2011, p. 128.

③ Marshall McLuhan & David Carson, *The Book of Probes*, Corte Madera, CA: Ginko Press, 2003, pp. 386 – 387.

④ 下面是对与数字媒介相伴而来的四重转变的尝试性表述。数字媒介(1) 能增进:计算(化整为零、化零为整)速度;复兴、再媒介化;模拟;结构性、系统分析性和控制式思维;把时间体验为永恒的当下。(2) 会淘汰:历史意识;把时间体验为一条直线;以过程为取向的、"进步的"意识形态。(3) 能复兴:魔幻、神话意识和游牧主义。(4) 推向极致时,会逆转为:迷幻、梦游;全球性监视的感觉;人的职能员化。这一理解大体是弗卢瑟式的。如果麦克卢汉有关电气环境的根隐喻是艾伦·坡所描述的大漩涡,那么弗卢瑟有关数字环境的根隐喻则是飓风、旋风。Vilém Flusser, *The Freedom of the Migrant: Objections to Nationalism*, Urbana, Illinois: University of Illinois Press, 2003, pp. 44—45.

意识、增进了网络逻辑和关系取向、淘汰了线性逻辑和实体取向。伴侣号标志着技术圈和生物圈之间孰为前景、孰为背景这一关系的逆转。言下之意,生物圈从此成为技术圈这个背景之下的前景。技术圈已成为我们的第二自然和第二天性。斯宾诺莎意义上的自然作为总体的背景把生物圈和技术圈都囊括在内。① 世界从此进入后进化时代。这意味着斯宾诺莎意义上的自然中的演化和形态发生将为生物和技术之间的内卷(involution)和交融驱动。基因工程抹去了生物圈和技术圈之间的界限。弗卢瑟指出:基因工程"可谓把习得性信息存储在生物量中、把生物量转化为文化记忆之尝试"②。人—电脑之组合在此过程中起了强劲的加速器的作用。

由今天的视域观之,充分地讨论生态必然要涉及技术,包括货币、字母表、印刷机、信息技术、人工智能、虚拟现实、仿生学、机器人技术、生物工程、基因工程、纳米技术、国防技术等。媒介生态学作为对人类境况的一种式样的探索,其工作假设是:技术即媒介,媒介即环境。菲利克斯·瓜塔里颇有洞见地看到,环境生态、社会生态和精神生态三者之间有着动态的关系。③ 然而,如果我们不能明确地看到并考虑第四种生态,即技术或媒介生态(该生态对瓜塔里所考察的三个生态影响深远),我们的图景就不完整。这并不是说瓜塔里没有充分关注技术在我们的社会性和精神生态中所扮演的角色。④

在人类生存期间已出现过一系列的突变界限。字母表、印刷机、电报、照相机和计算机的发明是其中显著的几个。历史上每一个新技术或媒介都从根本上改变了人类与自然环境的关系、人类的社会性和精神生态。例如,在一个口语主导的社会里,能书写的人可以算作后人类。把记忆卸载到用于书写的表面上非但意味着一种不同的用脑方式,而且意味着一种不同的对待其他所有事物(包括自然和他者)的精神姿态。书写这一技术或多或少是个特洛伊木马。隐藏于其中的精神货品包括将对象客体化、冷漠、主客二分、行动时不掺

① 德勒兹对此有同样的理解,如他所言:"鉴于自然和人造物之间的区别正变得模糊,瓜塔里和我想回到我们共同的工作中,从而创立一种自然哲学。"Gilles Deleuze, *Negotiations*, New York: Columbia University Press, 1995, p. 155。

② Vilém Flusser, On Memory (Electronic or Otherwise). A contribution to a roundtable at Ars Electronica, Linz, Austria, September 14, 1988.

③ Félix Guattari, The Three Ecologies, *New Formations*, 8, 1989, pp. 131 – 147.

④ 例如,瓜塔里指出,"人的身心活动越来越接近技术性设备、计算机和通信设备"。Félix Guattari, *The Guattari Reader*, Cambridge, Massachusetts: Blackwell Publishers, 1996, p. 269。这句引语所指向的是人类和技术之间的邻近区域以及他们之间的协同作业。

生态系统。"人—技术之组合体"这一短语中的连字符很有意思。它表示一个界面、一个中间,意味着一同发挥功用和互在(佛学界称之为"相即"),并指向内卷和生成。作为间性论的标志,它跟德勒兹的"和"(and)的观念同义。德勒兹和瓜塔里指出,中间是事物加速的地方。① 人—技术之组合体是导致加速的配方,因此,人类面临着又一个突变界限。

人—技术之组合体已多元化并演化到如此的地步,以至于几乎没有任何天敌能制约它了。达尔文式的自然选择已然松弛,并让位于人工选择。② 进化已被后进化所淘汰。③ 柏格森式的分化在很大程度上已被制造怪物的实验所赶超、取代。④ 换言之,创造性演化已让位于通过失控的修复术和伦理目光狭隘的基因工程而进行的怪物制造。关于对人类的特征进行的基因改良,彼得·斯劳特戴克所作的回应是宣布人文主义时代的结束和"人类公园"的开始。⑤ 关于对超人类和次人类的创造、人类这一物种的复数化以及超种族主义的兴起,维利里奥深感焦虑,这不无道理。⑥ 这种焦虑困扰人类为时已久,表现在一系列科幻叙事中,包括玛丽·雪莱的《弗兰肯斯坦》。不管雷·库兹韦尔(Ray Kurzweil)持何立场,他关于独异性的未来主义作品也脱胎于同样的焦虑或前景。⑦

---

① Gilles Deleuze & Félix Guattari, *A Thousand Plateaus*, Minneapolis, MN: University of Minnesota Press, 1987, p. 25.

② Paul Virilio & Sylvere Lotringer, *Crepuscular Dawn*, New York: Semiotext(e), 2002, pp. 103 – 105.

③ 瓜塔里指出,"生物工程正使对生命形式的无限重塑成为可能。" Félix Guattari, *The Guattari Reader*. Cambridge, Massachusetts: Blackwell Publishers, 1996, p. 103。

④ Paul Virilio & Sylvere Lotringer, *Crepuscular Dawn*, New York: Semiotext(e), 2002, pp. 114 – 116.

⑤ Paul Virilio & Sylvere Lotringer, *Crepuscular Dawn*, p. 144.

⑥ Paul Virilio & Sylvere Lotringer, *Crepuscular Dawn*, pp. 107 – 109.

⑦ 库兹韦尔预言,类似于宇宙觉醒的事件将在他所称的第六个纪元发生。Ray Kurzweil, *The Singularity Is Near: When Humans Transcend Biology*, New York: Viking, 2005, p. 21。但他所设想的那种觉醒更多地是信息性的,而不是精神性的,并且带有技术决定论的味道。拉尼尔将库兹韦尔的愿景与艾伦·图灵的未来主义比喻联系在一起,据此,"人们或许会变成信息,而不是被它取代。这就是为什么雷·库兹韦尔可以等待被上传到虚拟天堂"。Jaron Lanier, *Who Owns the Future*, New York: Simon & Schuster, 2013, p. 127。说起湾区文化,拉尼尔指出,"新的态度是,技术是自主的,它是一个自己生长的巨大的超自然的生灵,很快会超过人类。新的陈词滥调是,今天的'扰乱'将决定性地导致明天的'独异性'"。Jaron Lanier, *Who Owns the Future*, New York: Simon & Schuster, 2013, p. 217。拉尼尔暗示,库兹韦尔所提供的或多或少是新一版的技术涅槃,但那种极度的人工长寿将是选择性的,也是大众所无法企及的。Jaron Lanier, *Who Owns the Future*, New York: Simon & Schuster, 2013, pp. 327, 367。

　　德勒兹和瓜塔里指出,当两个项之间发生内卷时,两者的面貌都会发生变化。① 可以说,内卷无非是双重生成。人—马组合是个很好的例子;中间的连字符很可能代表马镫。该组合中会发生双重生成,并释放速度矢量。这一推理适用于人类和(and)技术。德勒兹在《柏格森主义》一书中指出,"演化之发生系由(单数的)虚在到(复数的)实在。演化即实在化,实在化即创造"②。这实质上是一个关于生命冲动(虚在)和创造性演化(实在化)的扼要陈述。这个思想跟"全潜能"(totipotence)的概念有些类似。也许禅者会说虚在的本质是"空"(sunyata)。作为一种生命形式,人类充满了多才多艺性和潜力。也就是说,表现为人类的生命冲动具有开放性,并自发地进行自我再创造。技术是一种人工的环境因。跟技术的遭遇会影响生命冲动所采取的形式。生命冲动正是道家所称的"气",它具有天然的直觉力和自我直觉力,并需要以直觉来把握。跟技术的遭遇不仅给了人类一个以直觉感悟自性的机会,而且给其自性与第二天性之间发生内卷设立了条件。

　　不过,有个问题:人类这一生命形式究竟是生命冲动在特定条件下的表现,还是其囚牢? 德勒兹的活力主义作品对此似乎模棱两可,这恰是正确的态度。因此,对其作品的运用难免会出现分歧。有智者派心态的德勒兹有意于颠覆理型(如上帝)、拷贝(如人类)和拟像(如后人类)之间的柏拉图式的等级体系,这就自动地把他置于后人类主义者的阵营。③ 对此问题的充分考虑取决于达尔文式的演化(其要旨是筛除适应能力弱的差异性)和柏格森式的演化(其实质是差异性的扩散)之间的根本区别。人类的身-心是差异性扩散的独异性结果,并反过来促成、加速这种扩散。④ 在这个意义上,人类对独异性的追求或多或少是一种愚行,因为人类一直都是独异的。人类需要做的不过是认

---

　　① Gilles Deleuze & Félix Guattari, *A Thousand Plateaus*, Minneapolis, MN: University of Minnesota Press, 1987, p. 306. 原文如下:"解域总是双重的,因为它意味着同时生成的强势变量和弱势变量之间的并存(一个生成的两个项并不交换位置,它们之间没有等同关系,相反,它们被拉入一个不对称的块,双方在其中发生同等程度的变化,这个块构成它们的邻近区域)。"

　　② Gilles Deleuze, *Bergsonism*, New York: Zone Books, 1991, p. 98.

　　③ 思考一下这句话:"上帝依照自己的形象和跟自己的相似性造了人。然而,通过罪,人保留了形象却失去了相似性。我们已成为拟像。为了进入审美的存在,我们放弃了道德的存在。"Gilles Deleuze, *The Logic of Sense*, New York: Columbia University Press, 1990, p. 257. 后人类构成了对理型的进一步背离,完全符合"审美的存在"这一范畴。智者派的冲动是一种负熵冲动。它在文化上是生产性的,而不仅仅是保守性的。

　　④ 德勒兹有句话能支持这一观点:"尼采批判达尔文以一种完全反动的方式来解释演化以及演化中的偶然性。"Gilles Deleuze, *Nietzsche and Philosophy*, New York: Columbia University Press, 1983, p. 42。

识到其独异性。自身已然独异却去追求独异性无异于"骑驴找驴"。人类本自具足,无须外求,对此,人类需要觉醒。人类应摒除阻碍其看清自性的所有障眼物,以及使其远离自性的所有累赘。重新独异化作为一项合理的、必要的伦理工程,其意义不外乎此。

正是因为上述原因,技术独异性的话语既蒙受了误导又具有误导性。它体现了将生命一直增强到一个转折点的兴趣,在这个点上,技术和(被假定为困于人类这一生命形式之中的)生命冲动之间的"非自然联姻"会产生一种被称为后人类的恒乐物种。① 其假设是由卵子和精子产生的生命是可悲的、有缺陷的。如果不着力对其进行批判和有意义的重新构想,技术独异性这一话语很容易成为霸权话语并蒙蔽我们的伦理眼光。不执迷于这一话语对我们大有裨益。有违常理的是,独异性从根本上讲应该是复数的。② 充分地把握独异性意味着对现有科技构型的祭司们所认可的含义偏狭的独异性之外的无穷虚在之觉醒。

麦克卢汉指出:"任何新技术都是一种进化意义上和生物学意义上的突变,能为人类打开知觉之门和新的行动领域。"③这句话表明,麦克卢汉对生物学和技术持非二元的观点。同样,如德勒兹和瓜塔里所言:"勒儒瓦-高汉(Leroi-Gourhan)朝技术活力论方向走得最远,他把生物进化笼统地看作技术进化的模型。"④然而,后进化不仅仅是演化的技术化。相反,最好把它看作机器性组合体的演化,这些组合体把生物圈和技术圈中的成分吸纳为自己的部件。进化的主角不再是单个物种,而是生物—技术—社会—符号的组合体,它们形成自己的类群并与其他组合体发生横向交流。这个过程的动力不仅仅是生命冲动(即生命力、生命能量、气;生命冲动直觉地、自发地分化以占据自然中可资利用的生态位,生命形式因而相异相成)。相反,该过程日益为人类同其大脑延伸物(包括超强大的计算机、大数据、数学模型、算法、机器人、人工智

---

① 拉尼尔的下述观点支持这一理解:随着独异性这一观念的到来,未来的狂喜、弥赛亚或其他超自然的间断已成为对顺乎自然的未来之讨论的一部分。Jaron Lanier, *Who Owns the Future*, p. 125。

② 值得注意的是,库兹韦尔和拉尼尔对独异性的理解都是单数的(而不是复数的)。他们都把它写成"the Singularity",这很能说明问题。德勒兹有句话就独异性之多元性提供了线索:"一总是多元体的标志:一个事件,一个独异体,一个生命[……]"Gilles Deleuze, *Pure Immanence: Essays on a Life*, New York: Zone Books, 2001, p. 30。

③ Marshall McLuhan & David Carson, *The Book of Probes*, Corte Madera, CA: Ginko Press, 2003, p. 67.

④ Gilles Deleuze & Félix Guattari, *A Thousand Plateaus*, Minneapolis, MN: University of Minnesota Press, 1987, p. 407.

能等)结合产生的半愚半智所驱使。可悲的是,斯宾诺莎意义上的自然已经到了几乎不得不制造机器蜜蜂为农作物授粉的地步。柏格森认为直觉优越于智力,后者的特点是天生没有能力理解生命。[1] 这一观点与禅学情怀完全吻合。我们的生态危机或多或少可归因于智力的主导地位。跟理智和直觉等较为主动的术语相比,智力是一个被动的术语。[2] 人类早已过了纯真之年。在那时,生态的念头从未在人类的意识中闪现。我们获得了财富却牺牲了丰裕。我们这个时代的当务之急既不是生产,也不是消费,既不是化整为零(calculation),也不是化零为整(computation),而是让世界重新充满魅力。维柯的诗性智慧,以及所谓的“原始思维”等,很值得我们学习。

加速主义成为热门词汇已非止一日。如果其意图是让资本主义难受,那么加速主义或多或少是一种社会政治意义上的柔术。或者,可以把它理解为一种天启话语,如维利里奥所暗示,“天启”(apocalypse)应作启示解。[3] 值得一提的是,德勒兹很少只单方面强调加速。相反,它几乎总是与减速成对,“迅疾与徐缓”,两者共同给生命赋予节奏,并标志着知觉的(最高和最低)阈限。[4]对维利里奥来说,速度标志着世界的衰老。[5] 作为一名保守的思想家,他有兴趣保护世界的青春。不管是否出人意料,弗卢瑟这位总体上乐观的未来学家和信息通讯社会的构想者持同样的观点。我们来看看他的这段话:

> 今天,投身于自由,或者再根本一点,投身于人类在地球上的生存,意味着延缓进步的策略。这是今天唯一有尊严的反应。我们不能再做革命者了,也就是说,不能再通过其他程序来反对运行中的程序。我们只能做破坏者,意思是,把沙子扔到装置的轮子上。总之,当今每一项有智慧的解放性行动都是颠覆性的行动。[6]

---

① Henri Bergson, *Creative Evolution*, New York: Henry Holt and Company, 1911, p. 165.

② Kenneth Burke, *A Grammar of Motives*, New York: Prentice-Hall, 1945, p. 148.

③ Paul Virilio, *Grey Ecology*, New York: Atropos Press, 2009, p. 43.

④ 迅速与缓慢是德勒兹作品中反复出现的一个主题。它们都超出了知觉的阈限。如德勒兹所言:“它们的共同点在于无法感知的东西,比如体格庞大的日本摔跤手之极度缓慢,以及突然之间的一个决定性的手势,它是如此之快以至于我们没有看见它。迅速并不比缓慢优越:两者都会使神经紧张,或者毋宁说,都会训练神经,使之明察秋毫。”Gilles Deleuze & Claire Parnet, *Dialogues*, New York: Columbia University Press, 1987, p. 93. 在某种意义上,感知迅速与缓慢的能力是独异性的标志。

⑤ Paul Virilio, *Grey Ecology*, New York: Atropos Press, 2009, p. 41.

⑥ Vilém Flusser, *Post-History*, Minneapolis: Univocal Publishing, 2013, p. 127.

言下之意,念及我们的总体处境,维利里奥和弗卢瑟都倾向于减速。如维利里奥所言:"伦理学的目的是减缓事情发生的速度。"①

作为一个物种,我们从未如此面对过这样一个亚里士多德式的问题:该做的符合实践理性的事情是什么?我们应该怎样生成?"门槛上的生命"一语精确地描绘了一个生死攸关的(Kritical)时刻,它必然是一个有着不可穷竭的虚拟性的多元时刻。② 如果我们听从德勒兹的教导,把独异性仅仅理解为一个转折点,那么,斯宾诺莎意义上的自然现在面临的时刻本身就是一个独异性的时刻。③ 转折很可能是复归(逆转),或者侧向岔开。对人类所面临的时刻之紧要性一旦有所警醒,随之就要持一种审慎的态度,这意味着根据总体背景进行选择性的肯定。只要我们选择按活力主义哲学去生活,对生命冲动的肯定将是唯一值得肯定的肯定(尼采的双重肯定)。真正的宗教只有一种,即生命的宗教。

生命冲动只渴求它自己的强度。如果我们把独异性理解为转折点或标志着质的区别的强度阈限,那么生命冲动自然会欲求独异性。在某种意义上,弗卢瑟在设想持续的脑部性高潮时就已经在谈论独异性了。④ 因为性高潮无非是对强度阈限的跨越。在这个意义上,独异性意味着丰裕、极乐、达到迸发点的强度、时间的悬置和自由的感受。同样,米哈里·契克森米哈对其进行理论说明的心流体验也是独异性的一个实例。⑤《千高原》中有关"生成—强烈"(两个词都很关键)的那一章体现了独异性意志。整部书亦然,正如书名所暗示的那样。对禅者而言,独异性意味着顿悟。在神经生理学家看来,独异性意

① Paul Virilio, *Art and Fear*, New York：Continuum, 2006, p. 27.

② "Kritical"这一拼写所援引的是危机(Krisis)的希腊文原意,意指身体或国家悬于生死之间,需要紧急干预。危机是一个独异的时间节点,既是个危险的时刻,又是个机会。

③ Gilles Deleuze, *The Logic of Sense*, New York：Columbia University Press, 1990, p. 52.

④ 弗卢瑟的表述如下:"我在这里试图用文字表达的是一种热切投入、激情澎湃的精神状态,像是对下述情况下吸引人们的注意的东西的综合:艺术和科学上的创造性、政治行动、革命宣言、国际象棋和轮盘赌、股票市场以及充满情欲的梦。这种精神状态不会像在性高潮中那样先强烈化然后消退,而是会终生不间断地保持其狂欢般的高潮。原因在于这种精神状态不是身体的,而是大脑的。图像正把信息通讯社会导往这个方向:导往持续的脑部性高潮。" Vilém Flusser, *Into the Universe of Technical Images*. Minneapolis, MN：University of Minnesota Press, 2011, p. 128. 弗卢瑟所设想的跟德勒兹和瓜塔里所说的"千高原"的意思有惊人的相似之处。主要区别在于,对德勒兹和瓜塔里来说,这种精神状态与技术图像无关。艺术家(按照赫胥黎的理解)和禅学大师一直都会处在这种精神状态(真正的禅学大师有无条件地感到幸福的能力,也就是说,不管外部境况如何)。维克多·特纳会称之为阈限状态。阈限性和间性是同义词。这种激情澎湃的精神状态可谓间性论的至高的善。

⑤ Mihaly Csikszentmihalyi, *Flow: The Psychology of Optimal Experience*, New York：Harper Perennial, 1990.

味着一种特定的精神灾难,也就是说,一种使大脑发生永久性转变的小概率事件。尼采在狂喜中达到了独异性。[1] 米开朗琪罗在入迷中品味到了独异性。佛陀觉悟的那一刹那达到了独异性。孔子七十岁得道时达到了独异性。[2] 爵士乐队即兴演奏渐入佳境时可以达到独异性。战后历史在 1968 年达到了独异性,1968 年比 1989 年释放的生成要多得多。电影《纵横宇宙》(*Across the Universe*)之所以值得称道,正是因为它讲的是独异化,而不是因循。

　　维利里奥教导我们按强度而不是寿命来想象生命。如他所言:"强烈地活一天意味着什么? 我会说意味着感悟相对性的真谛。一天能持续一千年,一千年能持续一天。"[3]用癫痫患者陀思妥耶夫斯基的话来说,"为了那一刻,你会献出整个生命"[4]。最能感悟这一精神的生灵当数蝉虫。一旦被哺乳动物散发的气味唤醒,蝉虫会展示出令人惊愕的生命强度。它几乎把整个一生都用于渴望焕发独异的强度。之后的"无常迅速"丝毫不会损及其生命的完整性。在浩瀚的宇宙中,除了它自己的绵延,它不知道任何别的时间。它毫不吝惜在等待中耗去的光阴,虽然这种等待可能会持续若干年。根据这种理解,延长生命,尤其是技术独异性主义者们所追求的那种延长,毫无意义。如弗卢瑟所言:"对死亡的开放是人类真正的居所。"[5]

　　维利里奥的确将强度与速度联系在一起。如他所言:"活着意味着活泼、迅捷。活泼意味着速度和迅捷。"[6]然而,他告诫人们警惕"基于新陈代谢的速度、有生命者的速度与技术的速度、死亡的速度"之间的"致命耦合",后一种速度"已存在于汽车、电话、媒体和导弹中"[7]。我们越是转向技术的速度去追求激动、刺激、快感和强度,生命固有的活泼性就越得不到调动。这一理解跟

　　① Jill Marsden, *After Nietzsche: Notes Towards a Philosophy of Ecstasy*, New York:Palgrave Macmillan, 2002.

　　② 这一理解基于《论语》中的一句话:"七十而从心所欲,不逾矩。"

　　③ Paul Virilio & Sylvere Lotringer, *Pure War*. Los Angeles, CA:Semiotext(e), 2008, p. 150。有一首日本诗是同一看法的结晶。根据英文可译为:"牵牛花开一个钟,其心不异千年松." Alan Watts, *Become What You Are*. Boston:Shambhala, 2003, p. 19。权威的措辞是:"辰光只开一刻钟,但比千年松,并无甚不同。"(松永贞德《颂牵牛花》)

　　④ 癫痫发作前患者往往会体验到有独异性强度的一刻。Paul Virilio, *The Aesthetics of Disappearance*, Los Angeles, CA:Semiotext(e), 2009, p.43。

　　⑤ Vilém Flusser, *Post-History*. Minneapolis:Univocal Publishing, 2013, p.74.

　　⑥ Paul Virilio & Sylvere Lotringer, *Pure War*. Los Angeles, CA:Semiotext(e), 2008, p.150.

　　⑦ Paul Virilio & Sylvere Lotringer, *Pure War*. Los Angeles, CA:Semiotext(e), 2008, p.150。例如,汽车会将我们从地球上解域,却把我们再结域到车上。结果我们被置于一种悖论式的定栖状态(似动实静)。

麦克卢汉的观点一致：技术有麻醉效果。① 当电影图像以每秒 60 帧（标准速度是每秒 24 帧）的速度放映时，观众已不能再处理它们了。但他们会在潜意识层面受到影响。可以说，速度会让我们形成条件反射。当传播速度接近光速时，人类会被弄成瘫痪的、向光的、迷幻的傻瓜。媒介造成的即刻性和瞬时性会引发反射、预阻反思，从而给情感共产主义创造条件，同时把反思式民主清盘。人文学科的情感转向不过是传播（尤其是通过技术图像进行的传播）的加速和扩散所引发的症状和滞后反应。

迷幻剂给这幅图景增添了一道特殊的波澜，因为"从根本上说，所有的毒品都涉及速度，和对速度的调节"②。沃茨暗示，迷幻剂有加快人的意识的倾向，相对而言时间似乎就慢了下来："一个人通常会有的对未来的强迫性关注会减少，并会意识到当下发生的事情的极度重要性和趣味性。"③在《知觉之门》一书中，奥尔德斯·赫胥黎（Aldous Huxley）记述了麦斯卡林如何使他知觉异常敏锐，并对内在和外在现实产生强烈的意识。但他提醒我们，"其他人在麦斯卡林的影响下才能看到的东西，艺术家天生地一直都能看到"④。同样，已故藏传佛教大师创巴仁波切在 LSD 之旅期间"没有发生丝毫变化"⑤。他不

---

① Marshall McLuhan, *Understanding Media: The Extensions of Man*, Cambridge, Massachusetts：The MIT Press, 1994, pp. 41—47. 麦克卢汉的读者们倾向于过分强调技术是人体的延伸和增强，却忽视技术的麻醉性。弗卢瑟有一句话，如果对其意图稍作转换，很好地抓住了后一点："身体一被（某种技术延伸）麻醉，意识就会变得安静、麻木：不审美。"Vilém Flusser, *Into the Universe of Technical Images*. Minneapolis, MN：University of Minnesota Press, 2011, p. 145）。麦克卢汉在《花花公子访谈》中给出了清晰的解释："所有的媒介——从字母表到计算机——都是人的延伸，会给人带来深刻而持久的变化，并改造其环境。这样的延伸是对某器官、感觉或功能的强化、放大。每当它发生时，中枢神经系统似乎都会对受影响的区域实行自我保护性的麻痹，通过隔离和麻醉使之对所发生的事情没有意识。这个过程颇像在休克或有压力的状态下发生于身体的情况，或者像发生于精神的、跟弗洛伊德的压抑概念相一致的情况。我把这种特殊形式的自我催眠称为'那喀索斯式麻木'，一种人们对其新技术的精神和社会影响浑然不觉的综合征，正像鱼儿对所游之水毫无觉知一样。"Marshall McLuhan, *Essential McLuhan*, New York：BasicBooks, 1995, p. 237。《古腾堡星系》一书中有句话概括了这一观点："人设计、外化的每一种技术在最初的内化阶段都有力量麻痹人的觉知。"Marshall McLuhan, *The Gutenberg Galaxy: The Making of Typographic Man*, Toronto：University of Toronto Press, 1962, p. 153。

② Gilles Deleuze & Félix Guattari, *A Thousand Plateaus*, Minneapolis, MN：University of Minnesota Press, 1987, p. 282.

③ Alan Watts, *Does It Matter?* Novato, California：New World Library, 2007, p. 83.

④ Aldous Huxley, *The Doors of Perception and Heaven and Hell*, New York：Harper & Row, 1990, p. 33.

⑤ Jeremy Hayward, *Warrior-King of Shambhala: Remembering Chogyam Trungpa*, Boston：Wisdom Publications, 2008, p. 68. 对创巴仁波切来说，LSD"很有意思，但不是作为真正的精神体验的途径，而是作为遭遇'超级轮回'的方式。换言之，它如此地放大了我们正常的心，以至于我们能够像照镜子一样生动地看到其疯狂"。Jeremy Hayward, *Warrior-King of Shambhala: Remembering Chogyam Trungpa*, Boston：Wisdom Publications, 2008, p. 67.

需要通过改变心来看清现实。毕竟,这不是一个迷幻剂的问题,甚至跟迷幻剂所带来的意识状态也无关。① 德勒兹说道,"如果说纯粹的事件每次都会被永久性地因禁在实在化之中,反实在化则可以解放它,而且总是为了其他的时代"②。应把独异性从迷幻剂引致的它的实在化中解放出来。

如果迷幻剂可以让人产生微细知觉,那么这种效果也可以通过其他方式来取得。例如,禅修有显著降低人的知觉阈限的潜力。据说某些禅修者能够在捂住耳朵的情况下听到自己的血流、心跳和肠道的蠕动。威廉·巴勒斯说得对:"想象一下,通过化学手段能获得的一切都可以通过其他途径获得。"③这正是德勒兹和瓜塔里的态度,也是本文所提倡的态度:"成功地变醉,但醉于纯水(亨利·米勒)。成功地获得快感,但采用节制的方式。"④改变手段是关键。⑤ 德勒兹和瓜塔里进一步指出:"毒品太过笨重,不能把握无法感知的东西,也不能把握'变得无法感知';毒品使用者相信毒品会赋予他们平面,实际上平面必须提炼它自己的毒品,保持对速度和邻近性的主宰。"⑥换种说法,内在性平面必须产生自己的内丹。

瓜塔里将独异性跟它异性以及对标准理型的不因循相联系。⑦ 他的思维跟柏格森关于"生命冲动作为分化之运动"的观念是一致的,跟德勒兹关于差异与重复的观点(只有充分差异的东西才会重复自身,只有在活力论意义上有德的东西才能复归)也一致。⑧ 在这个意义上,独异性跟活力主义政治哲学和伦理学(其宗旨在于对生命的积极力量的肯定和对障碍的消除)在本质上是不二的。这从来都不只是一个技术问题。事实上,技术的部署更多地是用于堵

---

① 如德勒兹和瓜塔里所言:"终于达到了这一点,在其上,问题已经不在于'吸不吸毒',而在于:毒品是否已经充分改变时空感知的一般条件,从而使得不吸毒者也能够成功地穿越世界的孔洞、沿着逃逸线而行,到达那个必须以不同于毒品的其他手段来达到的地方。"(姜宇辉译)Gilles Deleuze & Félix Guattari, *A Thousand Plateaus*, Minneapolis, MN: University of Minnesota Press, 1987, p. 186。

② Gilles Deleuze, *The Logic of Sense*, New York: Columbia University Press, 1990, p. 161.

③ Gilles Deleuze, *The Logic of Sense*, New York: Columbia University Press, 1990, p. 161.

④ Gilles Deleuze & Félix Guattari, *A Thousand Plateaus*, Minneapolis, MN: University of Minnesota Press, 1987, p. 286.

⑤ Gilles Deleuze & Félix Guattari, *A Thousand Plateaus*, Minneapolis, MN: University of Minnesota Press, 1987, p. 286.

⑥ Gilles Deleuze & Félix Guattari, *A Thousand Plateaus*, Minneapolis, MN: University of Minnesota Press, 1987, p. 286.

⑦ Félix Guattari, *The Guattari Reader*, Cambridge, Massachusetts: Blackwell Publishers, 1996, p. 131. 因此,独异性属于拟像。跟德勒兹一样,瓜塔里也有意颠倒理型、拷贝和拟像之间的柏拉图式的等级体系。

⑧ Gilles Deleuze, *Proust and Signs*, New York: George Braziller, 1972, p. 48.

塞独异化之路、使人们产生条件反射,并防止他们超出规范。要达到独异性,需要的是(老子心目中的)婴儿、少数化的精神,或者对生成的无辜性有严谨的理解的、已然觉醒的身心。[①] 独异性更多地是精神的、伦理与政治的,而非技术性的。在一个大麻逐地合法化的时代,独异体和无聊的瘾君子之间的质的区别越来越迫切地、公开地面对着我们。大乘和大麻之间有着天壤之别。想通过吸某种物质来达到独异性简直就是做烟枪梦。

　　对德勒兹来说,独异性意味着生成,其语法标志是不定冠词,"不定"意味着"未实在化"。[②] 在少数文学中,语言本身会历经变异或少数化,并在句法上变得独异而不可模仿。在《纯粹内在性》一书中,德勒兹将独异性跟事件和虚在(有别于实在)联系在一起。[③] 实在与佛学的肯定有关,虚在与佛学的否定有关。在这一否定中存在着最高的肯定,即对虚在和开放性的肯定。在实在中直觉虚在的能力是觉醒的标志。内在性这一观念别无他意。德勒兹称这种模式的意识为"超验的经验主义",这跟禅学情怀有惊人的相似之处。[④] 如果我们认为"虚在的"或多或少跟"精神的"同义,那么独异性跟精神的就是不二的。"精神的"(spiritual)一词字面上包含有"气"(兼有精神/气息和生命冲动/生命能量之义)的意思。这一系列思考是循环式的,也必然如此。"精神独异性"这一表达可谓有用的冗余或同义反复,之所以有用是因为它可以对抗技术独异性的话语。精神独异性之于技术独异性犹如太极拳之于拳击。每一对之中的前者能把虚在(虚在是生命冲动的本质)最大化,后者则会利用并耗尽虚在[⑤]。

　　精神独异性需要准备才能达到,得有时间才能成熟。然而,技术演化的速度往往会超过我们精神成熟的速度。在我们交谈的同时,这种滞后正在加大。如果人类的未来依赖于大规模的独异化或精神觉醒,我们今天所面临的总体背景似乎使这种觉醒的加速成为必要。人们即便不需要守护神(daemons),也

---

① 如瓜塔里所言,"恰恰是婴儿能够呈现差异和独异性"。Félix Guattari, *The Guattari Reader*, Cambridge, Massachusetts: Blackwell Publishers, 1996, p. 131. 这立刻使人想起老子的一句话:"专气致柔,能婴儿乎?"这意味着婴儿最接近生命冲动。所有这一切都暗示,道教和柏格森主义之间有着强烈的共鸣。德勒兹有句话值得一引:"小孩子们[……]充满了内在的生命,那是纯粹的力量,甚至是极乐。"Gilles Deleuze, *Pure Immanence: Essays on a Life*. New York: Zone Books, 2001, p. 30.

② Gilles Deleuze, "Literature and Life", *Critical Inquiry*, 23, 1997, pp. 225 – 230.

③ Gilles Deleuze, *Pure Immanence: Essays on a Life*, New York: Zone Books, 2001, pp. 29 – 31.

④ Gilles Deleuze, *Pure Immanence: Essays on a Life*, New York: Zone Books, 2001, p. 25.

⑤ 值得一提的是,德勒兹所说的虚在充满了德(即潜力),而 IT 业人士所说的虚拟(如"虚拟现实"中的虚拟)却会削弱德(即一个身心能做什么)。前者满载着伦理性,后者在伦理意义上至多是中性的,如果不是损耗性的。

需要接引者（mediators，助缘），才能独异化。数字媒介本质上不适合承担这一功能。需要拆穿其虚假承诺。具有最大化偏向的数字媒介已使有史以来最多的人获得了巨量的精神知识。表面上看，越来越多的人可以接触到精神化和独异化所需的资源。不过要认识到，数字媒介也构成了一种新的障碍。在精神知识和精神生活之间存在着关键的区别。后者不仅仅是信息，而是一种仪式和践行性认知。数字媒介恰恰在仪式层面激发了一种新的因循主义，尽管其内容已变得极为多元。具有讽刺意味的是，制作并公开分享有关自己精神生活的图像已成为许多灵修者的一个积习难改的仪式。所导致的忙碌已司空见惯。灵修作为一种能带来深度满足的、本自圆成的仪式已被吸纳为制作和分享图像这一仪式的内容。"作为美学的生活"让位于"为了美学的生活"，从而失去其神圣的氛围。前者是非二元的，后者却是二元的。例如，脸书之类的数字式巨型机器会将灵修者从其仪式时空中解域，并将其再结域至赛博时空，后者本性上是吸血的、亵渎神圣的。脸书是个以人们的模仿欲望为给养的名利场，一个纯粹的业力景观。它也是一个时空黑洞，会耗尽人们的元气，并妨碍其潜在的精神觉醒。

理论的斗争还是斗争的理论

——从阿尔都塞到当代激进理论

成家桢/文 *

摘　要： 本文试图从马克思主义所引发的理论斗争和实际斗争这两条线索出发，通过对其中的关键人物，即阿尔都塞的梳理与解释，并通过朗西埃对他的批判，来说明其理论背后隐藏的指向。随后，在以斯科特和大卫·格雷伯为主的当代人类学和社会学资源的指引下，将阿尔都塞的理论斗争导向了关于斗争的理论，阿尔都塞在结构主义框架下的主体理论存在的问题由此得以显明，同时对于这一问题的积极回应也得以被展示。这一回应为当代的马克思主义注入了新的活力。

关键词： 阿尔都塞　理论斗争　人类学

马克思在其写于 1845 年的《关于费尔巴哈的提纲》中宣告了那句众所周知的名言："哲学家们只是用不同的方式解释世界，而问题在于改变世界。"[1] 这句话也意味着，马克思的思想在其形成阶段就突出了其实践的指向。此后，只要斗争依然存在，马克思的这句话也就依然具有其效力。

当然，随着历史的进展，这句话也总是在和其他思想的交互中受到了不同程度的改写。作为马克思的论敌的无政府主义者们——他们拥有着和社会主义者们相同的历史处境，即法国大革命之后引起的关于社会与国家的争论[2]——把(革命的)实践作为基础，甚至最终采用了以宣传效果为重的恐怖手段(例如谋杀政要或贵族)，而同俄国虚无主义思想的结合，使无政府主义者往往具有某种殉道者的形象。在巴黎公社运动失败后，尽管有列宁领导的十

---

* 成家桢，江苏苏州人，复旦大学—巴黎高等师范学院联合培养哲学博士在读，主要研究方向为现当代法国哲学、人类学—社会学、生物学哲学。

[1] 马克思、恩格斯：《马克思恩格斯选集》，中央编译局译，北京：人民出版社，1995 年，第 57 页。

[2] Henri Arvon, *L'Anarchisme*, Paris：PUF, 1974, p. 12.

月革命,但在全球范围内,共产主义运动都陷入了不利的处境,因为恰恰是资产阶级的议会民主普遍占据了政治生活的核心。列宁在《国家与革命》中重提了马克思同无政府主义者的论战(主要是蒲鲁东主义者)①,并由此强调了"马克思完全不是反对国家将随阶级的消失而消失,或国家将随阶级的废除而废除,而是反对要工人拒绝使用武器,拒绝使用有组织的暴力,即拒绝使用应为'粉碎资产阶级的反抗'这一目的服务的国家"②。列宁的这段话,虽然攻击了蒲鲁东主义式的无政府主义,但他实际上恰恰是在两个方面暗示了马克思主义和其他无政府主义的共同点:国家的消亡与人的解放有关;解放以有组织的暴力为手段。③

　　同时,我们亦无法忽视马克思主义理论中蕴含的批判一面,这一面向往往以理论实践为指向,试图回答的是如何认识斗争及其历史的问题。④ 认识最终必然要服务于实践,就像阿尔都塞所要做的理论工作一样。但他认为,只有进行了理论上的工作,人们才能更好地实践:"今天,至少在已经工业化的欧洲,因而也包括在苏联,阶级斗争首先是'在头脑中'进行的,也就是在'意识形态中的阶级斗争'中,在理论的阶级斗争中,在哲学的阶级斗争中进行的。"⑤

　　实际上,无论是强调斗争与行动(即实践)的马克思主义,还是从理论工作出发迂回到实践中去的结构主义的马克思主义,始终都是和主体有关的:主体毫无疑问地是行动者(在某种程度上,具有自主性、自律性),但同时也是处于具体社会结构中的人,因而具有他律性。⑥ 因此,斗争也好,理论认识也好,都离不开对主体问题的考察。正是在这个意义上,阿尔都塞的工作是重要的、

---

　　① 我们知道,蒲鲁东在《关于贫困的哲学》(*Philosophie de la misère*)中提出了一种小资产阶级的无政府主义,即保留货币形式和私有财产,以个人主义(l'individulisme)为核心。而这并非无政府主义的全部,在其他人那里,无政府主义恰恰是一种列宁所谓的"有组织的暴力形式"以及对于社会的重构。参看 Henri Arvon, *L'Anarchisme*, p. 52。

　　② 列宁:《国家与革命》,中央编译局译,北京:人民出版社,2001 年,第55—56 页。

　　③ 关于马克思(不同于马克思主义)和无政府主义的关联,可看 Maximilien Rubel, *Marx théoricien de l'anarchisme*, Paris: Entremonde, 2011:无政府状态不仅仅是共产主义运动的最终状态,也是革命斗争中的调节性、组织性的原则。

　　④ 强调对斗争的认识并非意味着放弃革命行动,而是指以理论实践为主导方法,并将其视作有效革命行动的前提。这一思路可以追溯到葛兰西对意识形态霸权的批判,以及后来西方马克思主义的文化批判转向。其理论资源往往是人道主义的马克思主义。参看陈学明:《20 世纪初西方三大马克思主义思潮的先后问世与相互角逐》,《北京联合大学学报(人文社会科学版)》,2012 年第 10 期,第 21—31 页。

　　⑤ L. 阿尔都塞,吴志峰译:《论偶然唯物主义》,《马克思主义与现实》,2017 年第 4 期,第 118 页。

　　⑥ 用《读〈资本论〉》中的术语来说,人乃是"承载者"(porteur)。这可以追溯到马克思在《资本论》中所说的资本家是资本的人格化这个说法。

值得关注的。而这最终涉及这样一个问题：在具体历史处境中的主体如何构成，又是如何行动的，并且，在这种情况下，斗争如何可能。① 本文将试图通过几个部分来说明阿尔都塞的两个关键时刻，即对青年马克思问题的讨论和对意识形态理论的阐释，以及从这样一种工作出发，后来的批判者们通过使用哪些不同的理论资源，指出了阿尔都塞在结构主义框架下的主体理论存在着何种问题。

一、两个马克思的问题

阿尔都塞的理论工作是从青年马克思的问题开始，并以其意识形态理论为主体的。这构成了阿尔都塞理论的两个关键时刻。这两者回应了结构主义框架下的主体问题。

如他在《论青年马克思》这篇文章开头指出的，作为其工作开端的马克思的身份认定的问题针对的是《国际研究》杂志（ *La Revue Recherches Internationales* ）中关于青年马克思的 11 篇研究。阿尔都塞认为，这些研究中的诸多问题与混淆都来自这样一个关键问题，即马克思的思想是否是前后连贯且一致的，更具体来说，人们是否应该以倒置了的黑格尔式的辩证法来理解《资本论》，以此来制定斗争的方案。

从阿尔都塞的一系列分析中，我们可以看出，费尔巴哈、青年马克思以及黑格尔的辩证法拥有相同的本质结构，他所要指认的正是这样一种结构，因为正是它构成了马克思主义的先决问题，如果不廓清这个问题，那么后来所谓的结构主义的马克思主义是无法具有其理论正统性的。于是，阿尔都塞理论工作首先就触及了他所说的"政治问题"。对马克思最初的质疑来自非马克思主义者，他们通过这种质疑达到了政治攻击的目的，因此，阿尔都塞的反击也就当然具有其政治含义了：阿尔都塞通过区分青年马克思与成熟马克思，批判了其青年时期所具有的人道主义理论意识形态，从而拒绝了一种在人道主义上求得马克思主义之改良的斗争方式。但同时，他也通过自己的意识形态理论，拒绝了第二国际的唯经济论，即认为无主体的历史进程是由结构所超—规定的（ sur-déterminer ），而非由单一的经济基础决定的。这一点我会在下文谈到。

---

① 更具体地说，问题是阶级斗争是如何可能的，因为"至今一切社会的历史都是阶级斗争的历史"。参看马克思、恩格斯：《共产党宣言》，中央编译局译，人民出版社，2009 年，第 27 页。

　　面对非马克思主义者在马克思主义的领域内发起的攻击,年轻的理论家们要么干脆取消所谓"两个马克思"的问题,要么就是简单地将两个马克思视为同一的(不是通过青年马克思来阅读成熟马克思,就是以成熟马克思来阅读青年马克思)。归根结底,他们总是要把马克思视为一个单一形象,仿佛其自开始进行批判以来就已然是成熟的了。这样一种解决方式在阿尔都塞看来是彻底黑格尔式的:以一种回溯性的方式,预先设定了马克思的理论意义。这种做法显然违背了历史唯物主义本身。具体来说,这个根本性的错误导致了两种错误观点:预期论(目的论)和源头论。前者认为应当从最终结果来解释马克思思想的统一性,后者则认为应当以源头来解释马克思思想的统一性,而这种解读方式又往往流于表面,只看到了一些零散的概念上的孤立的联系,而没有看到总问题(la problématique)。阿尔都塞认为,这两种做法植根于三个理论预设:1. 分析性的——"把整个理论体系,即整个思想体系视作是由可还原为诸多元素的东西建构起来的"①;2. 目的论的——"建造了一个历史的秘密法庭"②,使由思想分解而成的诸多元素按期标准得到审判;3. 唯心主义的——把观念历史当作其独有的元素,即把观念的历史作为其理解的标准。总言之,这些理论上的欠缺可以归结黑格尔主义的,其根本特点就是停留在一个具有某种既定目的或终点的观念-历史的内部进行理解。这迫使青年马克思要以成熟马克思为标准(或相反),在这种阐释之下,马克思只能被瓦解为诸多元素,然后得到比较。

　　为了开始真正的研究,必然要提出一种与上述所谓的目的论方法彻底决裂的新的研究原则,阿尔都塞认为,这也是马克思主义本身的方法论原则:每个意识形态都被看作被其独有的总问题内在地统一起来的真实的整体;整个单独的意识形态的意义取决于它和现存意识形态领域的关系,取决于它和诸多问题的关系,取决于它和支持它、反映它的社会结构的关系;意识形态发展的动力在它的此岸,即具体的思想家和实际的历史。科学在此被规定为一种能够解释意识形态发展过程的理论,而非意识形态发展过程本身的真理。

　　总问题这个概念的提出因而顺理成章了。阿尔都塞认为,总问题即"构成了现存意识形态领域的实际思想的构成性统一",是"将思想的一切元素统一起来的典型的系统性结构"③。换言之,总问题的构成性统一是一切思想元

---

①　Louis Althusser, *Pour Marx*, Paris: La Découverte, 2005, p. 53.

②　Louis Althusser, *Pour Marx*, p. 53.

③　Louis Althusser, *Pour Marx*, p. 64.

素的统一,各种元素(如"异化""人的本质""劳动"这些说法)只有在这统一中才获得自己的意义。总而言之,总问题是使一切具体思想得以可能,一切问题得以被提出的结构。在《论青年马克思》的第 30 条注释中,阿尔都塞表明,总问题的本质不在于其内在性,而在于它和真实问题的关系,总问题服从于真实问题,但同时它也通过对它们的变形的陈述而给出一个虚假的回应。

从康德-费希特强调理性加自由的人道主义,到费尔巴哈的强调爱的宗教的人道主义,再到书报评论时期乃至《1844 年经济学哲学手稿》时期的马克思,都属于人道主义意识形态总问题——主体与客体的镜像结构:其真正的含义是主体在作为其自身之异化的客体中辨认出了自己异化了的本质,然后通过对它的占有而重获其本质,在这个框架内颠倒主客体的位置也无法改变这个镜像结构本身。阿尔都塞将此辨认为两个相互联结的观点:"为了使得人的本质是普遍的属性,实际上就应该存在有作为绝对的既定物的具体的主体:这意味着主体的经验主义。为了使这些经验个体是人,他们每个都应该带有人类的本质,就算不是事实上,那至少也要在应然上如此:这意味着本质的唯心主义。"[1]具体而言,在黑格尔哲学那里,虽然主体和作为否定性的欲望、具有自反性的自我意识有关[2],因而只是精神现象学的一个环节,但是,作为大写主体的精神始终存在,正是它使得整个历史呈现为对自身的表现。对于费尔巴哈来说,宗教乃是人的类本质的异化,因此,人的解放就意味着去重新占有宗教,并将其辨认为原来是自身的东西,这最终导向了费尔巴哈的爱的宗教。对于青年马克思来说,这种问题结构也依然存在:资本主义中的劳动被视为异化劳动,工人对其劳动产品(即其对象化)的直接关系被异化劳动的间接关系掩盖。因此,"共产主义是私有财产即人的自我异化的积极的扬弃,因而是通过人并且为了人而对人的本质的真正占有;因此,它是人向自身、向社会的即合乎人性的人的复归"[3]。

总之,透过总问题的结构,阿尔都塞要说明的是,马克思的思想最终同意识

---

① Louis Althusser, *Pour Marx*, p. 234.

② 根据这样一种主体理论,20 世纪的法国形成了一股以否定性-欲望为关键概念的思潮,并以此质疑、反抗把总体性、封闭性、一元论作为自身特质的黑格尔哲学,这构成了阿尔都塞理论的另一个对手。但此二者归根结底都是对于主体问题的反思,差别仅在于彼此的取向不同。这个问题参看 Judith Butler, *Subjects of Desire: Hegelian Reflections in Twentieth-Century France*, New York: Columbia University Press, 1987。

③ 马克思:《1844 年经济学哲学手稿》,中央编译局译,北京:人民出版社,2000 年,第 81 页。

形态的关系不是简单的扬弃,而是断裂——同黑格尔和费尔巴哈的双重断裂。①

二、意识形态机器与被询唤的主体

在区分两个马克思,重新厘清其中关系,并指认了黑格尔—费尔巴哈—青年马克思所共享的人道主义意识形态总问题之后,阿尔都塞指出,只有马克思的科学才能同意识形态彻底决裂。但这实际上也已经暗含了斗争场地的转移:首先,工人阶级夺回劳动产品的斗争失去了意义,因为他们依然处在一种资产阶级的人道主义意识形态之中②;第二,如果不廓清马克思的科学性,如果不通过必要的理论迂回,那么实践将会是盲目的。

这一点在阿尔都塞的意识形态理论中得到了深化,其标志乃是一种被意识形态询唤的主体。

关于这一理论,如吴子枫指出的那样,它不光填补了马克思那里缺失的国家理论,更深刻地是将马克思所奠基的唯物主义历史科学从描述性的科学"发展为名副其实的理论"③。马克思虽然在许多文本中谈到了意识形态与国家的问题,但并没有将其作为理论核心。阿尔都塞则顺着过往的西方马克思主义意识形态批判,提出了建基于经济基础的意识形态的独立性的问题——因为传统的马克思主义理论无法很好地解释上层建筑的有机性,及其对经济基础的具体影响,而只是把它看作一种静态的、惰性的、压制性的社会结构,并通过结构主义完成了这一理论,因为正是社会整体的结构"过度决定"了所有的情势,而非某种观念的发展,或人类本质的异化与复归决定了历史的发展。

阿尔都塞在《论再生产》中宣告了其意识形态理论思考的出发点——再生产。因为,一个社会必然要通过再生产来维系其生产,"生产的最终条件因此乃是对生产的诸种条件的再生产"④,而这正是一般上层建筑的功能。

根据阿尔都塞,再生产的对象有三个,前两个是生产资料(物质的再生产)和劳动力的再生产。通过市场中貌似平等且自由的等价交换形式,劳动力成为商品,同时,其补偿也以工资的形式出现。按照马克思在《资本论》中的说

---

①　Louis Althusser, *Pour Marx*, p. 42.

②　值得注意的是,列宁后期试图重回黑格尔辩证法的做法恰恰和阿尔都塞的思路相反,列宁借此要得出的是工人阶级自发的革命性,要放弃的是原先他认定的无产阶级先锋队。参看凯文·安德森:《列宁、黑格尔和西方马克思主义:一种批判性研究》,张传平译,南京:南京大学出版社,2012年。

③　吴子枫:《阿尔都塞的国家理论》,《马克思主义与现实》,2019年第5期,第109页。

④　Louis Althusser, *Sur la réproduction*, Paris: PUF, 2011, p. 73.

法,工资是用来维持劳动力的再生产的(比如劳动力的生命补给,其家庭配偶和子女的必要生活费用)。但这是不够的,还需要有劳动力"对关于对既有秩序的尊重的各种规范的服从的再生产,即为工人再生产出对占主导地位的意识形态的服从,为进行剥削与压迫的行动者再生产出对出色操控占主导地位意识形态的能力"①。换言之,统治不光需要镇压性的机构,也需要主体主动的臣服。这便是意识形态的新现实。此外,还有一个再生产的对象是生产关系,阿尔都塞通过区分与解释上层建筑与下层建筑、国家与意识形态机器完成了对这个问题的回应。

上层建筑可以分为两个层次:一个是阿尔都塞用"法—国家"来表示的法律的、政治的上层建筑;另一个是意识形态的上层建筑,即一定程度的社会意识之形式。首先,法和国家是一体的,法作为抽象的形式,规定了人所拥有的抽象权利与义务,为了使其能够自主运行,必然还要有暴力机器作为保障,国家正是这一装置。在这一点上,阿尔都塞和传统的马克思主义的观点是一致的(我们可以回想一下列宁在《国家与革命》第一章中的几个小标题:"国家是阶级矛盾不可调和的产物""国家是剥削被压迫阶级的工具"②)。换言之,这一层面的上层建筑是压抑性的、否定性的。然而,使阿尔都塞的理论不同的是,意识形态作为另一个层面的上层建筑,它虽然和暴力国家机器并立,但其本身是生产性的,而非压制性的。这无疑暗示了这样一点:意识形态并非马克思所说的"上层建筑的反作用"那么简单。阿尔都塞把这种生产性的上层建筑叫作"国家的意识形态机器"(appareil idéologique d'état)——"国家的意识形态机器是建制、组织和相应且特定的实践的系统。在这系统的建制、组织和实践中实现了或完整或部分的国家意识形态(通常是某些元素的典型结合)。在国家的意识形态机器中实现的意识形态确保了其系统的统一,这是以扎根于物质功能(它们属于每一个国家的意识形态机器)为基础的,但它们无法被还原为这种意识形态,而只是作为其'支撑'"③。这些机器都履行了一种隐蔽的、非暴力的再生产功能,从而保障了统治阶级的延续。

但同时,在《论再生产》的"意识形态"一节,阿尔都塞将意识形态一般看成一种结构性的事物,即意识形态本身没有历史,这是一个单数的意识形态,只有在具体的历史环境下,它才表现为复数。"如果说意识形态的特性是具有

---

① Louis Althusser, *Sur la réproduction*, p. 78.
② 列宁:《国家与革命》,第1—2页。
③ Louis Althusser, *Sur la réproduction*, p. 109.

一种结构和功能,以至于它们可以把意识形态建成一种非历史的现实(即一种无处不在的历史),是因为这种结构和功能是以相同的、不变的形式出现在人们叫作整体历史的东西中的,是因为《共产党宣言》将历史定义为阶级斗争的历史,即阶级社会的历史。"①因此,并不是只有资本主义社会才具有意识形态机器。例如,阿尔都塞认为,在前资本主义社会,主导的意识形态就是宗教。

在这种情况下,阿尔都塞并没有简单抛弃主体这个概念,反倒将其置于意识形态机器的整体结构中。他在《论再生产》的第十二章中指出了主体同意识形态机器的两种关系:首先,"意识形态代表了个体同其真实生存条件的想象性关系"②;其次,"意识形态具有物质性存在"③。也就是说,意识形态和主体的关系具有想象性、物质性的特点,这种关系在各种社会观念体系与物质性仪式中实现。但同时,这也意味着意识形态离不开主体。阿尔都塞随后就指出,"一切意识形态都会通过主体范畴的运作,把具体的个体询唤为具体的主体"④。没有主体而光有意识形态,一切是无法运转的。意识形态的询唤将主体塑造为主体,也让主体误认了自身的现实,以为自己具有某种自主性。并且,由于意识形态的永恒性,个体(阿尔都塞的例子是未出生的婴儿)"总—已经(toujours-déjà)被询唤主体了"⑤。

三、臣服的主体还是斗争的主体

至此,阿尔都塞理论工作的意义已经显明了:为马克思主义奠定以结构主义的主体观为核心的理论斗争的基础。他理论中的两个时刻先后削弱了两种斗争:一种是传统的工人阶级夺回生产资料,并建立公有制的斗争,另一种则是普遍意义上的斗争。换言之,阿尔都塞通过自己的理论工作,逐渐取消了过往的斗争理论的合理性。根据他的指认(正如本文开头所提到的那句话),如今的斗争首先是理论领域的斗争。其胜利的保证来自能够进行"症候阅读"的理论家(实际上也就是阿尔都塞自己)所建立的、同意识形态彻底断裂的科学。换言之,革命的前提条件在于科学,如果没有这样一种由理论家操作的认

---

① Louis Althusser, *Sur la réproduction*, p. 210.
② Louis Althusser, *Sur la réproduction*, p. 216.
③ Louis Althusser, *Sur la réproduction*, p. 218.
④ Louis Althusser, *Sur la réproduction*, p. 225.
⑤ Louis Althusser, *Sur la réproduction*, p. 227.

识,工人阶级就只能是一个被询唤、被统治,但又同时生活于想象性认同之中的主体。因此,在这种情况下,阶级斗争是不可能的,或者更准确地说,阶级斗争在此是注定要失败的。

1. 阿尔都塞的教导或教训

对于这一点进行最猛烈批判的是朗西埃。在一部针对阿尔都塞整体理论思路进行批判的论著《阿尔都塞的教训》①中,朗西埃试图重新把理论放回具体的历史情势之中,也就是说,在阿尔都塞将其理论归结为一种由马克思奠定的唯物主义科学之后,再次将其放回被阿尔都塞回避或抽象掉的政治斗争背景中。因为马克思的思想,在朗西埃看来,并非纯粹的理论,而是在具体历史环境中的斗争理论。而阿尔都塞所做的,恰恰是"把大众实践的表达改造成了由理论英雄保卫的哲学论题"②。如此一来,他也就避免了对斯大林主义的批判陷入理论上的折中主义、实践上的修正主义,因此只剩下一条路:恢复马克思的真正思想——研究马克思的哲学思想。

在回复约翰·刘易斯(John Lewis)的信中,阿尔都塞批判了其隐蔽的人道主义意识形态。朗西埃以此切入了这场事关马克思主义正统的争论,他指出,"人民大众创造历史"这个说法并不意味着一种意识形态,这种表述是完全策略性的,而非本质性的。阿尔都塞为了能够在自己的结构主义哲学地基上展开理论工作,以最终确立一种没有主体的历史唯物主义,恰恰是回到了爱尔维修等人的旧唯物主义中去。也就是说,阿尔都塞在具体的历史论战中,抽象出了一种人道主义的意识形态(这被阿尔都塞在《论费尔巴哈》中指认为主客体的镜像结构),作为当时资产阶级的占统治地位的意识形态。但实际上,情况并非如此。朗西埃借助福柯的研究指出,当时的意识形态机器恰恰表现为一种直接的压迫(以福柯提出的"全景敞视监狱"为例)。于是,马克思以及广大工人阶级对所谓的人道主义话语的使用,恰恰是在具体的阶级斗争中形成的。朗西埃由此指出,阿尔都塞重复了资产阶级的意识形态(社会中的固定的劳动分工):生产者在一边,为其驱散历史幻觉的人在另一边。大众在此的确能够创造历史,但却是在理论家的教育下才能够如此。这也就是说,大众只有在被中介的情况下才能够看清自身的处境,其本身是不具有自我意识的。朗西埃正是在这一意义上

---

① 朗西埃的著作标题是一语双关的,leçon 这个法文词同英文的 lesson 一样,既有教导、功课的含义,也有教训的含义。朗西埃在此想要表明的是阿尔都塞理论的双重性:一方面是将结构主义引入马克思主义,从而试图把它完成为一种科学的理论,以此对臣服的主体起到理论教育的作用;另一方面,这种做法也因为剥夺了人民大众进行斗争的能力而为革命带来了教训。

② Jacques Rancière, *La leçon d'Althusser*, Paris: La Fabrique éditions, 2012, p. 48.

赞同了毛泽东思想,后者在他看来属于那种与理论斗争决裂的马克思主义。"人民大众才是历史的真正创造者"说的并不是抽象的主体创造历史,而是一种对人民大众自主性的肯定——"阶级战争的智慧,就像生产的智慧一样,并不属于专家"①。朗西埃的这个观点在《无知的教师》中得到了更详细的论述:学生并不是一个屈从于老师的群体,而是具有平等智力、具有自主性的创造者主体。这种属于每个人的能力无法、也不应该被任何代理者掠夺。②

　　另一方面,在阿尔都塞理论的内在逻辑的指引下,意识形态理论从反面加强了反人道主义的立场——把主体规定为对意识形态机器的服从。于是,只有通过"理论英雄"的"看",我们才能跳出意识形态,从而形成一种与意识形态绝对断裂的科学理论。从朗西埃所指出的政治领域中,我们可以发现,在重塑马克思主义的正统以回应党内理论斗争之后,阿尔都塞又通过这样一种结构主义式的意识形态理论同 1968 年左翼大学生运动形成了对抗。③ 在《大学生问题》(Problèmes étudiants)中,阿尔都塞通过劳动的社会分工与技术分工、知识与非知识的分析框架,批判了大学场域中的资产阶级式的自由主义(即其教授的乃是一种不完全的知识),并使从事研究的个体同其中的教学-被教学的个体区分开,后者重复了资本主义社会中的生产关系:"教育的功能服务于一种意识形态,因此也服务于阶级的政治,即使其教学'形式'是非常现代的。"④真正的革命行动只能由一种科学带来,这是"共产主义者大学生"的艰巨任务,承担这一任务的先决条件,就是大学生克服自身中阻碍了自发性的资产阶级意识形态(这和资产阶级科学家的处境是一样的)。⑤ 但是,反过来说,这种自发性的夺回恰恰又要依赖于理论家对结构整体的辨认。因此,朗西埃认为,阿尔都塞的工作不过是重复了考茨基的观点:真正的斗争属于科学,它只能来自一个现实中无法存在的中立场域,只有科学能把彻底的革命带给必然陷于无知中的生产者,以便揭穿其幻觉。

　　2. 从理论的斗争到斗争的理论
　　阿尔都塞的理论毫无疑问对党内外的理论路线产生了深刻的影响,在朗

---

① Jacques Rancière, *La leçon d'Althusser*, p. 46.
② 朗西埃正是在这个层面上对柏拉图的政治理论采取了同样的批判:柏拉图的理想国坚持了一种劳动分工与欲望的分配。
③ 只要我们想一下阿尔都塞特别将学校视作意识形态机器的观点,就可以明白他的批判针对的是何种具体的历史境况。
④ Louis Althusser, "Problèmes étudiants", *La Nouvelle Critique*, no. 152 (January 1964), p. 89.
⑤ 关于阿尔都塞对科学活动中科学的自发性与资产阶级意识形态关系的批判,可参看 Louis Althusser, *Philosophie et philosophie spontanée des savants*, Paris: François Maspero, 1967。

西埃看来,这种理论则最终导向了对大众斗争之可能性的彻底抹消,正因这种抹消,阿尔都塞也重新沦为了资本主义社会分工的意识形态机器——剥削了人民大众的自主性与能力。这种批判显然和朗西埃自己的研究思路有关,他关注的更多是马克思曾经花费大量精力去思考和写作的斗争运动,而非纯粹的理论批判。

顺着朗西埃指出的一种从事马克思主义研究的方法,让我关注到了在阿尔都塞之外、但又的确构成对其质疑的资源。这些资源无一不指向了一种具有自主性的具体的、历史的斗争主体。

詹姆斯·C.斯科特通过对东南亚农民的人类学—社会学研究,指出了两种不同的斗争:一是激进的精英的斗争,二是农民(即斯科特叫作"弱者"的人)的斗争。二者的斗争目标是截然不同的:前者期待集体化的农业,构想一种中央的先锋队式的政权及其政治架构,计划为发展工业化而对乡村进行税收;后者则执着于小土地所有制,渴望地方自治,对一个强而有力的国家敬而远之。二者的斗争方式也是截然不同的:前者要求的是由理论精英领导的,公开的、有序的、有组织的暴力革命;后者常常从事的是匿名的、无序的、零散的日常反抗。

斯科特的判断基于其对斗争主体的观点,以及一种社会剧场的理论。在他看来,尽管行动者在具体的情况中总是受到限定的,但依然可以"在其中建构他们自己的反应,形成他们自身的阶级经验和他们自己的历史"[1]。斯科特在此延续了汤普森(E. P. Thompson)的观点:我们不应该抛弃经验的认识论,因为阶级形成的过程也是行动者自己形成的过程,这不是一个单纯的反映关系,而是具有主动性的改造、挪用、再创造的关系。[2] 主体的这样一种操作是在与"前台"相对应的"后台"进行的,因为"公开的舞台再一次被富裕村民控制,然而在舞台背后,穷人却不失时机地直言不讳"[3]。因此,弱者并不像阿尔都塞所说的那样,完全处于一种自然的简单性之中,而恰恰是在远离控制的后台窃窃私语,在其中酝酿出了各种丰富且清晰的斗争话语(斯科特在其出色的研究中指出,穷人使用的斗争话语并不比理论家的反思所得到的话语粗陋)。尽管,由于意识形态的运作与农民自身的贫困,他们只能使用一些精英创造的文化工具,但实际上,他们是"有意识地"在使用它们。例如,农民们会使用传

---

① 詹姆斯·C.斯科特:《弱者的武器》,郑广怀、张敏、何江穗译,南京:译林出版社,2011年,第50页。

② E. P. Thompson, *The Poverty of Theory and Other Essays*, New York:Monthly Review Press, 1978, pp. 106 - 107.

③ 詹姆斯·C.斯科特:《弱者的武器》,第245页。

统社会中的宗教话语来对抗统治阶级,这种斗争并非阿尔都塞所谓的虚假的意识,而恰恰是极其有效的斗争工具,因为农民们实际上知道如何在有限的条件中创造斗争的工具,并最有效地达到其目的。相反,精英们所设想的斗争常常冒着最大的风险,他们总是构想一种全面革命的弥赛亚时刻,而在那之后将会是一个由彻底断裂所标志的新时代。

关于这样一种无法被意识形态理论识别的斗争,大卫·格雷伯给出了另一个更为生动的人类学案例。在马达加斯加岛上的国王沐浴仪式中,"hasina"赋予了国王一种超然的权力,从而使得部落中的成员向其供奉。但实际上,格雷伯指出,参与仪式的每个人都清楚这并非真正的神力,因为这种力量实际上乃是人通过仪式所创造的,国王所做的只是在仪式中扮演国王这个角色而已。通过这样一种"假装",人得以具有一种想象性的力量,而这种力量创造并不断更新了共同体。在随后的内容中,格雷伯总结道:"巫术是一种用来改变人的公开表演……而非用来改变事物的错误的技术。"[1]同时,在格雷伯与萨林斯合著的作品《论国王》中,二人也指出了通常被视为虚假意识的各种神话-仪式,以及相应地被赋予国王的权力里的另一个维度:神话-仪式并非涂尔干学派所认为的对社会的模仿,实际恰恰相反,正是通过对一种宇宙论模型的构建,王权被束缚在一个更为宏大的宇宙论框架和相应的仪式性操作中——在那里,王权是对宇宙力量的模仿,它尽管拥有无常且武断的力量,却总是被部落成员用各种神话—仪式限制(其中最极端的就是"献祭国王"的例子)。[2] 也就是说,并不存在一种固定的、统摄一切的主权,也不存在与之配套的固定不变的、为它服务的意识形态,后者恰恰是在社会中斗争的中性产物。

然而,意识形态理论并不能思考这样一种具有实际力量的行动,因为,在这种观点看来,对所谓意识形态话语的使用只能是一种虚假的意识,它是空洞的、虚幻的。而人类学的考察告诉我们,意识形态并不是行动的前提条件,而是在历史——换言之,是阶级斗争的历史——中形成的,它不是对创造的限制,而是创造的结果:"范畴或知识的体系只是行动系统的一个面向;社会因此在某种意义上总是一个主动的筹划或一组筹划;价值是行动通过被置于更大的社会整体(不管是真实的还是想象的)中而对行动者产生意义的方式。"[3]总

---

[1]　David Graeber, *Toward an Anthropological Theory of Value: The False Coin of Our Own Dreams*, New York: Palgrave, 2001, p. 242.

[2]　David Graeber and Marshall Sahlins, *On Kings*, Chicago: Hau Books, 2017, p. 75.

[3]　David Graeber, *Toward an Anthropological Theory of Value: The False Coin of Our Own Dreams*, p. 254.

言之，借助人类学的反思，我们更深刻地理解了朗西埃为什么会指控阿尔都塞的意识形态永恒论违背了马克思的历史唯物主义。

从上述的行动-斗争观出发，我们得以反过来思考阿尔都塞的意识形态理论。其中存在着三个要点（借鉴斯科特的总结）①：

1. 意识形态忽略了从属阶级在日常生活的经验中对意识形态进行洞察和去神秘化的能力。

2. 意识形态理论混淆了不可避免之物与正当之物，以至于以为从属阶级的行动与其意图是一致的，或者说，其对询唤的承认是其行动的出发点与终点。

3. 意识形态并非涵盖一切的、无历史的迫使主体臣服的结构，其作用范围恰恰是极其有限的，在某种情况下，它甚至会被行动者挪用、改造。

简言之，斯科特对阿尔都塞的批判是基于其对行动者的具体分析的，也是基于与之相应的社会剧场模式的。一方面，阿尔都塞虽然批判了人道主义中的主客体镜像结构，却在暗中依然按照人道主义的反映模式来设想被意识形态询唤的主体。换言之，在阿尔都塞看来，主体只是对意识形态的消极表现，而这恰恰是一种庸俗的意识＝反映的模式。另一方面，阿尔都塞指认的结构性的意识形态是永恒的、连贯的、一致的，其本身是晦暗的、不可穿透的，因此从属阶级总是被笼罩在意识形态的大网之中。然而，"任何政治或宗教信仰体系的从上向下发送的过程都是重新解释的过程，它调和了先在的信仰，它们被洞察又发生转变，这是分层社会的共有特征"②。正是这样的常常为理论思辨所直接忽略的日常斗争，构成了一切集体运动乃至更激烈的公开革命行动底下的暗流。在传统的马克思主义看来，只有工人阶级才能承担起反抗资本主义的使命，而这种判断暗含的乃是所谓阶级意识的形成问题。但是，人类学—社会学的考察揭示了，斗争的、行动的能力是不可被代理的，它是普遍存在的。一台理想化的意识形态机器是不存在的，总是已经被其质询的主体也总是已经在斗争的。尽管，这并不能带来一种弥赛亚式的革命③，却往往是有效的、最

---

① 詹姆斯·C.斯科特：《弱者的武器》，第384—386页。

② 詹姆斯·C.斯科特：《弱者的武器》，第387页。

③ 弥赛亚式的革命一方面是一种最终的救赎，它意味着历史的彻底断裂；另一方面，也如德里达的理论工作那样，共产主义成为幽灵，其革命的成功之处悖论性地在于其失败。参看 Jacques Derrida, *Spectres de Marx* (Paris: Galilée, 1993)。这样一种革命观完全忽略了斯科特所谓的日常的反抗形式，关于这一点，还可参看詹姆斯·C.斯科特：《逃避统治的艺术——东南亚高地的无政府主义历史》，王晓毅译，北京：生活·读书·新知三联书店，2016年；James C. Scott, *Against Grains: A Deep History of the Earliest State*, New Haven: Yale University Press, 2017。

具反抗效力的。①

四、走向斗争的理论

在 20 世纪初的法国,马克思主义一开始就和实际斗争紧密相关,它构成了对抗法西斯主义以及资本主义的主要资源。作为法国最早参与了尼采与黑格尔思想研读的学者之一的乔治·巴塔耶,通过对左翼与右翼的尼采主义者的批判,提出了一种有其独特风格的、以马克思主义的阶级理论为分析框架的革命话语,并由此在"反攻"(Contre-Attaque)的宣传册中突出了行动的重要性。在发表于 1948 年的评论《政治谎言》("Le mensonge politique")中,巴塔耶更是直接指明了纯粹理论斗争的不足:当下的共产主义远离了真正的共产主义。他写道:"马克思主义不是一种纯粹的理论:而是将历史中既有的可能性付诸行动。"②而在 1968 年五月风暴过后,左翼理论家朗西埃也提出了自己的反思,他认为马克思主义不仅仅是哲学,更是一种关于斗争的理论。毫无疑问,这些斗争路线也隶属于马克思所说的"改变世界"的维度,无论其反思借助或面对何种其他的理论资源。

然而,上文所述的阿尔都塞版本的马克思主义则试图通过精密的理论工作来认识斗争、领导斗争,其核心是让知识分子来代理无产阶级。朗西埃指出,这样一种迂回极大地改变了斗争的面貌,它赋予了理论工作一个核心的位置,而这就使它反过来代理了人民直接的自主性。换言之,阿尔都塞的结构主义的马克思主义的预设乃是工人阶级对自身历史处境的天然无知。朗西埃写道,"阿尔都塞需要自然的'简单性'与历史的'复杂性'之间的对立:如果生产是工人的事务,那么历史对于他们来说就是一件过于复杂的事情,工人们应当把它交付给专家:党(Parti)的专家和理论(Théorie)的专家"③。然而,反过来说,这样一种理论迂回的工作也恰恰标示出阿尔都塞在马克思主义发展历史中的独特位置:阿尔都塞试图通过对两个马克思的区分,达到一种绝对科学的马克思主义,从而使得工人阶级能在这种科学的理论中辨认出自身。为了

---

① 关于这一点,我们可以想到本尼迪克特·安德森指出的无政府主义在落后地区的革命潜力(参看本尼迪克特·安德森:《全球化时代——无政府主义者与反殖民想象》,董子云译,商务印书馆,2018 年)。根据安德森的观点,无政府主义恰恰是农民阶级占主导的地区最强有力的运动模式。同时,这种斗争往往会和当地的各种传统(即现成的材料)结合,带有强烈的民间宗教与秘密结社的色彩。

② Georges Bataille, *Oeuvres Complètes, tome XI*, Paris: Gallimard, 1988, p.336.

③ Jacques Rancière, *La leçon d'Althusser*, p.39.

这样一个目的,阿尔都塞贯彻了结构主义的思路,动用了斯宾诺莎哲学。他由此在理论与实际的政治环境中做出了一种双重的工作:一方面,通过对传统哲学资源的使用,廓清了当时关于马克思主义的争论(即两个马克思的问题和马克思主义的科学性的问题),清算了第二国际中的机会主义,以及人道主义式的反思;另一方面,他也通过这种理论迂回,将马克思放置在哲学史的问题意识之中,从而使马克思主义在学术领域中获得了合法性(斯宾诺莎化的马克思)①。也就是说,通过对主体问题的阐述,结构主义的马克思主义获得了其理论与政治的双重效果。

于是,阿尔都塞会认为,斯宾诺莎才是马克思的先行者,因为他从其政治学—形而上学中发展出了一种超越幻象的认知模式。在阿尔都塞的学生马舍雷看来,斯宾诺莎哲学是一种更高版本的黑格尔主义,实体—属性—样式构成了一种不依赖于主体的、没有目的论与总体性的无限展开的过程。换言之,他"提出了实体辩证法的问题,亦即一种物质性的辩证法,它设定的不是自己通过必然观念式的目的论方法而在源初条件中的完成。并且,这种辩证法是黑格尔所无法思考的东西"②。这一对待斯宾诺莎的态度很好地总结了阿尔都塞的哲学意识——历史是一个无主体的进程,对于这一进程的洞见不依赖于主体,而是依赖于超越主体之想象性的实体的视角。

然而,通过朗西埃的批判和斯科特、格雷伯的人类学—社会学的考察,我们发现,取消人道主义的抽象主体并不能取消行动主体,后者是具体的、历史的,也总是在进行挪用、改造、发明的行动者,他对意识形态机器并非纯粹被动的、反映的关系,而是使用和改造的关系③;其次,对科学性的强调也不能取代实际的日常生活中的斗争,情况往往相反,行动主体往往已经具有对斗争生活

---

① 自从阿尔都塞借鉴戈胡(Martial Gueroult)对斯宾诺莎的再阐释以来,关于斯宾诺莎与马克思的关系在战后法国乃至全球左翼理论中引出了许多争论。此处值得指出的是阿尔都塞借用斯宾诺莎,意在强化其对科学与意识形态是完全断裂的判断。意大利左翼理论家奈格里通过斯宾诺莎的"conatus"这个概念的解释,突出了一种拒绝先验中介、拒绝主客二元论的"力量理论"(Éric Alliez,"Spinoza au-delà de Marx", *Critique*, no. 411 – 412, no. 3[août-sept. 1981], pp. 812 – 821.),以此来说明"诸众"潜在的革命性。法国当代哲学家洛尔东则试图通过斯宾诺莎,批判新自由主义时期的资本主义对欲望的导向与限制,并从作为行动能力的"conatus"出发寻求解放的可能(这一解放被作者称为"再共产主义"[ré-communisme],参看 Frédéric Lordon, *Capitalisme, désir et servitude*, Paris:La Fabrique Editions, 2010, pp. 164 – 171.)。

② Pierre Macherey, *Hegel ou Spinoza*, Paris:La Découverte, 2003, p. 209.

③ 当然,人类学家们(尤其是格雷伯)并没有完全忽视意识形态的作用,在他看来,历史主体的行动也总是可能会导向对原有结构的臣服的(例如在《论国王》中,他和萨林斯一起指出行动主体有时也会模仿原来的统治结构而组织起来)。

的某种认识,只是这一认识并没有通过专家的理论话语得到表达①;最后,意识形态也并非一种总已经无处不在的、不可避免的社会结构。相反,这种结构恰恰是在人类肯定性的行动与斗争中形成的,它也会在这一过程中改变、消亡、再生。对结构的考察带来的最终只是对行动个体之自主性的剥夺,以及对结构本身及其自动变化的考察,这无疑大大削弱了革命主体的能动性。不过,也正是在这一方面,我们重新理解了一种非阿尔都塞的斯宾诺莎哲学,这似乎才是马舍雷的分析中真正积极性的东西:一个仅在诸多个体中才能表达自身的实体的、非目的论的辩证法。它指向了一个远比结构主义的马克思主义更为历史唯物主义的维度。与之并行不悖的是,朗西埃、斯科特和格雷伯从各自角度出发揭示的真实情景:行动者在各自的境况下不断积极地改造、发明、破坏各种现成的工具,斗争的历史在其中形成,各种观念体系亦是如此。②

通过这样一种绕道人类学—社会学的考察,我们得以看到试图走出阿尔都塞结构主义的马克思主义的激进性所在。它并不在于彻底否认意识形态的存在(意识形态的那种再生产功能对于激进理论来说不是第一位的东西),也不仅仅在于对主体之自主性的不可化约性的强调,还在于它总是在现有的结构(以及相应的被询唤的主体)之中寻找新的可能性,并且这一可能性总已经在某处,通过常常被理论斗争的视角所忽略的实际斗争而不断被人们实践着。也许只有这样,我们才能走进"无产者之夜"③。

---

① 这一点既可参看上文提及的大卫·格雷伯的著作 *Toward an Anthropological Theory of Value* 和詹姆斯·C.斯科特:《弱者的武器》,还可参看大卫·格雷伯和马歇尔·萨林斯合著的《论国王》(*On Kings*, HAU, 2017)。

② 参看大卫·格雷伯, *Toward an Anthropological Theory of Value: the False Coin of Our Own Dreams* 的结论部分。作者设想了一种不同于阿尔都塞的意识形态结构理论与布尔迪厄关于"象征暴力"的社会理论的具有历史性的行动主体的理论。

③ 参看 Jacques Rancière, *La nuit des prolétaires: Archives du rêve ouvrier*, Paris: Hachette, 2005。朗西埃在其中详细考察了作为斗争主体的工人的一系列自主的反思与创造活动,但它们在通常的资本主义批判中常常是被忽视的。

论拉康身体概念的三个基本面向

——想象的侵凌、享乐的错失与能指的激情

俞盛宙/文*

摘 要: 身心二分是哲学史上的经典主题之一,无论诉诸松果腺还是上帝干预都不能完全克服此种二元论。然而,在弗洛伊德那里,借癔症之转移与冲动;在拉康那里,借镜像身体自身、能指的身体与对象 *a* 的身体,再次根本转化了研究的视域。在临床上,身心疾病与官能障碍都紧紧对应作为身体枢要的两个主轴:言说与性化。本文将透过若干拉康的关键概念对拉康的身体理论进行统合与发挥。

关键词: 镜像阶段 身体—形象 能指 幻想 享乐 症状 "性关系不存在"

引 言

我们以米歇尔·布塞鲁对身体的界定开启全篇:"身体显然比体质(soma)要多,科学从种质中分离,哲学从灵魂(普塞克)中分离。无意识显然比心灵要多,哲人亚里士多德凭借心灵思考。无意识,如果说它触及灵魂的话,经由这具身体,在此引入思想。无意识就是这个谜。言说—身体之谜。"① 这段颇具形而上学意味的话,至少告诉我们灵肉结合的点才产生了思想的别一种途径,"无意识远比心灵要多",这颠覆了心灵产生思想的常识。当然,这一谜团的出处还是在拉康的《再来一次》(*Encore*)的研讨班那里,"实在,我要说,就是言说的身体之谜,它是无意识之谜"②。当然,身体并非只是传导无意

---

* 俞盛宙,华东师范大学(外国哲学)博士,巴黎高师联合培养博士。

① Michel Bousseyroux: *le mystère du corps parlant* in l'en-je Lacanien, no. 3, p. 68。着重号为笔者所加。

② Jacques Lacan: *Encore*, Seuil, 1975, p. 118.

识的触媒。

　　拉康的身体理论贯穿其整个思想体系,并巧妙地与想象、象征与实在的三界扭结紧密扣连于波罗米结的隐喻之上。作为几个预制性的前提,我们需要指出:首先,身体并不隶属自然存在,而是作为人的固有所有物而在,在此意义上有必要分梳生命与身体。从临床上看,生命以个人身体的形式呈现,活生生的身体是生命的表现形式,但身体不能被还原为生命,器官处在身体的统一性之外①,语言同样是身体之外的器官;其次,身体与主体的分裂恰恰标举了言在(parlêtre)的位置,而由主体的角度来看,主体是被形塑的,它正是身体与存在的破裂口。一句话,**存在先于身体,身体赋形主体**②。身体寓于说话主体的活现经验,透过象征系统,主体被赋予身体。在此,身体是能指引入的。能指将身体计数为整一。在日常生活的统合功能下,存在—身体—主体仿佛浑融一体,但这只是未经反思的自然态度。要之,身体是一幅格式塔,主体并没有一个其来有自的基底。

　　那么,言说的身体与质料的身体是否相互抵牾呢? 答案是否定的。借助前涉的三界理论,想象的身体从象征的身体中抽取出来。受话的肌体服从话语的功能,因此,无论以何种方式呈现,出于想象的需要的自恋癖,都因语言的支撑而必然地与自然目的相分离,需要的问题就此扬弃生理满足。由此种语言带给身体的(非)满足就是弗洛伊德那里的冲动。关联起来,语言引发了身体内的分割效应。能指一方面令自然饱满的身体-形象遭到废黜,另一方面则在局部-身体的切口获得满足。主体与身体的起源性分离就体现在此种无法戒除的冲动之中。拉康所谓的"无头"(acéphale)即指**身体冲动之彻底的去-主体性**。

　　本文拟讨论的问题集中于在想象、象征和实在的维度上相应于精神分析的伦理现实。言在把握着身体,这具身体也服膺医学照管下的生物现实。**但这一现实也是享乐浸透的同一现实**。穿越镜像阶段的想象障蔽,身体仍然受规定和禁忌的影响,在此与我们相遇的不仅有种种病理症状:如典型的神经症、倒错与精神病,还有在象征同一性之外的性化身体,这指向"彼享乐"(autre jouissance)的女性身体。享乐始终是一种所有格:菲勒斯的享乐、大他者的享

---

　　① 体外器官可以从这几层付诸理解:其一,无法全然并入身体的器官,如男性生殖器官;其二,精神分裂症与体外器官的回返问题(如施瑞伯个案);其三,语言器官,它指的不是功能性的舌头,而是处于身体之外和接入同他者的链接之前的脱离意义与先于交际意图的表现为"牙牙学语"的单纯的物质性能指。

　　② 强调均为笔者所添加。

乐抑或彼享乐,这既是身体的享乐,也是域外的享乐。

一、身与心的边缘:冲动及其命运

在精神分析的语境下考察身体,我们要从弗洛伊德那里的冲动开始。在弗洛伊德早年的癔症研究中,他认为,由于某些强烈的情绪出口被封堵,若要消除癔症的症状就必须为它们寻到新的出口,而这一过程即为癔症的转移(conversion)。弗洛伊德的理论敏感性体现在癔症上,便直接关联到处于无意识表象中的身体。问题是,此种转移所涉及的力比多能量的迁移与无意识之思的登录,二者的唯一载体就在身体。1905 年,弗洛伊德提出被压抑的表象在身体中得以言说,癔症的症状携带的信息与编码类似于象形字,唯有凭借主体向倾听者的述说(这是典型的分析者和分析家的关系),尽管他们害怕的恰恰是这些编码被解码。同一年,弗洛伊德拓展了冲动的概念,这一概念本身便是他用来**弥合身心割裂**的努力:它指涉的能量代表为源自内部心理受到的身体刺激所激发。在《冲动及其命运》(1915)这篇重要文本中,弗洛伊德明确提出了冲动与刺激的区分,冲动决不能等同于精神刺激,这一概念要远为复杂。合称的冲动刺激应当有别于对心理起作用的生理刺激。譬如,当食道黏膜的干涩为主体感受到时,这无疑是一种冲动刺激,尽管弗洛伊德语焉不详,挪用概念不加限定,然而,真正的冲动刺激必须源于**机体内部**,遵循合目的性(冲动是一种恒定的力,它与刺激的回返与重复存在质性差异)。冲动在弗洛伊德这里是生物学向内部心理过渡的关键概念之一,冲动是身(somatischem)和心(seelischem)之间的一个边界概念,是由身体抵达心理刺激的精神代表。

尽管弗洛伊德那里常常出现经验科学无法证实的种种假说,他在这篇文本中的洞见至少有两点:第一,自我冲动寻找的对象是可变的,它不必是异己的对象,而完全可以是身体的一部分,此项变数极为重要,它为拉康在《精神分析的四个基本概念》讨论班中的四个对象 a,即目光、乳房、声音、粪便作了预演,正是这些幻想对象允诺了主体欲望的恒在,由于它们不能给主体带来任何原初的满足,此种缺失也是恒久的,冲动与身体的享乐**只能通过幻想的(缺失)的满足实现**。第二,弗洛伊德提出了性冲动与生命过程的勾连:化为对立面——转向自我——压抑——升华。①

① 弗洛伊德继而指出了心理生活的三个对子:主体—对象,快乐—不快乐,主动—被动。然而,这里的二元对立的局限是明显的,他用这一模型来解释施—受虐也难逃泛性论的窠臼。

　　拉康在《论弗洛伊德的冲动与分析家的欲望》这篇短文中,创造性地淡化了泛性论①的色彩,提出性悬置在缺口的光亮之中,这一缺口就是快乐原则退回现实所遭遇到的界限,他在其中离析出根源于不可能实现的欲望。经由对阉割的承担,欲望的缺失由此建立,欲望始终是二阶的,是对欲望的欲望,服从的是他者的欲望。这在冲动问题上体现为是**冲动生产出欲望**,它应对的是能动的主体和丧失的客体的关系,这不仅是我们上述论及的身体开口处的对象 a,此种丧失的客体亦是象征债务的产物:由于石祖的缺位(没有大他者的大他者),女人必须丧失她本没有的东西(男性拥有菲勒斯,女性渴望成为他者的菲勒斯,即成为男性欲望的能指)。如果说弗洛伊德的性冲动难逃心理装置的生物器质的设想并预设了强烈的目的论倾向,那么,拉康则划分了主体和欲望,进而关联到引起欲望的对象,这就将研究重心偏移到了幻想的结构之上。②

二、整全却破碎的身体：妄想的
困囿与镜像③的侵凌

　　如果说冲动是精神分析领域进入身体的锁匙,那么,镜像既是展开拉康三界之旅的起点,也是回溯并落实弗洛伊德理论的生长点。按照弗氏的观点,自我的形成始于俄狄浦斯阶段的到来,在彻底服膺父法的规制后,人终于在语言织体的现实中步入象征秩序;但据拉康看来,主体远非自然生成,自我意识的萌芽抑或说主体的形成早在俄狄浦斯情节之前的镜像时期已然拉开了帷幕。可以说,两者关于自我发生的分野也最终决定了弗洛伊德的探索仍然囿于生物-神经病理学的阈限之内,而拉康则借重现代语言学与人类学的成果,为深入主体形构这一隽永主题着实下探。然而,拉康终其一生从未自诩为拉康主义者,始终都以"回到弗洛伊德"为最终旨归。

────────────

　　①　须知拉康的性化公式首先已经经受了语言的规制,它与生物学的性欲已经相去甚远。
　　②　显然,弗洛伊德定位的身心如何接榫的问题在拉康这里不再是有机的、器质性的身体,相反,这里启示出的是两个方向:或者是去主体性的局部的、破溃的身体,或者是从部分—对象考察这些客体,它们没有镜像,只有纯粹的**相异性**,它们成为主体的衬里。
　　③　法文原文为 le stade du miroir 的这一词组既可译为镜子阶段,也可译为镜像阶段,并无定名;从字面意思上来看,前者较为贴切(单就这一过程而言,我们取此译名);但若采用镜像阶段这一译法则将a—a' 之间的想象、异化、认同、侵凌等维度都包懾于中了,似乎更为全面。另外,拉康《研讨班》第一卷《弗洛伊德论技术》(1953)就专门利用两个光学模型论述想象、象征与镜像,因牵涉面过宽,且与主题不直接相涉,故而本文暂且略去,然而就其对于"身体形象"的强调与主体最初一瞥的冒险性的揭示(与《镜子阶段》的勾画)是殊途同归的。

　　镜像阶段的发轫与弗洛伊德的自恋理论的铺垫与启示是紧密相关的。自恋理论的由来始于古罗马诗人奥德维的纳喀索斯神话。山林女神 Echo 近乎哑默,只能重复对方发出语句的尾音,无法建立对话,但她钟情于美少年纳喀索斯的绰约风姿,一厢情愿,抱憾而终。报复神尼姆西斯于是令纳喀索斯爱上水中倒影,终因不可触碰而亡。在论述镜像阶段之前,我们预先回到占据理想位置的对象,也即自恋的最后一种情况。在常见的想象之爱的错觉式(illusoire)投射中,对象被爱乃是由主体将其置放在取代被其捕获的像(实际是其自身)的位置上,换句话说,主体所爱的与其说是外在的他人,倒不如说是他固有的自我。与此相对,若这个具体的他人被视为理想化的自我之实现,也即,此种实现是主体达不到的,爱的激情在某种意义上因而就是自我形象同他人形象的混同。自我的价值被抽空,他人成了其价值的担保;与此同时,由于主体无法将被爱者涵纳入自身的一部分,他便会耗费巨量时间、精力和钱财拜倒在这一对象脚下(例如追星)使自身更为贫瘠抑或因想象认同受挫刺杀对象,二者实是囚困于想象关系的一体两面的对偶。

　　这里不得不提的是拉康在博士论文《妄想性精神病及其与人格的关系》①中对于玛格丽特·庞泰,也即闻名遐迩的化名埃梅(Aimée),所讨论的个案。该词在法语中是女性的被爱者的意思,只要通过对这起事件三两笔的勾勒我们就能读出拉康在这里的匠心:1931 年 4 月 10 日,庞泰纳试图用钱包里的小刀刺杀刚抵达剧院的女星杜弗洛,后者情急之中用手握住刀锋负伤而前者在监狱关押出现幻觉后被送往圣安娜医院,当时被诊断为伴有夸大狂和钟情妄想的被迫害妄想症。她其实是一名外省邮递员,容貌不佳,用套着假领来强化自己的男性化外表,通过阅读小说聊以自慰。尽管没有获得文学上的造诣和权威机构(法兰西公学院)的承认,她仍渴慕成为需要艰难获得并努力维持自身形象的那种聚光灯下(不是演艺圈就是上层文学圈)的成功女性(她的自我理想)。通过对丧失对象(女演员)的自居作用,她的要求转变为自我惩罚的妄想。"拉康写道,'她所谋杀的对象具有一种纯粹的符号价值,这是谋杀行动无法消除的。然而借助这一谋杀行为使自己在法律上获罪,艾梅也谋杀了自己,这给她带来了一种欲望实现的满足感'。"②

　　从对妄想症的研究(1932/1936/1949)出发,加之深受亨利·瓦隆的动物

---

　①　Jacques Lacan: *De la psychose paranoïaque dans ses rapports avec la personnalité*, points, 1975.

　②　转引自卢迪内斯库:《拉康传》,王晨阳译,北京:北京联合出版公司,2020 年,第 54 页。

镜像实验的启发,拉康揭示了 6 到 18 个月大的婴儿在面对镜中虚像时的欢悦表现,在形象与被映现的环境、虚拟情节与重现的现实之间,婴儿与周围世界(umwelt)产生了初次关联。它展现了主体之构成的发端,有一个锚定在想象秩序中的类项参与了自我(moi)的功用的形成:一方面这是认同的始点,这一前主体被自身的形象捕获而产生迷恋;另一方面,自我根本上是一个想象性的建构,破碎的身体只有在镜映的虚幻呈现中才能获得自足的憧憬。

　　(前)主体的格式塔形象的形成在于,"(镜像阶段)其内在压力迅猛地从不足走向先行——而且对受空间认同诱惑的主体来说,它策动了从身体的破碎形象到我所说的关于身体整体性的矫形术的形式的种种幻想……这幅盔甲以其僵硬的结构标识出主体的整个精神发展"①。而在简·盖洛普那里,镜像阶段是一个先验的决定性时刻,不仅破碎的身体在此被映射,自我也在此诞生。这个时刻既是以后事件的根源,也是与此前混沌的分割点。通过先行而产生将来,通过回溯而产生过去。不过,镜像阶段本就是一个自我误认的时刻,无论是将来还是过去都根植于一个错觉之中。②

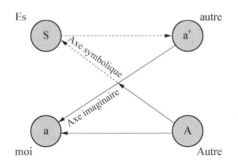

　　L 图最早出现在《被窃的信》(1955)这一文本中,通过从想象界到象征界的楔入全面展现主体自出生到接受父法的布控从而成为被切割的主体之间的整段演绎,被称为"四角游戏"。固然,这一进程可以视作历史发生学维度的一段叙事,但不唯如是,这一想象界上演的情节本身更是拉康结构主义思想的体现。首先,从形态上说,这一图示由两条轴线组成,主体 S 与大他者 A 形成主象征轴(半实半虚线)、他者 a′和自我 a 构成想象轴,两者交叉汇成十字形。其次,就这四元项的构织而言,S 显然是被能指所委任的符号,实际是无名的,即

　　① Jacques Lacan: *Le stade du Miroir comme formateur de la fonction du Je* in Écrits, Seuil, 1966, p. 97.

　　② Jane Gallop: *Reading Lacan*, Ithaca, Cornell university Press, 1985.

德语中的"它"(Es,和英语字母 S 同音,这是拉康的创造力的体现),是本我的场所;a 和 a'互为镜像,互相确认而产生爱慕或侵凌的向心或离心行为,A 是大他者,是愚蠢的主体永远无法抵达的无限远点。再次,从实线与虚线及其相交来说,a—a'是二元互置的想象共生关系,因而无所谓这一向量的方向,用实线标记指称的是"语言之墙",根本上不容颠覆:主体想要对他者言说,无奈遭到镜像反射的捕获而逃脱不得,只能接受被牢牢捆缚的命运。他者发送的无意识真理经过墙的阻隔只能歪曲地在想象中被部分捕获,这便是拉康所说的内主体性(intra-subjectivity)之真意,主体只能在自恋式仿像的反射界域中发现封闭自身的不完整真理,但反过来说,"从图解 L 的图示上来讲,精神分析提供了解释的缺口,因而解除了自我的镜像的咒语,使主体能够回应他者的召唤"①。

　　其实,侵凌的缘起早在婴儿将自己的形象看作一个整体随后遭到乖离——这一形象的合成产生了一个较之于身体不协调的感觉——被体验为一个破碎的身体,因而在主体与形象之间引起了一种侵凌的张力时便已现出端倪。身体想象的格式塔整全横遭退行式死本能的拷问,然而这事实上确乎是"与我们称之为自恋的一个确认方式有关联的倾向,这个确认方式决定了人的自我的结构形式并也决定了这个世界特有的记存事物的结构"②。原始的协力如何演变为侵凌性的竞争呢? 这关乎于自我、他者和对象,实际上并未溢出如下的 L 图。我们已经论述了镜像的误认,而这根本上来源于固有的偏执结构。"主体自我否定与主体指控别人这两个时刻混同了起来。人们于此可发现自我的偏执结构。与这结构相似的是根本的否定。弗洛伊德在嫉妒狂、色情狂和解说狂这三种癫狂中强调了这些根本的否定。"③借重黑格尔,侵凌从身体-自恋的层次提升到了主奴之间持久的争斗引领人类历史整个主观和客观进程的高度,而事实上,通过自恋结构中自我形象于其中发展的空间的映射、占据与予夺,拉康似乎的确可以测度出主体身上生成的各种侵凌意象。

三、实在的对象 a 与他者的享乐

(一) 没入幻想的身体: 在享乐的疏泄或欲望的负载之间

　　想象界中的欣喜——完满具足的身体形象根本上是一种早产、一种注定

①　福原泰平:《拉康: 镜像阶段》,王小峰、李濯凡译,石家庄: 河北教育出版社,2002 年,第 79 页。
②　福原泰平:《拉康: 镜像阶段》,第 106 页。
③　福原泰平:《拉康: 镜像阶段》,第 111 页。

的先行。毋宁说,身体格式塔构筑的丰盈饱满与现实中错综、羸弱、撕扯、断裂的身体之间的张力呈现出难以消弭的真实。身体的全能、生动、自如的想象事实上已然沿着不可逆转的轨道运行着:幼儿因渴念母乳的滋养而自动分隔了母亲的身体-形象与部分-对象(能满足幼儿的实际需要)的行为与身体感官的尚不具足协调能力的现实景况这两极之间的来回运作必然预设着身体图式的整全性担保注定只能为被置于悲剧本身中的婴儿提供一点小小的安慰或是补偿,从而嗣后当其在这一虚幻性的入口遭遇假象(semblance)之虚构(figure)的迷困时能安然接受象征能指的规制而进入正常化。在拉康看来,身体是破裂的、是部分的、是对象化的,判然与有机身体或者说生物学上的肉体(physical & somatic body)相对峙。虚幻的构拟本质上只是为了使畸零的主体在幻想中先期获得某种生存的维度。① 诚然,拉康的构想不可谓不艰深,但却无疑与日常经验彻底抵牾。人们大抵会说,我的身体,我的肉,我的统一、协调、完满的呈现难道不是事实? 这的确颇有说服力亦不可辩驳,但,精神分析之为精神分析恰恰在于穿越日常"幻想"的迷局,直面乃至直视主体欲望的真实,从而达到真正的勘破。

　　由此,超脱镜像认同期的业已被巨大象征母体包围了的人的身体便开启了另一度向上的令人惊异的悬设。质言之,拉康的中后期思想中有关身体-部分的探究是与享乐(jouissance)分不开的。享乐虽难以把捉——它既可以处在肉体的变化途程中激发心旌荡漾的瞬间,也可以在哲学家的冥思乃至精神病患者的疯癫中呈现出来,当然在梦的(oneiric)隐喻空间中同样占据着一席之地——却会在我们不断的追寻过程中在其自身的循环往复中现出端倪:唯其如此,人们才会生发出一种将之把持、系牢的要求,因而它与某种定位、居所(locus)的概念是紧密相关的。在拉康看来,享乐实际是一个登录在他者中的集结地,因其川流不息而成为漫溢在身体的张口边缘的流(flux)。那么,人是怎样经历享乐的呢? 主体本身能否拥有享乐而要假借他者呢? 享乐、欲望这些围绕着身体的核心能指,三者之间究竟有着怎样复杂的牵缠纠葛呢?

　　首先,我们必须明确的是,享乐之所以与身体互相发明乃是因为此处的享乐并非作为一个第一人称的表述,享乐虽在于我,但其所生发处、其所指绝非一己主体之体验,亦非作为客体的他者。举例来说,我们在欣赏芭蕾舞表演时所感受到的视觉冲击乃至身心被紧紧攫住的那种出神、欣快,巨大的审美愉悦

_____

① 本节自然是要在另一维度上,即 contre 镜像虚构的身体的层次进入身体本相呈现的实在维度中。笔者以为,contre 既有反对的维度,也有并立互相参照的含蕴其中。

固然有共情互通的维度，但，更为紧要的是关涉到一个转移（transference）的问题，这是一种由之而生的满足感，是爱[1]若聚焦在舞者的形体，甚或一个眼神、一个仪态便会迸发出的美感横溢。因而，享乐恰恰在我与她的关涉、交接、熔铸中到来，在我的目光中恰恰是无意识赋予了主体以享乐[2]；从另一角度看，舞者的享乐虽是某种真实的身体享乐，却也只能汇集在某个部分之上。毋宁说，在她的出神中，她身体的各个部分不再归属于她，她经历了整全身体的罢免（dismissal），只有当承受着巨大的负荷，在持续的疲累乃至苦痛中，享乐才现出了它的形貌。然而，她并不知晓享乐的降临，她没有关于它的知识，她表现的只是在身体的屈从（submission）中触及的艺术的升华。

其次，享乐是与欲望相对的两极，它们不仅彼此亲缘相涉，与身体的关系更是基始性的。我们可以通过拉康《主体的倾覆与弗洛伊德无意识中的欲望辩证法》中的第四个拓扑图形来简单厘清它们之间还包括对象 a 等之间的关系。

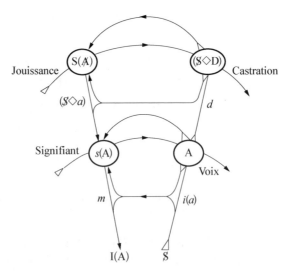

身体在服膺象征能指的布控之后，（完整的）享乐遭到疏泄。在图谱左上

---

①　在柏拉图的《会饮》中就有大量关于爱的探讨。但阿尔喀比亚德对苏格拉底的爱并非简单化了的同性恋。苏格拉底通过分辨事物本身和属于本身，使得爱在物质、身体与灵魂之间的层次鲜明了起来。而阿尔喀比亚德对苏格拉底的爱也是一种追逐 amalgam 的转移，如"首先我要说，他活像雕刻铺里摆着的那些西勒诺斯象（狄俄尼索斯的养育者，引者注），雕刻家们把他们雕成手执管笛，身子左右两半合成，如果打开来，你会看见里面隐藏着神像。其次我要说，他像林神马西亚斯"。这便是一种施及对象 a 的爱。雅克·阿兰·米勒很重视《会饮》，拉康在《精神分析的四个基本概念》也有论及。

②　享乐作为他者的享乐，可在窥淫癖患者中表现出来，因为他的享乐恰恰在于处在不可能的大他者上的位置的凝视（gaze）而非观看（scopic），一旦被发现就会立即消失殆尽。

方的是享乐与他者正面交锋的产物：$\dot{S}(\cancel{A})$，它是大他者中的短缺能指（signifier of lack），完好的他者在享乐的侵入下千疮百孔，恰是在此不一致性中享乐洞穿了大他完满具足的幻象而找到了它的居所。"没有他者中的短缺，他者就会是一个封闭结构，向主体开放的唯一可能性就是主体在他者中的严重异化。"①定格在 $\dot{S}(\cancel{A})$ 与 $S(A)$ 之间的是幻想②公式：$\$\lozenge a$。这是讲述残破的大他者如何获得意指的一致性结果的关键运作。与此相对，如果说享乐在此表现为穿越的效果，那么，右上图的公式则是与之不同的驱力公式（$\$\lozenge D$），他的核心指向是隐蔽其中的欲望。当享乐被排泄而散落，成为剩余享乐③时，这些残片就与驱力捆束在了一起，驱力围绕着它们循环搏动，并时刻表现出一种强迫重复的复归死亡的冲动。如此看来，驱力与享乐虽同样是某种刺穿，不同的是前者在为幻想所屏蔽后已经所剩无几，故而致使后者——这微量的衍余作为即便朝向死亡也要刺穿幻想。但，欲望在这之中却扮演了为幻想公式所勾获并不断应承来自大他者询唤"che vuoi?"（你要什么）这一难题的被动角色：大他者 A 发出的认同要求 d 迫使我在面向他人言说时产生了裂隙并导致了遮蔽（幻想）。因此，幻想公式本身成为摆在我们面前的一道悬设。概言之，$\$\lozenge a$ 描摹了在遭逢大他者的缺失后，已被分裂的主体④是如何上演、维系欲望，从而缝合缺失以赋予主体一致性与某种意义的过程的。毋宁说，"主体在欲望（对象）面前的褪色"，乃是幻想的内核所在。

　　斯宾诺莎说，欲望就是人存在的本质，欲望是力量的表现，是超越善恶的。在某种程度上，与拉康颇有相通之处。的确，在精神分析的理论中，人的世界首先是一个欲望的原初界其次才会遭遇经验—象征的世界。在欲望找寻对象的过程中，它遇到了自身的领界。欲望终究不能满足：因为它既不是对某个

---

　　①　齐泽克：《意识形态的崇高客体》，季广茂译，北京：中央编译出版社，2002 年，第 171 页。

　　②　幻想是与想象是完全不同的概念，主要与 fantasy、hallucination 有直接的关系。在欲望的肌理中，幻想的作用颇类似先验图式，经验客体经由此一图式而被融于先验范畴中。只有幻想的情境建构在先，欲望的场景才能得以展演，由此它发挥了屏幕的作用。

　　③　即 plus-de-jouir。齐泽克对之的定义是，"它并非仅仅将自身置于某些正常的基本享乐之中的剩余，因为享乐同样只呈现在这种剩余之中，因为它是一种构成性的多余。如果我们减去剩余，那么我们就会失去享乐"。由此齐泽克认为资本主义发展的瓶颈期并不存在，唯其遭遇限制，才要不断发展，这就是因构成性矛盾而引发的"永恒革命化"。他认为拉康的创见恰在于揭示出剩余客体（surplus-object）这一躲避符号界统驭的实在界中的淫荡的 a 从根本上弥补了马克思"资本本身即其限制"的局限。

　　④　主体的分裂是注定而不可回旋的事实。早在镜像时期，我既非我（原来只是误认，哪里来的我呢?），也非他人（虽然认同母亲，但母亲的缺失岂是婴儿能够填补的?）；而在俄狄浦斯时期接受象征阉割之后，情况便更加明了了：陈述的主体抹除了言说的主体，主体亦不能填补大他者的欲望，因为不存在大他者的大他者，即元语言并不存在，因为 $S(\cancel{A})$ 也不是在语言织体中占据着根本的位置。

对象的欲求（不然就是需要），也不是对于爱的欲念——希冀得到他人的承认（不然就是要求），欲望实际是处在系统中心、象征界中心和语言自身中心的凸起，是要求减去需要的盈余和豁口，是本体性的缺乏。[①] 因而，身体（的欲望）是寄身于语言宿主中的一个载体。弗洛伊德在《超越快乐原则》中记述了他的小孙子的缠线板能指游戏（fort-da），结论是"有某些超越唯乐原则的倾向在起作用，也就是说，有某些比唯乐原则更基本，而且不依赖于它的原则在起作用"[②]。可以看到，一方面，"一旦欲望被陈述，一旦欲望在他人前被命名，欲望——不管它是什么——在术语的全部意义上被承认或被认可了"[③]；另一方面，欲望是一个换喻的能指的流转与滑移的过程，必须从文字上（literally）予以解读。但在语言的表达中，（由于没有元语言）这一没有大他者的大他者能使我们抵达他者的欠缺维度中。当且仅当欲望的满足被无的滞后而呈现怠惰和无望之时，作为贴补物的对象 a[④]试图成为激发欲望的源头。与俗常的见解相

① 在拉康看来，欲望"产生于要求之外，因为当要求将主体的话语联结到它的条件上时，它精简了需要。"在弗洛伊德的能指游戏中，欲望恰恰是没有对象的，毋宁说所谓的满足都是对占据本体地位的欲望的某种替代而已。原初的匮乏在需要中似乎是幻想中的整全，在要求中也能得到暂时的平息，但在开口说话的瞬间就显现出一个开裂，这也许就是"je parle mais dis rien"的意思。克里斯蒂安·麦茨在《想象的能指》中曾这样说，"就像我们平时说的欲壑难填，欲望在其表面熄灭的短暂眩晕之后，非常迅速地再生，作为欲望，它主要是由自身来持续的，它有自己的节律，并且经常是完全独立于所获愉悦的节律。"（看来似乎欲望与享乐的张力似乎是他关注的焦点）有趣的是，拉康的学生瓜塔里似乎并不同意拉康的精神分析，于是，有 D&G 合著的《反俄狄浦斯》诞生。在德勒兹的《欲望与享乐》一文中，德勒兹看似是在澄清自己的学说与福柯的差异，但其矛头无疑指向的仍然是拉康。大体说来，欲望是一种生成-流动的无定的东西，它作为一种组合（agencement）弥散于权力的形成之中，因而不是一种自然实体。在他看来，社会事物正因为处在不断逃逸的运动中，故而一切已经被解域化了，于是在此，逃逸的路线（福柯意义上的抵抗）与欲望的展布联结到了一起，精神分析中的因匮乏而遭到压制的欲望成为德勒兹坚决否弃的靶心。欲望是完全功能性的、感情的（sentimental），只能在内在性的平面、在强度、人口、斜面、流溢等区域内被界定，所以"站在层级和组织一边"的享乐自然不是德勒兹所待见的。笔者以为，德勒兹对精神分析的否决某种程度上仍然囿于家庭情结的微观单位上，而拉康在引入了语言学以及人类学的最新成就后已经大大拓展了弗洛伊德意义上的"愿望"（wunsch），欲望之所以匮乏不仅有某种消极性在，也是人之为人进入象征界的必然路径，至少他的理论在逻辑上是完备的，但值得肯定的是，关注抵抗、权力等社会问题的福柯、德勒兹等人的确与拉康等人不同的独到视角。在女性主义者那里，欲望的匮乏已然被改造成了欲望实际**源自对他人之爱**，因为唯有这种爱确保他人以他人的身份存在（埃莱娜·西苏），也很值得思考。

② 弗洛伊德：《弗洛伊德后期著作选》，林尘等译，上海：上海译文出版社，2005 年，第 16 页。

③ Jacques Lacan：*séminaire I*，1975，p. 207.

④ 首先，当主体以语言（象征、要求）形式表达需要时必然会产生盈余，这一不能被符号化的剩余物（处于实在界）便是对象 a。其次，就想象而言，对象 a 的原初布展反映在不能以形象把握的声音、斑纹、排泄物等身体形象上；就象征界而言，对象 a 即是主体在他者处获得完型后的一种冗余和剩余享乐；就本性而言，"真实域即惰性呈现、实证性的丰富性，真实什么都不缺少——即是说，欠缺仅仅是由象征化而引入的；欠缺是引入了空隙的能指，是真实域中的缺席"。（参见《意识形态的崇高客体》）实在界正是对象 a 的本源居所。再次，四个经典的对象是乳房、声音、凝视和排泄物，无一不是非镜像层面的实在界的远隐，但在想象界中我们也仍在寻求原乐。

反,拉康告诉我们,并非先有欲望主体,再有欲望对象,而是先期有一个作为欲望之因的对象 a 结构着主体的欲望。拉康进而认为,所有能唤起欲望之物都是对象 a,当一个人爱另一个人的时候,就是一个人在**他人身上**寻找对象 a 的过程。换而言之,幻想便是 $\$ \diamond a$(被抹除的主体对失落对象的想象性欲望)的效果呈现,因为"只有通过幻想,主体才得以构建欲望:通过幻想,我们学会了如何去欲望"①。

分析家纳西奥认为,"幻想围绕着危险而组织;它是一个解决方案……言在的主体的危险就是在此享乐,而幻想是享乐的拟像,它防止从中享乐"②。幻想包含的张力已经包容了阉割与存在、大他者与物(la chose)、主体的丧失与部分对象的固着,在主体的日常情境中,是幻想结构着现实。总而言之,幻想不只是屏幕,它形构了欲望,其连同逃脱能指的原初丧失、与切割身体的部分-对象的联系在一定程度上缓和了主体被"阉割"的命运,最典型的表现就是对能指重复性的暂时留白与中断。

(二) 女性—身体的错失(ratage)

我们关注到当代女性主义中的面具(masquerade)、表演等理论所论述的恰恰揭示了对象 a 的贮留。她们认为,解剖学无法断定人的性身份,性差异也无法仅仅归结为文化因素。波伏瓦认为,女人并不是生就的,毋宁说是逐渐形成的。的确,人在遭到符号界的阉割之后逐渐被对象 a 所迷困,它是所有主体不可避免的结局。男性在女性身上寻找的正是这种化妆后的对象 a。在无意识中,作为能指的女性从不存在,面具因而是登录在象征界中的伪装(semblance)。作为拥有完整身体的女人在拉康看来并不存在,女人只能作为男人的客体进入到他们的世界中来。由此伊莉加蕾《二人行》中设想的美好的平等主体关系是根本不可能的——女性并未获得其主体性而只能以某种外围的溢出勾获男性的欲望,极而言之,只有处在不可能的实在界中作为原质的部分对象在象征界中的侵入才会激发出来自他者的享乐。如此看来,骑士爱情之所以崇高正是因为一种间隔的距离担保使得不可获得的享乐始终环绕着遥不可及的对象 a,一旦肉体的维度真切的暴露在了象征母体中,那么随着部分对象的遗落,后果便是某种创伤填入到了此间的罅隙。

---

① Slavoj Žizek: *Looking Awry: An Itroductiong to Jacques Lacan Through Popular Culture*, MIT Press, 1991, p. 6.

② J-D. Nasio: *le fantasme*, *le plaisir de lire Lacan*, Payot, 2012, p. 81.

　　拉康在讲座班第 20 卷《再来一次》中直言"女性并不存在",乍一听简直骇人听闻,但研读后却发现这仍然是一个有关主体与他者、性态(sexualité)与享乐的永恒命题。女性的契机在于拉康想要使他的分析超越这个被弗洛伊德看作是不可缩减的残余、经验的骷髅头(caput mortuum),也即超越弗洛伊德式的结束。拉康的建树在于彻底的倒转:(两性)互补的不可能性与无性关系的出现,也即,女性并不存在。据拉康看来,女性之所以不存在,是因为女性能指本身是一个无法言在的他者、一个深渊,一个象征界中不断错过、溢出的无法实指化的存在。性身份定位的差异及其来源由此被归结到了语言的层面上。女性由于并不完全受到菲勒斯能指[①]的宰制而无法进行全称判断,因而只是在这一意义上女性并不存在。再者,一部分的女性固然可能受到父法的规约而被部分的符号化(作为部分的身体-对象而存在),而剩下的那一部分则与受限的大他者的能指发生了关联,即:$\dot{S}(\cancel{A})$(他者中空洞的能指)。正如前文所述,何以不存在能表述主体的整全的大他者恰是由于享乐的入侵洞穿了他者完满性的假象。因此,如果说男性因服从象征矩阵(菲勒斯的享乐)而毕生只能追逐不断逃逸而又四处弥散的对象 a,那么,女性则因大他的缺口而获得自身的属己享乐(彼者的享乐),两者并无交集。

　　归结起来,不仅女性并不存在,更有甚者,"性关系不存在"[②]。巴迪欧在他的《性关系不存在》的讲座稿辑录的小书中从语言学的角度写道,"存在一种逻辑的谱系:你们可以说实在作为自身的不可能性就其意义来说是缺乏-意义(ab-sens)的,因此,一个缺乏意义的同义词在拉康的文本中就是缺乏性的意义(sens ab-sexe),这是一个表达式,它表达的是性关系不存在。关键是要注意这里的否定表达'不存在','存在着缺乏-意义',它等同于一个非否定的表达式,这就是缺乏性的意义"[③]。这段话极富洞见。需要明确的是,只有在能指的迁移流转中,我们方才拥有意义。但拉康在这里玩弄的是 unsens＝insens 的同音异义游戏(发音相同,意思是"无意义"),谈的是意指(是隐喻而不是换喻),在性行为中,男女双方都受到菲勒斯能指的布控,它是标记享乐的一种后果或

<hr/>

　　[①]　男性接受原父的阉割因而全部服从乱伦禁忌而得以进入语言,女性则既可以说是也可以说不因而部分溢出"阳具功效"(只是话语——象征符码的一个隐喻)之外。

　　[②]　由于两性之间的享乐是不同的,身体的交融只是互相对象化的部分满足,真正的主体间性在拉康看来是不可能达到的。主体与身体之间永远处于割裂的状态中。躯体的享乐在语言的能指作用之外是有限的,享乐即使得到描绘但也始终不能被完全获得,因此,统一的身体-本体只能销蚀在碎片化的身体的碎片化、对象化中。

　　[③]　Alain Badiou & Barbara Cassin: *Il n'y a pas de rapport sexuel*, *deux leçons sur l'Étourdit de Lacan*, Fayard, 2010, p. 111.

者效应,不仅限制享乐,也与意义无关。而在当今的女性主义者,如珍妮·盖洛普的极端立场看来,一个女人对于另一个女人拥有大他者的价值。[①] 无疑,这一切指明了探索的不同道路,但是这些道路并不能同时被遵循。

立足于男女不对称的性状分析,我们可以进一步发现享乐的言说与身体层面恰好分别表现在男性与女性之中。女性的欲望和她的无意识都是不全的,唯其如此,她才在实在界中——不可言说的缺失的场域里获得了她的存在;同时在受制于男阳系统的矩阵中通过或者是、又或者不是的不断摇曳变幻着的身姿:女性常常通过伪装、面具和谎言来遮掩她的根本缺失,将"无"的真实装饰在面纱底下来赚取她的"是"。实际上,女性作为处在父名—法则的彼岸,"把自身的无融入他者的空无,把它汲取在遮蔽自己的面纱上……总是与不在场的空无发生关系,是体现空虚框架的人"[②]。然而,除却否定的某种域外/他者的享乐维度而打破了阿里斯托芬的美好幻想,毋宁说,女性也独享着自身的开放着的生成维度。[③]

四、能指的身体与临床治疗

所谓"身体的享乐",即以身体为载体,以享乐为主轴,转而叙述欲望在身体中的寓居。然而,需要指出的是,身体与能指仍然具有重要的关联。在能指的效应中,通过其标记和言语的实践,主体从中涌现,这一主体不仅仅是离心的,更重要的是,它只有在重复的能指的运作中方能被塑定,"欲望适足是**能指的激情**,即是说能指标定在动物之上的效应由其中所出的语言的实践使主体得以涌现——这一不仅离心的,而且只是遭受能指的重复支持自身的主体,亦即如同被劈裂的(主体)"[④]。能指的身体并非不重要,之所以在文章的最后方才涉及恰恰是因为它贯穿于另两个界域,换句话说,作为背景的能指的身体始终是诊室中的言语实践的对象,这关乎的无疑是精神分析的伦理。

---

① 阿兰·米勒认为,能指女人的缺位同样解释了对无限的幻想,这种幻想源自言语的经验,尽管那一经验本身是有限的。语言的区分性结构说明了言语的绝对归递性——任何能指都通过它指向另一能指(S1—S2)——事实上,最后的词是无法说出来的。这就是说,女人的缺位是本源性的,至少他不会同意作为女人大他的另一个女人。(参见《另一个拉康》)。

② 《另一个拉康》,第243页。

③ 生成-女性(devenir-femme)是德勒兹哲学中的一个重要概念。据肖瓦尔特看来,从女性、女权再到女人的演进照着女性逐渐剥离影响而进入到生成运动的整个进程。其三个阶段是从模仿—反抗再到自我同一性的确立,德勒兹则认为同一只是差异的效果,生成是差异的运动中的根本。

④ Jacques Lacan, *Petit discours à l'ORTF*, Autres ecrits, Paris, Éditions du Seuil, 2001, p. 223.

想象中的身体是虚幻的、不实的,实在的身体依然是遭受语言能指的切割而残留下来的两类存在:部分-身体(位于身体开口的边缘,如耳孔等),抑或作为物恋对象的残存物,即对象 a(享乐所朝向的不可能之物,唯有试图通过不竭的死亡驱力追逐之)。因而,能指不仅作为语言切割身体,使之成为无用的剩余,成为废料而丧失原有的功能;更重要的是,能指在此与象征界的现实结合起来,其运作遵循快乐-现实原则的双重调控。而身体的享乐总是指向大他者的享乐,根本上溢出了快乐原则,"享乐的意志"(在萨德的幻想中记作 V)是真正的不计量利益得失的行动上演(acting out)。"物"总是在不可触及的远点,引发主体将死亡置之度外也要求取片刻的真正满足。

但文章最终之所以锚定在能指这里,不仅仅是谋篇布局的考量,我们的旨归仍然是在日常生活中回到精神分析临床的身体。早在拉康的第三个研讨班《精神病》那里,能指的身体的概念已经被明确提出。这一概念同时并入了意识的、压抑的或被排除的主体的能指(对应典型的三种临床结构),结合了这一身体的普遍样态与个体组织。在此要明确两点:其一,言语构成了能指的主体;其二,无意识的主体在婴儿开口说话前已经被充分地言说与思考。这些能指首要涉及的是不可移易①的同一性:名、姓、家族谱系、性别、种族等等。此种诞生之前就获得的继承性已经贯穿了亲代意识或无意识的欲望,倘若不承认这些先天的能指,异化就会变质为对菲勒斯能指的排除,成为精神病。

在发生学上,这些能指对婴儿的写入又需要分梳为精神记忆与身体的直接铭写的两例。无疑,如我们在本文开头已经提及的,癔症与身心疾病显然不单被保留在精神结构之中。语词、音节、字母等等影响身体的能指根本上独立于个体的精神结构。在拉康看来,身体就是注册在能指中的那一磅肉(un livre de chair),此种异己性源出于大他者的欲望。

受话的身体与言说的身体(corps parlé et corps parlant),二者缺一不可。这里的奥妙不仅在于使用了过去分词与现在分词,或者区分被动与主动,在具体的言说行动中,此种区分是完全不必要的,这在分析临床中更复如此。当主体言说时,言说的真理是能指性的。也即,在说与意愿说之间,在知晓与未知的所说之间,存在着一种无限的间距,真理就在两者的缝隙间,在无意义的赘词间(ne veut en dire; ne sait en dire),经由语义翻转而达到意想不到的真理。

齐泽克以黑格尔辩证法为例,生动地指出,"正像黑格尔所强调的,世间最

---

① 后天经验性的改变也无法改变主体象征异化的源头。如:迈克尔·杰克逊尽管漂白为白人,但他仍然被认为/知晓是黑人。

为复杂的事物就是去做出陈述并在陈述一个命题时表明人们'已经有效地言说'。对一个命题的辩证法的颠覆的最为基本的形式,正是经由它的自指涉、它与自身陈述的有关过程,我们从黑格尔主义对命题同一性的处理中获致:该主体'想要言说'其同一性与差异性毫不相干,即它彻底无关于差异性——然而,这样一来,它*说出*的恰恰是它想要说的东西的反面,它将同一性限定为彻底地差异于差异性,但从中得到的恰恰是差异所在之处被铭刻于这个内核本身之中,在同一性的自身同一之中"①。

　　能指的身体在人出生以前、故世之后通过命名在这具能指的象征身体中得到存留,此种特定的存在摆脱了全部的生物-物理特征,这在临床上带来了怎样的理论指导呢? 一句话,制作意义。

　　胡安·大卫·纳西奥在《拉康精神分析五讲》最后一讲那里,给我们展示了一个病例。他观察到女病人的眼睛轻微地鼓起并询问是否有异常。病人除了抚着太阳穴表示头疼别无其他症状。在建议就诊后,眼科专家发现了眼眶动脉肿瘤并成功摘除。这在精神分析临床上有何意义呢? 细心的善于观察的人不都能发现体表的异常吗? 在纳西奥看来,分析家在这一长程的分析历程中已经被包含在了分析者的身体之中。分析家所占据的对象 a 的位置同时就是病灶的享乐和那一瞥(a look)的享乐,也即作为能指切割后的剩余-享乐。病人(分析者)的生理症状打断了原先平衡的三界限扭结,在转移关系中,实在凸显出来(症状),病人遭受的痛苦不仅意味着器官的损伤本身已经在象征界之外,还意味着此种享乐的实体和本质不为我们所知。分析家的工作无疑就是要为这些非正常(仅仅在器质性层面)的享乐制作意义。在此,意义与事件(病灶)是对立的。我们无法追溯其成因所叠加的诸种偶然性,相反,这些事件的精神因果是先在的,它与外部事件的概率并无关联。分析家在此占据的主导位置的功能在于: 1. 引导病人就医;2. 提供某种目的论假说;3. 赋予此种异常享乐以意义,重新结构化转移关系;4. 象征的超决定将病人体内的享乐引导为主体间的居间的位于转移之中的享乐,这就是说,分析家发动了能指的链条,生产出新的意义。

　　在这一病例中,不可解释的溯因的失效就是提出假说的主能指是 S1,分析家为其锚定提供的增补则是 S2,并不断进入新的循环。最后一个重要的分梳在压抑与排除、无意识的形成与对象的形成、神经症与实在的病灶(并不仅仅

---

①　Slavoj Žižek: *Le Plus Sublime des Hystériques: Hegel avec Lacan*, PUF, 2011, pp. 28-29.

只有精神病适用能指的排除)之间。具体来说,譬如我们已经论述的癔症的转移,症状发生在无意识之中的压抑(S2)为身体表象(S1)所替代,神经症即遵循此种能指的替代原则。然而,在我们提到的器质损伤这里,排除机制的运行模式是被压抑的表象(S2)并没有任何的替代(S1)。能指的链接被全面打断,拉康的经典表述"一个能指为另一个能指表征主体"不复存在。这就需要分析家在分析工作中提供能指的元素、整合象征功能、触发转移关系并重新制作意义。意义不同于解释,对于分析临床来说,意义便是精神分析的行动证实其有效性的转移关系的旨归,而不会过分侧重理解与解释的循环和技术。

也许以纳西奥的精彩总结作为结语是十分恰切的,"鉴于拉康的四大辞说,分析家碰巧依次占据了主人的统治位置,引诱的癔症位置,教授的知识位置以及必然的分析自身的位置,即治疗的驱动力"①,这不仅呼应了弗洛伊德的三种不可能的职业,也是精神分析应当追求的依据不同案例应当作出调整的伦理现实。

---

① Juan-David Nasio: *Five Lessons on the Psychoanalytic Theory of Lacan*, State University of New York Press, 1998, p. 127.

专栏四
经典法国哲学研究

ZHUAN LAN SI
JINGDIAN FAGUO ZHEXUE
YANJIU

自然法与历史

——对孟德斯鸠《论法的精神》第一章的解读

张尧均/文*

摘　要： 孟德斯鸠一方面指出法源于事物本性的必然关系，另一方面又强调了人的无知和易犯错误的特性，这样，他就使人摆脱了各种先定法则或秩序的束缚，并潜在地敞开了一个历史的视域。他对自然法的论述也隐含着这一历史视域：自然法是自然状态下的法律，但自然状态本身又呈现为一种历史的发展，这就使自然状态与后来的国家状态之间不再有严格的界限，也使自然法与实定法之间难以截然分开。就此而言，自然法实际上是已处于社会状态中的文明人在面临战争等例外状态时所建构出来的法律，它既源出于人性的构造，又反过来构造了人性存在。在这一点上，最能见出孟德斯鸠与传统的距离。

关键词： 孟德斯鸠　自然法　历史　战争　构造

一

尽管孟德斯鸠明确地称自己是一个"政治著作家"或"政治学家"①，但他首先是一位哲学家。这一点从他在《论法的精神》第一章为我们呈现的法律视野中就可以看出来："从最广泛的意义上来说，法是源于事物本性的必然关系。就此而言，一切存在物都各有其法。上帝有其法，物质世界有其法，超人智灵有其法，兽类有其法，人类有其法。"②

这是对法的一种理性的，亦即哲学的界定。尽管它在这里也提到了"上

　＊　张尧均，同济大学人文学院哲学系副教授。本文的写作得到同济大学"欧洲研究"一流学科建设项目"欧洲思想文化与中欧文明交流互鉴"子项目课题的资助。

　①　孟德斯鸠：《论法的精神（下卷）》，许明龙译，北京：商务印书馆，2009 年，第 469、496 页。

　②　孟德斯鸠：《论法的精神（上卷）》，第 7 页。以下凡引本书文字，将随文标注页码。

帝"(la divinité)，但它最终却仍使上帝从属于"自然"(nature)，亦即"事物的本性"。它呈现了一个存在物的整体("一切存在物")，而上帝也被归入这一整体之中，而不是独立于这一整体之外，既然这个整体本身由一些体现为"必然关系"的法所统摄，那么，这就意味着上帝也不能摆脱这些法则本身(在注释中，孟德斯鸠就通过引用普鲁塔克的话"法是一切人和神的主宰"[第 7 页注释 1]明确证实了这一点)，尽管它似乎处于这一存在者整体的最高处。通过把这一存在物整体分成五个等级或类别：上帝、物质世界、超人智灵、兽和人(显然，作者在提到这五类存在物时并没有遵循从高到低的等级秩序，这似乎在暗示，在它们之间，并不存在严格的等级秩序)，孟德斯鸠呈现了一种宇宙论的秩序或景观。这一秩序，至少乍看起来，是与传统的宇宙秩序(尤其是传统基督教的宇宙观)相吻合的。但接下来的论述将逐渐颠覆这种看法。

孟德斯鸠的论述遵循着他提到这五种存在物时的次序。他首先讨论的是上帝，而且从表面看来，他似乎是想尽可能地照顾到基督教传统对上帝的看法，所以，他批评了宇宙受"盲目的宿命"支配的无神论观点，他认为宇宙中存在着一个"初元理性"(raison primitive)，而上帝就是这种初元理性。但通过将上帝等同于理性，孟德斯鸠就暗中否定了上帝同时作为绝对意志的位格这一面。他指出，法律体现为这个"初元理性和各种存在物之间的关系"，但他同时指出，法律也是"各种存在物之间的相互关系"(第 7 页)——这就是说，即使没有上帝，这些关系(即"法")也依然会产生。

孟德斯鸠进一步断言，上帝是"作为宇宙的创造者和保护者"(第 7 页)而与宇宙发生关系的。但在讲到上帝的创世时，他却说，创世并不是一种随心所欲的行为，而是遵循着一些"不变的法则"(第 8 页)。尽管他承认，这些法则本身也是由上帝制作的，但既然法则一旦产生就永不改变，那么，上帝在依循这些法则创造世界之后，也就无所事事了，因为从此以后，世界将按其"不变的法则"运行，甚至上帝本身也将受制于他所制定的法则，所谓的"保护者"身份，也就被暗中架空了。① 上帝的"智慧和能力"，只体现于创世之初。但甚至连创世者的身份，孟德斯鸠也暗中提出了质疑，因为在承认上帝的这个身份的

---

① 笛卡尔的类似观点："可是确确实实，神学家们也一致公认，神现在保持世界的行动就是他当初创造世界的那个行动。既然如此，即使神当初给予世界的形式只是混沌一团，只要神建立了自然规律，向世界提供协助，使它照常活动，我们还是满可以相信：单凭这一点，各种纯粹物质性的东西是能够逐渐变成我们现在看到的这个样子的，这跟创世奇迹并不冲突；而且，把它们看成以这种方式逐渐形成，要比看成一次定型更容易掌握它们的本性。"(笛卡尔：《谈谈方法》，王太庆译，北京：商务印书馆，2000 年，第 37 页)不过孟德斯鸠没有讨论创世是一次性完成的，还是逐渐完成的。

同时,他又说:"由物质运动组成而且没有智慧的世界始终存在着(subsiste toujours)。"(第 7 页)无论如何,孟德斯鸠最终取消了上帝通过行奇迹干预世界的权力,因此,他也否认了圣经中作为启示的上帝。他悄然认同了无神论的观点①,因为这些不变的规则就跟无神论者的"永恒宿命"(第 8 页)一样;言外之意是,上帝就类同于自然。上帝所制定或遵循的法则类似于自然世界的法则:"这些法则是恒定不变的关系。"(第 8 页)如同两个运动物体之间,其运动的获得、增大、减少和消失,都取决于质量和速度间的关系,任何差异都是一致的,任何变化都是恒定的。孟德斯鸠的上帝,最多只是一个自然神论意义上的上帝。②

接下去开始谈论"智能存在物",但是,孟德斯鸠再没有用"超人的智灵们"(les intelligences supéreures à l'homme)这样的说法。③ 他首先提到的是"特殊的智能存在物"(les être particuliers intelligents),这些智能存在物既有他们自己创制的法则,也有并非他们创制的法则。但是,孟德斯鸠没有指明,这些非他们创制的法则是上帝特意为他们制定的法则,还是自然的物质世界的普遍法则,他似乎有意留下这种模糊性,从而使这些智能存在物向人类的特性靠近。而且,在讲到"智能世界"的同时,孟德斯鸠也提到了人类社会,他将人类社会具有的关系与智能存在物的世界可能具有的关系相提并论。他似乎暗示,即使真有这样一些"特殊的"智能存在物(天使),它们也与人没有本质的差别,由此他就取消了这些智能存在物的特殊性,或者说,他暗中将这些智能存在物等同于人类。孟德斯鸠还指出,这些智能存在物的"特殊性"在于,他们会"犯错误",他们往往出于他们的本性而自行其是,这使得他们既不始终遵循他们的"初元法则",也不一贯遵循他们自己制定的法则。这也许暗指背叛上帝的天使撒旦的行为,但难道不同样是人的形象的写照吗?事实上,孟德斯鸠在最后写到人类本身时,就明确地指出,人既受不变的规则支配,也有其自己制定的人为法(因此,他们像前面提到的智能存在那样属于双重的法则秩序),而更重要的是,人类也"如同一切高级智能存在物一样,既会陷于无知,也会犯错误"(第 9 页)。由此,人与更高的智能存在物(即使他们存在)之间的区别就完全被取消了。结果是,"并不存在高于人类的智灵","人代替天使占据了

---

① 潘戈:《孟德斯鸠的自由主义哲学》,胡兴建、郑凡译,北京:华夏出版社,2016 年,第 22 页。
② 孟德斯鸠:《为〈论法的精神〉辩护》第一部分第一节,见《论法的精神(下卷)》,第 842 页。
③ 潘戈:《孟德斯鸠的自由主义哲学》,第 20 页。

存在者等级体系的中心"①。

通过强调人或智能存在物难免会"犯错误",孟德斯鸠实际上进一步取消了上帝的作用。前面提到,宇宙中的一切存在物都各有其法,而这些法源自事物的本性。尽管开始时我们并不清楚事物的本性(即"自然")是否原本也是由上帝规定的,但既然人是会犯错误的存在,那么,人的本性是否由上帝所设定就不再重要,因为人在他的错误中自行其是,他打破、篡改或僭越了他的本性法则(即使这一本性法则是由上帝所制定),从而也就取消了上帝为他所划定的限制,即使他后来又重新认识并回归到这种法则之中,这也是出于他的自觉意愿和自由选择,他不再被动地接受上帝或自然所定之法的规定。

除此之外还有动物("兽类")和植物(孟德斯鸠在开头的五类存在物中没有提到植物)。兽类受制于其自然的情感和欲望,因此,它们只有自然法则,而没有制定法则。但孟德斯鸠也指出,即使兽类,也"并不是一成不变地遵守自然法则,反倒是那些既没有知识也没有情感的植物,更好地遵守了自然法则"(第9页)。这是否意味着,促使动物(进而人)违反"自然法则"的动因与"情感"(sentiment)有关呢?

无论如何,我们最后抵达的宇宙景观要比开头感受到的狭窄不少。在开始时,我们似乎看到一种宏伟的宇宙论秩序:居于最高处的上帝,还有比人更高的智灵,人似乎都算不上是宇宙的中心。但在最后,上帝却像做完工作就休息的工匠,从这宇宙中退出了,而原本处于中心的超人智灵,也被人自身的形象所取代了。由此,宇宙中剩下的,似乎就只有人以及跟人相对的自然世界。自然世界有其自身的法则(自然规律,至于这种规律是否来自上帝在此无关紧要),而人虽处于这一世界中,却并不完全受制于这一法则,由于人的"无知""错误"或动物般的"感性",人可以违背包括自然法则在内的任何法则,这也意味着,人甚至可以摆脱自然世界的束缚而开创自己的世界,人的历史之维随之得以敞开。因此,随着宇宙论图景的缩小,人自身的形象反而无比地放大了,当人摆脱了自然或宇宙的背景时,人自身反而成了一个宇宙。而且在人的这个世界中,早先消失或淡去的法律秩序又以某种方式得到了恢复:

这样一种存在物(即"人")随时随地都可能忘掉其创造者,上帝则借助宗教法唤起他们对上帝的记忆。这样一种存在物随时随地都可能忘掉

---

① 潘戈:《孟德斯鸠的自由主义哲学》,第21页。

自己是谁,哲学家们借助道德规范提醒他们。他们来到世上就要生活在社会中,但有可能忘掉他人,立法者借助政治法和公民法让他们恪尽自己的义务。(第9页)

孟德斯鸠在这里提到了几种法律:与上帝有关的神法或宗教法,与哲学家有关的道德律,以及由立法者制定的人为法。其中,宗教法是由上帝直接启示给人的,因此严格说来它只与那些直接受到上帝启示的人有关,而且它的内容只涉及人与上帝的关系,当然间接地也肯定会涉及人与人的关系(包括信者与信者的关系、信者与不信者的关系),但它的约束力却只对信仰者才有效;这一点其实与道德法一样,后者诚然是由哲学家们宣示出来的,但它同样被认为是符合人的自然本性的,是人性本然的某种应然之理,也是在这个意义上,道德法也被看作是自然法。① 尽管如此,道德法与神法一样,只对那些接受或认可了这些法的人才有效。② 这不同于政治法与公民法,后两者是每个生活在社会中的人必须要遵守的。由于《论法的精神》主要探讨的是这两类法律,这也表明,孟德斯鸠在此主要是以立法者的身份自居的。

与上帝有关的神法本该是属于神学家的事,但孟德斯鸠在这里却没有提到他们,通过将神法的内容归入哲学家所思考的道德律或自然法的范畴之下(我们在下一节中将会更清楚地看到这点),他实际上是暗中排除了神学家的位置。而更重要的是,现在所有这些法都不再是在原始的上帝或自然的视野中被给出的,而是在人的历史视野中呈现的。历史将取代上帝或自然,成为法律显现的视域。这一点,或许最明显地体现在下一节对自然法的论述中。

二

孟德斯鸠对自然法的界定同样耐人寻味:"先于所有上述这些法律的,是自然法;之所以称作自然法,是因为它单独来自我们的存在的构造。"③这里的

---

① 参霍布斯《利维坦》第15章中所说:"研究这些自然法的科学是唯一真正的道德哲学,因为道德哲学就是研究人类相互谈论与交往中的善与恶的科学。"(霍布斯:《利维坦》,黎思复、黎廷弼译,北京:商务印书馆,1996年,第121页)

② 参《论法的精神》第24章第8节,在该节中,孟德斯鸠谈到了道德法规与宗教法规的一致性。

③ 此处的引文系笔者据法文原本自行译出,参 Montesquieu, *De l'Esprit des Lois*, Vol. 1, p. 125, GF-Flammarion, 1979;中译本译作:"先于所有这些法则和规则而存在的是自然法;之所以称作自然法,是因为除了我们的存在本质之外,自然法再没有任何其他渊源。"(第9页)

前一句似乎暗示,自然法比神法更早,从而否定了前面所说的上帝制造法则的事;不过后一句又对此作了某种程度的保留:自然法之所以看起来比所有这些法律(包括神法)更早,是因为它是从我们自身存在的特定"构造"中得出的,它直接来自我们人之为人的生命构造或人性结构,因此它只与人类相关;而且,只是相对于人类而言,它才是最早的法,它没有否定就宇宙而言,由上帝立定的更早之法,它甚至没有否定,人类这种存在物的构造可能原本就是由上帝所设定的。但既然这一切在我们对之有确切的认识之前都不确定,那么自然法对我们来说,依然是最原初的法。而且,既然它是直接从人类这种特殊存在物的本性(nature)中衍生出来的,自然也就契合于我们的原初本性。原初的自然法适合于原初的人性。在此,"自然法"一词中的"自然"指的是人的自然或人的原初特性,而不是我们生活于其中的外部自然世界,当然也不是生活在文明社会中的人所表现出来的特性。正是因此,孟德斯鸠说,要认识自然法,必须考虑在"社会组成之前"(第9页),亦即在自然状态下的人,因为自然法就是在自然状态下的人所接受的法,它反映的是这些原始人的要求和认识,或者说是原初人性的原初要求和认识。

　　这里的问题是,由于我们已经处于公民社会之中,那么又如何摆脱公民社会的习见而去设想自然状态下的人的原初境况呢? 孟德斯鸠没有告诉我们他的方法,但他在下文批评了霍布斯对自然人的看法:霍布斯眼中的自然人跟文明社会中的人一样,有强烈的欲望,总想控制他人,凌驾于他人之上。孟德斯鸠认为,霍布斯是把社会组成之后才有的事加到了社会组成前的人身上了,也就是说,他忽视了自然状态与公民社会状态、自然人与公民社会中的人(文明人)之间的基本差异,而孟德斯鸠则想恢复这种差异。① 差异意味着断裂或变化,由于这种断裂或变化是由时间或历史造成的,因此,孟德斯鸠一方面要缩短因时间的积淀而将我们与自然人区隔开来的历史距离,如此方能触及自然状态下的自然人的本相;另一方面又要弥合将文明状态与自然状态区隔开来的神秘断裂,这就要将时间绵延引入两者之间,也就是要增加自然状态的时间性。我们暂时不清楚孟德斯鸠是如何做到前一点的,但我们可以看到孟德斯鸠成功地将历史带进了自然状态。

　　自然法反映了原初人性的原初需求。这种原初需求有哪些呢? 孟德斯鸠主要谈到了四种:首先是和平的需求。原始状态下的人最先感受到的是自身

---

① 毫无疑问,孟德斯鸠的这种思考预示了后来卢梭的观点。参卢梭:《论人类不平等的起源和基础》,高煜译,桂林:广西师范大学出版社,2002年,第75页。

的弱小,因而极其胆怯,任何风吹草动都可能使他们害怕。在这种情况下,每个人都小心翼翼,谁也不想主动去招惹别人,于是寻求和平就成了第一条自然法。而在感受到自身弱小的同时,还有努力活下去的欲望,生存就成了第二条自然法。但是,当人与人之间的多次偶然相遇缓解了因不熟悉而产生的恐惧感之后,他们就逐渐有了一种相互亲近的愿望,尤其是在两性之间,这种亲近导致了家庭的产生,这是第三条自然法。最后,又从这种家庭的依恋中发展出了最初的"社会",在社会中生活的愿望就是第四条自然法。

我们可以明显地看到,这四条自然法隐含着一种时间上的进展,尤其是在前两条自然法(它们都与自我保全有关)与第三、第四条自然法之间。孟德斯鸠自己也说,这几条自然法是"依照顺序"而不是"依照重要性"来列举的(第10页),这里的"顺序"显然只能是时间次序。这些不同的自然法并不是同时被人们感受到或接受下来的,而是在一个时间性的历程中逐次显现的,而这个历程实际上就是原始人的实存状态与人性发展的过程。这也表明,人性本身不是一种恒定不变的本质,而是在时间或历史的进程中逐渐变化的;历史构成了人性显现或变化的境域。在此情况下,自然法的显现同样受到历史境域的限制。自然法不是自明的,它与人自身的存在状态有关,当人处在孤立的个体状态时,他希求的只是和平与生存;只有当他对自身和其他人有一定的熟悉和了解时,他才会有进一步地对家庭和社会生活的希求。在这里,孟德斯鸠似乎接受了一个古典的观点,即自然法总是有待于被发现的,而这种发现又与人的认知能力有关;但他又极大地弱化了认知的这种作用。因为早先的原始人只有一丁点"贫乏"的知识,他更多的是像动物那样受"欲望"和"情感"的支配:先是恐惧,后是依恋。正是这种欲望和情感使他产生了对自我保存和家庭生活的需求。只有在进入家庭生活之后,他才"渐渐获得了知识,于是便有了其他动物所没有的第二种联系"(第10页),最后才产生了要与人们在社会中一起生活的新动力。可见只有与社会有关的自然法才与知识相关,而且即使在这里,也同样离不开"在生活中共同生活的愿望(désir)"(第10页)。社会性同样属于人的自然欲望。

自然法是自然状态下的原初人性愿望的反映。实际上,这个观点首先让我们想起的是近代的"自然权利"概念,而不是自然法的概念。按霍布斯对"权利"(right)与"法"(law)所作的区分,"权利"在于人们做或不做某事的自由,而"法"则"决定并约束人们采取其中之一"去做。在这个意义上,霍布斯把自然权利界定为每个人按照自己所愿意的方式运用自己的力量保全自己生命的自由，与此不同，自然法则是理性为了实现这一自我保全的目的而发现的戒律或法则。① 这里的关键是，自然权利是自然欲望的直接表达，而自然法则与理性的反思有关，也就是说，它是一种知识。就此而言，孟德斯鸠的这四条自然法更像是自然权利的诉求，而不是自然法的律令；只是它们进一步拓展了霍布斯意义上的自然权利，因为它们把对家庭和社会的需求也作为人的一种自然欲望（或自然权利）肯定了下来。

但孟德斯鸠为什么不用自然权利这个概念，而要把这些本属于自然权利的内容放入自然法的范畴中呢？这不是又混淆了霍布斯着意作出的区分吗？

关键或许仍在他对人的家庭和社会诉求的肯定。因为一旦肯定家庭和社会生活合乎人的自然欲望，也就肯定了家庭和社会存在的合理性，进而也就肯定了家庭和社会为了维持其存在而制定所需规则的必要性，而这种规则又必然会反过来对处于家庭和社会中的个体强加许多的限制和约束（即义务），这种义务就会相应地损害自然欲望意义上的自由（权利）。最后，霍布斯所作的区分就不再有效。

在社会（这里的社会指的是国家即公民社会产生之前的初民社会）为维持其存在而采用的规则中，宗教法或许是其中最重要的一种。我们前面提到，孟德斯鸠暗中将神法的内容归到自然法之下，这一点现在就将得到证实。

事实上，自然法并不止我们前面提到的那四条。那四条自然法是依照其产生的时间次序而不是重要性来排列的。但孟德斯鸠还讲到，如果依照重要性来排列，那么，自然法的第一条将是"造物主"的观念。② 在此，孟德斯鸠就明确地将这一本属于神法或宗教法的内容归到了自然法之下。但奇怪的是，这条自然法却不在上述四条自然法之内，而且孟德斯鸠在讲到它时也只是简单地一笔带过。既然这是最重要的自然法，他为什么没有展开讲它呢？

如果再从诸自然法产生的时间次序来考察，那么这条关于造物主的自然法显然只能排在关于社会的自然法之后，也就是说，它是第五条自然法。前四条自然法都基于人的自然欲望，尽管第四条已同时与某种特定的知识联系在一起，但欲望仍是其背后的推力。但在谈到与上帝有关的这一条自然法时，孟德斯鸠却没有提到"欲望"一词，他只是指出了它与认知能力之间的关联："人

---

① 参《利维坦》第14章。

② "按照这些法律的重要性，而不是按照顺序来排列，诸自然法的第一条便是通过把造物主的观念烙印在我们心中而把我们引到它那里。"（第10页，此处译文据法文原本有改动，参 Montesquieu, *De l'Esprit des Lois*, Vol. 1, p. 126.）

的最初思想显然绝非思辨意识。人首先想到的是保存自己,然后才会去思索自己来自何处。"(第 10 页)此外,他特别提到,关于造物主的观念是被"烙印"(imprimer,中译本译作"灌输")在我们心中,从而将我们"引到它那里"的。也就是说,它似乎带有一种强制灌输的特征,我们似乎是在非自主的状态中被动地接受它的。这些都表明,这条自然法只有在群体性的社会生活中才有可能,但它也反过来促进了社会的形成,并强化了其内在的凝聚力。

　　然而,由于人的认识与特定的实存条件有关,所以可以想见,在不同的社会,人们对于其造物主的认识也将是不同的①,这一点或许有助于我们理解孟德斯鸠对各民族的历史特殊性和多样性的肯定,对"千差万别的法律和习俗"的内在合理性的肯定。② 但另一方面,造物主的观念也将驱使那些拥有其造物主的人去压迫或驱逐那些不拥有其造物主的人,或者使两个拥有不同造物主的社会为了他们各自的神灵而展开斗争。这样,关于造物主的这条自然法将会导向一种霍布斯式的战争状态,而这是与孟德斯鸠一开始提到的关于和平和自我保全的自然法相冲突的。

　　孟德斯鸠显然也意识到了这一问题。因为他在提到关于"社会"的自然法后,便进入了本章的第三节"人为法"中,并在一开始就说:"人一旦生活在社会中便不再感到弱小,平等不复存在,战争状态于是就开始了。"(第 11 页)尽管孟德斯鸠没有具体解释导致战争状态的原因,但我们无论如何不能忽略因对"造物主"的不同理解而产生的宗教和社会冲突。因而,我们不能否认,孟德斯鸠承认这条自然法在重要性上居于首位应该是有特别原因的。如果说,前面几条自然法引导人们彼此趋近和互相认同的话,那么最后一条自然法却似乎更多地导致了人们的分离和纷争。就当前的讨论而言,这条自然法的重要性尤其在于,它虽不属于最早的自然法,却足以使这些更早的自然法难以为继。如孟德斯鸠所说,战争状态一旦产生,就"促成了人与人之间的法律的产生"(第 11 页),从此以后,人们就逐渐生活在了实定法之下,实定法取代了自然法。

――――――――

　　①　"我并不惊奇,黑人将魔鬼画成炫目的白色,而将他们的神祇画成漆黑如炭;某些民族的美神,双乳累累,下垂及股;总之所有的偶像崇拜者,以人的面目,表现了他们的神祇,而且将他们自己的全部好尚倾向,给予众神。有人说说妙:如果三角形也要创一个神,它们一定给它们的神三条边。"(孟德斯鸠:《波斯人信札》,第 59 封信,罗大冈译,北京:人民文学出版社,2000 年,第 99 页)

　　②　他在"序言"中说:"我首先对人进行了研究,我认为,在千差万别的法律和习俗中,人并非仅仅受到奇思异想的支配。我提出了一些原则,于是我看到:一个个各不相同的实例乖乖地自动对号入座,各民族的历史只不过是由这些原则引申出来的结果,每个特殊的法则或是与别一个法则相联,或是从属于另一个较为普遍的法则。"(第 2 页)这里的"原则"或许就是指这些自然法原则,尤其是关于造物主的自然法原则。

三

这样，我们就看到了隐藏在自然法中的内在矛盾，这种矛盾说到底是由孟德斯鸠将时间或历史因素带入自然状态引起的。尽管孟德斯鸠也强调："自然法不应该仅仅是地方性法律……自然法所禁止的是不变的，因为自然法的依据是不变的。"（下卷，第517页）但既然自然法是在人的历史视域中显现的，而这种历史视域又取决于人的实存状态和认知能力，那么，一旦人的实存状态和认知能力改变了，自然法的内容也就随之发生改变，新的自然法可能会与旧的自然法相冲突，进而改变或取代旧的自然法，或者对同一条自然法的理解也可能会发生变化。①

更麻烦的是，当自然状态也呈现出一种历史的发展（由个体状态，到家庭生活状态，再到民族社会状态）时，在自然状态（尤其是在民族社会时期的自然状态）与后来的国家状态之间也就不再有严格的界限，与此相应的是，自然法与实定法也就难以截然分开。自然法的缺陷在于，它不能自我维持，它只有转变为实定法才有效力，但当自然法的观念变成实定的存在时却又往往走向了自然法原则的反面。我们前面所说的关于造物主的观念就是如此，一旦它被某个社会接受，它就成了该社会的某条实定法的内容，并带出一系列与它的原初意图相悖的后果。进而言之，当"社会性"这个自然法的观念一朝变成现实中的社会时，它就必定在人与人之间造成各种各样的区分，如孟德斯鸠所说，它既在一个民族与另一个民族之间造成分别，又在同一个民族内的不同人群之间形成分别，而与造物主相关的宗教崇拜仪式则不过是这种区分的最具标志性的表现形式而已。战争就起源于这种区分，也正是这种普遍的战争状态的存在才"促成了人与人之间的法律的产生"。

那么，自然法是否因此就遭到否定，甚至不再有效了呢？

并非如此。当孟德斯鸠讲到战争"促成了人与人之间的法律的产生"时，他紧接着就阐述了几种新的法律：

> 这么大的一个行星，必然有不同的民族，作为居于其上的居民，在这

---

① 这一点最典型地体现在对近亲婚姻的认识上。孟德斯鸠看到，自然法对乱伦行为的禁忌（尤其是父女之间的婚姻）似乎并不那么严格，参第二十六章第十四节"亲属间的婚姻何时应遵从自然法，何时应遵从公民法"（顺便说一下，中译本误把此处的"自然法"译成了"宗教法"）。

些不同民族的相互关系中就会有一些法律,这便是万民法。作为生活在一个社会(这个社会理应被维持)中的人,于是它们在治人者和被治者之间的关系中便有了一些法律,这就是政治法。在全体公民的相互关系中也有法,这便是公民法。(第 11 页,此处译文据法文本有所改动,参法文本第 127—128 页)

　　乍看起来,孟德斯鸠好像是在谈论我们当代人比较感兴趣的"世界政府"的话题,因为他谈到了"一个行星"、"一个社会"、共同的一些法律。① 但实际上,他谈论的仍是自然法,而且是三条新的自然法(尽管它们出现在题为"实定法"的一节中),它们都涉及人与人之间的关系,刚好接在前面讲过的关于人与神的关系的第五条自然法之后。这些关系具有普遍性,它们涉及的是不同民族、不同人之间的共同性:他们生活在同一个星球中,构成同一个人类社会,因此需要同样的法来维持他们的存在,这些法就体现为万民法、政治法和公民法。它们都是普遍性的法。

　　更重要的是,这几条法重新肯定了因战争(或因宗教?)而变得黯淡的前四条自然法的原则,如万民法重申了和平与自我保全的自然法,并阐述了限制战争的原则:"万民法自然而然地建立在如下原则之上:在和平时期,各民族应尽力谋求福祉,在战争期间,各民族应在无损于自己的真正利益的同时,尽一切可能减少破坏。战争的目的是胜利,胜利的目的是征服,而征服的目的则是保全自己。"(第 11 页)而政治法和公民法则满足了个人的社会性愿望,为实现个人与社会的和谐关系提供了指南:"最符合自然的政体应该是这样的:为一个民族所设置的政体,最符合这个民族的秉性。意志如果不能彼此融合,诸多单个力量便无法联合起来。……意志的融合就是人们所说的公民国家。"(第 12 页,"意志的融合"原译为"意愿的融合")因此,这几条法实际上为落实自然法原则,避免其内容上的内在扞格而指出了实践上的途径,它们不但重申了自然法的原则,而且为自然法有效地转变为实定法提供了具体可行的方法。在这个意义上,它们也构成了实定法的法理依据,或者说,它们为立法者提供了他们所应遵循的原则。

---

　　① 此处的"一个社会"表面看来指的是一个国家(尤其是从实定法的角度来看),但当它与前一句的"一个行星"联系起来时,又何尝不可以指出全体人类构成的一个全球社会。如果从这个角度来看,那么此处所讲的实定法背后同样隐含着一种理性理然法的背景,它实际讲的是实定法所应依据的理性准则,它指引人们建构一种合理的国家秩序和国际秩序。尤其当这种原则与古代民族的万民法对比时就更明显了。

　　值得注意的是,这几条自然法都是由战争促成的,而战争又是由此前已分化为诸民族的社会生活方式的差异造成的。孟德斯鸠指出,在这些民族共同体的组建中,就已经有了某种形式的万民法:"所有民族都有某条万民法,就连将战俘杀而食之的易洛魁人也有一种万民法,……但坏就坏在他们的万民法并非建立在名副其实的基础上。"(第11页,译文略有改动)因此,这只是一种特殊的万民法,是一种只与某个特定社会相关的万民法,与此相应,每个社会还有各自特殊的政治法:"如果没有政府,一个社会是不可能存续的。"(第12页)由此就出现了父权制式的统治或家族联合式的统治,但它们都不能说是"自然的政体"。但是,孟德斯鸠没有提到,每个社会也有各自的公民法。所以,即使这些民族共同体最初都是在"社会性"的自然法观念的激发下组建起来的,但在具体的实践中,它们也已经远离了自然法(尤其是最早的自然法)的要求,这尤其体现在它们没有公民法这一点上,而公民法恰与个体的安全最密切相关。

　　因此,孟德斯鸠在此提出的这三条普遍性的法既是对更早的自然法的回应,又是一种新的重建,而横亘在两者之间的,则是战争。于是我们忽然明白了我们早先尚不清楚的一件事,即孟德斯鸠是如何穿透那包围着我们的重重历史帐幔而触及自然状态的本相的。战争打断了由自然状态到社会状态再到国家状态的历史连续性,它造成了我们前面所说的在自然状态与文明状态、自然人与文明人之间的神秘断裂。但是对一个已经处于公民社会,已经习惯于各种实定法的文明人来说,也正是战争使他重新遭遇到被堂皇的历史建筑阻隔于其外的自然状态,并瞥见在自然状态下涌现的自然法,进而使他重新反思已经熟悉的社会政治生活及支配这种生活的各种实定法。战争威胁到民族共同体的持存,威胁到社会个体的安全,也打破了一般的法律条文,在这种例外的紧急状态下,对一个民族共同体或国家的统治者来说,首要的或许是民族或国家的自我保存。但在孟德斯鸠这里,他思考的却是一个更加长远、更为普遍的问题:即是否存在某些一般的法则,人们可据以建立一个战争受到限制、和平更有保障的世界? 由于战争的根源既在社会的外部,也在社会的内部,那么是否存在某种一般的原则,可据以建立起一种既能保障个人权益、社会也同样繁荣、国家与个人的关系更为融洽的政府? 正是这里,显示出孟德斯鸠首先是一个哲学家,而不是一个政治家。

　　孟德斯鸠找到了这样的原则,或者说,他建构了这样的原则。① 确实,在这

---

　　① 对这种自然法的进一步阐述出现在第十章,尤其是该章的第二、第三节。

里,"找到"与"建构"之间的区别已不再那么重要。因为如果说自然法是在组成社会之前的人所接受的法,那么,由于我们已经再也回不到这样的状态,所以自然法对我们来说也就不再有意义。但幸而我们还有与此"类似的状态",而"自然法就是人们在这样一个类似的状态(un état pareil)中所接受的法"①。自然法并不是原始的法,而是人们在被带到极端的处境、在遭遇前所未有的新情况之际所构想出来的法。它也不是现成的法,而总是有待于因应新的情况而被重新表述;但这是一种理性的、合理的表述,因为,如孟德斯鸠所说,"法是人类的理性"(第 12 页),它治理着地球上的所有民族。而我们刚刚提到的这三种普遍法就是对更早的自然法的一种理性的重述,在这个意义上,它们其实就是理性法;或者说,自然法在此已变成了理性法。

但既然原始的自然状态已不可返回,那么我们甚至可以说,连那最初的四条自然法也是被建构出来的。虽然孟德斯鸠批评霍布斯将社会人才有的特征强加到前社会的个体身上,但他仍然接受了霍布斯那原子式自然状态的设想,尽管他只将它限于自然状态的早期。但这已经是一种建构了,因为那几条自然法只有基于原始人的这种孤独状态才有可能。

四

不过,当我们指出孟德斯鸠的自然法的建构性特征时,我们才突然发现,孟德斯鸠自己其实早就承认了这一点。

让我们重新回到孟德斯鸠对自然法的界定。孟德斯鸠说,自然法"单独来自我们的存在的构造"。这里最耐人寻味的正是"我们的存在的构造"(la constitution de notre être)一语。"constitution"一词既可指人的生理、心理结构所呈现的体质、气质,也可指人的建构性活动的产物,特别指人们制定的宪法、基本法等,依据这双重含义,则"我们的存在的构造"既可以指"出于我们这种特定存在物的构造",又可以指"对我们这种存在物进行的构造"。这两者的含义是不一样的,依照前一种理解(这似乎也是更接近于传统的理解),自然法是指从人类这种智能存在物的特定存在结构中产生出来的法,由于人的生命结构(其特定的身心结构)是固定的,所以由此产生的法也是确定的。但是,如

---

①   Montesquieu, *De l'Esprit des Lois*, Vol. 1, p. 126. 此处中译本承接前一句("只有考虑了社会组成之前的人,才能较好地认识自然法。")译作"自然法就是人在社会组成之前所接受的法"(第 9—10 页)。

果按后一种理解,则自然法体现为对人的生命存在进行规划和构造的活动和方式,它是人的这种建构性活动的产物。前一种意义上的自然法强调的是人作为一种智能存在物所被赋予的某种先天之质,而后一种意义上的自然法强调的则是人通过自己的存在活动而使自己成为人的过程和方式。孟德斯鸠通过"我们的存在的构造"一语的含混用法,似乎同时肯定了自然法的这双重含义,而从我们前面的论述可以看出,他的侧重点似乎更主要落在后一种意义上。

孟德斯鸠对自然法的这种新理解与人类作为智能存在物的特性相符。在讲到智能存在物时,孟德斯鸠就谈到了与之相关的一种"可能的法律":"在智能存在物尚未存在之时,他们就已经有了存在的可能性,他们彼此之间就有了某些可能的关系,因而也就有了可能的法律。在制定法律之前,就存在着某些可能的公正关系。……所以,我们必须承认,在人为法确立公道关系之前,就存在着公道关系。"(第8页,译文略有改动)由于这种可能的法律是从智能存在物的特殊存在结构中直接产生出来的,因此,这就是他们的自然法(第一种意义上的自然法),但正如孟德斯鸠接着讲到的,尽管存在着这种可能的先在之法,智能存在物仍然会因其爱犯"错误"的特性而自行其是,或者违背这些法律,或者以错误的方式落实这些法律。因此,即使这些法律确实存在,它们也没有意义。只有当他们意识到自己的错误,并努力寻找走出错误的正确或有效的方法时,那种可能的自然法才对他们存在,而且以一种新的面貌为他们存在。

对人而言,战争就是这样的一种"错误"。它既产生于某种错误(如对自然法的错误理解),自身也构成一种错误,而其结果同样可能是错误(毁灭)。但只要意识到其错误,就有可能从中产生某种正确的,或者说"真实的"认识。自然法就是这样一种对人性之"错误"("欲望""情感")的真实认识,通过这种认识,它或者试图纠正这些错误,或者将它们限制在一个适当的范围内,或者以一种适当的方式利用它们,以产生某种积极的结果。无论如何,在这个过程中,它都将同时投射一种关于人性的正确图景。因此,自然法的上述两种含义其实是交织在一起的。自然法既源于我们的人性,又改变着我们的人性。因此,从欲望和情感出发的自然法,最后却归结为理性的建构,但这种理性的建构又以一种新的方式满足了欲望和情感的需求。在这个意义上,自然法与其说是一种发现,不如说是一种"构造",一种与我们的存在方式相应的"构造"。

也许,再没有比对自然法的这种重新界定,更能反映出孟德斯鸠与传统的距离了。

从 Être 到 Existence：论笛卡尔存在概念的演变及其意义

唐诗韵/文*

摘　要： 在笛卡尔哲学中，存在作为认识论中的简单性质被提出，同时存在也作为形而上学的重要概念被使用，但它却未曾获得笛卡尔的定义。经过对笛卡尔形而上学的两个重要对象——自我和上帝的存在证明的考察，我们发现在文本上笛卡尔的存在内涵有两种规定：首先，绝对普遍的、决定性的规定——因果性的规定；其次，有限的规定——认知的规定。笛卡尔也因此将所有是者所"是"的方式统一在了存在这样的方式之下。存在的两种规定充分显示了笛卡尔的现代性：因果性的规定试图使上帝服从于一条原理，最终通向了莱布尼茨的充足理由律；而认知的规定则开启了主体性哲学的大门。

关键词： 笛卡尔　是　存在　思维　因果性

　　笛卡尔在其哲学中常常不加区分地使用是（être）①与存在（existence），但从哲学史的角度来讲，这一做法并非理所应当，毕竟，是比存在具有更丰富的内涵，也更普遍地被哲学家们使用。更重要的是，究竟什么是笛卡尔的存在？自巴门尼德以降，是作为最经典的形而上学表达，发展出了很多不同的含义和方式。② 然而，在巴门尼德之后近千年的公元 4 世纪，存在（existence）一词才

---

　　* 唐诗韵，中山大学哲学系（珠海）博士后，主要研究领域为笛卡尔形而上学、认识论、科学哲学、西方形而上学史。

　　① 为了与 existence 区分，本文一律将 être（being）译为"是"，并且以楷体标识；而 existence 则译为"存在"。

　　② 例如，美国学者卡恩（Kahn）曾为我们详细地展示了古希腊时代的是在广泛的存在论意义上的四种用法。见 Charles H. Kahn, *The Verb 'Be' in Ancient Greek*, Hackett, 2003, pp. 232—235。

得以出现。① 存在作为后起之秀常常具有一些更为具体的含义，而且它与是往往保持着一种竞争关系。然而，相较于前人，笛卡尔似乎更倾向于使用存在一词来表达其形而上学内涵。他甚至将该词用于上帝，例如在《第一哲学沉思集》②第三沉思标题中，他写道："论上帝；他存在（existe）。"（AT Ⅶ，34；AT Ⅸ‐Ⅰ，27）③同时，他也倾向于将二者等同使用，例如："我是，我存在。"（ego sum, ego existo）（AT Ⅶ，25；AT Ⅸ‐Ⅰ，19）"上帝是或存在"（Dieu est ou existe）。（AT Ⅵ，38）现在我们有了第一个问题，笛卡尔所使用的存在与经典表达是之间有什么样的关系？ 二者在何种意义上等同？ 对这一问题的解答很大程度上有赖于如何理解笛卡尔的存在概念。但是笛卡尔本身没有明确地界定过存在概念，这与他的认识论决定有关。笛卡尔在早期 1627 年的认识论著作《探求真理的指导原则》中（原则十二）将存在列举为一种简单性质（nature simple）（或称简单的事物）："那些从我们的理智来讲被称作简单的事物……如存在……"（AT Ⅹ，419）将之称为简单性质一直贯穿到了后期 1644 年的综合性著作《哲学原理》。（AT Ⅷ‐Ⅰ，8；AT Ⅸ‐Ⅱ，29）而所谓简单性质，就是指那些清楚、明白，并不需要定义，只需借助自然之光（lumière naturelle），用直观就可以获得的东西。④ 可能是出于这个早期认识论的要求，笛卡尔一直没有给予存在一个明确的定义。⑤ 不过事实上，当笛卡尔要证明自我的存在、上帝的存在甚至物体性事物的存在时，他需要将存在作为一种清晰可定义的形而上学概念来使用。那么我们有了第二个问题，拒绝定义存在的笛卡尔究竟

　　① 存在（exsistentia）一词最初用以描述耶稣的诞生，但是它出现之后几乎就立即销声匿迹。数百年后的 12 世纪，存在才又得以成为中世纪神学的合法词汇。而直到 14 世纪，存在一词才被普遍使用。更关键的是，中世纪的重要人物如奥古斯丁和博爱修斯等人基本不使用这个词，至少这并不属于他们的神学或哲学术语；之后的经院哲学大师托马斯·阿奎那也极少在自己学说的意义上使用存在。而在法语中，直至 17 世纪初期，existence 这个词才开始出现。最早引入并使用的应该要数西皮翁·杜普雷克斯（见 Scipion Dupleix, *La Metaphysique ou Science sur-naturelle*, chez François Gueffier, 1617, p. 121）。笛卡尔也算是较早一批使用这个词的人，他用起来已经非常顺手。关于存在的概念史追溯，请参见论著 Étienne Gilson, *L'Être et l'Essence*, Vrin, 1962, pp. 344—349; Vincent Carraud, "L'invention de l'existence. Note sur la christologie de Marius Victorinus", *Quaestio*, 2003, 3, pp. 3—25; Jean-Christophe Bardout, *Penser L'existence. Tome I: L'existence Exposée（époque médiévale）*, Vrin, 2013。

　　② 以下简称《沉思集》。

　　③ 本文所引笛卡尔外文原著根据学界惯例采用"缩写+卷码+页码"的形式，缩写如下：AT = *Oeuvres de Descartes*, Charles Adam et Paul Tannery eds. , Vrin, 1974—1989。此外，所引外文原著均由笔者自己翻译。

　　④ 不需要定义更具体地指笛卡尔反对亚里士多德的种加属差的做法。

　　⑤ 相反，笛卡尔却定义过别的简单性质，如"实体"。参见《哲学原理》第一部分第五十一节（AT Ⅷ‐Ⅰ，24；AT Ⅸ‐Ⅱ，47）。

有没有一个存在的概念？如果有这样的概念，这个概念的内涵是什么？

当代法国学界对哲学史的追溯已经大致描绘出了存在的内涵与因果性的等价关系①，这一点在笛卡尔的哲学中也体现得非常明显，马里翁曾称"因果性和存在变得可以互换"②。不过，由于笛卡尔的学说已经与之前的哲学史有了非常大的不同，因此，经因果性定义的存在概念还需要更详细的阐明。同时，由于认识论转向对存在概念的影响尚未被充分说明，因此这一概念的丰富内涵尚有待进一步挖掘。有鉴于此，我们将在法国学界的基础上进一步考察并解决以上问题。而由于笛卡尔本人没有明确界定存在的概念，本文将集中探讨笛卡尔的形而上学文本，以求厘清笛卡尔存在之诸规定，因为形而上学能最好地反应存在概念的内涵和演变。而笛卡尔形而上学的两个重要对象就是自我与上帝。据此，本文将分为以下三个部分。第一部分，对自我的形而上学进行分析，通过比较"我思，故我是"与"我是，我存在"两种公式，表明笛卡尔对存在有一种有限的、认知上的规定，此时笛卡尔偏向于使用"是"这个表达。第二部分，对上帝的形而上学进行分析，通过上帝存在的后天和先天证明表明笛卡尔对存在有一种绝对普遍的因果性的规定，此时笛卡尔则广泛使用"存在"这个表达。第三部分，表明在从自我形而上学到上帝形而上学的过渡中，通过因果性这个普遍的中介，笛卡尔将存在与经典表达是等同，因果性决定的是者就是存在者，并指出笛卡尔这一决定的革新意味以及对后世的影响。

一、自我的存在——认知的规定

笛卡尔在对自我的探讨中开启了他对存在的最初规定。因为，一般来讲，笛卡尔通过寻找坚固的阿基米德之点去展开自己的形而上学，而这个阿基米德之点就是自我。笛卡尔提出过两种不同的自我存在的证明公式，第一种是1637 年《谈谈方法》中的"我思，故我是"（ego cogito, ergo sum），第二种是1641 年《沉思集》中的"我是，我存在"（ego sum, ego existo）。这两种表述有较大的不同，问题在于：为何前者并不使用 existo？又为何在后者中，cogito 消

①　Vincent Carraud, *Causa sive Ratio. La Raison de la Cause, De Suarez à Leibniz*, Presses Universitaires de France, 2002, p. 501.

②　Jean-Luc Marion, *Questions Cartésiennes II. L'ego et Dieu*, Presses Universitaires de France, 1996, p. 156。亦可参见 Henri Gouhier, *La Pensée Métaphysique de Descartes*, Vrin, 1962, p. 284。

失了？其实,这是个一体两面的问题,因为它们是笛卡尔形而上学演变带来的两种表象,而这种演变暗示了自我存在之重要规定。

(一)《谈谈方法》中的自我存在

首先,对于'我思,故我是'这个公式,《谈谈方法》第四部分提到了两次。需要注意的是,在此谈论存在时,笛卡尔使用的表达都为是。(a)笛卡尔认为思考的"我"必是某个东西:"当我注意到'我思,故我是'这个真理是如此坚固、如此确定,以至于任何怀疑者的最荒诞的假定都不能使它动摇时,我认为我能毫不迟疑地接受它,把它作为我所寻求的那种哲学的第一原理。"(AT VI,32)在对感官、几何学和思维观念等进行怀疑之后,笛卡尔找到一个不能怀疑的点,那就是思考的我。于是自我通过一种思维行为使它自己和思维等同,因此也就将它与自己的是等同。换句话说,通过自我的思维这个中介,自我就等于自我的是。一个在思考的思维必须首先是,那么这个具有思考行为的主体就获得了无条件的是。而因此'我思'能"毫不迟疑地"被当作第一原理,因为它能获得(我的)是。

(b)"我已经注意到'我思,故我是'之所以使我确信我所讲的是真理,无非是由于我很清楚地看到,要想思考就必须是:因此我认为可以把下面这一条当作总则(règle générale),即凡是我们非常清楚、非常明白地领会的东西都是真的。"(AT VI, 33)这段话除了仍然用思维证明了存在,还往前进了一步:从一个形而上学原理引出了一个认识论上的原则。而清楚、明白地领会其实正是笛卡尔早在《探求真理的指导原则》中就指明的,来自我们自然之光的直观行为:"直观一词,指的……是那种纯粹而专注的心灵构想,它是如此容易、明白,以至于不会使我们对所理解的东西产生任何怀疑。"(AT X, 368)而"人人都能用心灵来直观:他存在(se existere),他思想(se cogitare),三角形仅以三直线为界……"①直观的对象则是那些非常简单的东西:"应该把心灵的目光全部转向十分细小而且极为容易的事物……清清楚楚、一目了然地直观事物。"(AT X, 400)而直观对象一般有两种,一种是简单性质,一种是公共意念(公理)、原理等:"那些从我们的理智来讲被称作简单的事物……还应该加上一些公共意念。"(AT X, 419)"那些第一原理本身则仅仅通过直观获得。"(AT X, 370)所以"我思""我是"和"我思,故我是"都是直观到的结果,都是

---

① 笛卡尔:《探求真理的指导原则》,管震湖译,北京:商务印书馆,2013年,第12页。

我们能获得的一些细小且容易的简单性质或公共意念。① 通过直观，笛卡尔获得了最初的、最简单的、最分明的点——我。这个我立刻就成为我能确定的第一是者。而后笛卡尔又将所有能以此方式看得清楚明白的东西当作真的。这些东西就是我的一些思维和观念，它们都在我之内，是在我的是确立后的其他是者。由此，借助于直观，笛卡尔构筑了"我的"整个形而上学。然而他是以一个简单性质或公共意念为基础来达到它的。或者进一步说，是一个认识原则让我确定了我之内的所有是者。这样一来，笛卡尔就可以把"真的"东西等同于是的东西了："凡是真的都是什么东西。"（AT VII，65；AT IX - I，51）那么，"我思，故我是"就有了二重性，因为，只要在我确认我的是时，就必然伴随着一个认识上直观。在认识论方法和形而上学之间，笛卡尔似乎达到了一个平衡点，将二者进行了完美的结合（尽管这种结合蕴含了笛卡尔哲学的主要张力）。② 所以在《谈谈方法》中，我们可以把"我思，故我是"的存在原理和其直观原则同等看待，也应该认为它们密切相关。甚至，我们可以说，（我的）是被认知规定。③ 但是，以直观获得的如此简单的是是否具有实在性？ 也因此是否在真正意义上构建一个形而上学？ 笛卡尔的"我思"是否像马里翁所说达到了一个完美的形而上学论证呢？

马里翁曾提供了三个要点证明在《谈谈方法》中笛卡尔提出了自我存在的完美证据：（1）存在④的恒久性，（2）第一原理的头衔，（3）第一实体的地位。⑤ 对于第三个论据，我们认为尚有商榷的余地。马里翁认为 1637 年的"我思，故我是"一下子就达到了实体性（substantia）的高度，因为我一旦开始思考，从此开始到永远我就获得了完满和恒久的存在。的确，笛卡尔在《谈谈方法》第四部分首次提出"我思，故我是"命题之后紧接着就表明了"我是一个实

① 笛卡尔在其文本中直接将存在列为简单性质的时候使用的都是 existence，而没有用 être。但这里的"我是"确实也是直观的结果，所以我们在此暂时采用这样的说法，即"我是"也是一种简单性质或者公共意念。

② "我思，故我是"所展现出的形而上学和认识论的二重性已经被众多学者确认，见 Jean-Marie Beyssade，*Études sur Descartes*，*L'histoire d'un Esprit*，Seuil，2001，p. 135，以及 Jean-Luc Marion，*Questions Cartésiennes I. Méthode et Métaphysique*，Presses Universitaires de France，1991，p. 73。

③ 马里翁虽然认为这里的方法等同于形而上学，但他仍然承认存在的优先性高于逻辑的优先性，因为第一原理是从存在的确定出发的。见 Jean-Luc Marion，*Sur la Théologie Blanche de Descartes: Analogie*，*Création des Vérités Éternelles et Fondement*，Presses Universitaires de France，2009，p. 378。但是撇开优先性不谈，自我的存在总归是有一个认知上的规定。

④ 在这里，马里翁使用的是 existence，从用法上并未与 être 严格区分。

⑤ Jean-Luc Marion，*Questions Cartésiennes I. Méthode et Métaphysique*，Presses Universitaires de France，1991，p. 62.

体"。(AT Ⅵ,33)但是我们知道,直到 1641 的《沉思集》,笛卡尔也还曾把实体列为一个简单性质。(AT Ⅶ, 43; AT Ⅸ‐Ⅰ, 34)虽然在《沉思集》的答辩和再后来的《哲学原理》中笛卡尔最终定义了实体,但是在早期 1627 年的《探求真理的指导原则》和 1637 年的《谈谈方法》中,他却很少提及实体,也未经定义就直接使用实体一词。因此我们不太能确定他是否在形而上学的意义上使用实体这个概念。或者,即使《谈谈方法》说过"我是一个实体"这个看起来非常具有形而上学意义的话,我们仍然不能说实体在 1637 年已经获得了它在笛卡尔哲学中的全部形而上学内涵。相反,它也很有可能在某种意义上就如"存在"一般只是简单性质。因此,我们暂且可以说:1637 年的自我的形而上学可能具备一个完整的形而上学框架,因为它有一条原理,且是一条存在的原理;但是这个形而上学却并不太完美,因为自我的是在这里可能并不具有实体性——不具有上帝保证之后的实体性。尽管如此,我们仍可以将 1637 年的自我存在证明称为马里翁说的一种"表象的形而上学",它通过执行"我思"而确证了其地位。① 这种形而上学将自我作为"表象的极点",而"我"则首先是。②现在,我们再回顾一下《沉思集》第三沉思的开头。笛卡尔在此处将所有感官和物体性的东西悬置起来,仅仅考虑自己的内部,得出了"我是一个在思维的东西"。(AT Ⅶ, 34; AT Ⅸ‐Ⅰ, 27)所以,我们可以看出,"我思"为是划定了一个主观的界限。而其他的东西在我们之外是抑或不是(或者说在我们的精神之外存不存在)、以何种方式是,我们并不考虑。因此,将笛卡尔的"我思,故我是"当作一种表象的形而上学应该是比较恰当的。

(二)《第一哲学沉思集》中的自我存在

经过一系列的怀疑步骤(包括第一沉思),笛卡尔在第二沉思开篇不久,得出了一个确定无疑的结论:"我是,我存在。"(AT Ⅶ, 25; AT Ⅸ‐Ⅰ, 19)这个公式不再有"我思",而且前后并没有逻辑连词"故"。也就是说,笛卡尔不再通过思维这个中介和存在联系起来以获得存在,或者说这里并没有经过思维来直接直观到"我是",而是通过一种当下的思维行为:"只要我想到我是个什么东西,他就绝不能使我什么都不是。"(AT Ⅶ, 25; AT Ⅸ‐Ⅰ, 19)前文我们提到马里翁以存在的恒久性、第一原理的头衔和第一实体的地位来确立了《谈

---

① Jean-Luc Marion, *Questions Cartésiennes I. Méthode et Métaphysique*, p. 62.

② Jean-Luc Marion, *Questions Cartésiennes I. Méthode et Métaphysique*, p. 64.

谈方法》中完美的自我形而上学证据，相较而言，他认为第二沉思在这三方面都弱于前者。首先因为"我是，我存在"公式是一个述行语①，它通过陈述这一行为，确定了它所说的东西。而这个述行语"我是"或"我存在"只有在每个"我思"的当下才是确定的，如果哪一刻我不思的话，那我存在就不成立了。相反，1637 年的"我思，故我是"却一下子达到了恒久性。其次，这个公式提出的目的是为了试图找到笛卡尔所谓的确定无疑的阿基米德之点，那么笛卡尔就在一种当下性中确定了这个小点，即"我是"或"我存在"。而 1637 年则想要建立一条原理，那就是"我思"，它将"我"和"是"连接起来。一个点无法达成一个原理，没有了"我思"的桥梁，这个公式也就被剥夺了原理的地位。因此，对于1641 年的"我是，我存在"，其形而上学意味远弱于 1637 年的公式。最后一点，就自我作为第一实体来说，在《沉思集》的前两个沉思中，实体这个词一次都没有出现过，因此自我更称不上具有实体性。这一点更是削弱了第二沉思的自我形而上学内涵。② 因此，"我思"在 1637 年有"更强的形而上学主张"。③

　　不过，第二沉思的这一公式相较于《谈谈方法》第四部分还多出来一个不同的地方，那就是 exsito。我存在（exsito）和我是（sum）一样，是形而上学怀疑之后笛卡尔得出来的第一个确定无疑的东西。然而，我们开篇已经说过，在哲学史上，是的含义和地位并不必然与存在等同（甚至应该比存在丰富）。但是笛卡尔紧随我是之后又附上了我存在，似乎有将二者混同的倾向。对于自我来说，和《沉思集》相比，这种混同在《谈谈方法》中的确不常见，因为在那里笛卡尔甚至不太使用存在。存在在《谈谈方法》中一共出现了 9 次，且主要集中在第四部分（见表 1）："上帝和人类心灵的存在"提到过三次，不过在开篇的说明和第五部分所提到的基本只是重复第四部分所说，因此实际上只能算一次；"完美的是者观念所包含的存在"；"上帝的存在"；"上帝是或存在"提到过两次；"我不是唯一存在的是者"；以及在否定意义上提及的几何的"对象的存在"。从中可以看出，存在的使用基本给予了上帝（也即完美的是者）。而对于自我来说，笛卡尔只在第四部分提到一次灵魂的存在，或者他只用存在一词来修饰我这个是者。更重要的是，在关键的自我形而上学确立的文本"我思，故我是"中，笛卡尔并没有使用存在。相较于《沉思集》中大量出现的"我存

---

① Jean-Luc Marion, *Sur la Théologie Blanche de Descartes: Analogie, Création des Vérités Éternelles et Fondement*, Presses Universitaires de France, 2009, p. 380.

② 虽然 1637 年的实体可能也停留于一个简单性质，但或多或少具有了形而上学的意义。

③ Jean-Luc Marion, *Questions Cartésiennes I. Méthode et Métaphysique*, p. 62.

在"(j'existe)"我的存在"(mon existence),《谈谈方法》更倾向于使用我是这个表达。

《谈谈方法》中的存在(existence)	次　数	文本出处
上帝和人类**心灵**的存在 (l'existence de Dieu et de l'âme humaine)	3(重复2次)	AT VI, 1; AT VI, 37; AT VI, 41
完美的是者(上帝)观念所包含的存在 (un Etre parfait … l'existence y était comprise)	1	AT VI, 36
上帝的存在 (l'existence de Dieu)	1	AT VI, 38
上帝是或存在 (Dieu est ou existe)	2	AT VI, 36; AT VI, 38
我不是唯一存在的是者 (je n'étais pas le seul être qui existât)	1	AT VI, 34
几何对象的存在(否定意义上) (l'existence de leur objet)	1	AT VI, 36

现在,我们可以暂且回顾本小节开头提出的那个一体两面的问题。其实无论是作为原理的"我思"(cogito)的缺失,还是"我存在"(existo)的出现,都基于一个背景,那就是笛卡尔形而上学重心的转变。在《沉思集》中,笛卡尔将展现他形而上学的全部面貌,也就是对包含了最高存在者上帝在内的所有存在者的存在的充分证明。的确,《谈谈方法》中的自我存在证明虽然是个完整封闭的形而上学,但它并不是笛卡尔的全部形而上学。虽然笛卡尔在《谈谈方法》中已经有了全部的形而上学计划,正如他所说,第四部分是上帝和灵魂存在的"形而上学的依据"。(AT VI, 1)而二者正是《沉思集》中提及的形而上学主要对象:"上帝和灵魂这两个问题是应该用哲学的理由而不应该用神学的理由去论证的主要问题。"(AT VII, 1; AT IX-I, 4)但是1637年的形而上学计划并没有全部完成,因为笛卡尔在那时只确立了一个完整的自我形而上学,而没有确立完整的上帝的形而上学。笛卡尔自己也承认这点:"在《谈谈方法》的论述中我所写的关于上帝存在的方面我确实太模糊了,尽管这方面是最重要的部分,我承认这是整本著作中阐释得最不够的地方。"(AT I, 558)因此,只有在更清楚地交代上帝的存在证明之后,我们方能更好地回答这个一体

两面的问题。我们会看到，在《沉思集》中，我思不再是第一原理。它将让位于更高级的因果性原理，这个原理由上帝实施。而只有在唯一的动力因的作用下，我才能获得存在。所以，在因果性原理不充分的《谈谈方法》中，我则更倾向于是，而非存在。

在此之前，我们需要总结一下在自我的形而上学方面存在的含义。由于"我是，我存在"并不具备形成一个形而上学的条件，也可以说它事实上并没有建立什么我的形而上学，因此，我们将以《谈谈方法》中的"我思，故我是"作为笛卡尔最好的自我形而上学来讨论。它是一种混合着认识论方法的形而上学：在直观之下的简单性质——是获得其形而上学的意义。我思为自我划了一个界限：在我思原理下显现出来的"我"是第一是者，而在相同总则下显现出来的别的事物则是可思维的次要是者；各种是者和第一原理在我之内构成了一个完整而封闭的形而上学（表象的形而上学）。在其中，所谓的我的存在以是来表达。但由于是认识论方法所得，这里的是缺乏实体性或者实在性，所以，我的是有一种认知上的规定。

二、上帝的存在——因果性的规定

正如上文所说，将最高存在者上帝包含在内的学说才是笛卡尔的全部形而上学。对上帝存在的证明需要借助于与直观不同的因果性的手段，因此存在的含义会有所不同。笛卡尔的上帝存在证明一般来说有三种：一是《沉思集》第三沉思中的后天证明，二是第五沉思中的先天证明（或本体论证明），三是答辩中的先天证明。由于第五沉思中的证明事实上并不能算作一种严格意义上的先天证明①，我们暂时将在此文以第三沉思和答辩中的证明为重点来讨论。二者最终都诉诸同一条原理——因果性原理。

（一）第三沉思中的后天证明

在确定了我存在，我是一个思维的东西之后，笛卡尔在第三沉思提出了一个一般的原理："现在凭自然的光明可以看出，在动力的和总的（la cause efficiente et totale）原因中应当至少和在它的结果中有一样多的实在性

---

① 或者说它只是一个弱化的先天证明，因为这个先天证明实际上没有（因果）原理出现。马里翁认为只有诉诸一条先在的原理才能先天地证明上帝存在，而笛卡尔用于上帝的这条原理就是因果原理。见 Jean-Luc Marion, *Questions Cartésiennes II. L'ego et Dieu*, pp. 161—171。

(realité)：因为结果如果不从它的原因中,那么能从哪里获得它的实在性呢?"(AT Ⅶ, 40; AT Ⅸ－Ⅰ, 32)从这个原理可以看出,结果的实在性小于或等于原因的实在性,且只能从动力的和总的原因中获得这样的实在性。随后,笛卡尔把这个原理应用到观念之上,说明观念的实在性来源于一个比它更完美的、有更多实在性的原因,因为无不能生有:"这个真理不仅在具有哲学家们称之为现实的或形式的这种实在性的那些结果里,而且在人们仅仅视为哲学家们命名为客观的实在性的那些观念里,都是清楚的、明显的。"(AT Ⅶ, 41; AT Ⅸ－Ⅰ, 32)。从此,精神性的、作为我的思维方式的观念便具有了实在性。而这些同样具有实在性的观念也成了上帝存在证明的基础。笛卡尔在这之后考察了在我心中表象出来的各种观念,包括自我、物体性事物、天使以及动物和其他人的观念等等,它们的实在性都不能大于我的实在性,因此似乎能够卓越地包含于我,或者说我可以产生它们。但是,唯有上帝的观念,其实在性却远大于我:"不相信我对它们所具有的观念能单独地来源于我。因此……必然可以得出：上帝存在(Dieu existe);因为……我本不应该具有一个无限实体的观念(我是一个有限的是者),如果这个观念不是被什么真正无限的实体放在我心里的话。"(AT Ⅶ, 45; AT Ⅸ－Ⅰ, 35—36)于是,笛卡尔从表象于我精神中的上帝观念的存在倒推出了上帝本身的存在,因为,这一观念的实在性只能来源于至少跟它一样大的实在性。这一从结果追溯到原因的推理就是一种后天的证明方式。

这种后天证明从我表象中的观念入手,达到了新的形而上学,存在也因此有了新的内涵。在我思的形而上学中,我的思维表象出了上帝的观念,它是最真的、最清楚和最明白的(AT Ⅶ, 46; AT Ⅸ－Ⅰ, 37)。但是,一旦追问这样完美和无限的观念的存在从哪里来,我们则会发现它不能由我产生出来。因为产生这种无限的观念的原因必然在有限的我之外,所以它的客观实在性最终只能由上帝本身通过动力因授予在我心中。而自我的存在变成了最好的出发点,成为推导出上帝存在的基础:"单从我存在和我心里有一个至上完满的是者(也就是说上帝)的观念这个事实,就非常明显地证明了上帝的存在。"(AT Ⅶ, 51; AT Ⅸ－Ⅰ, 40)至此,因果性将精神性的、观念的客观实在纳入了它的范围。我的存在,包括我的表象中的观念的存在都是上帝通过因果原理而产生的。而上帝的存在,也通过这条因果原理被证明了。笛卡尔在《沉思集》中构建起来的完整形而上学也因此浮出了水面:在同一条因果原理之下,上帝产生、创造了作为结果的我和观念的存在,而从我和观念的存在的原因中我们能反推出上帝的存在。这种形而上学不同于《谈谈方法》中以我思为原理建立起来的表象形而上学。相反，"我思，故我是"中作为简单性质的（我的）是在上帝施加的动力因作用之下获得了客观实在性，达成了一种真正意义上的形而上学。其中，上帝作为第一存在者，我和我的观念（也就是我思秩序中的那些是者）作为次要的存在者。而因果性成为这个形而上学的原理：我们只能通过寻找原因或结果来发现一个新的存在。于是，笛卡尔在第三沉思中完成了我思的形而上学向因果的形而上学的过渡。而上帝的观念，作为原因的结果，则成为这个过渡的突破口。"我思，故我是"因此也不再是第一原理，它应该服从更加高级的因果原理。在这条因果原理中，存在应该被重新定义：存在，就是原因或结果。

而笛卡尔的原因概念比较狭义，从种类上来说很单一，那就是动力的和总的原因。而所谓"总的"，就是指笛卡尔排除了其他的原因而只保留了动力因。[①] 此时笛卡尔的原因框架与亚里士多德有非常大的差别，他在苏亚雷斯的基础上更进一步形成一个以动力因为单因的体系。[②] 而所谓笛卡尔的动力因，指的也不再是亚里士多德四因中的第三因——运动因，而是指一种继承自苏亚雷斯的、表示产生存在的原因。[③] 这一原因最适用于上帝，表示给予被造物以实在性，因而带有创世意味。[④] 由此看来，笛卡尔的原因有了新规定，那就是产生存在的动力因。而相对应，存在也有了新规定——必定只能从单纯的动力来衡量。我们将前面的定义更细节化：存在，就是具有实在性的动力因或动力因的结果。

因果的形而上学比我思的形而上学所涵盖的范围更大。诚然，在上帝存在的后天证明中，仍然存在着笛卡尔哲学中认识论方法和形而上学之间的张力问题：直观到的因果性原理应不应该归属于我思的范围？我们会看到，"我思，故我是"中体现出的方法与形而上学之间的平衡在此被打破。的确，在第

---

① Vincent Carraud, *Causa sive Ratio. La raison de la Cause*, *de Suarez à Leibniz*, Presses Universitaires de France, 2002, p. 177.

② 苏亚雷斯认为只有两种真正的原因，即上帝所使用的动力因和目的因。上帝并不使用质料因和形式因。因为质料代表被动，而形式要求不完满的实体，这些都不能体现上帝的至上性。见 Francisco Suárez, *Disputationes Metaphysicae I*, Georg Olms, 2009, p. 391。而笛卡尔在此基础上排除了目的因，见 AT Ⅶ, 55；AT Ⅸ－Ⅰ, 44；AT Ⅷ－Ⅰ, 15；AT Ⅸ－Ⅱ, 37。

③ Francisco Suárez, *La Distinction de L'étant Fini et de Son Être: Dispute Métaphysique XXXI*, Jean-Paul Coujou trans. , Vrin, 1999, p. 42。亚里士多德的第三因被以苏亚雷斯为代表的经院哲学家划分在物理学领域，从而被认为是不完满的原因，因此被排除在真正的原因之外。

④ 不过，动力因的最大外延是物质，笛卡尔正是在第六沉思中将物质当作动力因而证明其存在。

三沉思中我们是凭自然的光明看出动力因比它的结果有更多的实在性,我们也是凭这同一种理性的光明看出上帝的观念是最清楚最明白、也因此是最真的。但是在一个无限又完满的上帝面前,直观方法下的总则却不能和存在原理等同。因为正是上帝本身才能保证总则的真理地位。在第四沉思中,笛卡尔用完满性证得上帝不可能是一个骗子,因此他不会使我对清楚、明白的观念进行错误判断,而且他还给予了我自然的光明。① 因此,只有在第三沉思证明了上帝存在之后,在《谈谈方法》中就提出的,又在第三沉思开头重复的总则才得以真正建立。这也是为什么在第三沉思前半段,总则不如《谈谈方法》中那么确定的原因。因为在上帝这个可能的骗子的欺骗下,连最完美的清楚明白的数学知识都可能是假的。总则的确定性需要上帝的必然保证,他也就是我的存在和自然的光明的起源。② 因此,上帝施加的动力性因果性是一条比我思更高的原理。③

　　此外,上帝存在被证明之后,笛卡尔才真正确立了实体的形而上学内涵。上帝才是真正意义上的实体,而我作为一个实体也必须由上帝来担保。《哲学原理》将之表述得更清楚:"所谓实体,我们只能领会为一个以这样的方式存在的事物,即其存在不需要任何其他事物的方式。并且只有一种能被领会为不需要任何其他事物的实体,那就是上帝。对于一切别的实体,我们知觉到,它们只能借助于上帝的支持才能存在。"(AT VIII - I, 24; AT IX - II, 37; CSM I, 210)④只有绝对独立的、不需要借助他物的存在者才是真正的实体。由此,实体需要存在来定义。上帝是给予一切存在的至上存在者,他才是真正的实体,而其他被造物只能在他的创造、产生、保存或支持下才能存在,也因此是有条件的实体。所以,《谈谈方法》中的"我思,故我是"只有在上帝的存在被证明之后,我所是的这个实体才能获得真正的形而上学内涵。我思不再只是表象的形而上学,此时,在上帝的保证之下它成为一个具有实在性的形而上学。所以,综合上一段我们可以看出,因果性作为一条原理,超越了我思的表象原理,触及了上帝的存在。在更高的因果性原理之下,存在的形而上学范围也更

---

① 笛卡尔,《第一哲学沉思集》,庞景仁译,北京:商务印书馆,2016 年,第 67 页。

② Jean-Marie Beyssade, *Études sur Descartes, L'histoire d'un Esprit*, Seuil, 2001, pp. 140 - 141.

③ 此处关于总则所蕴含的内在矛盾的详细讨论,见 Jean-Luc Marion, *Questions Cartésiennes II. L'ego et Dieu*, pp. 49—83。

④ 此处法译文出入较大,故再给出英译标准版本作为参照,缩写为 CSM I = *The Philosophical Writings of Descartes*, Vol. 1, John Cottingham, Robert Stoothoff and Dugald Murdoch trans. , Cambridge University Press, 1985。

加广泛。

（二）答辩中的先天证明

在因果原理之下，笛卡尔从观念的实在倒推出了上帝的存在。但这只是触及上帝的存在①，我们仍然可以设想上帝本身并不服从这条因果原理，也就是说笛卡尔以因果性建立的形而上学并非无所不包。的确，笛卡尔事实上并不满足于这种后天证明，他试图在同样一条因果原理之下为我们提供一种先天证明。所谓先天证明，就是将存在置于原理之下，或者说为存在找到一个依据。那么上帝能不能以动力因为依据得出自己的存在呢？笛卡尔的答案是肯定的。这个依据就是自因（causa sui）。在第一和第四答组辩中，因果性不再从具有客观实在的观念出发，而是从自因出发来为上帝存在提供证据。

上帝存在的先天证明必然从追问上帝的原因开始。在第一组答辩中，笛卡尔写道："自然的光明告诉我们没有任何东西是不许问它为什么存在，或者不能追寻它的动力因的；要么，假如它没有动力因，那么就问它为什么不需要动力因"。（AT VII, 108；AT IX‑I, 86）如果任何东西都可以用唯一的动力因进行追问，那么上帝也可以。但是，如何将这个动力因运用于上帝，就像运用到有限存在者之上呢？如果上帝还有一个动力因的话，那岂不是承认上帝是由一个更高级的存在者创造和产生出来？这样一来，上帝就不能是第一存在者了，而这个推理也会导致无限后退。的确，在向上帝追问动力因的时候，我们发现他并不需要动力因，然而上帝的存在却需要一个理由，这个理由是通过他的无限或者更确切地说他无限的能力来承担的。笛卡尔在《按几何学方式证明上帝的存在和人的精神与肉体之间的区别的理由》的第一个公理中提出："没有任何一个存在着的东西是我们不能追问它为什么存在的原因的。因为，我们甚至能够向上帝追问他存在的原因。并不是由于他需要什么原因来存在，而是因为他本性的广大无边本身就是原因，或者说他不需要任何原因来存在的理由。"（AT VII, 164‑165；AT IX‑I, 127）上帝的这种本性也就成为自己存在的理由，因此笛卡尔称之为自因："我坦率地承认这里能有某个东西，在这个东西里面有如此广大、如此取之不竭的能力，以至于他决不需要任何援

---

① 　到此为止，笛卡尔的后天证明和托马斯·阿奎那的五路证明中的前两路并没有在思路上有本质的不同，二者都是从结果追溯原因（即使笛卡尔的创新很明显：原因概念非常纯粹，因果链条非常短，追溯起点也不同）。所以对于上帝存在的后天证明，笛卡尔并没有超越他的那些经院哲学前辈，并没有比他们高明太多。然而在答辩中，笛卡尔所做出的先天证明则可能是阿奎那不会使用的方法。

助而存在,并且现在也不需要任何援助而被保存;因此他以某种方式就是自因;并且我领会到上帝就是如此的。"(AT VII, 109; AT IX‐I, 86)

上帝存在的理由是他无限的能力,这个能力使得上帝以某种方式是自因。那么自因的"因"是什么因呢? 如果是动力因,那么"自己的动力因"明显有逻辑困难。谨慎如笛卡尔,他实际在文本上并没有犯这样的错误。我们仔细阅读就会发现,笛卡尔从来没有说过上帝是自己的动力因。相反,他只说过上帝是以某种方式(quodammodo sui causa)的自因。所谓某种方式,就是指它运作起来和动力因类似:"能够以某种方式对自己的关系就如动力因对它的结果的方式……"(AT VII, 108; AT IX‐I, 86)①我们不能确切地知道上帝以什么样的方式成为自己的原因,那是由于我们理智有限。动力因则成了我们理智能够抓住的唯一绳索,而类比动力因则成为理智的唯一选择:"对动力因的考虑如果不说是我们用以证明上帝存在的唯一的和仅有的,那也是第一和首要的方式。"(AT VII, 238; AT IX‐I, 184)所以,自因的"因"仍然是动力因。但是笛卡尔在自因这个表达中省略了"动力"这个词,于是便弱化了,甚至应该说他避免了"自己的动力因"的矛盾,并且更好地以类比的方式为我们提供了上帝存在的先天证明。所以,自从笛卡尔向上帝追问动力因开始,到发现唯有上帝不需要动力因为止,自因最终成为一个必然提出的概念——用"原因"发问就应该用"原因"回答。动力因成为衡量一切存在者的准绳。即便上帝不需要动力因,但上帝本性中的无限的能力为他不需要动力因而存在提供了理由,因此它才是自因的。自因的提出也使以动力因为主导的因果性变成了一条理由原理,从而我们能先天地论证上帝的存在。由此,自因承担了一个重责,那就是可能首次在哲学史上使上帝进入形而上学视野,也就是使上帝的存在服从于一条先在的原理——原因或理由(causa sive ratio)。②

上帝存在的先天证明一旦完成,因果性的使用出现了不同维度:它在两个方面被用于所有存在者。其一,在被造物范围内,因果性在严格意义上使用。最高存在者上帝使用动力因产生了结果,也就是创造了万物,使它们的存在具有了实在性;其二,对于上帝本身,因果性在类比的意义上使用。此时动力因成了我们的理智去领会不可理解的上帝的唯一方式。上帝无限的能力为他的存在提供了理由,因此他本身就是自因。利用这个先天的存在证明,笛卡

---

① 相似说法还可参见 AT VII, 111; AT IX‐I, 88.
② Jean-Luc Marion, *Questions Cartésiennes II. L'ego et Dieu*, p. 181.

尔才能构筑他的形而上学的完整面貌，即马里翁所说的重叠的本体－神学－论。① 其中，上帝在因果原理下，通过自因产生了自己的存在，构成了神学部分；又通过施加动力因产生了被造物的存在，构成了本体部分。而在被造物的部分，自我通过我思的原理，首先直观到了我的存在，构成了神学部分；又以同样的方式表象了我的观念的存在，构成了本体部分。我思作为第一原理让位于真正的第一原理——因果性。而由此我思的形而上学不再仅仅是表象的形而上学，在上帝的动力因之下，我和观念的存在具有了实在性。

现在，我们不仅只是从后天证明中触及上帝的存在，我们也不必再设想上帝本身逃脱因果性。因为，同一条因果性从不同的维度覆盖了所有存在者。也因此笛卡尔的因果原理有了绝对的普遍性。在因果性之下我们能询问所有存在的事物的原因，包括上帝，他从此也不再是因果性之外的东西了。② 在这个意义上，我们可以说存在与因果性是等同的。法国哲学界以马里翁为代表曾多次强调普遍的因果性对存在者的影响："原因在这里决定一切是者的存在，没有任何例外；这样就显示出了存在在其他是（或者更确切地说不是）的方式中的尊严，以至于没有任何是者能够、应该免于承认作为原因的尊严……"③ 因此，存在的因果性规定一是个普遍性的、绝对的规定。

三、分析与结论

第一，关于"我是，我存在"。我们首先能更好地回答第一小节提出的那个一体两面的问题了：正是因为在 1641 年的《沉思集》中，笛卡尔构建了完整的形而上学，1637 年《谈谈方法》中自我的形而上学就应该让位于上帝的形而上学，或者更确切地说，被纳入这个更高的形而上学，从而建立完整的重叠的本体－神学－论。而我思作为有限的第一原理在《沉思集》中就让位于覆盖了所有存在者的因果性原理，因此"我思"消失了，而和因果性同义的"存在"出现了。在这个意义上，第二沉思的命题"我是，我存在"确实不能严格地作为一个形而上学证明，它更像是两种形而上学的拼凑。因此，笔者更愿意称之为一个边界

---

① Jean-Luc Marion, *Sur le Prisme Métaphysique de Descartes: Constitution et Limites de L'onto-théologie dans la Pensée Cartésienne*, Presses Universitaires de France, 2004, pp. 126–136.

② Jean-Luc Marion, *Questions Cartésiennes II. L'ego et Dieu*, p. 163.

③ Jean-Luc Marion, *Sur le Prisme Métaphysique de Descartes: Constitution et Limites de L'onto-théologie dans la Pensée Cartésienne*, p. 113.

上的公式,标志了两种本体-神学-论的过渡:一方面它用"我是"再次总结了我思的表象形而上学,另一方面又用"我存在"预示了上帝的存在证明。

第二,关于是和存在。从论证顺序上来说,笛卡尔在他的两条推理秩序——我思和因果性——之间保持着一种区分的严格性。笛卡尔一开始从直观方法出发论证我是,而我们也会发现,他在此处刻意地避免使用因果性:"第四部分从未使用'原因'一词;'原因'的这一缺失在文本中暴露了因果性概念的缺乏……"①的确,在《谈谈方法》第四部分,原因是缺失的。而且前文也总结过,在《谈谈方法》为数不多的存在一词的出现中,只有两次被指定给了"我",况且并不算严格意义上的使用。所以,在原因缺失的地方,存在基本也是缺失的。因此,单从《谈谈方法》来看,自我的形而上学仅仅只是一种表象的形而上学。存在的整体是在以我为表象极点的基础上以直观的方式显现出来的,而非我创造出来的。因而,笛卡尔在尚未论证上帝存在时,不会轻易使用暗含了因果性的存在概念。换句话说,在表象的形而上学中,似乎他想要避免思维产生存在这样的误解。当我们说笛卡尔刻意为之,是因为,虽然他很早就在1627年的《探求真理的指导原则》中将存在当作一种简单性质提出来,但是,在1637年的《谈谈方法》中,他却放弃在形而上学里使用这种可以被直观到的最小、最清楚明白的东西,而直到《沉思集》才启用。这说明,我思的形而上学不能有创造和产生的内涵而只有表象和认识的内涵。

不过,这个局面在《沉思集》提出因果原理之后就有了改变。当因果性毫无例外地决定了一切存在者之时,我以及我的观念都应该被当作动力因的结果而存在。更进一步说,一切是者(包括上帝)都应该从因果性的角度来考虑。那么,因果性地是就成了最普遍的、最绝对的是的方式。而因果性地是就是存在。所以,在《沉思集》中的上帝存在证明之后,笛卡尔的是与存在就可以等同。因为,即便是直观确认的、表象中的我或者我的观念都被因果性赋予了实在性。也因此,我们才会看到他常常等价地使用二者,这一点在后期更为明显,比如在《哲学原理》第一部分第十小节:"当我说'我思,故我是'(sum)这个命题是第一且最确定的时候……我并不因此否认必须事先知道思维、确定性和存在(existentia)是什么,并不否认需要是才能思维……"(AT Ⅷ‑Ⅰ, 8;AT Ⅸ‑Ⅱ, 29)只有在此时,笛卡尔才不用那么小心翼翼地规避在我思秩序中使用存在:"我们首先注意到,就我们的本性是思维而言,我们是存在的;我们

---

① Jean-Luc Marion, *Questions Cartésiennes I. Méthode et Métaphysique*, p. 54.

同时注意到有一个上帝，并且我们依靠他……"（AT VIII－I, 38；AT IX－II, 61）①把存在（而非是）和思维等同，需要通过因果性这个普遍的中介。

　　而第二沉思中的"我是，我存在"也最好地见证了是与存在等同。至此，在哲学史上，无论是有多少含义、多少方式，存在的出现多么晚、含义多么少，在笛卡尔这里，存在就成了是的唯一方式。纵观笛卡尔的整个哲学体系，如果我们不仔细阅读，也不容易察觉是与存在之间的替换。这种替换有些隐匿，但是却包含了重大的形而上学决定，我们不能忽视。

　　第三，关于存在的概念。现在我们能回答本文最核心的问题了：虽然笛卡尔一开始将存在作为一种简单性质提出来，但是实际上，他在形而上学中对存在有明确的定义，那就是作为有实在性的动力因或这个原因的结果。这是存在概念的决定性的、普遍的规定，也就是说笛卡尔哲学中所有是的方式最终都归结为因果决定的存在的方式。尽管如此，我们不得不承认，单从我思的秩序来看，这种存在证明与因果性秩序的证明有非常大的不同。对自我来说，所有是者只有在被我思及的时候，它们的存在才能被确证，也因此才能成为我的表象世界中的被思之物。凡是没有清楚明白地被我直观到的，我都不能说它是真的，也就不能说它是存在的。因此，在普遍的因果性规定之中，我们认为，存在还滋生出了另一个维度，即在清楚明白的直观中的认知规定。这一规定相较而言则只是一个有限的规定。首先因为，我思原理不能决定所有存在者；其次因为，思维的内容需要因果性才能获得实在性。所以，尽管两种规定有很大不同，但对于笛卡尔来说，可能存在的概念最终还是要归结于因果的规定。因为如果不从因果性获得存在，我也无法从思维中确证存在。综上而言，存在具有两个维度，首先是普遍的因果规定，其次是有限的认知规定。这两种规定同样可以从"我是，我存在"这个边界公式中清楚地体现出来：这里的存在从第二沉思来看仍然受思维的规定，尽管那里的思维具有当下性；但是上帝在后，因果性呼之欲出，我似乎在每一个当下都能获得实在性。

　　第四，关于笛卡尔的革新。存在的两种规定构成了笛卡尔现代性的重要来源：笛卡尔所开创的时代不再研究作为存在的存在，而是去研究作为思维的存在以及作为因果性的存在。一方面，以动力因追问上帝，将上帝归于存在这一名下，显示了将上帝作为形而上学对象的一种尝试，也即上帝的存在需要

---

　　①　此处拉丁文更加明显："inprimis advertemus nos existere..."。相反，法文用的却是"être：nous connoistrons, premierement que nous sommes..."。

服从合理性，这就开启了通往莱布尼茨充足理由律的大门。而另一方面，尽管因果性是终极的规定，但是笛卡尔的论证次序确实首先从"我"出发。也就是说，存在者需要还原到我的思维，需要从我的观念（作为思维方式，也具有实在性）出发，才能确证其存在。因此，从认知的规定来讲，自笛卡尔之后，存在就开辟了它的主体领域。笛卡尔之前无人将实在性授予观念；而笛卡尔之后，尽管动力因已经被抛弃，但是存在一词似乎已经合法地留在主体性哲学中，作为一个常用的形而上学词汇而被使用。由动力因带来的存在概念已经为近代哲学开辟了两条大路。如果说笛卡尔能当之无愧地被称作近代哲学之父，那么存在概念能非常好地体现这一名号。

连续性的丧失与复归：乔治·巴塔耶本体论转向的献祭研究

朱麟钦/文 *

摘　要： 乔治·巴塔耶的献祭理论长久以来并不为宗教仪式研究者所重视。这一方面是由于其论证材料与理论来源的驳杂，另一方面则是他转向本体论意义对献祭进行研究。巴塔耶通过引入"连续性"这一概念，重思了人类最本真的一种存在，以及这种生存情态无法避免的丧失。与此同时，他借由献祭这一肇始于原始社会的仪式行为探讨向连续性回返的可能性。因此，巴塔耶的献祭研究在本质上是一种反思人类存在的理论范式。

关键词： 乔治·巴塔耶　连续性　献祭　神圣

仪式研究，尤其是关于献祭仪式的研究，并不是一个历史悠久的学术主题。正如约翰·沙义德（John Scheid）指出："仪式，它既是构建古希罗世界宗教体系的本质，也是不被认知和被深深蔑视的对象。在普遍共同的观点中，只有那些能够与基督教文化相兼容的要素才会被纳入视野范围内。"①占据话语核心地位的基督教对仪式研究影响的式微肇始于 18 世纪。宗教学家、历史学家和人类学家一道，分别通过文献、田野和理论的方式试图重新为仪式在人类社会发展的版图中划定一个重要的位置。②

在仪式研究的理论范畴当中，对于献祭的讨论已然形成一条清晰的发展脉络。从爱德华·泰勒（Edward B. Tylor）的"礼物交换论"到史密斯（William

---

　*　朱麟钦，巴黎文理研究大学高等研究实践学院博士生（PSL－EPHE），"古代世界的人类学与历史学"（AHNIMA）实验室成员，"东亚文化研究中心"（CRCAO）成员，主要研究方向为当代法国理论以及献祭制度的历史人类学比较。

　①　John Scheid, *Rites et religion à Rome*, Paris：CNRS Edition, 2019, pp. 8－9.

　②　这两种方法一般被称作"emic"与"ethic"。参见 Thomas N. Headland, Kenneth L. Pike, Marvin Harris（éd.）, *Emics and etics: the insider/outsider debate*, California：Sage Production, 1990, pp. 28—83。

Robertson Smith）的"共餐论"，从马塞尔·莫斯（Marcel Mauss）的"（去）圣化论"到雷内·基拉尔（René Girard）的"替罪羊与暴力理论"①。然而，乔治·巴塔耶（Georges Bataille）的名字却总是在这张长长的名单中被忽略。这一方面是因为，相较于前面列举的理论家，巴塔耶对献祭的讨论并不是基于特定族群的田野调查，也不是基于对某一宗教现象的解读和研究；另一方面，从研究目的来看，巴塔耶并不想通过对一种特定献祭仪式的研究来解密人类在宗教或社会生活中的心理或物质诉求，与此相反，他从本体论的角度出发，试图以献祭仪式为切入点，通过比较作为祭品的人与动物的关系，重思人是如何存在以及应当如何存在的问题。

也正是基于此，巴塔耶对献祭的研究向本体论范畴的转向导致了其理论在一定程度上被弃置在宗教学、历史学、人类学以及哲学的夹缝之中。为此，本文探究的目的是，在还原这一交界于各个不同学科范畴的理论结构的同时，试图从"连续性"这一核心概念入手，在献祭理论的发展脉络中为巴塔耶的学说赋予一个新的位置。

一、动物与人：论连续性的丧失

"连续性"（continuité）这个词在词源上源自拉丁语中"contineo"这个动词，它既可以指维持持续不断的、团结的状态，也可以用来表达聚集、含括与内在抑制的行为。② 在现代法语中，部分与整体间相互联结、无法被阻断的意义被保留了下来。③ 巴塔耶曾经反复地用这样一句话来形容这种存在状态：水溶于水中（l'eau dans l'eau）。为了更好地理解这句短语，我们可以参考巴塔耶例举的一个实验：

> 让我们想象一下，在一个笼子中有两只相似的飞虫，它们被一个可以移动的区隔物分隔开来——在一只身上点上蓝色，另一只点上绿色。假设没有任何能够吸引飞虫进入笼中被规定的空间里的因素存在，那么在

---

① 对于这些理论的简要梳理，可以参见 Kathryn McClymond, *Beyond Sacred Violence: A Comparative Study of Sacrifice*, Baltimore：The Johns Hopkins University Press, 2008, pp. 3—17.

② F. Gaffiot（éd.）, *Dictionnaire latin-français*, Paris：Hachette, 1934, pp. 417–418.

③ TLFi：Trésor de la langue Française informatisé, http：//www. atilf. fr/tlfi, ATILF–CNRS & Université de Lorraine.

关闭区隔物时，就存在着四种相同可能的分布境况。两只飞虫都在左边，或者都在右边，又或者绿的飞虫在左边而蓝的在右边，最后一种情形就是蓝的飞向左边而绿的那只朝向右边。电子并不遵循这样的律令。在一个等效实验中，在所有其他因素都相同的境况下，仅可能出现三种情形：两个电子在左边，或者两者都在右边，又或者一个在左边而另一个在右边。这意味着，在这两者之间并不存在逻辑上可供辨认的差异：一方面，A 电子朝向右边而 B 电子向左边，另一方面，A 电子朝向左边而 B 电子向右边。这种差异的缺失意味着电子 A 事实上不能够与电子 B 相区别，仅仅只有两种波纹可以区别彼此。①

在这个例子中，飞虫与电子在被规定空间中区隔呈现的不同主要原因在于无差别性。具体来说，在实验一开始，实验者首先主动地对两只相似的飞虫做出了颜色上的区分，即一只是蓝色的，而另一只是绿色的。正是这种主观介入的区分，使得区隔的呈现因颜色得到了不同形式的划分。相对地，两个电子则不存在使两者得以区分开的隔离状态。回归到连续性的问题上，这就是说，作为存在者，他在连续性的存在状态中始终无法也不可能寻找到任何差异，即处在一种无主客体之分的连续性中。因此，"水溶于水中"所说的，是一种无主客之分的共融情态。然而，对于如今的人类来说，这种存在状态已经变得难以想象了。这是因为，我们的连续性已经不可避免地被打断了，我们如同一个个被点上不同颜色的飞虫，在世俗世界当中成为彼此孤立的个体存在者。

事实上，巴塔耶并不是从现今人类被打断的存在状态之上出发凭空构想出连续性这种存在状态的，恰恰相反，一方面，巴塔耶受到达尔文进化论和黑格尔哲学的影响，从生物学和主奴哲学的角度对动物和人的区分进行了思考，另一方面，他通过对研究史前人类生活栖居的大量人类学和社会学资料的解读寻觅到了一种对献祭的普遍需求，并由此发现了一种在根本上有别于单个体的存在状态。如果用巴塔耶的话来对有关连续性的疑问进行总结，那就是："无论在何处，没有任何先在的共同协定，人类何以找寻到他们自身。何以协成一种神秘的行为，何以共同感受到这种需要，或者是这种仪式化地杀死生灵的义务？"②

---

① Georges Bataille, «Le sacrifice», dans *Œuvres complètes*, *VII*, Paris: Gallimard, 1976, pp. 266 – 267.

② Georges Bataille, *Œuvres complètes*, *VII*, pp. 263 – 264.

　　关于第一个问题：人何以确定自身？在进入这个问题之前，我们必须将动物同样纳入探讨的范畴之中。这是因为，从达尔文进化论的角度上来说，人在本质上也是一种动物，但实际人又确实与动物有所不同。因此，对动物之存在的研究同样有助于我们厘清人类存在的界限与特征。

　　首先，不论动物还是人，其存在最早的发生都源于繁殖这一生物性行为。巴塔耶在《情色论》（*L'érotisme*）一书的前言中曾做出断言："繁殖将牵扯出不连贯的生命（des êtres discontinus）。"[1]在他看来，生命的诞生源于繁殖，而繁殖出来的生命却各自不同，每个生命之间存在着一道深渊，彼此是不连续的。为此，巴塔耶从广义上考察了生物普遍存在的两种繁殖方式：无性繁殖和有性繁殖。无性繁殖中原有的生命在本质上死亡了，而在其分裂的瞬间，两个新的生命一旦形成，就立刻成为两个彼此有别且不再连续的存在者。而对有性繁殖来说，精子与卵子首先是两个彼此不连续的个体，但在受精的一瞬间，在两者消失与融合的瞬间，在它们之间出现了一种连续性并随即诞生出了一个新的不连续生命。对此，巴塔耶所要强调的核心在于，就繁殖生命而言，从生物学的角度来说，无论以何种方式进行，生命体都不可避免地失去了那短暂即逝的连续性。这种连续性内在于每一个生命体之中，而对人类来说，我们始终怀念的，也正是这不可挽回的连续性。

　　内在生命的探讨似乎就动物与人在连续性的问题上画了等号，但是，存在也总是向外敞开的。巴塔耶也正是在这个意义上对动物与人进行区分。尤其是在《宗教理论》（*Théorie de la religion*）一书中，他集中讨论了动物性（l'animalité）以及人性的起源问题。在巴塔耶看来，有机体生命的持续首先体现在对食物的依赖性。相比之下，原子或分子的存在则不需要借助任何周围的事物，它们处在一种完美的内在状态中而永远不存在一种必要性。那么，这是否就意味着，动植物的存在在根本上是依附于他物的呢？答案是否定的。虽然事实上，动物像植物一样，在与剩余世界的关系中不具有自主性，但是这并不等于动物的存在与他者有关，或者更确切地来说，我们无法就此断言，动物拥有主客之分的意识。巴塔耶通过这样一个例子来进行说明："当一个动物吃掉另一个动物的时候，它所吃的往往是自己的同类（le semblable）。"[2]动物互食（尤其是同类互食）是一个独特的现象，它所体现的并不是物种间的主客

　　① 巴塔耶：《情色论》，赖守正译，台北：联经出版公司，2012 年，第 69 页。
　　② Georges Bataille，«Théorie de la religion»，dans *Œuvres complètes*，*VII*，Paris：Gallimard，1976，p. 291.

差异性——二者之间存在差别，但"并不存在任何事物可以引入主人与其可以使唤的仆从之间的关系，也不存在任何事物可以建立起自主的一方和依靠的一方"①。也就是说，虽然从繁殖生命的角度来看，每一个动物个体自诞生始就都是一个独立且不连续的存在者，但事实上，就它们的存在状态而言，在客体尚未被设定的情况之下，根本不存在任何的差异供动物察觉，它们无法真正意识到自身的这种不连续性。

对客体立场的设定标志着存在意识中出现的区分，即我与其他物的区分，而这种设定在本质上源于欲望。巴塔耶针对这一部分的解读事实上都奠基于亚历山大·科耶夫（Alexandre Kojève）对黑格尔理论的阐释。从 1934 年起，巴塔耶就一直参加科耶夫在巴黎高等研究实践学校（École Pratique des Hautes Études）开设的讲述黑格尔《精神现象学》的研讨班，其中，黑格尔的主体哲学和主奴辩证法对巴塔耶的理论建构产生了最为深远的影响。在《宗教理论》一书的开篇，巴塔耶就引用了一段科耶夫所写的《黑格尔导读》（Introduction à la lecture de Hegel）里的话："正是欲望将在（真正的）知识中自发地显露出自身的存在转变为一种'客体'，它显示为一种与客体'相对'且相异的'主体'……（作为人的）我是欲求某物的我，或者说是欲望的我。"②欲望的发生首先先天规定了一对存在关系：欲求主体和欲望对象。具体来说，我们无法想象出一种无主体或无立场的欲望，它如同矢量一般，不论发生的方式如何，总是从一个固定的起点出发，朝向不同的方向。因此，在这个意义上，欲望必需构建出相应的欲求主体，并且也正是欲求主体的存在，使得一切欲望对象都能够被纳入欲望的范畴之中，即成为可被欲求的对象。另一点值得注意的是，欲望对象又总是被欲求主体规定为一种在本质上与主体相异的存在，一种如同物一般的存在。在这样一种生存情态中，主体的欲求过程具体可以体现为征服：我们总是希望能够得到某个与我相异的欲望对象，并将其占为己有（或者可以说，是使之与主体同一）。因此，欲望的主客体关系从欲求主体的角度出发是一种不平等的依附关系，这种关系确实地在我与非我之间做出了明确的区分。

同样地，一旦我与非我之间的区分产生，主客体之间的界限就被刻画了出来，存在的连续性被欲望中止了，巴塔耶所谓的"水溶于水中"的存在状态也就不复存在了。也就是说，人类存在连续性的丧失之所以是不可避免的，是因为

① Georges Bataille，«Théorie de la religion»，dans Œuvres complètes，VII，Paris：Gallimard，1976，p. 292.

② Georges Bataille，«Théorie de la religion»，p. 283.

它在根本上源于主体意识的诞生。正是在这一点上，动物与人得以区分开来：就完整存在状态而言，我们无法对动物的内在或外在生命进行划分，它们也无法意识到物种与世界以及物种之间的差异性，因而动物的存在在本质上仍然是连续的；相对地，虽然在人类的内在存在状态中仍然保有动物性，但主体意识的形成，使得我与世界、我与他者被清晰地区隔开来，存在的连续性被打断，并且依靠诸种生命持存的方式来期冀回返到原初的连续性中。

二、工具：论圣性世界与世俗世界的诞生

在简要对比分析了动物与人的连续性是如何丧失之后，让我们再一次回到"人何以确定自身"这个问题上来。在上文中提到，对客体立场的设定是主体确立的前提，并且它在本质上源于欲望。如果将这个问题更加具象化来进行思考，那么，我们也许可以说，客体的立场寓于人类对工具的使用中。工具一方面是人类肢体的延伸物，另一方面也是人类为征服欲求对象所发明的有效手段。有关工具的意识和讨论将成为巴塔耶在本体论及经济学范畴内的一大奠基。

首先，"逐渐形成的工具是非我的雏形"[1]。这句话包含两层不同的含义：第一，制作工具是一个逐渐形成的过程；这意味着，主体出于某种欲望的需求而制作工具，但这种意识的目的总是处在一个有待敲定和完善的进程之中。工具的制作始终处在中项的位置上，以此不断配适于预期的结果。第二，工具在本质上是非我的；也就是说，意识将工具假定为一个与我相异的客体，并且，这个客体只有在与预期的结果发生关联时才具有价值，也就是说，工具的意义是依据效用来规定的。其次，"工具将外在带入世界，在这个世界里，主体参与到由工具所区分的诸要素中，参与到一个工具依然保留着'水溶于水中'的状态的世界中"[2]。工具作为人类肢体与意识的延伸，既能够保护主体免受伤害，又能够极大程度上扩展与便利主体的行动。而主体行动的对象正是自身所处的这个未知的世界。通过工具，在最广义的程度上，人得以将一切非—我的存在者——不依赖人存在的事物，例如动物和植物等——规定为可被征服的与不可被征服的。但在另一方面，工具本身的存在对世界来说又是连续的。不论是一个箭头还是一根撬棍，就其纯粹存在而言，它们只不过是世界之中物质形态的某种变更，我们甚至可以将工具具体的效力也归因于这整个世界。因此，"工具这个

---

[1] Georges Bataille, *Œuvres complètes*, *VII*, p. 297.

[2] Georges Bataille, *Œuvres complètes*, pp. 297 - 298.

客体就其自身而言可被视作是一个主—客体"①。人既可以通过作为客体的工具——在这个意义上，工具是一件依附于人的物，生产者拥有工具的支配权——征服和改造这个世界，也可以通过作为连续主体的工具——在这个意义上，工具与制造者并无不同，也许工具也能够自行地行动和思考——来构思这个世界。由此，两个全然不同的世界被构建了出来：世俗世界与圣性世界。

　　世俗世界是一个以效用为准则的生产性世界，它是一个物的世界。其中，世界的主体是人，其他一切事物都是经由主体创造或规定的、作为客体的存在。人在世俗世界中的行动主要表现为对物——它既包含主体的欲望对象，也指涉作为生命体的主体本身——的获取和保存。在这种情况下，动物也就第一次变成了物：一方面，就能够成为某种依赖于人类具体需求的动物而言，其自身的存在意义被其效用性所规定，最典型的案例就是畜牧；另一方面，对那些未知的或者无法满足人类具体需求的动物而言，物化使它们变得无害了。也就是说，世俗世界中的动物在根本上丧失了作为主体的可能性。也正是在这层意义上，动物变得可以被随意处死，人和动物的生命形态产生了差异。②以此类推，人类的一切在世行为都得以在功利的层面上进行考量，向原初丧失的连续性的回溯在世俗世界中也就体现为对世界的征服，让世界服务于创造和使用它的人类生命的持存。我们也许可以将其视作最原始也最基础的异化行为："我强迫那些和我等同的事物不再为了它们自身的目的而存在，相反，是为了一个与其自身相异的目的的存在。"③同样地，资本主义世界就是这种进行效用谋划的功利性世界的巅峰。

　　与此相对，所有非效用的事物与非生产性的行为在世俗世界当中都是应当被谴责的，因为它们并不为持存这个具体而功利的目的服务，最为典型的范例就是有关节俭、反对奢侈浪费的教导。然而这种努力注定是失败的，这是因为人必定会死。人一旦死去，主体也就随之瓦解，同样地，所有一切顺从于主客关系存在的物也就重新获得了自由。也就是说，人的必死性让主体此前在世俗世界当中所施行的一切有关持存与积蓄的努力都失去了意义，死亡在根本上打乱了那支撑着我们的物的秩序，否定了这个以效用为原则的世俗世界。从效用的角度讲，动物的死或是为了成为满足饱腹之需的食物，或是出于解决

---

　　① Georges Bataille, *Œuvres complètes*, *VII*, p. 300.

　　② Georges Bataille, «L'amitié de l'homme et de la bête», dans *Œuvres complètes*, *XI*, Paris: Gallimard, 1988, pp. 168 - 171.

　　③ Georges Bataille, *Œuvres complètes*, *VII*, p. 305.

危险的必要,但无论如何,动物的死让它真正成为一个物。但人似乎无法从同样的角度来思考人的死亡。关于这一点,巴塔耶曾经通过大量人类学的材料反复论证了丧葬习俗所代表的、在死亡问题上体现出来的人的特征:

> 我们关于死亡的意识是罕有的,它是让我们得以区分的一种根本特质。可是,当我们杀死动物的时候仍然毫不犹豫,我们告诉自己这些动物并没有这种关于死亡的意识。同样的,我们却无法轻描淡写地杀死一个人,这是因为人明白所发生的一切;他知道什么是死亡。对猴子行为的观察进一步说明了,它们看上去不会对死亡有所反应;它们是无同情心的。①

动物对死亡——不论是同类还是他物的死——总显得无动于衷,这恰恰从另一个方面表明,动物寓于世界之中的存在状态与人不同,不论是活着还是死亡,它们都融于世界的存在之流中,是人将其从中单独定义或区隔开来。也就是说,从动物的身上,我们能够发现一种反主体化的回溯性力量的存在,它始终指向那种"水溶于水中"的生存情态。因此,在这个意义上,人类在追求生命持存的同时,不得不从动物性的视角出发,重新思考连续性的问题:如果人的死与动物的死在本质上可以同一,也就是说,如果人的存在状态可以和动物一样,那么我们又该如何思考这个共在的世界呢? 事实上,根据巴塔耶的观点,我们可以从两个方面来回答这个问题。

一方面,为了极力逃避限制个体连续性的作为最大暴力的死亡,人们预设了一个其价值比其他一切都高的决定性存在,也就是至高存在(l'être suprême),并相应地设立了诸多与死亡有关的严苛禁忌。至高存在是人类通过一个连续的存在者构思出来的,它同样自发地构建出了一种人得以连续存在的可能性。具体来说,通过至高存在的构建,人同动物、植物等其他一切原本附属于人的客体一道都处在了同一个平面之上,凌驾其上的人变成了至高存在。也就是说,人变成了为至高存在服务的对象,通过至高存在将自我客体化了。这在本质上恰恰是建基在人—工具的主客体关系之上的一种转型:前文中谈到,客体立场的设定让共在的事物变成了可被欲求与征服的对象,它们的自在的存在被人为地逆转成为我的存在,也就是基于满足某种主体需要的存在。但在人类身上不存在这种逆转,每个人都先天地作为主体不断地向这

① Georges Bataille, *The Cradle of Humanity*, Kendall Michelle(trad.), New York: Zone Books, 2005, p.50.

个世界发出欲求，他总是不可避免地成为一个自为的存在。因此，如果要回返到自在的存在当中，就必须借鉴我们施加在工具身上的行动，去构思一个施加在人类身上的存在者。这个结论显然受到了黑格尔主奴哲学的影响，黑格尔在《精神现象学》一书中对主人和奴隶的探讨在根本上是为了区分经由殊死搏斗而产生的两种自我意识：独立的意识与依赖的意识。前者的本质是自为存在，它的确立源于另一个自我意识的承认，它对应主人；后者的本质是为对方而生活或为对方而存在，它是殊死搏斗中失败的一方，它对应奴隶。黑格尔主奴辩证法的关键在于："主人把奴隶放在物与他自己之间，这样一来，他就只把他自己与物的非独立性相结合，而予以尽情享受；但是他把对物的独立性一面让给奴隶，让奴隶对物予以加工改造。"①巴塔耶从劳动的视角出发对主奴思想进行了改写：奴隶恰恰在被迫为主人劳动的过程中否定了自身的动物性，即通过对工具的使用来改造和否定自然，从而成为真正意义上的"主人"，相反，主人因为不劳作而仅仅处在一种惰性的否定之中。同样地，至高存在在主奴关系中就充当了原本属于人的主人地位，这个存在者拥有向人类发号施令的权力，因而也比世界中的其他一切依赖于人的存在者要高级，人变成了为至高存在服务的奴隶，成为在生产中为至尊所支配的工具。不过，也正是因为人成为奴隶和工具，使得人得以恢复与世界的亲密性（l'intimité）。此外，至高存在还普遍拥有精神化这样一种特征，这一点恰恰是源于死亡，并且带入了在灵与肉之间的区分。动物、植物和人在物质层面都注定一死，因此肉体的死亡或者说现实世界中物质的消逝在本质上是无差别的。至高存在作为世界的主人必须与此不同，祂必须是非物质性的——否则就与人、动物、植物一样注定一死——祂必须被思虑为一个不受死亡限制的存在，或者说，祂必定是一个拥有操控死亡权力的存在。因此，至高存在变成了一种纯然的精神，祂独立于被规定的世俗世界，并且不服从于肉身的现实。但事实上，这个不论是在哪个民族中普遍被设立出来的至高存在总是失败的，祂最终无法在根本上解决人们回返连续性的难题。以基督教为例："基督宗教结合了这两种反应……将此一极力追寻的连贯纳入不连贯的框架中……它将原始宗教中神圣的、神奇的观念简化成天主、造物者这个不连贯的人。"②也就是说，天主作为基督教许诺给世人的至高存在，在本质上是一个不朽的且不连贯的人，它恰恰以此将人类对连续性的追求转化为对不朽的不连续的至高存在的追求。

---

① 黑格尔：《精神现象学（上）》，贺麟、王玖兴译，北京：商务印书馆，2013 年，第 187 页。
② 巴塔耶：《情色论》，第 173 页。

与此相伴而生,我们就自然引出了关于重新思考连续性问题的第二个面向:圣性世界(le monde sacré)。这个世界与世俗世界对立,它是一个至高存在与精神存在所处的世界。事实上,我们很难从理性的角度出发,来具体思考和定义圣性世界的模样,相反,只能以否定的形式——即世俗禁忌——来划定世俗世界的边界。禁忌的设立是人类社会独有的现象,它一般具体表现为关于死亡与性的禁忌。禁忌的功用总是在于禁止而无关制裁,它是为了维持世俗社会的正常运转,保护遵从禁忌之个体的持存,明确人与物、人与神之间的关系,免除人遭受源于圣性世界的危险。我们可以用这样几个形容词来简单描述一下圣性世界:非物质的、非效用的和无差别的。首先,就非物质性而言,圣性世界是一个精神化的世界;其中,存在者或经历过死亡,或从死亡中超脱,或是根本永生不死。这一点与人类就死亡问题上亟待获得的宽慰有关,也能够在一定程度上回答自然界中生命周而复始的奇特现象。也就是说,世俗世界中存在的肉体成为圣性世界中精神的物质载体,物质的死亡并不代表精神的消逝。对精神来说,它或回返到圣性世界当中,或等待下一个合适的物质载体出现。其次,在非效用方面,圣性世界是一个内在亲密的世界;效用意味着事物的可被规定性,以及就时间推移而言所具有的最终目的性,但神圣的存在恰恰是无法被规定的,因为一旦我们试图定义祂,或者是将其纳入某种具体的效用范畴内,在本质上祂就成为一个物了。不过在现实中,不论是在哪一个民族或文化里,我们总能发现对神圣存在效用化的行为,最典型的就是对神的偶像化。人们清楚也许有一种难以言说的神秘存在在对世俗世界中的日常生活产生影响,却根本无法捉摸这一影响的具体效果。它有可能为人们带来好运或是满足人们的具体需求,也有可能降下灾祸或致死的惩罚。因此,人们不可避免地试图控制并驱使这股力量,同样地,也就不可避免地偏离了对神圣存在的趋近。最后,圣性世界还是无差别的;神圣性总是以一个总体出现而无法被分割,能够区别的现实总是一个物的世界。这种无差别性也正是人们赖以期冀的存在状态:"我与诸神和那迷思的至尊世界紧密相连(intimement)。"①

三、献祭:耗费的仪式

既然向至高存在的谋求注定失败,我们又应该如何从这个世俗世界中逃

---

① Georges Bataille, *Œuvres complètes*, *VII*, p. 307.

脱进入圣性世界呢？或者更奠基性的问题，我们应该这样问，在世俗与圣性世界之间是否存在沟通的可能？巴塔耶将这些问题的答案放到了史前人类共有的献祭传统之中。

献祭这个词与宗教中对至高存在的信仰或崇拜不同，它表达了一种圣化（consacratio/consecration）的观念。这种观念在本质上源于对术语"神圣性"（sacer）的解读。根据特雷巴图斯·特斯塔（Trebatius Testa）的定义："神圣性是指那些被认为属于诸神的物。"①因此，一种为宗教学家与历史学家所接受的观点认为，对于牺牲者（victime）（或祭品）来说，通过献祭，它从世俗世界中脱离进入神圣领域。② 与此相对，术语"亵渎/世俗化"（profanus）指代从神圣领域返回世俗世界的过程。③

而另一种解释则认为，对于献祭者（sacrifiant）（或祭主）来说，通过向至高存在献上作为中介的祭品，能够让自己获得一种此前所没有的宗教品格，或者能够祛除自己先前感染的不利品格。由此延伸开来，旨在获取神圣性的圣化行为就包含一组对立统一的关键词：污秽（defilement）与圣洁（sanctity）。④ 对于祭品来说，当某个人、牲畜或其他事物被用于献祭时，它首先就获得了一种宗教意义上的独一性。此外，一旦献祭仪式得以完成，祭品就彻底地属于圣性世界并具有了一种神性的荣耀，因此，任何触碰或亵渎它的行为都可能导致杀身之祸。相对地，祭主则要安全得多，作为祭品的所有人与奉献者，祭主所祈求的是在献祭仪式中得到神性的慷慨和怜悯，是为了祛除自身的污秽转而得到纯洁性。马塞尔·莫斯和昂利·于贝尔（Henri Hubert）在《献祭的性质与功能》（"Essai sur la nature et la fonction du sacrifice"）一文中的论述就是对献祭的第二种解读。⑤

巴塔耶在他们的基础之上对此进行了修正。其中，最根本的分歧就在于

---

① Macrobe, *Saturnales*, 3, 3, 2：«*sacrum est, quicquid est, quid deorum habetur.* » Cf. Georges Dumézil, *La religion romaine archaïque*, Paris：Payot, 1974, pp. 142 – 143；John Scheid, *Quand faire, c'est croire*, Paris：Éditions Aubier, 2005, p. 52.

② Charles Victor Daremberg, Edmond Saglio, *Le Dictionnaire des Antiquités Grecques et Romaines*, Paris：Librairie Hachette, 1900, p. 973.

③ Robert Schilling, «Sacrum et profanum：Essai d'interprétation», *Latomus*, 30/4, 1971, pp. 953 – 969；Nicole Belayche, «Religion et consommation de la viande dans le monde romain：des réalités violées», dans *Food and History*, 5/1, 2007, pp. 29 – 43.

④ 关于神圣性意义的双重性讨论，参见 Thibaud Lanfranchi（ed.）, *Autour de la notion de sacer*, Rome：Publications de l'École française de Rome, 2017, pp. 17—38。

⑤ Henri Hubert et Marcel Mauss, «Essai sur la nature et la fonction du sacrifice», *Année sociologique*, II, 1899, pp. 29 – 138.

对献祭者和牺牲者的功能性定义上。在莫斯和于贝尔看来,献祭者是献祭仪式中最为重要的施动者,也是献祭效果的承受者、利益的获得者。相对地,作为受动者的牺牲者仅仅只是仪式中被磨灭和摧毁的客体,仅仅只是联结世俗世界与圣性世界的一个媒介。也就是说,人类学在根本上是从献祭主体的角度出发的,并且是基于对献祭效用的思考归纳并定义了献祭的意义。显而易见,这与巴塔耶的理路背道而驰:如果说,献祭是人向连续性回返的一种努力,那么,献祭本身就必须首先取消主客体的立场及任何有关效用的规定,否则,献祭者或祭主就仍然是不连续的。因此,为了规避这一问题,巴塔耶巧妙地将视角聚焦在了被视作中介客体的牺牲者或祭品身上。

> 献祭的原则在于毁坏,即便有时甚至达到了彻底摧毁的程度(就好像一场燔祭/大屠杀),但献祭所意图的毁坏并不是消灭。在牺牲品之中,物——只有物——是献祭想要摧毁的。献祭摧毁了一个客体与依附的真正联系;它把牺牲品从效用的世界中提取出来,并将其恢复到一种无法认知的任性之中。①

根据巴塔耶的定义,简而言之,献祭的意义在于将作为物的祭品从以效用为准则的世俗世界中摧毁,从而使其回返到亲密的连续的圣性世界当中。在献祭仪式中承担最为重要角色的不是祭品的所有者,也不是参与仪式的观众,而恰恰是被献祭的祭品本身。那么,献祭仪式需要由哪有必不可少的要素组成呢?或者说,必须要满足何种条件才能够真正使祭品的物性被毁坏呢?

第一,献祭必须是致死的、流血的,必须是纯粹暴力的施行;巴塔耶在《情色论》中曾说:"对不连贯生命而言,生命脱离不连贯永远是最大的暴力。对我们而言,最大的暴力就是死亡;确切地说,死亡扯断了我们对不连贯生命的顽固坚持。"②在前文我们也提到,死亡是使得主体感到幻灭,并让主体反思连续存在状态的根本原因。死亡揭露了现实的欺骗,即任何有关持存的谋划最终注定落空。因此,死亡是一个与世俗世界分道扬镳的重要标志,它代表一个在世存在的生命体离开与消逝的重要时刻。相反,如果献祭不致死——不论在形式上的表现为何——那么牺牲者或祭品本身就仍然存在于世,也就是说,其存在状态就其根本而言并未因献祭而发生任何改变。巴塔耶也正是在这一点

---

① Georges Bataille, *Œuvres complètes*, *VII*, p. 307.
② 乔治·巴塔耶:《情色论》,第72—73页。

上对基督教的圣餐礼发出了猛烈的抨击："献祭者和神父们不再是因为献祭中破坏的德善而是经由一种对反抗即将到来的破坏的保障被联系在了一起。"①现代基督教中的弥撒在本质上是一种对原始献祭的虚伪模仿,不流血的圣餐礼根本无法建构起暴力,神父们在这种象征性的仪式中逃避了死亡,退缩回了自身的恐惧之中,彻头彻尾地扮演着撒谎人的角色。

　　第二,献祭必须是对有用之物的无条件耗费;一方面,献祭的对象必须是物,或者必须是一种能够被征服、被驯化且能够被还原为一个物的东西。否则,它就根本上并不处在客体的立场之上,也就并不与人一道共在于生产性的功利主义世界中,人们无法获得一个非物性存在者的拥有权和支配权。另一方面,祭品必须是有用的,必须是某种产品或为某种未来的目的而完成的事物,如果它事先已经被摧毁,那么它就失去了作为效用的物性,也就无法被献祭了。此外,这种有用性不包含奢华,这是因为:"在一开始剥夺被造物有用性的劳作时,奢侈就已经摧毁(détruit)了这种劳作;它使这种劳作消散在虚荣之中;在那一刻,被造物永久地失去了劳作。献祭一个奢侈的客体将会是对同一个客体的两次献祭。"②总而言之,献祭对祭品所施加的规定从根本上来说是出于效用性的考量,我们能够把这种效用具体到细致的劳动分工中,它总是作为产品出现,或者至少是一种为生产服务的客体之物。不过,值得注意的是,对祭品效用性的要求并不等同于献祭本身的效用性,献祭的意义是"为了让渡(abandonner)和给予(donner)"③。也就是说,献祭是为了将祭品的效用性让渡和给予给圣性世界,是为了祛除祭品在世俗世界中的物性。这种让渡与给予的仪式性行为就是耗费(consommation)。具体来说,我们可以将它分成两个部分:"第一个是简约部分,它的最低要求表现为对生命的保存,以及在一个既定社会中个人的持续生产活动。因此,它就是一个简单的基本的生产活动状况。第二部分表现为所谓的非生产性的耗费:奢侈、哀悼、战争、宗教膜拜、豪华墓碑的建造、游戏、奇观、艺术、反常性行为(偏离了生殖性目的的性行为等),所有这些活动,至少在其原初状况下,它们的目的仅仅限于自身。"④献祭所对应的就是第二种类型的非生产性的耗费,也就是说,如果我们必须要在目的论上为献祭寻求一个结果,那么,献祭的目的就是耗费这一即时性的行动本

---

① Georges Bataille, «Le sacrifice», dans *Œuvres complètes*, *II*, Paris: Gallimard, 1970, p. 240.

② Georges Bataille, *Œuvres complètes*, *VII*, p. 311.

③ Georges Bataille, *Œuvres complètes*, p. 310.

④ 汪民安编:《色情、耗费与普遍经济:乔治·巴塔耶文选》,长春:吉林人民出版社,2003 年,第27 页。

身,它绝不像一些人类学家或民俗学家说的那样,是为了某种生产性的功利性目的(例如祈求风调雨顺、来年丰收等)。也只有当献祭仅仅为耗费本身服务时,祭品才具有从世俗世界的效用原则中脱序的可能。

第三,献祭必须是一次共同参与的行动;献祭不仅是史前人类寻求沟通两界的方式,也是为了通过盛大的耗费仪式将所有个体询唤到场,让每个隔绝于世的存在切身地体验到一种共通的氛围。通过人类学的资料我们发现,不论是阿兹特克人的太阳神献祭还是科里亚克人的熊节,献祭对他们来说都是整个部落里最为盛大和重要的仪式。作为向共同信仰神灵的奉献,每一个参与者都首先具有了一种宗教意义上的整体性,这与辛勤劳作的日常生活状态相异。这也是为什么献祭既被看作神圣的,也被视为一个狂欢的节庆。献祭是在内部发生的一次神圣事件:一方面,它中止了一切世俗世界的劳动活动,要求每个单独的个体放下手中的活来共同见证;另一方面,献祭的仪式是致死暴力在诸众面前赤裸裸地展示,令人感到恐惧的死亡在无数双眼睛的共同注视下降临到牺牲者的身上。"献祭掉部分是为了拯救整体"①,卡洛瓦(Roger Caillois)的这个结论虽然在某种意义上将救赎的效用性附加在了献祭之上,但不可否认的是,血腥残忍的献祭确实让每个参与者切身地体验到了死亡及其所带来的焦虑。不同的是,巴塔耶认为,献祭所营造出的这种关于死亡的共同焦虑情境正是一次难得的巅峰体验,只有当世俗世界中的孤立个体切近死亡时,只有当每个个体都共同感受到一种伴随着幸存之喜悦的焦虑时,他们才真正地打破了主体存在的边界,共同回溯到一种圣性的、不分彼此的存在之流。

四、结　　论

尽管乔治·巴塔耶旁征博引了许多人类学、神学乃至生物学的学说,但在本质上,他研究的核心仍然是在本体论的意义上试图探讨人类生命形式与存在状态的问题。也就是说,巴塔耶的献祭理论不如莫斯或基拉尔那样聚焦于作为社会实践的仪式与社会运行结构的关系,而是将思考的重点返回到作为实践主体的人,返回到献祭仪式中人与物、人与动物、人与人内在的紧密联系。

这种本体论的研究转向,为我们理解献祭实践提供了一种全新的视角。献祭不再是作为一种效用原则的延伸,成为人与神之间礼物交换的沟通媒介,

---

① Roger Caillois, *L'homme et le sacré*, Paris：Gallimard, 1950, p. 18.

也不再是一种趋吉避凶的补偿或赎罪仪式，以此平息众神的愤怒和可能降下的祸患。相反，献祭代表了一种绝对的否定，它既通过焚烧、填埋或杀戮的方式直接否定了作为祭品的物的有用性，又借助仪式性的纯粹暴力否定了个体对不连续的生命主体的顽固坚持。在这个意义上，巴塔耶事实上放大了血祭的暴力要素，并在一定程度上重新建构了献祭仪式的意义，使之成为自己用来反思人类存在与抨击基督教的一种工具。

内在的人：论利奥塔的"幼年"

余　航/文[*]

摘　要： 技术科学急剧发展，引发出利奥塔对后现代状态中"系统非人"和"心灵非人"的思考，而"幼年"正是利奥塔所论述的"心灵非人"的体现。本文主要对利奥塔的"幼年"概念加以讨论，从"多态倒错""情动—短语""最小灵魂"三个层面对相关文本进行梳理、论述，发掘出其中所蕴含的身体性、情动性和事件性三重内涵。本文最后指出，在越来越技术化、屏幕化、虚拟化的今天，需要我们持续思索的也许就是如何面对感性、面对他者、面对幼年。

关键词： 利奥塔　幼年　非人　后现代

如果思想不再有童年，会发生什么？从字面看，"infantia"（幼年）一词[①]源自拉丁语"in-fans"，意思是不能言说的。对利奥塔来说，"幼年"意味着心灵的无限可能。当他在《非人：漫谈时间》中论述技术科学发展所引发的"非人状况"时，区分出两种"非人"（inhumain）："这就形成了两种非人。必须将它们看作分开的。那种正在以发展之名（名义之一）而巩固的系统之非人性，不应该与这种以其心灵为质押的、无比隐秘的非人性混淆起来。"[②]为了抵抗"系统非人"，利奥塔指出人类内在具有另一种"以其心灵为质押的、无比隐秘的非人性"。

"幼年"，在利奥塔看来正是这种"心灵非人"的体现，它尚未被法则规训，

---

　　[*]　余航，同济大学人文学院博士研究生，主要研究方向为法国理论、利奥塔思想、当代美学与批评理论。

　　[①]　"infantia"一词，可见于利奥塔《童年读物》（*Lectures d'enfance*，1991）一书的前言《幼年》（Infans）。在利奥塔的具体使用中，表达其"幼年"思想内涵的词语，除了"infantia"一词之外，还经常使用"enfance"一词。本文在理论阐释上，以"幼年"对这些相关表述进行统摄，仅在具体的字面翻译上将"infantia"译为"幼年"，将"enfance"译为"童年"。参见 Jean-François Lyotard, *Lectures d'enfance*, Paris：Galilée, 1991, p. 9。

　　[②]　利奥塔：《非人：漫谈时间》，夏小燕译，重庆：西南师范大学出版社，2019年，第6页。

无法被计算，保持无限可能。"幼年"具有时间经验，但不是生命过程中历时性的年龄阶段，也并非被话语系统建构，它作为一种剩余，在瞬间显现，它是成年欠下的债。芬斯克（Christopher Fynsk）曾言及利奥塔的写作是"从幼年到幼年的写作"①，可以说对"幼年"的思考贯穿他的整个写作生涯，是其思想的一次结晶。本文将对这一结晶进行勾勒，从"多态倒错""情动—短语""最小灵魂"三个层面，对利奥塔的"幼年书写"加以论述。

一、作为"多态倒错"的"幼年"

在 20 世纪 70 年代，利奥塔从政治实践中退居后，开始试图通过哲学思考来找到自己的位置。受当时在法国流行的精神分析理论影响，利奥塔通过重塑弗洛伊德（Sigmund Freud）的"幼儿"（infantile）形象，肯定其"多态倒错"（perversité polymorphe）的积极力量，试图从能量的角度来偏离资本主义的生产交换。

利奥塔对弗洛伊德的重视，很大程度上与他对当时社会状况的思考有关，他试图找出 20 世纪下半叶组织世界的支配性冲动。在 1979 年的《后现代状态》（*La condition postmoderne*）②中，他认为随着技术科学的发展，社会愈来愈成为一种总体化的"系统"，该系统以自身的"发展"为目的，没有任何诸如解放、正义、启蒙等外部理念，完全为发展而发展。在发展的要求下，"效能"是合法性的基础。这种对"系统"的思考在其文本中一再出现，例如在他 1993 年为再版的《冲动配置》（*Des dispositifs pulsionnels*）所作的序言《洪水警告》（"Avis de déluge"）中，他这样描述"系统"："（系统）将摧毁非资本主义文化的剩余（reste），这些文化不可避免地被认为是'幼儿理论'（théories infantiles）和粗野、野蛮的行为，并将贫困人口纳入世界市场。"③

这里，我们看到利奥塔将"系统"和弗洛伊德"幼儿理论"进行了连接。弗洛伊德在 1905 年的《性学三论》（*Drei Abhandlungen zur Sexualtheorie*）④中，通过《性倒错》《幼儿性欲》及《青春期的变化》三篇文章，推进了精神分析的性学

① Christopher Fynsk, "Jean-François's Infancy", *Yale French Studies*, no. 99, 2001, p. 48.

② 利奥塔尔：《后现代状态》，车槿山译，南京：南京大学出版社，2011 年。

③ Jean-François Lyotard, "Avis de déluge", *Des dispositifs pulsionnels*, Paris：Galilée, 1994, p. 13.

④ 弗洛伊德：《弗洛伊德文集卷五：爱情心理学》，车文博主编，北京：九州出版社，2014 年，第 13—84 页。

理论,特别是它与幼儿的关系。弗洛伊德认为儿童在进入成年的过程中,在性征方面会进入一种与大多数人相一致的"常态"发育,这种常态发育最后发展为异性恋。为了进入这样一种常态发育,儿童很多原始本能被社会教育抑制。而就幼儿本身来说,它具有从身体任何部位找到快感的能力,这就是"多态倒错"。也就是说,幼儿本身并不遵守成人的社会规范,但系统压抑了幼儿多态倒错的可能性,最终导致成人对这种幼儿性欲的遗忘。

而在利奥塔看来,弗洛伊德所谓的"幼儿"身体,具有抵抗系统法则的激进异质性,这种抵抗并非将自身作为另一种对立系统,而是作为系统内在的不确定性出现。他没有重复对弗洛伊德精神分析学的正统解读,而是将弗洛伊德的"幼儿"转化为一种批判性的"幼年"。在1973年的讲课中,利奥塔明确将"多态倒错"与德勒兹(Gilles Deleuze)和加塔利(Felix Guattari)对有机身体(corps organique)的批判联系起来,认为有机身体是繁殖身体(corps reproducteur),对幼儿身体的"多态倒错"进行抑制,按照这种模式,能量会以可交换商品的形式返回,这就是政治经济学的力比多模式,是一种能量的封闭循环系统。但还有另一种能量耗散的力比多模式,利奥塔将其描述为幼儿身体的"多态倒错"。这种"多态倒错"的描述与他对弗洛伊德"死亡驱力"(Todestrieb)的论述也十分一致,在《话语,图形》(Discours, figure, 1971)中[①],利奥塔认为弗洛伊德在《超越快乐原则》("Jenseits des Lustprinzips", 1920)[②]一文中区分出的"涅槃原则"(Nirvanaprinzip),即"死亡驱力"彻底释放以满足快感(jouissance),是一种绝对的反综合。

这种系统法则与感性身体之间的"异争"(différend)[③],在利奥塔《童年读物》的《指令》("Prescription")[④]一文中得到十分形象的表达。利奥塔利用卡夫卡在小说《在流刑营》(In der Strafkolonie, 1914)[⑤]中虚构的刑罚手段来帮助解释"幼年"的存在。在这篇小说里,卡夫卡虚构了一种被预先编程的死亡机器,机器上的针头刺入受罚者的身体,将"法"的线条铭刻在受罚者的身体

---

① 利奥塔:《话语,图形》,谢晶译,上海:上海人民出版社,2012年。

② 弗洛伊德:《弗洛伊德文集卷九:自我与本我》,车文博主编,北京:九州出版社,2014年,第1—64页。

③ 笔者在这里使用利奥塔的"异争"(différend)概念来表述这二者之间的关系,利奥塔用"异争"来指认异质事物之间因缺少共同评判规则而产生的冲突状态,参见 Jean-François Lyotard, Le Différend, Paris:Minuit, 1983。

④ Jean-François Lyotard, "Prescription", Lectures d'enfance, Paris:Galilée, 1991, p. 35.

⑤ 卡夫卡:《卡夫卡全集卷一:短篇小说》,叶廷芳主编,北京:中央编译出版社,2015年,第65页。

上。在利奥塔看来，这种有血有肉的身体，正是一种纯真的"幼年"，它对"法"毫无意识。身体必须为它"幼年"的纯真付出代价，只有身体的牺牲，才能确认"法"的地位。但同时，身体是过度的，具有一种"幼年"的原始性。

我们可以在《向儿童解释的后现代》（Le Postmoderne expliqué aux enfants）中一篇题为《关于抵抗的注解》（"Glose sur la résistance"）①的文章里，更为直接地看到利奥塔对"幼年"抵抗姿态的期许。如果说在《指令》一文中，利奥塔写的是一种在身体上延伸法律书写线条的黑暗场景，那么在这篇写给他刚出生的儿子大卫的文章里，利奥塔则对"在写作线条上延伸身体的线条"表示期许，来鼓励"感性"（sensibilité）的扩展，它拥有自己对主流话语模式的抵抗：

> 这就是为什么我觉得我们必须在写作线条上延伸身体的线条。写作的劳动和爱的劳动是结合在一起的，但是它用语言铭刻了觉醒事件（événement initiatique）的痕迹，因此提供了分享，如果不是作为知识的分享，至少作为感性的分享，它可以并且应该作为公共的。②

在该文中，利奥塔引述了乔治·奥威尔（George Orwell）小说《1984》③中主人公温斯顿（Winston）写日记的行为。利奥塔认为，温斯顿渴望以一种方式来表达自己，他通过写日记不断回溯逐渐丧失的记忆，从而维持个体性的完整，无论系统如何控制，这种个体性的童年永远无法被抹去。对利奥塔来说，本雅明片段化的写作正是现实中书写童年的方式：

> 让我们回想一下，不同于这种对瞬间和独异性的谋杀，瓦尔特·本雅明的《单行道》和《柏林童年》中的那些小片段，这些小片段被西奥多·阿多诺称为"显微学"（micrologies）。它们不描述童年的事件；相反，它们捕捉了事件的童年，并铭刻了不可捉摸性（insaisissable）。④

---

① Jean-François Lyotard, "Glose sur la résistance", *Le Postmoderne expliqué aux enfants*: *Correspondance*, *1982－1985*, Paris: Galilée, 1988, p. 129.

② Jean-François Lyotard, "Glose sur la résistance", pp. 142－143.

③ 乔治·奥威尔：《1984》，刘绍铭译，北京：北京十月文艺出版社，2010年。

④ Jean-François Lyotard, *Le Postmoderne expliqué aux enfants*: *Correspondance*, *1982－1985*, p. 135.

通过书写，"幼年"经验以感性的方式被分享。童年的具体事实到底如何并不重要，重要的是每个人可以通过这种分享，觉察到自己拥有并正在拥有一个"幼年"，这才是其价值所在。利奥塔对弗洛伊德"多态倒错"的转化，正是为了强调感性经验的传达，这种传达不同于语言的交流，但依然可以被分享、被呈现，在利奥塔看来，这是一种"情动—短语"。

二、作为"情动—短语"的"幼年"

1987年，在关于《异争》（*Le Différend*, 1983）一书的讨论会上，利奥塔引入"童年"（enfance）概念，来定位他对"异争"的反思：

> 我们说（童年）是一种类比（analogon），也就是说一种表征（représentation），但是按照想象的秩序。是某种精神的表征，这种精神，不再"工作"（travaillerait），也就是说，它将不再负责通过综合，无论是形式、概念、话语类型还是宏大叙事，来制造意义。①

可以看到，利奥塔在这里描述了"幼年"与"语言"之间的张力，这是"异争"。在拉丁语中，"in-fans"（幼年）这个词，指的是没有语言交流能力。当语言交流被作为"人"的基本属性时，"幼年"毫无疑问就成为一种"非人"状态。古罗马正是在这个意义上，在《罗马法》中将"幼年"视为缺乏合法性的状态。这当然也是阿甘本（Giorgio Agamben）在《幼年和历史》（*Infanzia e storia*）②等著作中持续思考的内容，"幼年"作为一种"例外状态"（stato di eccezione），是司法领域之外的不可知区域，是语言中不可言表的东西。对利奥塔来说，"幼年"这种"多态倒错"的身体感性，不是语言表征的交流，但依然可以通过情动来分享。

我们可以通过他在1990年所写的《情动—短语》（"La Phrase-affect"）③这篇文章来理解。在该文中，利奥塔首先认为用于传送的短语（phrase）本身需要被分节，需要清晰交流。这种分节基于语义学和语用学两种方式来进行，他称之为发送轴（l'axe de l'adresse）和语义—指涉轴（l'axe sémantico-référentiel），

① Jean-François Lyotard, *Temoigner du differend*, Paris：Osiris, 1989, p. 93.

② 阿甘本：《幼年与历史：经验的毁灭》，尹星译，郑州：河南大学出版社，2016年。

③ Jean-François Lyotard, *Misère de la philosophie*, Paris：Galilée, 2000, p. 43.

同时"分节短语"按照既定规则相互连接，构成话语的不同类型，使意义得到完整传送。

　　然后，他将感觉（sentiment）表述为"情动—短语"，是未分节的（inarticulé）。这种未分节性使得"情动—短语"不符合任何话语类型的规则，但它依然是可传达的。"情动—短语"只传达情感状态以及情感状态的征兆（signe），也就是说只传达"情动"（affect）。即使"分节短语"试图转述"情动—短语"的传达，也永远无法将其完全表征。因此"情动—短语"是话语的剩余，它与"分节短语"之间产生"异争"

　　进而，利奥塔从亚里士多德那里借用了 phónè（声音）的概念，并对其加以阐释。利奥塔把受情动的能力与动物联系起来，这也包括人类，且只有人类可以通过语言来言说这种情动。亚里士多德在《政治学》中认为："在各种动物中，独有人类具备逻各斯的机能。"①logos（逻各斯），亚里士多德也称之为dialektos（对话）。而利奥塔将"幼年"作为先于逻各斯的状态，认为这种状态是一种属于 phónè 的时间，这种"声音"并不是经过分节的"语音"（voix），而是未分节（inarticulé）、不清晰的，只与情动的传达有关。这种声音并不针对特定的某人，也不是对任何讲话内容的回应。孩童的情动只源于那些使他们触动的直接情感。

　　另外，在这篇文章中，利奥塔对语言交流过程中发送者（destinateur）、接收者（destinataire）、意义（sens）和指涉（référent）的思考，可以引发出与"寄件者"（sender）、"讯息"（message）、"收件者"（receiver）相关的"香农—韦弗通讯模型"（Shannon-Weaver model of communication）的对比。在这种模型中，收件者受到寄件者的控制，仅对寄送的讯息作被动响应。对利奥塔来说，这种模型无疑太过于单向、线性，其目的仅仅是追求通讯过程中信息传输效率的最大化，意义本身则不再是目的。毫无疑问，这正是利奥塔对后现代状态的诊断，因此"情动—短语"正是他在后现代状态中对问题思考后给出的方向。

　　利奥塔说："'我'将在离开幼年时用语言出生。"②孩童一旦出生，即使尚未开口说话，就已经进入分节短语的世界，甚至在出生之前，就已被命名，进入了语言系统之中，通过教育，继而成长为人。因此，"幼年"，对利奥塔来说，是一种债（dette），无法计算，也无法偿还。同时，他认为虽然无法偿还，但我们可

　　①　亚里士多德：《政治学》，廖申白译，北京：商务印书馆，2009 年，第 8 页。
　　②　Jean-François Lyotard，"Survivant"，*Lectures d'enfance*，Paris：Galilée，1991，p. 39.

以通过保持记忆,通过尊重、见证"幼年",来抵抗系统的非人。他在谈论阿伦特的《幸存者》("Survivant")①一文里这样写道:

> 我把童年理解为对一种债的遵从,这种债可以被称为对生命、时间或事件的债,一种不顾一切存在于那里的债,只有这种对债的执着的感觉、尊重,才能使成年人不再只是一个幸存者,一个濒临灭绝的活着的人。②

这里的问题在于我们该如何面对这种债,如何聆听"幼年"不清晰的声音,来见证这种非人,继而保持人性。这当然又涉及教育问题,但这种教育不再关涉理性的启蒙教化。由此,我们就可以看到利奥塔晚期对康德进行回应的内在动因,这恰恰是在他所论述的后现代语境中对启蒙问题的重写。他在《宇宙飞船》一文中这样写道:

> 也许启蒙运动所许诺的自由,正是这夏日之光赐予所有人的恩惠。而学习过程的真正目的或许是把世界的美、色彩、气息、诗歌、定理和其他人带给孩子。教育就是去引导。现代人强调了引导和引导自己走出自然、走向语言的必要努力。但"出去"可能并非是"在外边"。毫无疑问,这是在内心深处。一个人不能通过拔起自己的根柢来达到它,而要通过深入内心深处去寻找最亲密的东西,那里存在着欲望。③

这种教育,当然也与他在《后现代状况》中论述的"悖谬逻辑"(paralogie)有关。受康德的反思性判断和维特根斯坦的哲学研究的启发,利奥塔在认为元话语失效之后,开始更为看重能够在实践中创造自身规则的想象能力,试图以此突破理性的综合,特别是对时间的综合,用他在《非人》的《逻各斯与技艺,或电传术》("Logos et tekhnè, ou la télégraphie")④一文中的概念来说,即"回溯"(anamnèse),让注意力自由漂浮,在"去综合"的状态中向"幼年"事件回溯。

---

① Jean-François Lyotard, "Survivant", *Lectures d'enfance*, p. 59.
② Jean-François Lyotard, "Survivant", *Lectures d'enfance*, p. 66.
③ Jean-François Lyotard, "Foreword: Spaceship", *Education and the Postmodern Condition*, trans. Rosemary Arnoux, ed. Michael Peters, London: Praeger, 1995, p. xix.
④ 利奥塔:《非人:漫谈时间》,第 67 页。

三、作为"最小灵魂"的"幼年"

"幼年"是寂静之音，在利奥塔的晚期书写中越来越具有一种沉默幽深的美学氛围，伍德华德（Ashley Woodward）将其形容为利奥塔的"黑暗时期"[1]。在这一时期，利奥塔会以"灵魂"的形象来描述"幼年"经验：

> 童年是一种灵魂的状态，它被一种从未得到任何回应的东西所占据，在它的事业中，灵魂由一种对于陌生客人（hôte inconnu）傲慢的忠诚所引导，它觉得自己是这个陌生客人的人质（otage）。[2]

在 1993 年出版的《后现代道德》（*Moralités postmoderbes*）中的《最小灵魂》（"Anima Minima"）一文中，他更为直接地谈论灵魂的感性问题。可以说，见证"幼年"，就是去面对沉默的肉身。在这一点上，能看到利奥塔对"幼年"的思考，从"多态倒错"的感性身体、"情动—短语"的情动之声，延伸到"最小灵魂"的伦理聆听层面，打开了"幼年"经验的超越维度。在这篇文章里，利奥塔对灵魂的表述十分独特，仿佛虚静沉睡的"烛火"悬浮在半空，随感性情动而摇曳：

> 然而感知（sensation）也是"主体"的情动——我们应该说：思想-身体，我将之称为：灵魂（anima）——在某种可感事件场合的体验（éprouve）。……通过感知的灵魂情动能力（affectabilité），并不是双方默契的标志。更隐秘的是，它隐藏着一方对另一方的绝对依赖。灵魂只有受到情动才能实存。……这个灵魂不能情动自身，它只受他者的情动，来自"外部"的他者。……实存就是要从去情动（désaffection）的虚无中被那里的某种可感事物所唤醒。[3]

对"灵魂"问题的关注，在西方最早可以追溯至古希腊所受的奥菲斯教

---

[1]　Ashley Woodward, "Lesson of Darkness：Phenomenology and Lyotard's Late Aesthetics." *Journal of the British Society for Phenomenology*, no. 50(2), 2019, pp. 104–119.

[2]　Jean-François Lyotard, "Survivant", *Lectures d'enfance*, Paris：Galilée, 1991, p. 66.

[3]　利奥塔：《后现代道德》，莫伟民译，上海：学林出版社，2000，第157—158 页。有改动。

(Orphicism)的影响,从毕达哥拉斯学派到苏格拉底、柏拉图、新柏拉图主义,再到后来基督教的教父哲学,以及笛卡尔式的心灵哲学等,无不体现出一种灵肉二分的思想。这种思想表达的观念在于:外在感官变动速朽,内在灵魂超脱永恒。而利奥塔则对"灵魂"进行了重写,我们可以看到他对"灵魂"的论述有以下几个层次。

第一,利奥塔的"最小灵魂",不是传统形而上学意义上的超越性存在,也并非主体的"我思",而是极其微小,保持绝对的寂静。第二,"最小灵魂"并不具有自主性。它是感性的,必须受到外部情动,才能实存。第三,"最小灵魂"只在事件瞬间出现,从虚无中诞生,又转瞬消失进虚无。也就是说,"幼年"经验的内在性,只有不断与外部感性事件相遇、不断遭受外部事件冲击才能出现,我们可以称之为外在的内在性①。在这种外在的内在性中,利奥塔认为"灵魂"同时受到双重束缚:生和死。因为它始终依赖外在事件的触发,转瞬而来,又会转瞬消失,所以同时感受到死之恐惧和生之快乐。

"最小灵魂"的这种双重体验,在利奥塔遗作《奥古斯丁的忏悔》("La Confession d'Augustin")一文中得到更为感性的表达:"肉体(chair)有没有这种皮肤剥落(mue)的概念,剥落以揭示其真实存在? 它没有办法思考,它体验(éprouve)。它体验濒死(agonie)和快乐的交织。"②在这篇文章中他采用了奥古斯丁式的语调来重写奥古斯丁忏悔的神秘之音。在该文里,利奥塔注意到当奥古斯丁在《忏悔录》第十卷中试图通过强调不朽灵魂来摆脱感官肉身时,他对神圣降临体验的描述依然是以感官方式来进行的:"你呼我唤我,你的声音振醒我的聋聩,你发光驱除我的幽暗,你散发着芬芳,我闻到了,我向你呼吸,我尝到你的滋味,我感到饥渴,你抚摩我,我怀着炽热的神火想望你的和平。"③

利奥塔随后将这种降临瞬间的感性体验称为"晕厥"(syncope)。在晕厥里,无法思考的灵魂在迎受外部事件时没有证言,它所显现的状态本身就是一种见证:

---

① 关于这种内在性问题,德勒兹也有类似表述,他在生前发表的最后一篇文章《内在性:一种生命》(L'immanence:Une Vie…)中写道:"我们会说纯粹的内在性是'一种生命',不是别的。它不是朝向生命的内在性,而是说别无所是的内在性本身是一种生命。"德勒兹这里描述的是"纯粹的内在性"(pure immanence)。参见 Gilles Deuleuze:*Deux Régimes de fous*, Les Éditions de Minuit, Paris, 2003, p. 306.

② Jean-François Lyotard, *La Confession d'Augustin.* Paris:Galilée, 1998, p. 20

③ 奥古斯丁:《忏悔录》,周士良译,北京:商务印书馆,1996 年,第 209 页。

　　　　因此，不是记忆，而是内在的人（homme intérieur），它既不是人也不是
　　内在，既不是女人也不是男人，而是朝向内在的外在（dehors au dedans），
　　这是大他者在场的唯一见证，在场他者的唯一见证。……它不作证言，它
　　就是见证。它是视觉，嗅觉，听觉，味觉，触觉的被侵犯和变形。①

　　当奥古斯丁通过灵肉的二分，区分出"内在的人"和"外在的人"，进而强
调"内在的人"的反省和超脱时，利奥塔则通过指出灵魂的外在性，强调了"见
证"本身所具有的可感性。利奥塔也将这种感性见证与崇高问题联系起来，他
在《最小灵魂》中写道：

　　　　两个世纪以来，无论崇高的主题是什么，它所产生的虚无主义问题
　　贯穿于对感性的文学和艺术处理。虚无主义不仅终结了解放的宏大叙
　　事的有效性，而且导致了价值丧失和上帝之死，使形而上学成为不
　　可能。②

　　可以看出，利奥塔将崇高与尼采虚无主义的论断结合在一起，延伸出自身
的美学思考。这一问题可以转化为：当艺术作品在后现代状况中失去传统审
美语境，传统审美范式失效之后，艺术该如何打动我们，为什么艺术依然能够
打动我们。利奥塔认为，这时艺术作为一种事件，呈现出知觉体验和理性概念
之间的分裂，引发了快乐和痛苦并存的崇高感。对利奥塔来说，艺术并非如梅
洛-庞蒂（Merleau-Ponty）的现象学美学所认为的那样，向我们显示出知觉原初
经验的诞生，而是一种解构，通过解构惯常的知觉经验，从而将新的陌生事物
呈现出来。

　　先锋艺术正是在此意义上获得美学价值。他在评论纽曼（Barnett
Newman）绘画时所说的"瞬间"（instant）③，评论山姆·弗朗西斯（Sam
Francis）绘画时所说的"黑暗的训诫"（leçon de ténèbres）④等，无不指向于与

---

　　① Jean-François Lyotard, *La Confession d'Augustin*. Paris：Galilée, 1998, pp. 23 - 24.
　　② 利奥塔：《后现代道德》，第159页。有改动。
　　③ 利奥塔：《非人：漫谈时间》，第110页。
　　④ Jean-François Lyotard, *Sam Francis*, *Leçon de ténèbres/Sam Francis*, *Lesson of Darkness*. Ed. Herman Parret. Trans. Geoffrey Bennington. Leuven：Leuven University Press, 2010。伍德华德在上述论文《黑暗的训诫：现象学及利奥塔的晚期美学》中指出，利奥塔所用的"黑暗的训诫"这个表述，指的是一种巴洛克音乐，这种音乐致力于纪念耶稣受难和复活之间的时间，也就是死亡中的复活。参见 Ashley Woodward, "Lesson of Darkness：Phenomenology and Lyotard's Late Aesthetics", pp. 117—118。

此：我们只有投身于知觉的死亡，再复活它，才能从外部让某种内在的陌异性回返。这就是"幼年"，我们内在的人，它从死亡中复活，在复活中感受死亡。

四、结语：云的"幼年"

通过以上论述，本文发掘出利奥塔对"幼年"的思考具有"多态倒错""情动—短语""最小灵魂"三个层面，它体现在知觉振荡的身体性、情动性和事件性。

利奥塔对"幼年"经验的强调，正是为了回应他所描述的后现代状态所导致的新时空样态和新感性经验。问题在于，我们是否还能在技术科学中感受生命的情动。这正是利奥塔对艺术和书写所看重的，他试图以此让我们在越来越非人的时代中依旧保有一种非人的人性。这在如今可能显得更为重要，人类作为"后人类"时代的幼年，在越来越技术化、屏幕化、虚拟化的今天，该如何保有人性，如何将我们生命经验如斯蒂格勒（Bernard Stiegler）所期待那样不断"跨个体化"（trans-individuation），需要我们持续思索的也许就是如何面对感性、面对他者、面对"幼年"。

利奥塔在《游历》（*Peregrinations*，1988）中说："思想是云。思想的外围就像伯努瓦·曼德尔布罗特（Benoit Mandelbrot）的分形线一样不可测量……思想永远不会停止改变它们的位置。"[1]"幼年"正是如此，它作为我们生命里的非人部分，捉摸不定又挥之不去，它是我们生命中的云。

---

① Jean-François Lyotard, *Peregrinations: Law, Form, Event*, New York Oxford: Columbia University Press, 1988, p. 5.

"虚空"(Khora)的三种现代阐释

陈　庆/文 *

摘　要: 柏拉图在《蒂迈欧篇》中提出的"虚空"概念,因其既不属于理型又不属于模仿者的独特性而在西方历史上有多种讨论,但对它的理解从来没有定论,那也就是说人们总是在寻求对于它的新的理解。如 20 世纪七八十年代法国的三位哲学家不约而同地将目光投向了"虚空"这一概念。德里达强调"虚空"是超出柏拉图存在论的,指出它有着接受一切却并不具有任何属性的结构,同时它像延异一样是先于起源的起源。克里斯蒂娃则把"虚空"理解为一种律动的空间,这是符号态的状态,它先于象征态的规则并总对这种规则进行摧毁,正是在符号态的"虚空"与象征态的规则的这种辩证法之间主体才得以生成。而米歇尔·塞赫则更多地将"虚空"理解为既纯贞又多产的空间,它如母体一般,同时从"虚空"出发强调根基的多重性。虽然这三位哲学家的角度不同,但是可以看到他们都将其理解为具有女性特质的并且是既成规则的对立面。

关键词: 虚空　柏拉图　德里达　克里斯蒂娃　塞赫

《蒂迈欧篇》作为柏拉图建构其宇宙论的文本对后世有着深远的影响,而关于这个文本中那难以理解的第三者"虚空"的讨论文本更是汗牛充栋,却无法给出定论,有人将它理解为空间,也有人将它理解为质料,但都不足以穷尽这一概念所包含的思想内涵。因为按照德里达的说法,它是超出柏拉图那里的存在论的。"虚空"这一概念在德里达中晚期的思想中占有重要地位,有人甚至把它与德里达前期的"延异"概念相比较。德里达对这一概念的讨论是在1986 年左右参与建筑家埃森曼的公园项目时提交的 *Chora*[①] 一文中进行的。事实上,在 20 世纪七八十年代不仅德里达对"虚空"有着关注与讨论,另外两

＊　陈庆,中国人民大学哲学博士,现为浙江师范大学人文学院讲师。
①　"khora"与"chora"是同一个词的两种不同写法。

位法国哲学家同样对"虚空"有所涉及。法国哲学家、文学评论家、女性主义者茱莉亚·克里斯蒂娃在《诗性语言的革命》(*La Révolution Du Langage Poétique*)一书中便对"虚空"有所讨论,而这本书的法文版早在 1974 年便已出版;同时继承了巴什拉哲学思路的米歇尔·塞赫(Micheal Serres),这位法国哲学家、科学史学家也在他 20 世纪 80 年代的不少著作谈及了"虚空"。通过对三位哲学家关于"虚空"的三种现代阐释的梳理,我们可以看到"虚空"这一概念是如何在现代问题的解决中继续发挥作用的。

一、超越存在论的"虚空"

历史上对"虚空"卷帙浩繁的阐释都在试图为"虚空"命名或翻译,以让我们可以理解"虚空",但是德里达从一开始便指出"虚空"是不可命名的,因为我们一旦试图对其命名就是在用一种已经存在的阐释网络来对其进行捕捉,比如我们常常通过隐喻的方式来对其进行理解,但是这种隐喻的方式事实上正是以可感与可知的区分为前提的,而"虚空"却是超出可感与可知的划分的,我们不应该将其重新置回这种它本就应该超越的话语之上。同时无论是将"虚空"命名为位置、处所,还是地区、区域等,这事实上都是时代性的理解,也带来了时代性的错误。因此德里达主张让"虚空"保持为无名的:"我们从来就不主张要为'虚空'提出一个准确无误的词……"①

那么在避开了传统的阐释之后,德里达是如何重新开始的? 首先,他考察的不再是"虚空"的本质,因为种种命名和阐释都在寻求某种准确的本质,而德里达所考察的则是"虚空"的结构,在他看来正是这种结构带来了种种隐喻和时代性错误:"在我看来,正是这种结构性法则本身从来没有通过《蒂迈欧篇》的阐释史而被通打过。它是个虚空的结构问题,或者说不再是虚空的某项本质的问题,因为与之相关的问题和本质不再有任何意义。"②其次,在德里达看来,"虚空"的结构首先是存在论意义上的结构,既然"虚空"不属于可知的存在,也不属于可感的存在,它本身也没有一个专属的位置,在这种双重的否定之中,"虚空"并不会回到两者任何一边,也不会通过辩证法的方式成为否定的否定,而是对这种存在意义的超越。再次,正是在这种意义上,我们不应该将

---

① 德里达:《解构与思想的未来》,夏可君编校,长春:吉林人民出版社,2006 年,第 239 页。
② 德里达:《解构与思想的未来》,第 240 页。

"虚空"理解为一个预先存在的东西，因此："我们现在说的是虚空，而不是……这个虚空……"①因为定冠词总是预设了某件事物的存在，同时也把"虚空"当作一个共通的名称，而"虚空"恰恰是一个专名，那也就是说"虚空"并不是一个物，它并不具有存在者的属性，然而它也以一种奇怪的方式保持着它谜一般的统一性。最后，这种结构的表现在于"虚空"的接受性，它接受一切事物，为一切事物提供位置，但是它却丝毫不占有它所接受的事物的性质，它没有自身的属性，而这种无属性在德里达看来则是"虚空"最为核心的部分。因此这样的"虚空"便仅仅是一个 X，而这个 X 因为没有属于自身的规定性，那么也不可能有任何的同一性，它"绝对不可能等同于她自身/他自身"，没有属性，没有同一性，却有着自身统一性的保持。

德里达摒弃了对"虚空"的本质解读而转向了存在论意义上"虚空"的结构问题，而其中涉及两个方面的问题，一者是"虚空"的非属性，接受一切却不居有任何，另一者是"虚空"给予位置，但它本身却没有位置。在对这两方面的讨论中，德里达从《蒂迈欧篇》的中间文本转向了这场对话开始的地方。正是在起始处，有着苏格拉底的在场，而在《蒂迈欧篇》的讲述中苏格拉底事实上是退隐的。在起始处苏格拉底在回忆前一晚所讨论的内容时，指出城邦的守卫者不应该占有任何财产，不接受任何金钱的赠予，在德里达看来这里守卫者的身份正如"虚空"般不居有任何性质。而"财产"（property）从一开始便和"本己"（proper）相关，而从"本己"又生发出了"本质"。德里达正是通过对这种逻辑的反驳来对抗其背后的同一性逻辑，那就是说，并没有事先的本己之物，正如在涉及隐喻问题时，并不是先有一种固有意义再有一种隐喻意义，而是说那种隐喻的认知方式是在先的，因此自身的形成事实上是通过一种差异性因素才得以可能的。也正像他在讨论主体性或自身关系中所指出的，居有一开始便是剥夺居有，自身感发从一开始便是他异感发，因为自我只有通过一种献祭般的逻辑交出自身才能获得自身，绝对的、纯粹的自我是不存在的，自我从一开始便是他者。那么这种绝对没有同一性却有着统一性的"虚空"，则是一种更为彻底的差异，一方面不会将可感或可知事物的属性居有为自身的属性，另一方面则保持着绝对的接受性。

另一个结构性的问题则是"虚空"提供一个位置，在《蒂迈欧篇》对话的起始处事实上苏格拉底也谈到了位置的问题，那是在论述哲学话语的合理性之

---

① 德里达：《解构与思想的未来》，第 242 页。

来源时所提出的,在苏格拉底看来,无论是智者还是诗人都不具有谈论哲学的能力,因为二者都没有专属的位置,他们是流浪的,没有一定的居所,这与进行哲学对话和论述的蒂迈欧以及其他人有着根本的区别,因为后者有自身的位置,但是苏格拉底称自身也没有能力对这一话题进行谈论,因为他在某种程度上正相像于智者以及诗人,因此他提出自己退居一旁,作为接受者来接受蒂迈欧等人的款待和回馈。在德里达看来,苏格拉底在这里的位置正是如"虚空"般的位置。那也就是说,他并没有一个位置,但是问题的症结所在则是苏格拉底并不是真的没有位置,而是说他相像于那种没有位置的人,也就是说,他将自身放置在有位置的人与没有位置的人之外,他并不属于两者之中的任何一方;事实上他是通过一种回撤才成为准备接受一切的人。通过回撤而提供位置,给予位置,但是"虚空"并不是一个位置,而是一个非位置。

那么"虚空"的结构中涉及两个方面,一者为接受但并不占有,没有自身的属性;另一者为提供位置,但是自身保持为非位置,这两者一者为接受,另一者为给予。同时可以看到在德里达这里,当谈到《蒂迈欧篇》开场的讨论时,这里所涉及的不再是宇宙论意义上的"虚空",而是话语意义上的"虚空","虚空"所提供的位置使得哲学的思想得以开始,也正如此"虚空"涉及真理所发生的位置,正如约塞夫所指出的:"也许有人也一样会试图将上帝的真理、灵气般运动的真理构想为异质-起源,构想为女人的非位置。宗教话语的这种永久的丰富性便是它支持这种虚空根源的功能的标记,正像是佛教徒的空是所有固定同一性的倾空……德里达以一种抽象的方式唤醒了这种空间,作为延异的位置,作为元书写的间隔化。"①在这种表述中我们可以看到,约塞夫暗示了德里达这里对于"虚空"的讨论和佛教的"空"有着相通之处,对空的领悟成为一种真理性的领悟。事实上对德里达思想与禅宗思想、中国老庄思想关系的探讨也并不在少数,但是这种东西方的对比虽然能够为我们打开方便之门,理解德里达晦涩的讨论,但是也很容易让我们步入陷阱之中,因为首先不同于海德格尔直接对老子《道德经》有过讨论且受到了影响,德里达事实上虽然从他的《论文字学》中便可以看到对汉字的参照,但是他并没有直接讨论过《道德经》,他思想的进展是在他所称的西方的哲学传统之中的,这样的直接比较往往会让我们还没有洞见他思想的脉络和精髓之前便为它们加上了一种东方性的阐释。而事实上,德里达关于"虚空"的讨论一方面涉及他早期便提出的

① Joseph Stephen O'Leary, "Derrida on Truth", see: https://josephsoleary. typepad. com/my_weblog/2007/02/4_derrida_on_tr. html, 2020/4/14, p. 27.

"延异"概念,也涉及犹太注经传统中对于创世的讨论。

可以看到,很多国外的学者也都将"延异"与"虚空"放置在了一起,认为二者在德里达那里有着同样的地位。如卡普托在《上帝之前的创造》一文中指出"虚空"是"延异"的别名:"对于德里达,虚空是延异的一个别名,它意谓着这种特别的间离化,正是在这种间离化中历史中的名字如'荒漠''上帝''创造'得以被铸造。"①而欧文·瓦尔在《普遍性与历史性:论宗教的根源》一文中则指出:"可以肯定,虚空与德里达早期延异的表达方式有着极强的关联性,但我不认为这两个名字是同义词。"②在他看来"延异"与"虚空"分享着同一种不可翻译性,但是二者各自相关的概念群是不同的,延异与书写、印迹、替补等不会走向神学的概念相关,而"虚空"则是与柏拉图所给定的接受器、母亲、空间、物质等相关。但是这里的问题是,欧文并没有指出德里达自身通过对"虚空"这一概念的阐释所发展出来的概念群是什么。同时可以看到,虽然以上两位学者都将"虚空"与"延异"关联在了一起,前者认为两者是同义词,后者认为虽然两个概念有着很强的关联,但并不是同义词。但是问题在于两者事实上都没有解释清楚"虚空"与"延异"是如何关联在一起的,事实上两者的关联涉及"起源之前的起源"问题。

正如卡普托在《上帝之前的创造》一文中指出,在犹太注经学关于《创世记》的讨论中已经存在着这样的理解,即在上帝创世之前就已经有什么存在着:"这是为什么拉比们总是倾向于指出创世记并不是以字母表中的第一个字母即 aleph 开始的,而是以第二个字母,以 bet 或 beta、bereshit,即以'在开始的时候'开始的。那意谓着在开始的时候某种东西已经在那里。不存在元起源(alpha),不存在绝对的起源(alpha),没有纯粹的开始,没有纯粹的第一次。"③可以看到犹太注经学中关于起源的这种解释与德里达关于延异的思想有着相通之处,那便是说,在德里达那里同样认为不存在绝对的起源,起源总已经是踪迹。而在德里达对柏拉图"虚空"的考察中也强调"虚空"相对于起源的在先性,在永恒的理型与生成流变的模仿物之前总是已经有着"虚空",并且永恒的理型在柏拉图那里是来自德牧格这个神的创造,而"虚空"却并不是来自这

① John D. Caputo, "Before Creation: Derrida's Memory of God", in *Mosaic* 39/3 (September 2006), p. 97.

② Owen Warez, "Universality and Historicity: On The Sources of Religion", in *Research in Phenomenology*, 2006, p. 171.

③ John D. Caputo, "Before Creation: Derrida's Memory of God", in *Mosaic* 39/3 (September 2006), p. 95.

个神的创造,反倒是德牧格在创造时便已经有着"虚空"的存在,它是伴随着创造而发生的。也正是在这一意义上可以说"延异"与"虚空"拥有着如同同义词般的关联,二者所指的都是一种先起源的存在,正是这种先起源的存在才使得起源得以可能。

二、作为律动空间的"虚空"

克里斯蒂娃在《诗性语言的革命》中讨论了主体问题,她认为主体的生成涉及同一种意指过程的两种模态,一种是符号态(the semiotic),另外一种是象征态(the symbolic),前者涉及如音乐一般的无意义、无所指的符号,后者已经进入规则和交换关系,后者是一种语言符号的意指活动,而前者则是前语言的意指活动,简单来讲,对于后者而言人所发出的声音属于语言系统,而对于前者而言这种声音只是一种节奏或停顿的表现,它涉及无法用语言表述的心理状态,如果说主体正是在语言规则之中被规范,得到确立的话,后者代表的则是对这种规则的摧毁,是对规范性主体身份背后之空无的揭露。在克里斯蒂娃看来,这两种模态之间是一种辩证的关系,一方进行确立,一方进行摧毁,而主体正是在这一过程中生成的,也就是说,主体一直处在这种生成的过程中。

正如布泽莎卡指出的,不同于拉康将主体理解为语言的结构,克里斯蒂娃将主体理解为过程中的主体。① 这种过程中的主体涉及象征态与符号态之间相互抵抗的运动,那也就是说,总是存在着无法被象征化的部分,抵抗象征化的部分。为了说明这种符号态的存在,克里斯蒂娃引入了"虚空"的概念:"我们从柏拉图的《蒂迈欧篇》中借用'虚空'这一概念,以指示一种本质上变动和极端瞬时的关节/关联,这种关节是由运动以及它们短暂的停顿构成的。我们将这种未确定的、未被规定的'关节'(articulation)与'配置'(disposition)区分开来,因为配置已经是依据于一种再现的……"②实际上克里斯蒂娃所借用的并不是柏拉图对"虚空"的本体论意义上的描述,而是用它来说明一种变动的、未被规定的状态,并且在这种状态中有着停顿或者说"关节"的存在。之后克里斯蒂娃更加明确地将"虚空"表述为一种律动的空间:"既不是模型也不是

---

① Iva Boykova Buzhashka, *The Space of Xώρα: A Perspective on Contemporary* Art, Leiden University, July 2017, p. 24.

② J. Kristeva, *Revolution in Poetic Language*, trans. by Margaret Waller, New York: Columbia University Press, 1984, p. 25.

副本，'虚空'是在形象以及镜像化之前的，并且是这二者的基础，只能将其类比为声音的或运动的律动。"①克里斯蒂娃甚至指出柏拉图对"无定形"的描述事实上正来自德谟克利克对节奏的理解②。也就是说，克里斯蒂娃同德里达一样，认为"虚空"并不是一个位置，她也指出它并不是一个符号，但是它却是位置、形象以及镜像得以产生的基础，它是一种有着律动的空间。这种"虚空"中没有同一性或统一性，但它却并不是毫无秩序的："尽管缺少统一性、同一性或神性，然而'虚空'归属于一种规范程序，但这种程序不同于象征法则，而是通过瞬时地将它们关联起来而形成断裂，然后一遍又一遍地重新开始。"③克里斯蒂娃试图表明"虚空"中的律动是一种不同于象征法则的规范，它所代表的是我们形成自我之前的状态，这个状态是前语言的，前镜像阶段的，前俄狄浦斯阶段的，在这个状态之中发挥作用的并不是形象而更多的是声音。而这个状态中"关节"仅仅是暂时的，那也就是说，所形成的关联必然会解体，在主体形成之前必然经历这种生成—损毁的多重化过程，而在主体形成之后事实上这种过程也并未消失，而是一直在主体身上发挥着作用。因此："也就是说，符号态的'虚空'只是主体既被生成又被否定的位置，在这个位置上他的统一性让位于这种生产了他的负载和停顿过程。我们应该将这种负载和停顿过程称为'否定性'以便将其与否定区分开来……"④弗洛伊德通过引入"自恋"来说明自我统一性的生成，也就是说，在自恋之前孩子虽然有"自体性欲"但是并没有统一性的自我，但是弗洛伊德并没有解释清楚这种"自体性欲"向"自恋"的过渡是如何形成的；而拉康通过"镜像阶段"的引入解决了弗洛伊德留下的问题，我们是通过对一个影像的误认而获得自我的统一性，主体也是在这之上建构出来的。无论是弗洛伊德还是拉康，他们都认为在自我统一性获得之前的孩子处于一种分裂的无序的状态，他只能通过力比多的投射或对影像的迷恋来实现自我的统一性，但是克里斯蒂娃通过对于符号态的"虚空"的引入旨在说明，获得统一性之前的自我并不是完全分裂的、无序的，而是有着瞬时性的关节，即停顿状态的，并且在孩子和母亲的联结中事实上已经有着将自我分离出去的契机，这种契机是前语言的声音意义上的，而不是图像意义上的。

　　虽然克里斯蒂娃通过引入"虚空"来解决前自我的规范化状态的问题，但

　　①　J. Kristeva, *Revolution in Potic Language*, trans. by Margaret Waller, New York: Columbia University Press, 1984, p. 26.

　　②　J. Kristeva, *Revolution in Potic Language*, p. 26.

　　③　J. Kristeva, *Revolution in Potic Language*, p. 26.

　　④　J. Kristeva, *Revolution in Potic Language*, p. 28.

是在这一过程中事实上包含了她对"虚空"的独特理解,这表现在一方面她强调"虚空"是一种律动的空间,突出了它音乐性的一面;另一方面在柏拉图的话语中"虚空"是一个母亲,它的出现是为了解决作为父亲的"理型"和作为儿子的"模仿者"之间的问题,而在克里斯蒂娃这里则是为了解决母亲和婴孩之间的问题,并且"虚空"在她这里并不是扮演一个父亲的角色,而更多的是一种中性的或女性的因素。

三、作为母体的"虚空"

而法国哲学家、科学史学家米歇尔·塞赫于 20 世纪 80 年代在他的诸多著作中也谈论到"虚空"的问题。在法文本于 1980 年出版的《宿主/寄生/噪音》(*Le Parasite*)中塞赫写道:"作为普遍东道主的女人是'虚空'(Χόρα),一种平滑的空间,一切都可以被书写于其上的蜡版。'虚空'是一切测量和掌控之前的一种拓扑空间。"[①]而在其 1982 年出版的《创世记》一书也写道:"……但我谈及艾尔芭的芭蕾舞时,我们都在搜寻那种被柏拉图命名为'虚空'的东西,那是一种先于符号的平滑而又空白的空间:它便是这位舞者的身体,它是一张白纸,处女般的白蜡,在其上编舞者展开书写……"[②]到了 1995 年出版的《几何学的起源:第三本奠基之书》一书中,"虚空"的身影再次出现:"在文化中,这里的是一滴泪,一汪新的水池,《蒂迈欧篇》中的'虚空'是处子所拥有的丰饶子宫,正是从其中爆发出了多种多样几何学的疯狂增殖——无尽的话语以及卷帙浩繁的记述……"[③]可以看到在这多种表述中塞赫都是将"虚空"理解为空白而又丰饶的空间,而且它是富有女性气息的,他将其比作"女人""舞者的身体"以及"处子的子宫"。并且这种空间是先于测量、符号、书写以及几何学的。需要注意的是,事实上在塞赫这里出现的既空白又丰饶的空间以及蜡版的主题,德里达在《书写与差异》中讨论弗洛伊德的"神奇打印机"时也讨论过,这种神奇打印机似乎必须保持着一种不可能的品性,既要随时保持如白板一样,又要丰饶多产,正如基督教中圣母的子宫一般。

同时正如贾奈尔·瓦特森所指出的,塞赫的另一本书《罗马:奠基之书》

---

① Michel Serres, *The Parasite*, trans. with notes, by Lawrence R. Schehr, The Johns Hopkins University Press, 1982, p. 216.

② Michel Serres, *Genesis*, trans. by GenevieveJames and James Nielson, The University of Michigan Press, 1995, p. 44.

③ Michel Serres, *Geometry: The Third Book of Foundations*, Bloomsbury Academic, 2017, p. xlv.

中也是从对"虚空"的认识开始的,在这里首先涉及的是"奠基"的问题,在德里达那里"虚空"所涉及的是无底的底,是一种深渊的存在,但是塞赫却从"虚空"中看到了一种复数性的根基的存在,起源之时便有着"虚空",那意谓着起源总是有着自身的起源。同时塞赫从"虚空"在柏拉图那里的孕育的含义出发,分析了罗马所涉及的母亲以及性别,在他看来罗马只存在两种性,第一性是母亲,第二性则是母亲之外的性。[①]

同时他也在文章中比较了塞赫和德里达对"虚空"理解的差别所在,首先二者都关涉根基的问题,德里达从"虚空"走向了无底的底,走向了深渊,而塞赫却从"虚空"走向了复数性的根基的存在;其次,德里达认为"虚空"是不可思考的,因为它被从可见与可知中排除了出来,无法归于二者,无法归于对立,而塞赫则将"虚空"理解为一种在不排除的情况下思考的可能,它联结起了可见与可知,那是既排除又包含的空间,因此"虚空"的功能是"思想的母体"。[②]再次,德里达从铭写的空间来理解"虚空",而塞赫则从孕育的空间来理解"虚空"[③],他们各自发展了柏拉图在《蒂迈欧篇》中关于"虚空"所指出的两个维度。最后,无论是柏拉图还是德里达和塞赫,关于"虚空"的讨论都是围绕着城市而进行的,在柏拉图那里涉及一个理想的城市的构建,在德里达那里涉及巴黎,因为那个公园的项目便是为巴黎而进行的,在塞赫那里则涉及古老的城市罗马。

但事实上瓦特森的判断有着值得商榷的地方,他非常准确地指出了德里达与塞赫关于根基的不同认识,但是在德里达那里,虽然他确实强调"虚空"既不属于可知也不属于可见,但是并不代表它是不可认识的,德里达所强调的是它超出了柏拉图的存在论,我们不能按照思考理型或流变者的方式来思考它;同时德里达确实更多地从铭写的空间来理解"虚空",但并不代表他没有谈论"虚空"的孕育特性,而且正如我们上边指出塞赫在描述"虚空"的女性特质时也提到了"蜡板",并强调一切都可以在其上铭写,也就是说,塞赫并不是没有对"虚空"作为铭写空间的认识。

同时可以看到塞赫对"虚空"的理解和克里斯蒂娃对"虚空"的理解有着

---

① Janell Watson, "The Urban Chora, from Pre-Ancient Athens to Postmodern Paris", in *China Media Research* 13(4), 2017, p. 34.

② Janell Watson, "The Urban Chora, from Pre-Ancient Athens to Postmodern Paris", in *China Media Research* 13(4), 2017, p. 32.

③ Janell Watson, "The Urban Chora, from Pre-Ancient Athens to Postmodern Paris", in *China Media Research* 13(4), pp. 28 – 29.

相近的地方,他们都强调了"虚空"的女性特质,但克里斯蒂娃更为强调这种空间的律动性,用其来解决主体性的问题,塞赫则更为强调这种空间的孕育性,而我们所居住的城市便有着这样的特性。

四、结　语

综上所述,克里斯蒂娃、德里达以及塞赫为我们提供了对于"虚空"的三种现代理解,德里达强调其超越了柏拉图的存在论,并且它具有接纳一切而又不居有任何属性的结构;克里斯蒂娃将虚空理解为一种"律动空间",以描述自我在获得统一性之前的规范状态;而塞赫将"虚空"理解为母体,它既有着贞洁性又有着丰产性,也是可见与可知的共同根基,一种复数性的根基。

事实上这三者的解读虽然是从各自视角出发试图解决不同的问题,但是其中却包含了共同的认识,即都将"虚空"理解为是超出规则、形式之外的,并且它也是规则和形式的前提,而这种规则和形式事实上是柏拉图的存在论中延伸出来的。事实上当我们反观今日世界的诸种人造物和技术物时不难发现,其中仍然包含着"理型"与"模仿者"的模式。技术物的泛滥恰恰来自对"虚空"的遗忘,这种遗忘造成了一方是普遍的规则和编码程序的推崇,另一方是在这种规则和程序下的无尽的实践和发明。技术物不仅试图拥有父亲般的权威,而且试图让自己成为养育我们的母体,但事实上那种对我们有养育作用的母体是在它之中又超越了它的"虚空"。也就是说,当我们走进技术物的更深处时便会发现"虚空"的存在,而这种"虚空"反过来能够对技术的无限增殖起到抑制作用。

勾勒、发明、创造：浅谈德勒兹与伽塔利《什么是哲学?》中的概念建构

穆潇然/文*

摘　要：吉尔·德勒兹与菲利克斯·伽塔利所合著的《什么是哲学?》是对其穷其一生所从事的哲学事业的一个总结。德勒兹与伽塔利颠覆了传统哲学中诸如"静观""反思"以及"沟通"的理解，将哲学定义为一种处于"不是静观，也非反思，亦非沟通"之基础上的概念的创造。简而言之，静观（客观的唯心主义）、反思（主观的唯心主义），以及沟通（主体间性的唯心主义）①对德勒兹与伽塔利而言是属于传统哲学的三种形态，而由这三种形态所构成的哲学概念仅仅只是一些普遍概念（Universaux）②，当这些普遍概念作为哲学最初的本原（premier principe）时，普遍概念无法解释任何东西（rien），甚至说这些普遍概念自身都需要得到解释。③ 为了解决这个问题，德勒兹与伽塔利对哲学以及概念进行了重新的定义，哲学的活动就是为必然变化的问题创造概念，这个概念不是被给予的，也非预设的，而是通过创造与生成形成的。同时，在哲学活动或是概念创造的进程之中，有三个必不可少的要素，即概念（concept）本身、内在性平面（plan d'immanence），以及概念性人物（personnages conceptuels）。德勒兹与伽塔利在《什么是哲学?》中通过对这三个要素分析，为之后的哲学研究者对概念以及哲学的思考增添了一个全新切入的角度。

关键词：德勒兹　伽塔利　概念　内在性平面　概念性人物

---

* 穆潇然，同济大学哲学系博士在读，研究方向为后现代法国解构主义思想。

① Gille Deleuze & Félix Guattari, *Qu'est-ce que la philosophie?*, Ed. Minuit, 1991, p. 13,原文分别为：idéalisme objectif, idéalisme subjectif 以及 idéalisme intersubjectif,《什么是哲学?》中译本将 idéalisme 译为"理想主义"，本文采用"唯心主义"的译法进行后文的论述。

② 大写的 Universaux 在《什么是哲学?》中译本中被译为"普适原则"，本文采用普遍概念的译法，以便于在后文论述中与德勒兹和伽塔利概念（concept）做出区分。

③ Gille Deleuze & Félix Guattari, *Qu'est-ce que la philosophie?*, Ed. Minuit, 1991, pp. 13 - 14.

一、概念——被创造的动态飞越与
非预设的经验

德勒兹与伽塔利在《什么是哲学?》第一章对传统哲学意义下的概念进行了颠覆性的重新定义,并赋予了概念一词新的内涵。德勒兹与伽塔利视野中的概念究竟为何? 根据文本可以总结出如下两个特征。

(一) 概念的共生使得概念趋于相对的无限

概念的存在是为了解决问题,一个概念创造不只是对一个问题下原有的概念进行修改或取代,更重要的是概念会进入问题的交汇点与其他概念形成一种共生(coexistant)的关系。[①]

如何达到那种共生的可能性? 德勒兹与伽塔利解释道:概念并非单独存在,但凡概念都具有多重性。也就是说,概念是一个整体(un tout),一个零碎(fragmentaire)的整体,它由多样的组件(composante)构建而成。这样就导致任何一个概念都将分流(bifurquer)至多个概念,这种分流运动无论在概念自身的历史范畴上,抑或是概念的生成期间都有所体现,概念与概念之间分流与交错,赋予了概念本身的多样性与动态性,最终使概念逐渐趋于一种相对的无限。对于概念的分流过程,德勒兹与伽塔利以鸟类为例,提出概念向其余概念的分流,并对笛卡尔的"我思故我在"进行了具体论述。

就鸟类这一概念的归属而言,鸟类的概念会朝着鸟类的姿态、颜色以及叫声等其他概念进行分流的进程,从而产生交错。这种分流的进程,德勒兹与伽塔利将其比喻为从"鸟类"这一概念有序地和贴近地飞越(survol)其他与之相关联的概念,也就是说概念是偏向动态的事件(événement),而非相对静止的本质(essence)抑或是事物本身(chose)。换句话说,在德勒兹与伽塔利眼中,将"鸟类"归入生物学中静态的属(genre)或种(espèce)是不能构成概念的。概念可以被定义为:由一个绝对飞行的点以无限的速度飞越过有限数量的异质成分的不可分割性,概念的无限性由飞越或绝对的速度所赋予,而其有限性则是受限与飞越运动的概念组件轮廓(contour des composantes)。[②] 换言之,

---

[①] Gille Deleuze & Félix Guattari, *Qu'est-ce que la philosophie?*, p. 26.

[②] Gille Deleuze & Félix Guattari, *Qu'est-ce que la philosophie?*, p. 30.

概念在速度的范畴之上是趋于绝对的、无限的；而概念的飞越的运动范围（亦可理解为平面，关于内在性平面将在下一节讨论）则是相对的、有限的。

　　同样，在德勒兹与伽塔利论证笛卡尔的"我思故我在"的举例中，我们也不难看出概念分流的进程。在"我"（moi）这个概念的原点，存在着三个组件以建构成完整的"我"（je），它们分别是"J'：我怀疑"（je doute），"J'：我思考"（je pense）以及"J''：我存在"（je suis）。拆分来看，就是"我"在怀疑的同时思考并存在。作为建构"我"之概念的三个组件，其中是相通的，处于一个整体的平面之中，"我怀疑""我思考"以及"我存在"这三个组件可以同时在"我"之上进行分流以及飞越，而并非那种由前一个组件推导出后一个组件，最后方可建构成概念的一种线性关系。同时在"我思故我在"这个论述之中，德勒兹与伽塔利认为每一个构成组件也具有多种维度的可能性，例如"我怀疑"中的"怀疑"这个组件可以跨越至不同的位面（phase），例如感性的怀疑、科学的怀疑，以及强迫性神经症患者的怀疑等；同样，"思考"这一组件也具有处于多种位面而展示出的多重可能性——感受、想象、获取理念等；"存在"的组件也可以跨越无限的存在，思维中有限的存在以及延展的存在这些位面。这就意味着"我思故我在"是一个动态的概念，组件所飞越的位面不同，所构建成的最终的"我"也不同，如果组件所能跨越的位面是无限的，那么"我思故我在"的概念在组件进行飞越的时候也可以建构成为一个相对无限的概念。

　　综上所述，我们不难得出这样的结论：若概念是孤立的、静止的，那么概念本身就将会失去其意义，一个概念只有在与其他概念进行飞越的动作时，方具有意义，并且意义并非唯一的，而是根据组件的不同位面可以孕育出多重意义的概念。

（二）概念并非被给予以及预设

　　在分析笛卡尔"我思故我在"这个例子中，德勒兹与伽塔利提出了一个新的问题。笛卡尔所提出"我思故我在"的论断中暗含了一种主观的预设（présupposé）[1]，也就是说，在论述"我思故我在"之前，就预先设定了"我""思考"以及"存在"这几个概念是人人皆知，不证自明的。

　　这种对主观预设质疑以及表示坚决地反对的表现可以算得上是德勒兹与伽塔利思想中的鲜明特点。在德勒兹早期作品《差异与重复》中就有所体现：

---

　　① Gille Deleuze & Félix Guattari, *Qu'est-ce que la philosophie?*, p. 36.

差异的前提不是对立,而对立却以差异为前提;且对立远远不足以将差异取而代之,换而言之,对立将差异引导至矛盾的源头,对立背叛和曲解了差异……就是当人们强迫它进入到一个在先的同一性之中时,就是当人们将它置于一个同一之物的斜面上时。这个斜面必然将差异带到同一性希望它所在的那个地方,而且使它反思"同一性希望它处于什么地方",也就是在否定中。①

随后,在《反俄狄浦斯》中压制欲望的"俄狄浦斯"也被德勒兹与伽塔利视为是弗洛伊德等精神分析学派所虚构的一种预设的前提,而这种预设的前提却被精神分析扭曲为一种人的天性,一种神授(naturel ou divin)。② 在此我们不难看出,无论是《差异与重复》中被先在的同一性所裹挟的"差异",抑或是《反俄狄浦斯》中妖魔化欲望的"俄狄浦斯",还是在《什么是哲学?》中的"概念",虽然德勒兹与伽塔利论述的领域以及对象不同,但其中蕴含的对不证自明的先验性进行的抵抗却始终存在。

由此可见,若在概念的创造活动中夹杂了主观预设的"杂质",那么我们得到的并非德勒兹与伽塔利意义上的概念,而是得到了一种连自身都需要被证明的普遍概念。

综上而言,《什么是哲学?》中的概念与传统哲学意义上的概念所产生的差异主要体现于两个方面:首先,概念是事件,是动态的,是相对无限的,同时根据组件的位面可以延伸出多样性的可能,而非孤立与静态的事物或本质;其次,概念的建构需要破除既有的先验预设,避免将概念变为普遍概念。

二、内在性平面——承载概念无限飞越的 有限轮廓

德勒兹与伽塔利的哲学就是一种建构主义(constructivisme),由于建构主义下的创造活动需要在一个平面给予一个自治的存在(existence autonome),所以它包含了两个本质不同却为互补的要素——创造(créer)概念与勾勒

① 德勒兹:《差异与重复》,安靖、张子岳译,上海:华东师范大学出版社,2019 年,第 97 页。引用时略有改动。

② Gille Deleuze & Félix Guattari, *Capitalisme et schizophrénie 1 L'Anti-Œdipe*, Ed. Minuit, 1972, pp. 69,130–133.

(tracer)平面。① 这个需要被勾勒的平面就被定义为内在性平面。内在性平面成为创造概念所需的条件,也就是说概念的创造仅有在内在性平面内进行方可被称为概念。

在这里看来,内在性平面似乎成为德勒兹与伽塔利的概念的一种"预设",其实不然,上文提到概念与内在性平面两者本质并非属于同一范畴,也就是说内在性平面并不属于概念的范畴,若是将内在性平面的属性混淆,将其理解为一种"概念",或是"所有概念的概念",就会导致概念本身丧失其特异性,而变为上文所提到的含有不证自明预设的普遍概念。

在此,我们可以将内在性平面理解为承载概念的载体、生成概念的土壤,以及在创造概念时组件所进行飞越的一个边界。试想,若概念不存在于一个载体之上,组件的飞越没有边界,那么人们所创造的概念还能否对应想要解决的问题呢? 例如,在笛卡尔的"我思故我在"的论述中,组件在飞越时超过了"我"的范围,将"我怀疑"变成了"他/她怀疑",或是将"我思考"变成了"他/她思考",那么在这些组件构成"我思故我在"的论述之时就会生成"他/她在怀疑的同时我思考并且我存在"或是"我在怀疑的同时他/她思考并且我存在"这样的结果,在此看来这个结果无疑是万分荒谬的。

由此可见,内在性平面可以视为概念在创造时组件进行无限的飞越运动的一个轮廓、一个边界,也恰恰是这个轮廓与边界的存在,才使得概念能被称为概念。这也就更清晰地解释了上文德勒兹与伽塔利对概念的定义: 由一个绝对飞行的点以无限的速度飞越过有限数量的异质成分的不可分割性,概念的无限性由飞越或绝对的速度所赋予,而其有限性则是受限与飞越运动的概念组件轮廓。概念在创造的过程中是相对无限的,而在表现的过程中却体现了其有限性。也就是说,只有通过外在性平面产生的有限约束,才能确保概念在创造过程中的无限飞越得以进行——因为只有在内在性平面内变化的弧形(courbure)维持着无限的运动,这个弧形使得概念创造中的组件自身得以不间断的来回,也释放了弧形所维持的其他运动。②

在这里我们不妨将内在性平面想象为一个竖立的带凹槽的环状物,将概念创造时组件想象为分散于环状物内部的球体,在忽略能量损耗的假设之下,环状物具有的弧形为球体提供了运动所需的能量,同时在一个球体运动的同

① 　Gille Deleuze & Félix Guattari, *Qu'est-ce que la philosophie?*, pp. 15, 44.

② 　Gille Deleuze & Félix Guattari, *Qu'est-ce que la philosophie?*, p. 53.

时势必能带动分散在环状物内部的其他球体,这样一来,一系列在有限约束内的无限运动就诞生了,概念的创造也就开始了。试想,若失去了那个带凹槽的环状物,球体还能否无限的运动,还能否带动其他球体运动? 当球体失去了其运动的载体时,当概念的创造活动失去了内在性平面时,球体的运动或概念的创造只能陷入混乱(chaos)之中。在概念创造的过程中,只有内在性平面切入(inscrire)了混乱,方可避免概念创造时飞越的组件陷入混乱。

同时,根据德勒兹与伽塔利的观点,内在性平面也非唯一的存在,内在性平面以一种薄层(feuillet)之状态呈现,可以将整个哲学史的发展视为内在性平面薄层的相互堆叠与渗透,不同的哲学家将在薄层上进行作业。对于此,德勒兹与伽塔利思考了是否存在一个或多个更好的或是能回应时代需求的内在性平面。若要解答这个问题,就需要我们放弃以历史时间的角度去寻找,而以一种地层学的时间(temps stratigraphique)来考量。换言之,就是并非越处于上层的薄层就是更好的内在性平面,因为地貌的变化有可能会使得古老的地层再次隆起,从而在平面的形态上生成更多的弧线,而更多的弧线就可以使得概念创造时组件的飞越运动能更加顺滑流畅地进行。在经历过地层考古之后,德勒兹与伽塔利将斯宾诺莎所建构的内在性平面奉为圭臬——那是一个纯粹的内在性平面,一个摆脱了超验性(transcendant)且引起了最少的幻觉、坏的感知以及错误直觉的内在性平面。①

简而言之,内在性平面作为与概念本质相斥却互补的要素,是概念创造活动中不可或缺的,内在性平面作为概念创造时概念组件的一种有限的约束机制,倘若缺少了内在性平面,概念创造时组件的无限运动将无法维系,概念的创作也无法完成。同时,内在性平面并非唯一,而是以薄层的状态堆叠存在,内在性平面的优劣并不能以其产生的时间而作为判断标准。

三、概念性人物——概念之施动者与
　　视角转换者

对于德勒兹与伽塔利所提及的概念性人物,我们不能简单地将其理解为哲学家抑或是概念的创造者。在内在性平面内概念的组件进行飞越运动之后,概念被创造了,与此同时,与这个概念相伴生的、与之搭配(raccordable)的

---

① Gille Deleuze & Félix Guattari, *Qu'est-ce que la philosophie?*, p. 71.

概念性人物也同时诞生。举例而言，笛卡尔的"我思故我在"这个概念中的"我"不仅仅是作为在概念生成时进行飞越的组件，也是在概念诞生后与之伴生而出的概念性人物。

概念性人物对德勒兹与伽塔利的概念系统而言也是一个不可或缺的要素，试想，若是缺失了概念性人物，那么"我思故我在"就将会变成"思故在"形式，就如缺失主语的句子，在意义上产生了缺失。同样的例子数不胜数，如《论语》之中的君子、《查拉图斯特拉如是说》中的查拉图斯特拉、克尔凯郭尔笔下的唐璜等。

概念性人物成为哲学家所创造概念的施动者，也成为哲学家的"异语同义词"（hétéronyme）以及哲学家的代名词。晚年的德勒兹在与学生克莱尔·帕奈的电视采访对谈中就将莱布尼茨称为"为上帝辩护的律师"，将康德称为"法官"以及将维特根斯坦称作"哲学的刺客"①。哲学家将不可避免地变为自己所创的概念中的一个概念性人物，同时也将这种思维方式进行了扩散。在思考与概念的领域之中，我已经不再是作为第一人称的"我"而存在，我是谁（Qui est Je?），"我"永远是一个第三人称视角下的我。概念性人物使得我们在思考中产生了一种新的方式来观察自我，不是照镜子，而是以一种第三人称的视角来观察我。

概念性人物所扮演的角色，是表达在思维范畴上的领域化（territorialisation）、去领域化（déterritorialisation）以及绝对的再领域化（reterritorialisation）。② 例如，德勒兹将康德称为法官，我们并不是将康德理解为司法审判层面上的法官，但是，康德所提出的理性批判恰恰是将"让上帝审判我"的状况被"让理性审判我"所代替，那么康德是法官吗？ 即便在思维层面，康德也不是法官，但是他提出的理性审判需要一个具体的施动者来进行"审判"这一动作，这就使得他获得了一种新的存在，让思维与概念性人物有了共同实践的可能性，所以康德在思维范畴中又成了"法官"这一概念性人物。这就体现了概念性人物在思维层面所展现出的从领域化到绝对的去领域化再到再领域化的过程。

同时，概念性人物也是内在性平面能产生的关键所在，而内在性平面又是概念性人物远离混乱的庇护所。回到上文所举的例子来谈，我们将内在性平面想象为一个竖立的带凹槽的环状物，那么概念性人物就是安置这个环状物

---

① Gille Deleuze & Claire Parnet, *L'Abécédaire de Gilles Deleuze*, par Pierre-André Boutang, 1989, la séquence *K comme Kant* et *W comme Wittgenstein*.

② Gille Deleuze & Félix Guattari, *Qu'est-ce que la philosophie?*, p. 82.

的施动者,只有将内在性平面切入混乱,才能避免在概念创造时组件飞越的进行;同时,在完成平面的架构之后,概念性人物则会栖息于内在性平面之内,等待概念的生成,从而对概念加以动作,使得概念能在真正意义上成为一个完整的概念。

综上所述,概念性人物在德勒兹与伽塔利的概念体系中承担着概念施动者的作用,在这个作用之下,概念性人物对我们的思维进行了领域化、去领域化以及再领域化的动作,从而让我们在思维领域能以第三人称的视觉进行观察。最后概念性人物也是生成内在性平面的关键要素,同时内在性平面也给予了概念性人物在概念被创造之前的安身之处。

四、地理哲学——解构传统哲学史

德勒兹与伽塔利在对概念的三个基本组成要素进行分析之后,就将视野转移到另一个图景——地理哲学(Géophilosophie)。地理哲学为哲学史勾勒出一幅气势磅礴的画面,将哲学与西方的历史与地理相互交织,从希腊到法国、德国、英国等地区,到普遍的民主国家,再到"未来的人民",从宗教到哲学,从理性主义到实用主义和经验主义……一切与哲学相关的衍变被赋予了一种地理学的视角。德勒兹与伽塔利对哲学史的观点也是一种"反"哲学史的观点:哲学不能被归结为历史,因为它从未停止过将自己从历史中剥离出来,从而方能创造定义上不可预测的概念。

与黑格尔和海德格尔的观点相左,德勒兹与伽塔利认为,论证哲学产生于希腊的必然性是徒劳无功(vain)的。首先,德勒兹与伽塔利认为,希腊人作为自由人已经首先抓住了客体(Objet)与主体的关系,但并没有进一步深入下去,在传统哲学意义中,希腊人将客体作为"美"(beau)来进行静观(contemplé),而缺失了后续的反思(réfléchi)以及沟通(communiqué)。根据黑格尔的观点①,希腊人发明了第一阶段,从这个阶段开始,一切都在内部发展为概念。由于缺失了反思以及沟通的过程,客体与主题的关系没有得到明确的定义。其次,到了海德格尔的阶段,他将问题从主体与客体之间移置(déplace)到了存在(être)与此在(étant)之中,海德格尔关于存在与此在的反思都是基于大地以及领域,希腊人在存在中定居,并且在去领域化之后通过自己的语言以

---

① Gille Deleuze & Félix Guattari, *Qu'est-ce que la philosophie?*, p. 111.

及语言中的珍宝"存在"这个动词开始了再领域化的进程。海德格尔认为希腊人没有确定（articuler）自身与存在的关系，就如黑格尔认为希腊人没有将"静观"再进一步成为"反思"一样。德勒兹与伽塔利认为黑格尔与海德格尔的工作就是重复性的重生（recommençante）希腊人的思考运动，他们两人都将希腊以及哲学的关系设定为一个根源（origine），一种必然性，从而成为西方内部历史的起点。

德勒兹与伽塔利也分析了为何在东方的前哲学阶段产生的思维并没有真正形成一种哲学的原因：在东方的思想中，客体本身被视作了一种纯粹的抽象，从而忽视了概念，使得最抽象的虚无（vide）与最平凡的此在得以共生（coexister）。同时，东方人进行思考，却没有将"存在"本身列入思考的范围之中。

对于地理哲学而言，只有一个普遍的偶然性历史。哲学没有一个固定的起源，之所以能起源于希腊是依赖一种氛围（ambiance）、一种介质（milieu）。哲学是一种生成（devenir），而生成是不属于历史范畴的，如果将哲学看作一种具有必然性的学科，那么就会使得哲学本身被哲学史所裹挟、所吞并。哲学会从哲学史中建构新的概念，而被创造的那些新的概念也终究会回到哲学史之中。

所谓的地理哲学，在笔者的理解即是德勒兹与伽塔利引入了地理分析的方法来对传统哲学史的一种解构，地理哲学将哲学史从单纯的历史范畴中解放出来。通过地理学的分析视角从而论证了哲学的起源并非必然的、预设的，也不是单一的。而正是通过对这种必然性的否定，方才使得哲学（概念的建构与创造）不会被哲学史所吞并。如果将以往的哲学史看作一块领域，只有通过哲学概念构建这一去领域化以及再领域化的动作，方能使得哲学保持年轻与活力。

五、结　　语

从上面的论述不难看出，德勒兹与伽塔利所重新定义的概念的三个要素相互呼应却又需要我们独立对待，就如概念的生成不能离开内在性平面与概念性人物，但我们不能简单地将三者混为一谈，如果将概念与内在性平面都定义为概念，那么就会回到传统哲学的普遍概念之中，因为内在性平面是一种非概念的预设；同样的，脱离内在性平面的概念会失去其相对的无限性，导致概念无法生成,失去了概念性人物的概念将失去概念的意义。所以德勒兹与伽塔利语境中的概念的创造与构建需要同时满足概念、内在性平面、概念性人物这三个条件。

哲学是什么? 处于垂暮之年的德勒兹与伽塔利在人生已别无所求的午夜时分给了我们一个崭新的视角,哲学不是静观,也非反思,亦非沟通,这并非后现代解构主义一句看似要打破一切的野蛮口号,在德勒兹与伽塔利的层层深入论证中,我们看到了哲学新的未来,一种新的可能性——哲学是勾勒,是发明,是创造。

若要对哲学这种新的可能性进行实践,在建构与创造概念时,我们需要一种哲学的能力——一种对哲学的判断力(goût)①。也就是说,我们需要理性来进行内在性平面的勾勒,需要想象来发明概念性人物,需要知性来创造概念。仅在拥有了这种判断力的前提下,我们方能把握那些尚不明确的概念、处于朦胧的概念性人物以及透明的平面。

古往今来存在着数以千计的哲学思潮,也孕育出了多如繁星的概念。德勒兹与伽塔利对概念的重新定义给我们提供了理解哲学这门学科一种新的切入视角与方法,对传统哲学形成方式的解构,拒绝在先验且不证自明的预设下进行思考,以建构、创新、生成的方式对以往的哲学思潮以及概念进行挖掘与更新,以及用地理学分析的方式解构必然性与唯一性,或许这就是德勒兹与伽塔利眼中的哲学。

---

① Gille Deleuze & Félix Guattari, *Qu'est-ce que la philosophie?*, p. 91.

论列维-斯特劳斯的共时性之维

孙　震/文*

摘　要： 时间问题一直以来为哲学家所关注,列维-斯特劳斯以"共时性"之维使传统哲学的时间问题结构化,批判了传统认识论中一维的"历时性",进而批判了萨特存在主义"人"学的历史观。然而,"共时性"与"历时性"并不是非此即彼的对抗关系,而是共存的组合关系。同时,"共时性"之维反思了传统认识论的生成论、因果关系,揭示了传统认识论的局限性。因此,"共时性"是列维氏结构主义思想的重要哲学维度。

关键词： 时间　列维-斯特劳斯　共时性　结构主义

从古希腊哲学家赫拉克利特、芝诺,到中世纪经院哲学家奥古斯丁,再到近代哲学家莱布尼茨、康德,"时间"问题一直以来都是哲学家们所关注的问题。现代哲学中"时间"问题又呈现出不同的样态,胡塞尔的"时间"是一种可以"直观的意识";海德格尔的"时间"是"人之存在"的维度;柏格森则认为"时间"是"生命的流动"。结构主义思想家列维-斯特劳斯也关注"时间"问题,然而他不再纠结于"时间"本身的性质及其与"主体"之间的关系,而是从结构的角度为"时间"提供了一个新的维度——共时性。

一、前结构主义的时间观念

（一）康德的时间观

对于康德来说,"时间"不是一个来自经验的观念,而是一个先验的感官形式。在《纯粹理性批判》中,康德详细阐述了其关于"时间"的观点。康德从五

---
*　孙震,哲学博士,辽宁大学哲学学院讲师。

个方面证明了时间概念的形而上学性,首先,康德认为时间所具有的同时性和相继性之所以能够进入我们的知觉,正是由于时间具有先天的表象,因此,时间不是来自经验而是先天的。第二,时间是直观的基础,现象的现实性建立在时间的表象之中,我们可以想象一个没有现象的时间,却不能设想出一个没有时间的现象。第三,在康德看来,客观经验不具备普遍性,我们对外部世界的认识是通过先验的直观形式。这种观念符合康德的"主体哲学"的设计,"哥白尼式的革命"正是体现在这种客观经验与主观理念的符合,通过这种"颠倒"的符合康德解决了经验主义怀疑论的问题。第四,时间并不是可以通过演绎而得到的概念,而是一种纯粹的形式,当然这个形式经由直观的把握而呈现。第五,时间的这个整个的表象必定是无限制的,是被给予的,因此,时间不是由概念推论出来的,而是来自直接的直观。

在关于"纯粹知性概念的图型法"中,康德进一步阐释了时间对认识论的重要性。康德认为纯粹知性概念(范畴)无法直接应用在经验性的直观之上,而经验性的直观也无法直接统摄到纯粹知性概念(范畴)之下,此两者无法直接"沟通",它们需要一个中介,一个第三者。"这个中介的表象必须是纯粹的(没有任何经验性的东西),但却一方面是智性的,另一方面是感性的。"[1]康德称这个中介为"先验的图型"。时间,作为杂多的内感官形式的同时,还兼具有纯粹直观的先天性。由此,时间为我们的认识提供了一个基础。这个基础具有双重的性质,既是感性的又是先天的。康德通过对时间的阐释为认识论提供了一个新的途径,缓解了先验与经验的矛盾,在先验与经验之间建立了一个既是感性(经验)直观又是先验形式的"时间"。

(二) 胡塞尔的时间观

通过现象学的还原,胡塞尔认为"时间"是一个"意向之流""体验之流"。胡塞尔首先通过区别现象学的时间和客观的宇宙时间来界定现象学时间研究的素材,他认为现象学的时间是"在一个体验流内(一个纯粹自我内的)一切体验的统一化形式"[2]。客观的宇宙时间是一种依附于物质现实的、由物理手段或者钟表来度量的流俗时间。时间意识经过现象学的还原"不仅失去了与物质现实及其空间体现的统觉'联系',而且也失去了它在宇宙时间秩序中的

---

① 康德:《纯粹理性批判》,邓晓芒译,北京:人民出版社,2004年,第139页。

② 胡塞尔:《纯粹现象学通论》,李幼蒸译,北京:商务印书馆,1992年,第203页。

地位"①。既然"时间"与物质现实无关,胡塞尔便把"目光"向内转,把"时间"与"体验"联系在了一起,"现象学的素材是时间立义,是客观意义上的时间之物显现于其中的体验"②。胡塞尔认为,时间性本身包含着一般体验的本质特征。也就是说,时间性不仅仅彰显着每一个单一的体验,"而且也是把体验与体验结合在一起,每一个现实的体验都必然是一种持续的体验;而且它随此绵延存在于一种无限的绵延连续体中———一种被充实的连续体中。……它属于一个无限的'体验流'"③。对于康德的时间观,胡塞尔把时间从一个没有内容的形式,通过"直观"的还原,成为一个充满"内容"的"体验之流"。

　　胡塞尔对时间的这种解读非常特别,首先,时间不是可以被计时器分隔的、可以被计量的物理时间,也不是仅仅联结经验直观与主观范畴的"第三者"。时间成为一条源源不断流淌的"内意识的河流"④,在这条"河流"之中我们可以发现"活生生的生命",这条"内意识的河流"就是"生命之流"。胡塞尔对时间的这种认识在法国哲学家柏格森的"生命哲学"中得到了更加丰富的阐释。

(三)柏格森的时间观

　　柏格森不同意康德把时间限定为一种"先天直观的形式",这样的时间其实只是被空间化了的"纯一的时间"(le temps homogène)。这样的时间,在柏格森看来并不是"真正的时间",只是一个符号,一个象征,一个空间化了的时间。而真正的时间,被柏格森称为"绵延",与空间没有任何关系,它是具有多样性的,不可分割和测量的,属于意识心灵的"绵延"(La durée)。

　　首先,对于多样性的解释,柏格森认为有两种多样性:"一种属于物质的东西,对于这些东西,数目直接适用;一种属于意识状态,对于这些状态,我们若不借助于某种象征表示就不能把它们当作可计算的。"⑤适用于第一种多样性的正是柏格森所谓的"纯一的时间",这样的时间可以用数字来计算,用工具来分隔,这也就是物理时间、自然时间,也是康德所认为的"空间化的时间"。第二种多样性处于意识状态之中,通过意识的象征性才能区别,柏格森说:"纯绵

①　胡塞尔:《纯粹现象学通论》,李幼蒸译,北京:商务印书馆,1992年,第203页。
②　胡塞尔:《内时间意识现象学》,倪梁康译,北京:商务印书馆,2010年,第40页。
③　胡塞尔:《纯粹现象学通论》,第205页。
④　胡塞尔:《内时间意识现象学》,第174页。
⑤　胡塞尔:《内时间意识现象学》,第64页。

延只是纯粹的多样性。"①德勒兹(Gille Deleuze)总结道:"这是一种连续、融合、有机、异质、质性区别或者说性质差异的内在多样性,一种潜在和连续的,不能还原成数目的多样性。"②第二种多样性正是柏格森所说的"绵延"的性质,在我们的意识之中,融合着丰富的情感和事实,五味杂陈。这是我们无法由数字来量化和区别的,这也符合了作为我们心灵之"绵延"的不可分割性。"绵延"就是我们源源不断的"生命之流"。

柏格森正是通过对"时间"观念的重新解读,重新建构了一个充满着异质性的杂多的"生命哲学"。通过"绵延"中的多样性,柏格森为"生命"的"创造"找到了哲学的根基。人们可以通过存在于"绵延"中的"意识",找到那个真正的"自我",来实现真正的"自由"。柏格森打破了在传统认识论中由"纯粹"、单调的理性所束缚的时间,为时间赋予了一个新的充满异质性的内容。这种对异质化的诉求与后来的结构主义所倡导的差异性原则不谋而合,只是他们实现目的的方式各不相同。

(四)海德格尔的时间观

海德格尔从对"存在"的阐释开始展开了对"时间"的关注,此在(Dasein)的时间性成为海德格尔哲学的一个重要组成部分,因为,时间性是"作为我们成为此在的这种存在着的存在之意义"③。于是,海德格尔开始追溯时间的源头,并且发现时间应当被分为两种:"真正的时间"与"流俗的时间"。"流俗的时间"源于"真正的时间",但是却遮蔽了"真正的时间"。"流俗的时间领会来说时间就显现为一系列始终'现成在手的'、一面逝去一面来临的现在。"④这种面对着"现在"的时间观在海德格尔看来并不是"时间"的本性,"现在的可定期性与意蕴根据于绽出视野的时间性的建构,而这一建构在这种遮蔽中却被敉平了"⑤。传统的时间观就是通过遮蔽和敉平时间性建构了一种"没有终点"的时间之流,时间成为一种持续着的"现在"。

那么,"真正的时间"的本质又是什么呢? 我们可以从海德格尔上面的文

---

① 胡塞尔:《内时间意识现象学》,第 77 页。
② 转引自王亚娟:《逻各斯的退隐——柏格森对康德时间观的批判》,《哲学分析》,2013 年第 4 期,第 56 页。
③ 海德格尔:《存在与时间》,陈嘉映、王庆节译,北京:生活·读书·新知三联书店,2012 年,第 20 页。
④ 海德格尔:《存在与时间》,第 476 页。
⑤ 海德格尔:《存在与时间》,第 476 页。

字中找寻到几个线索,那就是"可定期性""意蕴"以及"绽出视野"。海德格尔的时间观是一种"空间化的时间",这样的时间具有"深度",是"一种特殊的时间平面,是另一个层次上的时间"[1]。正是在这样具有层次的、空间化的时间上,此在的各种可能性、各种差异性才能得以显现,我们无法想象在一条单一的时间直线上会有任何"惊喜"。我们看重的不是时间的量的累积,而是质的差别。只有在无拘无束的时间之中,我们才能发现自由的精神。

海德格尔把时间从单向的、线性的轨迹中剥离出来,给了时间一种丰富的可能性。时间不再是必然地流向一个方向、一个结局,而是开始向不同的方向展开,这也许就是海德格尔所谓的"绽出视野"的含义。在此,我们可以发现胡塞尔的边缘域概念在海德格尔这里的闪现,他们都表达着对传统认识论中的单一性的拒斥,追求一种多向的"时间"。

二、共时性对传统时间观念的改造

"共时性"是索绪尔提出的一种进行语言学研究的方法,是针对传统的历时性语言学研究方法的局限性而提供的一种静态语言学研究方案。列维-斯特劳斯借用了这一概念,将其应用于人类学、神话学研究之中,形成了其结构主义思想。"共时性"之维在列维氏的思想理论中具有重要的作用,可以说"共时性"之维是结构主义的一个重要标志。

(一) 历时性与共时性的概念

作为一个语言学专业词汇,历时性(diachronie)由两个古希腊语词根 δια 和 χρόνος 组成。δια 表示通过、穿过之意,χρόνος 表示时间。法语罗贝尔词典(Le Robert)对这个概念的解释是:"在时间中语言现象的演化。"这个概念强调的是在时间中通过,以时间作为一个流动的线性过程来限定所要描述的事物。历时性的研究方法是一种追本溯源的研究方法,也是人类认识活动的一种最基本的维度。当我们强调"在时间中通过"的时候,我们已经设定了一个"在时间中通过"的主体的存在。同时,由于人作为认识活动的主体,人所具有的历时性的特点也导致了人类认识活动对历时性的这种追求。

共时性由索绪尔发明,用以对立于历时性。共时性(synchronie)由两个词

---

[1]　尚杰:《从胡塞尔到德里达》,南京:江苏人民出版社,2008 年,第 187 页。

根 syn 和 chronie 组成,分别源于古希腊语 σύν(同、合)和 χρόνος(时间)。罗贝尔词典的解释为:"对于某一个假定时刻的,可以被认为形成一个系统的全部语言现象。"在共时性这一概念中,对时间的要求是静止的,在这里时间被假设为零,所有准备被解释和描述的事物或者现象,在进入共时性之时,它们都进入一个静止的状态,我们暂且忽略它们的时间之轴,不再去关注它们曾经的模样,也不再去考量它们在未来会如何。我们在此时关注的是诸种事物或现象在这个假定的静止时刻下,它们彼此所呈现出来的在空间上的关系。

索绪尔最早提出共时性研究的重要性,在他的著作《普通语言学教程》中索氏阐述了共时性在语言学研究中的重要性。索氏用了一个下棋的例子来解释其共时性语言学的理论,首先,他认为"每项要素都由于它同其他各项要素对立才能有它的价值"①,这一点体现着结构主义的差异性原则。各个要素存在的价值不在于"主体"的赋予,而恰恰就在于它们的差异性,包括本质上的和空间上的;其次,"价值还首先决定于不变的规约,即下棋的规则"②决定了棋子在棋盘上展现出来的空间状态,决定着棋子与棋子之间的位置关系以及价值关系。那么对于一个游戏的"规则"不恰恰就是隐藏的棋盘后面的结构吗?第三,"从一个共时态过渡到另一个共时态,只消把一个棋子移动一下就够了,不会发生什么倾箱倒箧的大搬动"③,这一点体现的是结构主义所强调的稳定性。共时态并不是完全的静止,这种静止是为了发现要素之间的关系所假设的,好似在实验室中的"真空"。但是,当系统在运动中,其所体现出来的结构是不变的,好似在下棋的过程中,棋子虽然在不断地运动,但是下棋的规则并不会变化。共时态在不断地运动中,从一个共时态走向另一个共时态,而且历时态也并不是没有任何的位置,它在不同的共时态中也有所体现。这一观点也为后来列维氏提出的"动态的共时性"提供了基础。

索绪尔的理论为结构主义语言学的产生和发展提供了重要的理论基础。当列维氏接触到结构主义语言学之时,列维氏立刻发现这种特别的研究方法将会改变社会科学、人文科学研究的现状。"对于历时性与共时性的关系,列维氏全盘接受了索绪尔语言学中共时性的优先性的观点。"④列维氏运用"共时性"的研究方法展开了对人类社会、亲属结构以及神话学等方面的研究,当

---

① 索绪尔:《普通语言学教程》,高明凯译,北京:商务印书馆,1980 年,第 128 页。
② 索绪尔:《普通语言学教程》,第 128 页。
③ 索绪尔:《普通语言学教程》,第 128—129 页。
④ F. Dosse, *Histoire du structuralisme, tome 1: Le champ du signe*, La Découverte, 1991, p. 41.

然这种方法内蕴的对历史性的轻视必然导致了其与历史主义的对抗。

（二）共时性与历史的对抗

列维氏在其重要的作品《野性的思维》中，以"共时性"研究方法为基础理论展开了对萨特的存在主义历史观的批判。历时性原则所强调的是时间的线性维度，是一种历史性的维度。这种原则代表了传统认识论中的线性思维，是一种单一维度的思考方式。这种思考方式不仅仅体现在历史研究中，而且在诸多的社会科学、人文科学中普遍存在。列维氏批判这种单一的思考方式，他认为我们应该放弃历时性研究方法的优先性，结合共时性与历时性这两种研究方法才能实现真正的认识。

在列维氏看来，以萨特为代表的哲学家赋予历史过高的价值了，对于列维氏来说，"人种学家尊重历史，但不赋予它一种特权的价值"[1]。相对于历时性所强调的时间，当我们以共时性作为方法的时候，展现在我们面前的就是一种空间的关系。这种空间的分布与时间的连续性在列维氏这里具有相等的价值。对于传统的哲学家，"时间的维度享有着特殊的权威，好似历时性筑成了一种可理解性的基础，这个基础不仅超越于共时性所给予的那种可理解性，而且尤其是历时性筑成了一种更加人化的秩序"[2]。其实，仅仅是因为人本身的历时性特征决定了我们看待对象的方式。我们更喜欢以一种时间的维度来衡量对象，恰如我们在回忆过去和想象未来时所呈现出来的一条时间之轴。外在的历史在这种方式下与个人的历史统一了，"正如我们相信我们自身理解的个人的发展恰如一种连续性的变化，历史的知识使我们觉得再一次找到了内在感官存在的证据"[3]。

历史学家展示给大众的历史又是怎样的呢？对于列维氏来说，历史就是由神话和幻想组成的，"在萨特的系统中，确切地说历史担当的是神话的角色"[4]。历史学家总是习惯于选择一些事先假设的地区或者时间，他们不能够得到具有重大意义的全面的历史。"甚至那种自称为通史的历史，也只是几部地方历史的并列，在它们内部（而且在它们之间），空白之处要比充盈之处多得

---

① Cl. Lévi-Strauss, *La pensée sauvage*, Paris：Plon，1962，p. 305.

② Cl. Lévi-Strauss, *La pensée sauvage*, p. 305.

③ Cl. Lévi-Strauss, *La pensée sauvage*, p. 306.

④ Cl. Lévi-Strauss, *La pensée sauvage*, p. 303.

多……一部真正的完全的历史将会抵消掉自己,它的结果将是等同于零"①。

在列维氏看来,我们又应该如何来看待历史呢,列维氏又回到了这个书的主旨"野性的思维"之中,他阐述道:"我们已经发现历史根植于野性的思维之中……野性思维的本质就是非时间性的,它想同时通过共时性与历时性的整体来认识世界。"②在所谓的文明人眼中的野蛮人,以其独特的思考方式认识着世界。当他们去认识外部世界时,对于事物之间的关系、它们的差异性,往往产生了更强烈的关注。他们通常是把外部世界模拟成为心智所能理解的方式,进而去获得关于外部世界的知识。列维氏举了一个镜子的例子来说明野性思维是如何获取知识的:"它所获得的知识恰似在一个房间内,固定在相对的墙上的那些互相反射的镜子所呈现给我们的(同样反射着那些处于把镜子分开的空间内的事物),虽然反射并不是严格地平行。顿时,大量的影像(images)形成了,结果是任何一个影像只是关于室内的装饰和家具的部分知识,但是全部的影像群所表现出来的特点正是通过表达真理的不变属性所表现出来的。野性的思维借助于对世界的再现(imagines mundi)深化了自己的知识。它根据那些与其相似的心智体系,建构了那些有利于对世界的理解的心智体系。"③

在这个例子中,那些挂在墙上的镜子意指着同时存在的不同的看待世界的主体(文化)。没有任何一个主体处于世界的中心,任何一个主体所观察到的对象只能是对世界的部分知识,是对真理的部分地再现。只有利用共时性的方法,放弃对镜子、主体的关注,在整体的空间中,通过不同的主体分别呈现出来的部分,才能获得对世界整体而又全面的认识。通过传统认识论的方式所获得的知识并不是没有价值的,而是一种局部的知识。造成这种结果的原因正是"主体"的存在,因为"人"一直以来占据着"主体"的位置,那么"人"的一维的时间维度必然限定着我们看待外部世界的方式。如果我们要获得一种整体性的知识,我们就要放弃"历时性"的优先地位,采用"共时性"的方法,才能获得真正的知识。

野性的思维是"整合性"的,结合了共时性与历时性的思考方式,是一种"既是叙事性的,而同时又是几何性质的思维"④。人类学的研究应该穿过各

①　Cl. Lévi-Strauss, *La pensée sauvage*, p. 307.

②　Cl. Lévi-Strauss, *La pensée sauvage*, p. 313.

③　Cl. Lévi-Strauss, *La pensée sauvage*, p. 313.

④　Cl. Lévi-Strauss, *La pensée sauvage*, p. 292.

具形态、纷繁复杂的经验现象去认识和把握隐藏在现象背后的"结构"。萨特以历时性为基础的思考方式恰恰是基于人类的基本特点的。个体的生命历程被描绘成了一幅幅一维的连续画面,整个历史也被化约在这种以个人主体展开的历时性的画面之中。借此,历史学家们通过这种赋予的内在性获得了对外部历史的认知。真正的历史,对于列维氏来说,是"由各历史领域所组成的,非连续性的整体"①,并不是我们想象的简单的直线序列。我们认知的那些历史事件的日期,也并不是由于历时性的展开才获得了意义,"每个日期的意义在于与其他日期之间的那种相关而又对立的复杂关系"②,我们获得这种意义的方式往往在共时性的思维中展开。

列维氏的这种共时性历史观,动摇了"主体—人"在以萨特所代表的存在主义哲学历史观中的基础地位。"共时性"之维是对"主体—人"的一种摒弃,从目的上来说列维氏是与海德格尔站在一起的,海德格尔也是希望通过剥离"存在"对时间的遮蔽来发现"真正的时间"。如前所述,"历时性"是一种以人为主体所展开的、线性的思维方式。由于人本身所具有的线性发展的特点,我们把外在的事物同化在我们的线性思维之中,进行思考和理解。虽然,这种思维方式为人带来了对外部世界的认识和知识,但是我们并不能忽视其他维度的意义和价值。列维氏正是通过"共时性"之维阐明他对传统的主体哲学摒弃的态度,这种态度是对近代以来以笛卡尔为代表的"我思"哲学的反思和反抗。"意义"不再来自"主体"的赋予,而是来自语言或者符号。"共时性"与"历时性"的这种对抗关系也体现着近代以来欧洲哲学思想中对时间与空间关系的思考。正是在这个意义上,列维氏指出:"我们相信人文科学最终的目的不是构成人,而是去使其解体。"③由此,我们可以发现"共时性"这一语言学概念,通过列维氏引入人文科学研究领域之后所带来的思考及其对哲学的现代性根基带来的巨大破坏力。

(三)共时性与历时性的关系

在列维氏以结构主义共时性为基础,展开了对萨特的存在主义历史观的批评之后,学界反响强烈,其中不乏许多批评的声音。列维氏在批驳这些观点的同时也进一步阐释了他对共时性与历时性关系的看法。

---

① Lévi-Strauss, *La pensée sauvage*, pp. 309 – 310.
② Lévi-Strauss, *La pensée sauvage*, p. 309.
③ Lévi-Strauss, *La pensée sauvage*, p. 294.

列维氏在其著作《结构人类学》中主要回应了语言学家欧德里古尔（Haudricourt）和格拉奈（Granai）对他的批评，并且进一步展开了对共时性的解读以及共时性与历时性辩证关系的分析。对于列维氏来说，共时性并不是一种完全的静态，他更倾向于一种动态共时性。在这一点上，列维氏结合了雅各布森的观点，"共时态并不等同于静止的"①。欧德里古尔和格拉奈所犯的错误是"过分强调历时性观点与共时性观点之间的对抗"②，共时性与历时性的这种对抗，对于雅各布森来说，是"非常虚幻的"，而且这只是在一项研究的初始阶段的一种方法。"认为静止是共时态的同义词是一个巨大的错误。静止的剖面只是一个假设：它只是一种备用的科学手段，它并不是'存在'的一种特殊样态。我们不仅可以历时性地也可以共时性地去感知一部电影，然而一部电影的共时层面不能等同于从电影中抽取出的一幅孤立的画面。对运动的认知也是体现在共时性层面上。对于语言也是同样的。"③也就是说，我们不可能获得绝对意义上的静止。静止只是在我们思想中的假设，是我们通过共时态的方式获得对外部世界知识的一种手段。静止的假设有如在自然科学中对某种公理的前提假设，我们可以通过这种假设进而获得某种知识。但是，真实的世界中，这种所谓的"理想状态"却永远也不可能成真（比如物理学中的真空）。因此，静止并不是真实世界的一种样态，而只是一种假设，只是共时性研究的一个前提而不是全部。因此，雅各布森认为这种对立"造成了一种既肤浅又有害的幻觉，好似一条有不可逾越的深渊处于共时性问题与历时性问题之间"④。

通过以上列维氏和雅各布森对共时性与历时性关系的论述，我们可以得到以下结论。共时性作为一种研究方法并不是与历时性严格对抗而存在的，它们之间的关系并不是逻辑学上的非此即彼。列维氏认为："我们应当感激索绪尔通过对共时性结构的观察所建立的语言的系统性特征，但是他没有决心把这一观念扩及至只有在历时性进程中才会观察到的事实。"⑤可见，列维氏对索绪尔对共时性与历时性的严格区分并不赞同。列维氏在进行人类学研究中是综合共时性与历时性的方法，他认为："如果没有引入由历史带来的思考，那

---

① F. Dosse, *Histoire du structuralisme*, tome 1: *Le champ du signe*, La Découverte, 1991, p. 82.

② Lévi-Strauss, *Anthropologie structurale*, Paris：Plon, 1958, p. 106.

③ Lévi-Strauss, *Anthropologie structurale*, p. 108.

④ Lévi-Strauss, *Anthropologie structurale*, p. 108.

⑤ Lévi-Strauss, *Le regard éloigné*, Paris：Plon, 1983, p. 209.

么解释来自同一语系,邻近族群的姓名系统的差异性和对称性效果就会很困难。"①列维氏的研究体现了对这两种方法的交叉使用。

结构主义对于共时性的关注是对那些由于人们长期以来只保持着历时性维度所带来的问题和矛盾的纠正。历时性作为传统哲学以"主体—人"为中心,为标准的维度,对我们认识外部世界是一种非常重要的手段,却不应该是一种唯一的手段。因此,结构主义者通过对共时性的关注,通过对隐藏在事物背后的结构的关注,使人们获得了一种全新的角度来认识世界,使人们通过一种全新的手段来获取对外部世界的知识和诠释。列维氏后期所做的大量关于神话学的研究,也都是基于共时性与历时性的双向维度来分析和思考的。

三、共时性之维的哲学意义

作为结构主义思潮的一条重要原则,"共时性"之维体现着列维氏结构主义思想中所蕴含的对传统认识论的批判。当我们在谈论"共时性"之时,这样的思维方式往往与结构的、静态的、形态学的联系在一起,同时通常与"历时性"之维联系的是动态的、发生学的、因果的。首先,如前所述,共时性的方法是一种实验性的方式,在时间之流中选取一个切片,在这个切片之中我们发现的是不同要素在一种静态的情况下,所呈现出来的结构。这些要素由于处于时间不变的情况下,动态的、发生学的方法已经不再适用,而通过这样静态的方式获得的普遍的、共同的规律"不是在变化的领域之中,因而这些规律不是因果性的"②。那么,我们下面就从对生成论及因果关系这两个方面来探讨列维氏的共时性之维与传统认识论的对抗。

心理学家皮亚杰(Jean Piaget)以其"发生科学认识论"著称于世,他认为结构必然伴随着主体,结构不是静态的而是一个生成的过程,"结构的形式化,本身就是一种构造过程"③。当我们承认生成或者构造的意义时,"主体—人"的历时性维度就开始进入我们认识的维度之中。列维氏认为,皮亚杰所倡导的结构主义并不是真正的结构主义,"真正的结构主义解释区别于精神分析学和那些主张把一部个人或集体作品的结构还原到误以为的它的发生上去的学

---

① Lévi-Strauss, *Le regard éloigné*, p. 210.
② 沙夫:《结构主义与马克思主义》,袁晖、李绍明译,济南:山东大学出版社,2009 年,第 8 页。
③ 皮亚杰:《结构主义》,倪连生、王琳译,北京:商务印书馆,1984 年,第 60 页。

派醉心的解释"①。以历时性、发生学来指导的结构主义又一次陷入了"主体—人"的限制之中,而"真正的结构主义试图首先把握某些类型的级的内在性质。这些性质毫不表达任何外在于它们的东西"②。皮亚杰强调结构的生成问题,他认为结构是由低级向高级的生成过程所产生的结果。列维氏无法接受这样的观点,"结构确实发生,而条件是同时还要认识到一个结构的每一个先前阶段本身也都是一个结构……结构的事实是第一位的"③。而且,结构也彰显于"共时性"中,只有在"共时性"的维度中我们才能发现事物之间的这些关系所呈现出的结构。

"共时性"之维为传统认识论带来的另一个问题是对因果关系的思考。"共时态"本是一种理想化的假设,在真实的世界中,万物都在运动之中,这种假设似乎没有任何意义。但这种方法不是思维的任意想象,在这种条件下,我们也会发现一些客观的规律。"虽然只有通过理想化的方法才能获得对同时性存在的规律的认识,但它并非为同时性存在的规律所专有,因而不会使同时性存在的规律的可信度受到任何损害。"④"共时性"方法的发现伴随着分析科学的出现,自然科学、人文科学在进行系统性的分析和研究之时,就在分类过程中发现了"一种不依赖于原因的同时性存在"⑤。这种发现使人们开始对传统认识论中的因果关系产生了质疑,"这种同时性存在处于事物的终极性质与之有通过追溯一切事物的根源方可找到的某一原因之间"⑥。因此,我们可以通过分类的科学方法找到一种"共时性"的思维方式,而这种思维方式挑战了传统认识论中的因果关系。

总之,列维氏的"共时性"之维是其结构主义理论的重要基础,是列维氏结构主义思想的重要组成部分,充分体现了列维氏结构主义研究的特点。这一维度不仅仅体现在列维氏的理论中,也对其他结构主义思想家产生了重要影响,如福柯的认识型理论、阿尔都塞的结构主义马克思理论等。深入研究这一维度对于理解结构主义思潮,理解列维氏的思想都具有重要的意义。"共时性"之维为传统认识论中的时间观念提供了一个新的视角,使我们可以从另一个新的角度来重新发现我们的心智,发现我们的外部世界。

①　斯特劳斯:《神话学:裸人》,周昌忠译,北京:中国人民大学出版社,2007 年,第 676 页。
②　斯特劳斯:《神话学:裸人》,第 677 页。
③　斯特劳斯:《神话学:裸人》,第 676 页。
④　沙夫:《结构主义与马克思主义》,第 8 页。
⑤　沙夫:《结构主义与马克思主义》,第 9 页。
⑥　沙夫:《结构主义与马克思主义》,第 9 页。

从世界的语言到"道成肉身"

——解读亨利生命现象学的语言维度

陈　挺/文[*]

摘　要：在通过存在论二元论使现象学彻底化的过程中,亨利将语言的逻各斯提升到存在论高度,并做出两种语言的区分。通过揭示世界的语言在存在论上的无能,亨利指出存在一种更本质的语言,即在生命中言说自身的言语。言语作为语言之基础,在世界中言说:生命借助情动之言说来到我们的肉身中,使我们成为生者。以言语为进路,亨利的生命现象学通达了基督教哲学:上帝之道就是原初的逻各斯,通过身为情动的基督而成了我们的肉身。经由亨利的现象学阐释,"道成肉身"教义成了言语肉身化的体现,基督既是生命之道也是生者之肉身,我们更因基督而确知上帝就是生命。从世界的语言到"道成肉身",基督教哲学的生命现象学内核在语言的维度上得到了确证。

关键词：语言　言语　生命　情动　道成肉身

　　在米歇尔·亨利后期著作中,语言成为专题讨论的问题域,他最后一部专著就是《基督之言》。亨利语言学说有如下特征:首先,亨利区分了语言(langage)与言语(parole)。亨利不是划分出现象学的两个研究区域,而是从存在论层面展示了存在本身的两重性。其次,如书名所示,亨利的语言学说最终进入了基督教语境。在他看来,"道成肉身"教义所描述的肉身化现象,正是对言语在世界中言说的本质证明。我们所关注的正是亨利论证的内在逻辑:宗教现象如何能够从语言的维度得到阐释,并反过来证明亨利语言学说的合理性? 首先,在对语言的分析中,亨利以存在论二元论为基础,论述了语言所具有的存在论地位;继而,亨利指出世界的语言的存在论缺陷需要一种更本质

　　* 陈挺,浙江大学哲学学院博士研究生,主要研究方向为法国哲学、现象学。

的语言,并以生命的言语来论证生命的现象学特征;随后,亨利敏锐地体察到言语与肉身的关系,言语在世界之中言说的方式正是在我们的肉身中言说;最后,亨利指出,"道成肉身"所表述的正是言语肉身化的事实,是对肉身与言语的本质关联的现象学揭示。聚焦于亨利通过其语言学说对基督教"道成肉身"教义的阐释,我们尝试探讨基督教哲学作为一种生命现象学之可能性。

一、语言本质:显现着的逻各斯

亨利对语言的关注始于他进行的现象学彻底化工作。借助海德格尔对现象学概念的词源学分析,他重新考察了现象学的本质:"现象学"一词由"phainomenon"和"logos"两个希腊词构成,从字面上看,现象学就是以逻各斯的方法对现象进行研究的学问。

首先应该关注 phainomenon 一词。据海德格尔考证,它派生自动词 phainesthai,意为"显现"①,这意味着现象作为"显现者"必须首先显现出来,显现行为比起显现的内容更加本质。亨利由此认定,现象学不再关注显现内容,而是研究显现行为,其本质是现象性(phénoménalité)②。随着现象性被置于首要地位,现象学的定义得到进一步明确,现象学毋宁说是"显现学"。

现象性构成我们通达现象的进路,现象必须通过现象性的感发才能显现;根据感发的不同方式,我们区分出两种现象性。第一种现象性是超越性,它是经由世界、经由视域的感发,也就是对象-显现,其结构为意向性。世界的显现暗含着一种距离化的行为,亨利称之为"现象学距离",其本质是"出离自身""视域的可见化"。③ 在这一点上,亨利批判胡塞尔和海德格尔的现象学是"存在论一元论",即认为他们将超越性当作唯一的现象性,将世界的显现当作一切可能的显现,而这种毁灭性还原使我们无法理解生命。④ 在他看来,超越性并不具备展开视域的能力,这种能力源于更原初的本质,也就是另一种现象性——内在性。内在性经由其自身而现象化,无需借助它物来显现,它是自

---

① Michel Henry, *Phénoménologie de la vie, Tome III: De l'art et du politique*, Paris：PUF, 2004, p. 326.

② Michel Henry, *Phénoménologie de la vie, Tome III: De l'art et du politique*, p. 326. 所谓现象性,按照亨利所言,就是"使每一个现象成其所是的东西",亦即现象之为现象的条件、显现者的显现本身。

③ Michel Henry, *Incarnation. Une philosophie de la chair*, Paris：Éd. du Seuil, 2000, pp. 47 – 53.

④ Michel Henry, *Incarnation. Une philosophie de la chair*, pp. 47 – 53.

身—显现,是"自行—感发(auto-affection)": 这种现象性是超越论的感发性,是非意向性的、非视域的。作为自行—感发,内在性只有在生命之形式下才能够具体地、实在地存在,因此也是生命的本质。这就是亨利的"存在论二元论",它不再从存在内部划分两个区域,而是给出两种类型的存在、两种类型的显现。①

亨利进而依据海德格尔对"Logos"一词的词源学分析来推进现象学的彻底化,这旨在重新思考语言的本质。海德格尔将语言显现自身的特性称为"语言是言说着的"——他指出,原初语言的本性由显现的本性所定义:"现象的显现意味着世界自身的到场、'外部'的涌现,结果正是外部的这种出离自身构成了现象性的现象化。"②在亨利看来,既然现象性奠基了通达现象之可能,它就同时构成了语言之可能。③ 如果语言是指涉诸现象的系统,那么除非诸事物首先显现给我们,否则我们无法命名、谈论它们。一切命题所指涉的现象必须先行显现出来,否则命题就不具有任何内容。此外,显现也使命题本身显现出来,显现就是这些命题之实存的先在条件:"不仅是这些命题指涉的事物应当向我们显现,这些命题自身也向我们显现,并且它们只有在一种语言特有的、构成语言原初本质的、构成其逻各斯的显现中才能做到。"④语言现象从属于现象性,通过显现其谈论的事物,语言在最初意义上是显现而非显现者。

如此一来,"语言的现象学"的意义也应当被颠倒过来——它不是应用于特定领域的现象学方法,而是现象学澄清工作的一个部分,这使得语言成为这一澄清的内在条件。语言的例子体现了亨利从胡塞尔那里改造而来的"有多少显现,就有多少存在"这一原则。这解释了亨利为何对语言投入关注,这种内在关联暗中指引着胡塞尔以来的现象学家关注语言问题。逻各斯就是现象学的研究方法,虽然亨利以现象性作为研究对象来重新定义现象学,但这不意味着方法问题的消除——只要现象性构成我们对现象的进路,方法就能充任对通往现象之路径的开放。⑤

正如海德格尔指出的,逻各斯的本义就是"言说",一切事物唯有通过进入现象之条件才能被言说;亚里士多德认为逻各斯是人之本质,也是因为人具有

① Jean-Michel Longneaux, *D'une philosophie de la transcendance à une philosophie de l'immanence*, in *Revue philosophique de la France et de l'étranger*, n° 3, 2001, pp. 305 – 319.

② Michel Henry, *Phénoménologie de la vie, Tome III: De l'art et du politique*, p. 329.

③ Michel Henry, *Phénoménologie de la vie, Tome III: De l'art et du politique*, p. 326.

④ Michel Henry, *Phénoménologie de la vie, Tome III: De l'art et du politique*, p. 327.

⑤ Michel Henry, *Phénoménologie de la vie, Tome III: De l'art et du politique*, p. 326.

言说的能力:"唯语言才使人能够成为那样一个作为人而存在的生者(vivant)。"①通过言说,人显现了其本己的存在,语言与存在也通过逻各斯得到统一。海德格尔更进一步指出,逻各斯的功能是 apophainesthai——phainesthai意味着光明,光"使—看"(faire voir)一切进入其中(即进入"外部"之中)的东西;apo 意味着,为了"使—看"某物,必须具有一个朝向被言说者的特殊视角,即该"使—看"是指向外部某物的意向性"使—看"。"使—看"存在者意味着存在者到场、在此在场中显现给我们。鉴于古希腊之看所暗含的光的概念,语言正是将我们一切所见、一切所能说给予我们的这种对外部之来临,即古希腊的显现。作为一种使可见性的视域成为可能的距离化,逻各斯示出一切被言说的东西,现象的"自身显现"之特性与逻各斯的"使—看"之特性相等同。通过对逻各斯的分析,现象性与语言的原初关联得到确证:既然逻各斯的功能是"使—看",亦即使一切物在外部显现,那么逻各斯首先向人显现了世界。

在亨利看来,这一定义很成问题:它将世界的显现混同于一切可能的显现,这损害了现象学的语言理论。他由此批评经典现象学关于语言的意向性概念:正因胡塞尔将显现阐释为意向性的"使—看",语言才始终是意向性的;他同样批评海德格尔将言说之逻各斯等同于古希腊的显现。如果这种逻各斯奠基了人类一切可设想的语言,语言就只能以外在的方式实现,这排除了语言与我们的本己生命相关联的可能性。

尽管如此,亨利依旧认同逻各斯意味着语言与存在之间的内在关联,对存在者之显示以及对实存的讨论应当经由逻各斯而实现:"逻各斯是一切语言的最终可能性,它是在一切言语中言说的原初言语,而这正是在逻各斯等同于奠基它的纯粹现象性的前提之下。现象性与逻各斯最终说的是一个东西。"②现象性与逻各斯的同一性向我们揭示出,对应两种不同的显现,也应当存在两种不同的逻各斯。

二、语言二分：世界的语言与生命的言语

依据其关于逻各斯的新解读,亨利区分出了两种语言——第一种语言基于世界的显现,他称其为世界的语言。对应于希腊哲学所理解的逻各斯,这种

---

① 　Martin Heidegger, *Acheminement vers la parole*, Paris: Gallimard, 1981, p. 4.

② 　Michel Henry, *Incarnation. Une philosophie de la chair*, p. 62.

语言有如下三个特征：首先，揭示的显现有别（différent）于在其中被揭示的显现者。按照海德格尔的分析，世界的显现在于"出离自身"，一切在其中显现者在外部显现为有别的，因为绽出就是区别：区别就是显现者与其显现的视域之间的区别，是显现者与显现本身之间的区别。① 其次，因为在世界的"出离自身"中进行揭示的显现有别于在其中被揭示者，揭示的显现相对于被揭示者就是无别的（indifférent）。这种无别并非同一，而是不同者以相同方式向我们显现："正如圣经所说的、照耀正确者也照耀错误者的那个光，世界的显现在一种可怕的中立之中，照亮其照亮的一切而不偏袒任何人任何事。"②最后，这种无别实则是一种更根本的无能的体现：世界的显现不仅与一切其所揭示者不相干，它也不能授予其所揭示者以存在。一旦被还原为外在性的视域，世界就被剥夺了全部内容。如海德格尔所言，世界的显现并不创造在其上发现的实在，而仅限于揭示该实在。③ 正是不能给予其揭示者以实存的这种无能，解释了它自身的无别。

根据显现与语言的本质同一性，世界的语言在本质上也是有别的、无别的、无能的。根据这种区别，世界的语言有别于它所意指的对象。世界的语言言说的方式是给出"形象"，它总是需要某物作为所指，因为本质并不存在于世界的语言中。根据这种无别，世界的语言的每个词都与其意指的东西没有任何内在关联。同一个词可以命名多个不同的实在，多个不同的词也可以命名同一实在，同一个词甚至能意指根本相反的两种实在。根据这种无能，世界的语言在自身不包含其所说的实在。作为形象自身给出，即是说作为非实在自身给出，在此意义上，世界的语言不过是对非实在的存在之进路。④ 被还原为外部性的世界不过是一个空的场所，其中这种显现的使—看不能感发它意指的东西，即它不能赋予后者以实存。

基于世界的显现之无能，世界的语言之无能也显露无遗，语词事实上只是个"空的意谓"⑤。这种无别与无能也奠基了谎言的可能性，甚至世界的语言只能成为谎言，在此意义上它是"普遍性的恶"。简言之，关联于早已"在此"的诸对象的语词所组成的语言，仅仅是符号的系统，其中声音、意义、符号和事物本身之间的割裂始终是不可跨越的鸿沟。既然以经典语言学的方式可设想

---

① Michel Henry, *Incarnation. Une philosophie de la chair*, p. 59.

② Michel Henry, *Phénoménologie de la vie*, Tome III: *De l'art et du politique*, p. 331.

③ Michel Henry, *Phénoménologie de la vie*, Tome III: *De l'art et du politique*, p. 331.

④ Michel Henry, *Notes inédites sur la langue et la méthode phénoménologiques*, in *Cahiers philosophiques*, 2011/3（no. 126）, pp. 98 – 102.

⑤ Michel Henry, *Paroles du Christ*, Paris：Éd. du Seuil, 2002. p. 92.

的一切语言都从属于世界的语言,那么我们必须离开语言学的领域,分析一种更原初的语言。

另一种语言的必要性正是世界的语言本身所要求的,它从内在性中获得其可能性:"如果现象性依据根本不同于世界的方式的现象化方式原初地现象化,亦即生命本身在其纯粹现象性的本质中被把握为自身揭示,那么同样应当存在,从属于这一生命特有的现象化方式……不同于世界的语言的一种语言。"①如前所述,它依据另一种显现方式,即生命的显现,亨利称之为生命的言语。生命的言语之特征与世界的语言一一相反。

首先,生命的言语并不有别于其所言说。生命的言语正是生命本身,它在生命所到之处言说,在一切生者之上言说。作为生者,我们熟知生命,因为生命就在每个人身上,它使我们区别于惰性对象,是内在性的具体形式。但生命不能被理解为生物学上的对象,生命不是某种东西、某种存在或者特殊的存在样式,而是活着的原初事实:"生命自身感受、自身体验它自身。生命既不是持存的某物,也不是自身感受自身的这一特性,其本质是:纯粹的自身体验、自身感受自身的事实。"②

其次,在生命之中,没有任何"出离自身"、任何区别、任何间距,因此生命的言语不会无别于其所言说。亨利指出,生命的言语是感发性的,而感发性首先就是自行—感发:"无需借助外在意义之中介的自身感受者在本质上就是感发性。"③如前所述,生命的本质就在于自行—感发,生命的言语正是作为自行—感发而言说。如果说世界的语言所依据的逻各斯是世界的异质—感发,生命的言语所依据的逻各斯就是自行—感发。不同于异质—感发,在生命的自行—感发之中,感发者与被感发者是同一的。亨利指出,感发性就是逻各斯的原初本质,如此定义的逻各斯拒斥世界的语言。④ 一种纯粹感发性的原初的逻各斯就此向我们显现,它不能被还原为古希腊的、超越的逻各斯。

最后,生命的言语更不是无能的。对于生命这一原初的显现模式,亨利称为揭示(révélation)。生命的自行—感发就是揭示,同时也是一切能够一般地显现者的揭示:"在生命的自行—揭示中诞生了实在、一切可能的实在。"⑤生

① Michel Henry, *Phénoménologie de la vie*, Tome III: *De l'art et du politique*, p. 335.
② Michel Henry, *Vie et révélation*, Beyrouth, Université Saint-Joseph, 1996, p. 13.
③ Michel Henry, *L'Essence de la manifestation*, Paris: PUF, 1963, 1990, p. 577.
④ Michel Henry, *L'Essence de la manifestation*, pp. 688 – 689.
⑤ Michel Henry, *C'est moi la vérité. Pour une phénoménologie du christianisme*, Paris: Éd. du Seuil, 1996. p. 43.

命的最初事实就是我们是生者,我们自身来到自身。问题在于,我们如何在生命之中,以至于这一来临既先于我们,又使我们成为生者? 每个生者都通过自身体验自身听到生命的言语,生者都这般通达生命。正是我们的生成过程允许我们抵达生命:"生命的自行—揭示标志出原初的、绝对的生成之处。通过体验自身,生命掌握自身,生命壮大自身,丰富自身实质并如同被实质充满。"①亨利的意思是,与其说我们进入了生命,不如说生命进入了我们。

　　生命在这种生成中生成自身,并由此生成生命的一切特殊样态。这解释了诸生者的实存:正是生命生成了一切可想象的生者。在亨利看来,生者之诞生源自生命的自行—生成;早在其生物学诞生之前,早在生殖配子相结合之前,一种特殊的生命已经预先实存了。生命的自行—揭示过程就是其生成的过程,这一生成也就是生命在自身的无止境来临。生命对在其言语中所生成者言说其言语,生命的自行—揭示即是给出其关乎我们本己生命之实在的力量。世界的语言的无能在于无法产生其所言说之实在,我们绝不会因为说"我的兜里有一块金币"而在兜里真的有一枚金币。相较于前者的这种无能,生命的言语的究极力量显露无遗:那就是它能够生成其所言说之实在。

三、世界言说:语言之肉身

　　亨利提出生命的言语并不是为了取消世界的语言,相反,他认为"这种根本对立并不排除两者的关联……关联在于言语奠基语言"②。言语奠基语言正如同内在性奠基超越性那样,是超越视域之中的可见者在无视域的不可见者中找到了其可能性。世界的语言始终言说它无法予之存在的外部所指,相反,仅仅言说它自身的生命的言语事先将所指对象之本质给予我们,使我们能够谈论已经在我们之中的东西。这向我们解释了世界的语言之起源:"一切朝向一个超越意谓的语言意向性只能够在一种前提下与此意谓相关联,那就是意向性已经在使其成为生命的情动(pathos)③的自身给予中把握了自身。"④

　　亨利强调,生命的本质就是"活着","活着"是一种内在的揭示模式,这种

　　①　Michel Henry, *Phénoménologie de la vie*, *Tome III: De l'art et du politique*, p. 334.

　　②　Michel Henry, *Phénoménologie de la vie*, *Tome III: De l'art et du politique*, p. 340.

　　③　Pathos 源出古希腊语,本意为"苦痛、激情、情感",它既是现代英语、法语中 passion(感受)一词的源头,也与 passivité(被动性)一词同源。亨利使用"pathos"一词,既表明我们的生命时刻都拥有情感(愤怒、同情、恐惧等),也表明其本质是一种动机引发(motivation),故此译为"情动"。

　　④　Michel Henry, *Phénoménologie de la vie*, *Tome III: De l'art et du politique*, p. 340.

揭示模式的现象性就是情动的肉身。情动就是生命的言语的根本可能性,它直接地在我们之中言说。情动是直接的、非历史性的,不包含任何意向性,不包含任何意谓。值得注意的是,情动并不是感觉行为或其感性内容,它既不能被感觉也不能被知觉,它同内在性一样是全然不可见的,它在其黑夜的不可见之中拥抱自身。情动是原初的纯粹感发性,它使得无距离的自身体验自身成为可能,生命的自行—揭示在其中实现。

生命的言语并非仅仅在绝对内在性领域中言说,否则世界的语言就既不存在也无意义,世界也只能是空的场所。生命如何在世界中言说,世界的语言又如何能够从生命中获得力量? 生命的言语通过在生者的身体中言说而在世界中言说。生命的自行—揭示是超越论的,这在于其生成之运作(譬如生者)已然是超越论的。在生命的自行—生成中诞生了生者的实在,那就是一个自身体验自身的、单数的活的自身,一个能够倾听生命的言语的活的自身。这一自我持存于世界之中的缘由是显见的,那就是它是一个肉身化的自身,具有容许它接入世界的肉身。

对应于两种显现,亨利也区分出了两种身体:身体(corps)与肉身(chair)。前者是在物质自然中的惰性物体,它是晦暗的、盲目的,不能"触摸""感受",而只能被感受;后者则是能够触摸、感受前一种惰性物体,也能够体验自身的"主体身体",它属于绝对内在性的、不可见的领域。对身体与肉身的区分正是对两种显现模式的区分:身体意味着主体—客体的对象化显现,是一种在可见性的世界视域之中的身体图式;肉身则消除了主体与客体的对立,是生命在黑夜的不可见中拥抱自身的非视域的自行—体验。正如两种显现最终是统一的,身体与肉身也紧密地相联系,身体与肉身并非两种身体性,而是同一实在的两种现象性模式。①

生命介入世界的过程,正是通过肉身与身体之关系得到揭示。我们的生命将肉身之实在构造为内部运动、不断发生的生命之展开②,这就是生命的言语的揭示方式。肉身就是自行—感发的被动性,生命唯独在情动的肉身中具体地到达我们——肉身使我们能够不断地接受一切感发性,生命在其中不断生成我们的实在。因此,自行—揭示以肉身的自行—印象性作为情动而得以实现,情动是语言之肉身:"我们的肉身是且仅是这自身遭受、自身经受、自身

---

① Antoine Vidalin, *La parole de la vie*, Paris: Parole et silence, 2006, p.55.

② Antoine Vidalin, *La parole de la vie*, p.59.

容受,由此自身体验并自身愉悦的肉身……"①

　　情动正是肉身与身体之关联,它使生命能够同时在超越和内在的层面上言说:"身体性是直接的情动,它彻头彻尾决定了我们的身体,早在后者朝向世界之前。"②肉身通过情动而处于超越的场所之中,身体就是作为"我能"的肉身所能直接调动的超越实在,因此身体的所有超越的器官都具有生命的"我能"之特性。生命不停在一切活的身体中言说,并且言说了两次,即同时在内在中和超越中言说。生命的言语具有两重性,这一点在身体的语言中体现出来:"身体的语言,它意指世界的显现……也意指我们的活的身体性的情动的肉身。"③身体的语言从肉身中汲取了可能性,所有能够通过运动而言说者,其力量都源于肉身的"知道—运动"。

　　根据德·比朗的说法,符号的两重使用可以解释世界的语言之起源。在视觉例子中,"看"是超越论的内部经验,是看的能力之展开。世界的语言以"看"一词来表达这种经验,"看"作为"符号"直接表示了主体性之生命。但是,鉴于视觉是通过身体的器官(眼睛)实现的,因此"看"同时表示眼睛的特性。于是,"看"同时意味着眼睛的特性和视觉的超越论内在经验,身体的眼睛就是肉身的视觉经验的符号。一方面,符号(眼睛)帮助我们理解被意谓者(视觉经验);另一方面,这种帮助以幻觉告终,因为人们以符号取代了被意谓者。在德·比朗看来,"生理学所研究的身体的原初存在与器官系统之关联,只不过是象征性的关联"④,每一个器官都回指到其不可见的、感发性的实在。世界的语言磨灭了身体的原初存在,但是从符号的两重使用中我们辨认出生命的言语为世界的语言奠基的方式。

　　我们需要指出,世界的内容除生命外没有其他来源。在情动中,象征性世界的词语最终回指的是主观体验的身体之经验,即肉身的纯粹感发性体验。世界的语言的意向性就在于这一实在中,强调一个被动地体验着的自我,以用语词来意指缺场的被意谓者。维达林(Antoine Vidalin)为亨利提供了辩护,他指出只要身体是由生命的自行—揭示构成的,那么一切可见者都指向其不可见的实在:我们能够通过词语回指一个事物,只因为在此之前,它回指这一事

---

　　① Michel Henry, *Phénoménologie de la vie*, Tome III: *De l'art et du politique*, pp. 335 – 336.

　　② Michel Henry, *Philosophie et phénoménologie du corps. Essai sur l'ontologie biranienne*, Paris: PUF, 1965, p. V.

　　③ Michel Henry, *Phénoménologie de la vie*, Tome III: *De l'art et du politique*, p. 341.

　　④ Michel Henry, *Philosophie et phénoménologie du corps*, *Essai sur l'ontologie biranienne*, p. 157.

物的不可见实在、回指其在有机的身体中的印象的纯粹情动。① 词语能作为事物的符号，是因为事物已经是绝对主体性的符号。

亨利指出，胡塞尔的"生活世界"概念就是对生命在世界中言说的诠释："生活世界，在一种根本的意义上：仍旧是生命在其中言说——在世界中悄然向我们言说生命的语言。"②世界的语言之可能性在于生命的自行—生成中的自身体验能力；我们能够对语词在场，因为我们已经对自身在场。世界在向我们言说，就像生命的言语在我们之中言说一样，使世界本身成为一种言语，即世界的言语，它预设的首先是生命在自身的来临。

四、上帝言说："道成肉身"

生命的言语在生命自身中言说，作为情动在肉身之中言说，通过生成其所言说的实在而言说，这就是生命的言语的诸特性。如果像亨利所说，语言课题最终将回到其与生命、肉身的关系，那么作为原初语言的言语，就只能在生命的最初来临之中找到其位置。我们都是肉身化的主体，而非康德式的凌驾整个世界的脱离肉身的主体："肉身化首先意味着拥有身体的，或更确切说，拥有肉身的存在之条件。"③肉身化关乎生命在肉身之中的来临、生命在自身的来临，于是获得了另一种根本维度："语言……我们还会多次遇到这个主题，至少我们期待在这些领域：关于身体和肉身——还有关于肉身化。我们怎能忘记，在基督教中，肉身化是道（verbe）之事实，以及道是言语呢？"④在基督教中，上帝就是生命，基督则是上帝之道。当道在基督身上成了肉身时，人才被定义为肉身；只有基于道自身肉身化的事实，谈论在肉身之中的道才成为可能；也只有在基督身上我们才能够认识到，我们是被绝对生命所生成的这一条件。

我们可以从亨利的语言学说出发，来重新理解圣约翰所说的"太初有道"："太初有道，道与上帝同在，道就是上帝……生命在他里头。"道并非生命生成的产物，而是生命生成的过程，所以道与生命一样古老，它就是我们所寻找的原初的逻各斯，即生命的逻各斯。道就是生命的言语，道也是上帝的言语，这

①　Antoine Vidalin, *La parole de la vie*, p. 59.

②　Michel Henry, *Phénoménologie de la vie*, Tome III: *De l'art et du politique*, p. 340.

③　Michel Henry, *Phénoménologie de la vie*, Tome I: *De la phénoménologie*, Paris：PUF, 2003, p. 165.

④　Michel Henry, *Incarnation. Une philosophie de la chair*, p. 62.

意味着如圣约翰所说,上帝就是生命。① 正因为上帝就是(绝对)生命,生命之本质就是上帝,肉身化才是可能的与实在的——"道成了肉身",我们由此福音认识到基督的起源,那就是神的生命在肉身之中的来临。

耶稣基督不仅是作为木匠之子的一个人,因为我们从其口中听到了道,他更是肉身化的道。此即基督教哲学中的肉身化之事实,这也提供给现象学一种研究方法来理解言语和肉身的关联:"如果肉身化不再被理解为在晦暗的身体之中的来临,而是在现象学的肉身之中的来临……如果一切肉身都只在源—被动性(其中生命在其道中永恒地拥抱自身)中发生……肉身化就是上帝的揭示,是源—可理解性。"②作为肉身化的道,耶稣是一种两重揭示的首例:他既作为基督而揭示,又作为上帝而揭示——人们在他身上听到两种言语,一种是有限生命的言语,他要一个枕头来安置脑袋;另一种则是道之言语,绝对生命在其上对自身言说。按照基督教的说法,基督具有肉身,即成为言说人之言语的一个人,是为了让人们理解上帝的言语。③ 我们原初的言语能力,以及我们的肉身化境遇,由此被"道成肉身"解释了:正是基督作为上帝之道,为了使我们能够理解他而具有人的肉身,这允许我们作为生者而言说。圣经就体现了生命的两重言说,它用世界的语言写成,却能够言说上帝的言语,我们唯有通过自己的生命才能够理解后者。

基督由他的道告知我们的,是我们作为子的条件。道使神的自行—揭示作为三位一体中的生命进程得以可能,在此前提下,道应当被理解为第一生者(le Premier Vivant)④,也就是超越论的、普遍的条件。基督就是在我们每个人身上活着的第一生者,他使得人之存在能通过直接通达我们本己情感的自行—感发,而在生命之中被生成。道的肉身化事实向我们揭示了肉身之本质,那就是其源—被动性,⑤该被动性也就是生者不断接受绝对生命在其上之来临的被动性。

圣约翰的福音不是说,道取得了人之条件并具有了肉身;相反,道"成了肉身",亦即在这肉身中、借由这肉身,道才成为人。"一切肉身都源自道。"⑥基

---

① Michel Henry, *C'est moi la vérité. Pour une phénoménologie du christianisme*, p. 40.

② Michel Henry, *Phénoménologie de la vie*, Tome I: *De la phénoménologie*, p. 179.

③ Michel Henry, *C'est moi la vérité. Pour une phénoménologie du christianisme*, p. 14.

④ Rolf Kühn, *Archi-intelligibilité johannique dans la phénoménologie de Michel Henry*, in *Revue internationale Michel Henry*, no. 4, 2013.

⑤ Michel Henry, *Phénoménologie de la vie*, Tome I: *De la phénoménologie*, p. 178.

⑥ Michel Henry, *Incarnation. Une philosophie de la chair*, p. 331.

督由此是源—子,基督之肉身由此是先于一切可想象之肉身的源—肉身,并使后者成为可能:基督的源—肉身正是情动。基督就是"道成肉身"之可能性,正如情动就是生命的言语在世界之中言说之可能性。亨利指出,基督就是上帝的道,是生命的逻各斯,因为上帝在基督身上实现其自行—揭示,上帝在其自行—揭示的进程中揭示了作为上帝之子的基督。"道成肉身"为我们揭示的,是上帝之道经由基督之情动而成为人类之肉身的事实,也正是生命进入生者的存在论可能性。"道成肉身"与生命言说的这一本质同构性,统合了三位一体的语言之维与身体之维。

于是亨利再次对海德格尔提出批评:人的本质不是在世界之中的存在,因为生命是完全不可见的,任何活着在世界视域中都不可能。作为人的身体而在一个"外部"中显现者仅仅是在古希腊意义上显现的,这使人与生命相分离,因为一切在世之中的存在都从属于世界的显现。唯独基督向我们显现了肉身的产生过程:"希腊人的物质的和在世的身体就如同一块泥土,在神的气息——生命的气息下,成为肉身。不过,身体只有通过生命的运作转化为肉身时,才从生命中获取其肉身的条件。"①以此方式,我们发现了长久以来被思想遮蔽的一个事实:我们的肉身正是基督之肉身、绝对生命的自行—生成。最终亨利总结道:"我们的肉身在自身包含其显示之原则,该显示不是世界的显现。在其情动的自行—印象性中、在其肉身本身之中,肉身在绝对生命的源—被动性中被给予自身,它在其情动中就是生命的源—揭示、绝对者的圣显。在其黑夜的深处,我们的肉身就是上帝。"②通过"道成肉身"的肉身化事实,亨利意在表明,人之本质不再是在世存在的超越此在,而是在绝对生命中被生成的不可见的存在。

上帝向我言说生命的言语,这就是我的肉身的源—被动性——上帝通过向我言说而对我自身揭示,除非我们先倾听上帝的言语,否则我们无法言说。而人能够理解这一言语,这就是绝对生命的源—可理解性:我认识生命,因为生命在我之中;我认识上帝,因为上帝在我之中。亨利认为,现象学的目的在于显示生命,在此意义上,作为生命现象学的基督教就是源—现象学。从语言学说出发对"道成肉身"的肉身化现象进行分析,亨利以其生命哲学将基督教义与现象学方法相统合。

---

① Michel Henry, *Incarnation. Une philosophie de la chair*, p. 191.
② Michel Henry, *Incarnation. Une philosophie de la chair*, p. 373.

亚里士多德论实体与缺失

安若澜(Annick Jaulin)/文 *

李雨瑶/译 **

摘　要：亚里士多德的前人都将对立面视为本原(arkhai),但他们的本原理论不能解释生成问题。而亚里士多德通过引入对立面之外的第三项——基底(hupokeimenon)对前人的本原理论进行了改造,消解了巴门尼德对于生成所建构的二难困境。基底的引入牵涉到亚里士多德对于质料和缺失的区分,以及对"存在/非存在"关系的理解,是对柏拉图将质料和缺失混淆的批评:质料——基底就其自身而言并不是非存在,而缺失才是就其自身而言的非存在。但缺失并不是一种绝对的否定,具有/缺失之间的对立就像对立面之间的对立一样都预设了一个主体的存在,而这使它们有别于矛盾这种对立。

关键词：缺失　实体　对立面　生成

缺失这一问题与质料问题不可分割,因为对本原理论即对立面理论的修正,其中一个环节便是区分质料和缺失,而亚里士多德的所有前人,包括柏拉图,都以对立面为原理。这一修正带来的直接后果就是：使一门关于生成的理论得以可能,但在之前的对立面理论中这是不可能的。因为"质料/形式/缺失"这三原理的框架重新调整了"存在/非存在"的关系,并且消解了巴门尼德以生成为不可能的困境。在亚里士多德看来,柏拉图也许过于跟随巴门尼德,也没有区分质料和缺失。相反,这一区分在亚里士多德那里恰恰是"存在/非存在"之间关系的基础,并且在这个区分中体现了亚里士多德和柏拉图对"存在/非存在"关系的理解差异。最后,通过分析"缺失/具有"之间的关系就在对立面的内部区分了实体范畴之内的对立面与其他范畴之内的对立面。这最

---

　* 安若澜(Annick Jaulin),法国巴黎第一大学荣休教授。

　** 李雨瑶,法国巴黎第一大学哲学博士,重庆大学人文社会科学高等研究院讲师。

后一点让我们在对立面之间的差异中澄清绝对的生成与相对的生成之间的差异,并且指出尽管存在/非存在之间的对立经过亚里士多德得到了调和和弱化,但是依然给缺失保留了一个位置。

本文的结构如下:第一部分呈现问题意识的框架——在前人的本原理论中引入质料和缺失的区分来改造本原理论;第二部分分析这一改造对生成理论以及"存在/非存在"关系带来的影响;第三部分指明"具有/缺失"这一对立相较于其他对立形式所具有的复杂性。

一、问题意识框架:对本原理论或
对对立面理论的改造

亚里士多德的所有前人都将对立面视为本原,所以必须在他们的本原理论中引入第三项——质料来避免对立面两方之一作用于另一方,最为集中体现了以上两点的文本是《形而上学》第十二卷第十章1075a28—34:

> [T1]因为所有人都从对立面而产生出一切事物,然而他们在说"所有事物"和"从对立面"时表达得并不正确,他们也没有说清楚对立面所在之中的一切事物是如何由对立面而存在的,因为对立面双方之间是没有相互作用的。而我们通过第三项的存在而合理得解决了这个问题,而另一些人则把对立面的一方当作质料,比如把不相等作为相等的质料,把多作为一的质料。这也可以通过同样的方式得到解决,因为是一个一的质料不是任何事物的对立面。(《形而上学》第十二卷第十章1075a28—34)

这一描述具有系统性,体现在它提到了一和多①。一和多是作为对立面的属,而其他的对立面都可以归结于一和多:

> [T2]此外,对立面的另一个序列是缺失,而一切都可以归结于存在和非存在,归结于一和多,例如静止就属于一,而运动属于多。既然所有人都认同存在和实体是由对立面构成的,至少所有人都说原理是对立面,因为

---

① 唯一的区别在于两处文本在"多"的表述上的用词,一个是 $\tau\grave{\alpha}\pi o\lambda\lambda\acute{\alpha}$,一个是 $\pi\lambda\tilde{\eta}\theta o\varsigma$。

一些人说[原理]是奇和偶,一些人说是热和冷,一些人说是界限和无限,一些人说是爱和恨。所有这些以及其他的对立面都显然归纳于一和多(因为我们承认归纳),且其他人提出的那些原理都无一例外地归于这些属。(《形而上学》第四卷第二章 1004b27—1005a2)

这一文段旨在为对立面理论提出一个一般性的表述,因为该文本的问题是对立面的"属",而对立面之中的"缺失"就代表了消极性的属或者"另一个序列",这就类似于非存在和多。积极性那个对立面或者"第一序列"则类似于存在和一,但这个对立面却没有被命名,而是仅仅在一些例子中呈现。通过另一些关于缺失的文段,我们可以知道这一积极性序列的名称就是形式,它指的是 eidos 或者 ousia,且与缺失相对立:

> [T3]通过技艺而生成出来的那些东西其形式都在灵魂之中;我所说的形式是每一事物的是其所是以及它的第一实体。因为在某种意义上,对立面的双方具有相同的形式,因为缺失的实体就是与之相反的实体,例如健康是疾病的实体,因为疾病是健康的缺失,且健康就是在灵魂之中的逻各斯,也就是知识。(《形而上学》第七卷第七章 1032a32—b6)

以上三段引文让我们可以把缺失问题所处的问题框架明确下来:(a)这个框架就是原理问题的框架,因为亚里士多德继承了将本原理论等同于对立面理论的传统;(b)在亚里士多德看来,前人的理论构造得并不好,因为它意味着对立面之间的相互作用,于是亚里士多德用一个第三项将之修正:质料不是任何事物的对立面。(c)该对立面理论包含了相反的两个序列或纵列,其中的一方是另一方的缺失(στέρησις),这就给出了"存在/非存在""一/多"的划分。(d)缺失一词还表明了缺失性序列相较于积极性序列没有其他别的内容,它只是不在场:缺失的所是不过是存在(实体)的缺席:于是,非存在不过是存在的缺席,而多不过是统一性的缺席,同样地,疾病不过是健康的缺席,无限是界限的缺席。最后这一点很重要,因为它意味着对缺失没有直接的认识。一种缺失性的表述,就算它使用了一个积极的词,比如"疾病",依然有赖于一个积极性的词项,即 eidos 或 ousia,一个缺失性的表述总是一个非完整的表述,或者总是"某某事物的缺失",对此缺失的界定就有赖于它的对立面。

该问题框架就是我们在《物理学》第一卷第五至七章中所呈现的,只不过在那里是以辩证的方式或者说与之前的自然学家论争的方式进行的:第五章指出原理是对立面;第六章则指明原理的数量是有限的,但不能将原理归于两个,而必须说"元素(στοιχεῖα)①数量为三"(189b16)。这些分析导出的结论位于《物理学》第一卷第七章190b17—191a3这一核心文段。在那里,亚里士多德用了一种极为接近《形而上学》第十二卷第十章的用词,指出了原理是质料和对立面。这一文段还在一种生成理论中将三原理的关系勾连起来,而这样一种生成理论是之前的对立面理论无法构造的:

[T4]既然对于自然存在来说有其原因和原理,而它们正是由这些首要的原因原理而生成出来,且不是以偶然的方式,而是根据其实体而被说成是每一个,于是很显然,一切事物都由基底和形式而生成。因为文雅的人就是由人和文雅以某种方式复合而成,因为前者的定义可以分解为后两者的定义,于是显然,生成出来的东西就是从这些②之中生成。而基底在数量上为一,却在形式上为二(因为存在着人、金以及一般而言那些可数的质料,它就首要地是这一个,且生成的事物就是非偶然地由它生成出来,而缺失,即对立者,则是偶然)。而形式是一,例如秩序,文雅或其他诸如此类的述谓。这就是为什么必须一方面说原理是二,而另一方面说原理是三;一方面说原理是对立面(例如说文雅和不文雅,说热和冷,说和谐和不和谐),而另一方面原理不是对立面,因为对立面相互之间不可能承受对方的作用。对此的解决恰恰在于基底是一个别的东西,基底不是对立面。所以原理在一种意义上其数量和对立面一样多,换言之数量为二,但也不是在单纯的意义上为二,因为它们的所是不同,而应该为三:因为人的所是不同于不文雅的所是,未赋形的所是也不同于铜的所是。(《物理学》第一卷第七章,190b17—191a3)

对于该文段的末尾已经无需评论,它不过是重申了对立面理论的改造,强调第三项存在的必然性:对立面以及基底。但值得对这里所讲的三原理之间的关联做出一些引申。在所举的例子中,基底是"人"(anthrôpos),对立面中的

---

① 亚里士多德这里选择了自然学家的用词,后者寻求的是事物的构成性元素。对此参见《形而上学》第二卷的第六个疑难中的用词。

② 基底和形式。

积极一方是"文雅"（mousikos），缺失是"不文雅"（amouson），它们一开始被说成是两个：基底（hupokeimenon）和形式（morphè），这里的形式就等同于对立面的积极一方，因为这里指的是文雅。应该指出一点，因为这曾经是（或者对某些人来说依然是）争论的焦点，那就是起初用 morphe 指代的东西在接下来被称为 eidos：秩序和文雅。所以两个词之间没有区分的空间。其次，这一形式（eidos，morphe）是作为述谓或者谓词（katègoroumenon），然而缺失却是作为偶性（sumbebèkos）。最后，也是关键的一点，在基底中区分了质料和缺失：基底在数量上为一，换言之它是一个可数的统一体，如人、金。但它在形式上为二。对基底的两个构成面向做出形式上的区分源于二者在生成中各自起到的不同作用。从这一点来看，重要的就是括号中的那句话："因为存在着人、金以及一般而言那些可数的质料，它就首要地是这一个，且生成的事物就是非偶然地由它生成出来，而缺失，即对立者，则是偶然。"因为生成者由基底而生成，且并非出于偶然。其原因就在于基底"更是这一个"。换句话说，基底在最终的结果中保留了下来（当人变得文雅时，人依然保留着），但缺失或者说对立面的消极一方则被去掉了（文雅消除了不文雅），也就可以说它是一个偶性。

当然，基底内部形式上的区分与缺失的这种偶性特征之间存在某种关联：质料持存但缺失消失，这就指出了质料与缺失的关系是偶然的。但是当我们说形式（eidos）以及这一序列的其他项是一个谓词（katègoroumenon）时，这种关联却不再偶然。为什么形式不是质料的一个偶性？"不文雅"和"文雅"不同等地是质料的谓词吗？为什么在这种情形下我们强调偶然的一面，但在另一种情形下却不呢？在文段的开头（190b17—20）就已经说过了"一切事物都是由基底和形式生成"，且这不是偶然地生成。这两种谓词①的区别就在于，范畴②（katègoria）是对立面的积极一方，是它让质料是其所是的那个东西，或者说它让质料是"每一存在根据其实体或其存在而被说成的那个东西"；范畴（katègoria）不能是一个偶性，因为它是事物的存在本身。

这两个谓词地位上的差异可类比于第三段引文中已经揭示的：缺失自身没有内容，它不过是对立积极一面的不在场。该问题在紧接着的《物理学》第

---

① 即形式和缺失——译者注。

② 为了与 katègoroumenon［作谓词的那个东西］进行区分，这里我们将 katègoria 译为范畴。但应该注意的是，不应该将范畴仅仅理解为存在的十个最高的属，因为正如我们接下来会看到的那样，categoria 与 eidos 相关，所以它指的是对立面中的积极一方——译者注。

一卷第七章 191a4—7 得到重申：

> [T5]显然对于对立面而言必须有某个基底且对立面为二，但是在另一种
> 意义上，这是不必要的，因为对立面之中的一方通过它的缺席或在场就足
> 以产生出变化。(*Phys.* I 7,191a4—7)

在《论生灭》第一卷第三章 318b14—18 也再次确认了范畴(katègoria)具
有的积极性一面。

> [T6][对于质料而言]它的一些差异尤其指的是这一个和实体，而它的另
> 一些差异则尤其是指缺失和非存在，例如热就是某个范畴(katègoria)和
> 形式，而冷是缺失。(*G. et C.*, I 3, 318b14—18)

这一文本旨在澄清形式和范畴之间的关系，并指出为什么质料和形式的
关系不是偶然的：在《论生灭》中形式是指这一个(tode ti)，而在《物理学》中
质料是指这一个，尽管我们可以发现这两处文本对于"这一个"的说法不尽相
同(因为在 T6 中"这一个"被说成是差异，而在 T4 中"这一个"是指质料)，但
是质料和形式都与"这一个"关联，然而缺失却不是这样。这两处文本对于质
料、形式和缺失各自的定位上说法也是一致的。而在《物理学》第一卷第九章
192a3—6 中，亚里士多德把质料称为"某种意义上的 ousia[ousia pôs]"
(192a6)，而缺失则就其自身地是非存在(192a5)，那么就清楚地说明了质料与
缺失的关系是偶然的，因为被说成是偶性(sumbebèkos)，但质料和形式的关系
则不是，而是被说成谓述(katègoroumenon)。

二、该修正对生成理论和存在/非存在的
关系带来的理论影响

以上就是对之前的对立面理论的修正，《物理学》第一卷第八章则点明了
这种修正的旨趣所在：这种修正是"解决前人所面临的困境的唯一方式"
(monakhôs houtô)(191a23—24)。这里所说的困难涉及的就是生成问题，而
在此之前的人们都否认生成的可能性：

[T7]他们说没有什么生成或消亡，因为生成者必然是从存在或非存在中生成，而这两方都是不可能的。因为存在不能生成（由于它已经存在了）而没有什么从非存在生成，因为必须①有某个基底。且他们把这些后果进一步衍生而声称多并不存在，而只有存在本身存在。（*Phys.* I 8，191a27—33）

我们可以把前人的困难描述为巴门尼德的问题，对此，上面所说的"这些后果"即对多的否定已经在柏拉图的《巴门尼德篇》中讲过了。区分质料和缺失就可以避免巴门尼德的困难，因为基底在形式上为二(T4)就可以回避在存在和非存在之间二选一。于是，我们就在基底之中区分出生成者的构成性的一面——质料，以及偶然的一面——缺失。形式上为二就为生成问题给出了另一种提问方式。当区分了质料和缺失后，生成是从存在还是从非存在生成就没有区别了，因为"从医生那里某个事物存在或者生成出来"(191a34—191b1)，"因为这是在两种意义上(dikhôs)来说的"(191b2)。这里的两种意义就是指基底在形式上为二，一方面指医生作为医生在严格的意义上(kuriôs, 191b7)的行为，即医治或不医治，另一方面他基于偶然所做的事情，例如造房子或者变白。所以对于存在和非存在也必须区分就其自身和基于偶然两种含义。通过区分质料和缺失，我们也就指出了就其自身而言的非存在（即缺失）和基于偶然的非存在（质料），质料也就不再是单纯意义上的非存在。

所以，当我们讨论非存在时，应该在就其自身的意义上谈论非存在，也就是缺失；但是 T4 已经说过了，没有什么由缺失生成，后续的分析也在说明这一点（在文本上的确存在着一些困难，因为这个文本本身比较晦涩）：

[T8]而我们自己也说没有什么在单纯的意义上从非存在生成，但是我们说②的确存在着一些从非存在而来的生成，例如在偶然的意义上（因为某个事物从缺失中生成，而缺失就其自身而言是非存在，当缺失不在场的时候，事物就生成了）。（*Phys.* I 8，191b13—16）

---

① 这里，我们根据所有的抄本、费罗普努斯(Philoponus)的评注、忒米斯提乌斯(Themistius)的释义，以及辛普利丘(Simplicius)的注释读作 δεῖ，而非 δεῖν。

② 这里我们按照三个抄本，读作 ὅμως，而非 Cornford 那样读作 πῶς。

对于 $\varepsilon\nu\upsilon\pi\alpha\rho\chi o\nu\tau o\varsigma$ 一词的含义理解给我们的翻译造成了困难。[①] 但如果我们把这里的表述与 *Phys.* Ⅰ 9，192a31—32 对质料的表述对照着来看，其含义就明显了：

> [T9]我所谓的质料是指每一事物第一的基底，当它在场的时候，每一事物由它而非偶然地生成。

某物生成所由之的那个在场者[$\varepsilon\xi o\tilde{\upsilon}\gamma\acute{\iota}\gamma\nu\varepsilon\tau\alpha\iota\tau\iota \ \varepsilon\nu\upsilon\pi\alpha\rho\chi o\nu\tau o\varsigma$]这一表达是典型的对质料的定义，它原封不动地出现在 *Phys.* Ⅱ 3，194b24 对质料因的定义中。[②] 缺失，基于自身是一个非存在，但它基于偶然而介入生成，于是巴门尼德的困难得以消解：正是由质料这个基底（它就自身而言不是非存在）而有了事物在严格的意义上而非偶然意义上的生成。质料基于偶然而是非存在，它就是非偶然生成的事物所从出的那个基底。换言之，质料是事物在潜能意义上的所是。医生的例子就说明了基底的两种含义如何成为亚里士多德解决方案的来源。

那么《物理学》第一卷第八章，191b31—34 的结论就修正了前人对待"这一自然"（即质料）的错误，以及由此而来的他们在对立面理论上的错误。这一自然是如何修正了之前的对立面理论，我们前面已经说过了：基底在数量上为一，但在形式上为二。基底所包含的这种双重性就使我们可以拒斥巴门尼德的难题。

在《物理学》第一卷第九章，这一对巴门尼德问题的解决是跟对柏拉图的批评关联在一起的。这一批评从古代以来就引发了多方评注，尤其是辛普利丘，他在这个问题上提到了不少阿芙罗蒂西亚的亚历山大遗失的评注。由于我们在这篇文章中的主要议题是缺失，所以对这一论战我们只是粗略谈及。辛普利丘（242，15）和其他同时代的评注者都认为亚里士多德批评的是《蒂迈欧篇》中所述

---

① "I have translated as 'from the sterêsis which is not there'. Note 49, p. 116：I concede that on my reading the phrasing（the implicit double negation：a $\sigma\tau\acute{\varepsilon}\rho\eta\sigma\iota\varsigma$ which is not there）is slightly awkward, but I think this is nevertheless the best way of making sense of the words $o\mathring{\upsilon}\kappa \ \varepsilon\nu\upsilon\pi\alpha\rho\chi o\nu\tau o\varsigma$ in the given context［…］In his comments on 191b16 he［Ross］glosses the words $o\mathring{\upsilon}\kappa \ \varepsilon\nu\upsilon\pi \ \mathring{\alpha}\rho\chi o\nu\tau o\varsigma$ as 'not surviving in the product'（similarly the revised Oxford Translation：'this not surviving as a constituent of the result'）". see Keimpe Algra，"On Generation and Corruption 1. 3：Substantial Change and the Problem of Not-Being", S. A. XV, *Aristotle: On Generation and Corruption*, *Book I*, F. de Haas and J. Mansfeld, ed, Oxford, Clarendon, 2004.

② *Met.* Δ2, 1013a24—26 对质料因的定义也是如此。

的柏拉图立场。事实上,亚里士多德或许从《物理学》第一卷第七章(T4)在把金作为基底的时候开始就已经想着《蒂迈欧篇》了。亚里士多德的论证有两个,它们的重要性不尽相同。第一个论证相对简洁,但引发了不少问题:

> [T10]因为首先他们承认某个事物从非存在中单纯地生成出来,由此他们认为巴门尼德所言有理。(*Phys.* Ⅰ 9, 191b36—192a1)

让人觉得奇怪的是,亚里士多德把柏拉图主义者的立场视为对巴门尼德说法的"复兴",而非与巴门尼德相左。因为从其造成的两难困境来看,巴门尼德否认一切形式的生成。辛普利丘在对《物理学》该文段的注释①中引证了《蒂迈欧篇》50d,在那里,柏拉图说容器应该是 amorphon(无形式的),从而使得它归属于非存在。辛普利丘还提到了多位注家对这一文段的阐释:既然存在是一,那么不同于这个存在的事物就不可能基于自身而是存在,于是就有一个基于偶然的非存在,生成出来的东西(ta ginomena)就是从它而生成的;而且,由于"存在之外的就是非存在而非存在什么也不是",于是当柏拉图在说容器这个非存在是生成的处所时就是在颂扬着巴门尼德(243, 7—12)。至于辛普利丘本人则对于这一阐释感到惊讶,并且通过引证柏拉图在《智者篇》中对巴门尼德的批评而拒斥这一阐释。他还怀疑亚里士多德表达的并非这个意思,T10 中的 ἤ 也不能表示 καθό,除非认为亚里士多德忽略了巴门尼德本人的说法,也就是辛普利丘接下来(243, 20—244, 2)引用的巴门尼德残篇七的头两诗行。

　　由于亚里士多德忽略巴门尼德这两句诗行不太可能(因为他在 *Met.* N2, 1089a4 就引用了它们,在那里,亚里士多德是在驳斥《智者篇》的一些推论,而巴门尼德的这一残篇在《智者篇》中就被提到了两次②),并且既然所涉及的文本是《蒂迈欧篇》,那么应该寻求另一种不同于辛普利丘的解释。况且,用反驳《智者篇》的论证来理解关涉《蒂迈欧篇》的一个论证,这并非一个好的做法。我们可以不去特别考察巴门尼德是否有一种生成理论,这么做会导向讨论巴门尼德诗篇两个部分之间的关系这一备受争论的问题。从亚里士多德的上下文来看,我们可以说他的论证不是着眼于 γίγνεσθαι(生成)和 ἁπλῶς(单纯意义上)(后者与 διχῶς[两种意义上,191b2]相对),而是这个 διχῶς 支撑起了

---

① *In Aristotelis physicorum libros quatuor priores commentaria*, Commentaria in Aristotelem Graeca IX, Berlin, Reimer, 1882‑1885, pp. 242, 25‑26.

② 237A8‑9; 258D2‑3.

亚里士多德的立场。辛普利丘还向我们指出了是什么引发了亚里士多德的批评，他说《蒂迈欧篇》中对容器的主要规定是 amorphon［无形式］（50d7），而"无形式"的含义在接下来的50e4—5 中得到了明确：

> [T11]"这就是为什么在自身中接受了一切属的那个东西必然地是外在于一切形式的。"（《蒂迈欧篇》50e4—5）

很清楚，这个文段把容器分离于一切形式，然而相反的是，亚里士多德的质料总与对立面的一方相联，不管是积极的一方还是消极的一方。所以，这个文段中并没有对质料和缺失进行区分，由此也就没有对基于自身的非存在（缺失）和相对而言的非存在（质料）进行区分。亚里士多德在接下来的行文中继续拓展了这一批评，进一步区分了数量上的为一和潜能上的为二：

> [T12]接着，他们以为既然存在着数量上为一〈的一种自然〉，它就也是在潜能上只能为一。然而其间存在着巨大的差异。因为，就我们的立场来说，我们认为质料和缺失是不同的，它们中的一个是基于偶然的非存在——质料，然而缺失却是基于自身的非存在。它们中的一方在某种意义上几乎就是实体——质料，然而另一个却无论如何都不是实体。［……］所以这种三元是完全不同于那一种三元的，因为他们已经进展到了这个地步，那就是必须有一个基底性的自然，但是那些人却把这个自然视为一。（*Phys.* Ⅰ9, 192a1—11）

事实上，《蒂迈欧篇》中提出的三元根据 52d3 的归纳是：存在（on）、容器（khôra）和生成（genesis）。这个三元与亚里士多德的三元（质料和对立面）毫无共同之处，而亚氏的三元以极为不同的方式建构起存在与生成的关系。所以他批评《蒂迈欧篇》没有区分质料的潜能与缺失的潜能：如果说基底的必然存在是被承认的，那么该基底的自然也是被忽略的，因为容器正是在缺乏形式的意义上，即在缺失的意义上被界定的。用亚里士多德的话来说，这就将质料等同于对立面的一方，接下来给出的大和小的例子（192a7 和 11—12）也确证了这一点。也即是说，两个对立面之间的对立持存着。

　　质料和缺失的区分消解了存在和非存在的二元对立。如同亚里士多德本人在《论生灭》第一卷第三章 317b15—16 所讲的那样：单纯意义上的生成在一种意义上是从非存在而来,而在另一种意义上总是从存在而来。我们可以认为非存在在这个意义上成为一个完全偶然的要素,它的作用是次级的。当现实先行与一切潜能时,非存在就完全不可能成为别样的。有人会说《物理学》第一卷第七章提出的框架是基于转化而非单纯意义上的生成或者说实体上的生成,因为基底是不生成的。诚然这一考虑有其道理,但是亚里士多德的著名论断"人生人"则不为一种主张非存在生成的理论提供任何支持。事实上,一切实体性生成的开端都是四元素,其永恒性是对天体永恒运动的模仿。我不打算重提绝对生成与相对生成之关系这个老生常谈的问题(该问题尤其是通过在《物理学》第一卷第七章和《论生灭》的文本之间建立联系而进行讨论①),因为这会让我偏离我的议题。

　　在我看来更有用的做法是明晰缺失在对立面系统中的地位,尤其是它在矛盾与对立之间的位置,进而界定缺失代表的是哪一种非存在。如果对立面可以化归到两个序列之下,且其中一方是另一方的缺失(T2),那么一切消极性的对立面就都是缺失了,但是缺失是否跟别的东西一样是消极性的对立面呢?

三、具有/缺失(hexis/sterèsis)是哪种对立?

　　缺失并不是一种绝对的否定,具有/缺失之间的对立就像对立面之间的对立一样都预设了一个主体的存在,而这就使得它们有别于矛盾这种类型的对立。这一点在《范畴篇》第十章中已经有所体现。亚里士多德遵循了在《解释篇》(章三和章四)中所给出的规则,即唯有陈述命题才有真假可言,所以他提出对立的词项在没有结合(ἄνευ συμπλοκῆς)的时候既非真也非假,而当它们在结合之中(κατὰ συμπλοκὴν)时,或者构成一个命题时,才可判断其真假。于是,他由此考察了肯定/否定,对立面之间的对立以及具有/缺失这三种对立之间的差异:

> [T13]一般而言,任何词项在没有结合的情况下是非真非假的。而前面所提到的这些对子都是没有结合的。但是对于那些在有结合的情况下说

---

　　① 参见 C. Cerami, *Génération et substance*, Berlin, De Gruyter, 2015, Chap. III—V; M. Rashed, *Aristote De la génération et de la corruption*, Paris, Belles Lettres 2005; S. A. XV, *Aristotle: On Generation and Corruption*, *Book I*, F. de Haas and J. Mansfeld, ed, Oxford, Clarendon, 2004; M. L. Gill, *Aristotle on Substance*, Princeton University Press, 1989;关于一般意义上的生成,参见 *GA* I 18, 724a20—35; *Met* α 2, 994a20—b3; Δ24; H4, 1044a23—b3. N5, 1092a23—35。

出的对立面,人们可能就不会认为是这样了,因为"健康的苏格拉底"就是"生病的苏格拉底"的对立面。然而即便是在这种情形下也不必然就是一个为真一个为假。因为,当苏格拉底存在的时候,一个为真一个为假,但是当他不存在的时候,二者都为假:因为当苏格拉底自己完全地不存在时,"生病的苏格拉底"和"健康的苏格拉底"都不为真。至于缺失和具有,当主体根本不存在时,对立面双方都不为真,但是当主体存在时,并不总是有二者之一为真。因为"有视力的苏格拉底"和"眼盲的苏格拉底",一个是缺失一个是具有,就算苏格拉底存在,这两个表述的其中一个也并不必然就是真或假:因为当苏格拉底天然地还不具有视力时,这两个都为假。且当苏格拉底根本不存在时,这两个("苏格拉底具有视力""苏格拉底不具有视力")都为假。然而对于肯定命题和否定命题而言,不管苏格拉底存在或不存在,"苏格拉底是生病的"和"苏格拉底不是生病的"这二者其一就是假而另一个为真:当他存在时,显然两个命题中的一个为真而另一个为假,而当他不存在时也是一样。因为,当他不存在时,他是生病的就为假而他不是生病的就为真。于是,对立的二者之一为真而另一者为假,这一条就仅仅专属于那些以肯定命题和否定命题为对立方式的那些东西。(*Cat.* 10,13b10—35)

有必要事先说明我接下来对该文本的分析以及后续相关文本的使用:诚然,这个文本处理的是话语,而不是事物的状态①,但是话语中的对立对于事物的状态而言也一样。因为亚里士多德在第十章稍前的地方仔细区分了事物的状态和话语,他说:"肯定命题是一个肯定性的话语表述,而否定命题是一个否定性的表述,但是肯定命题和否定命题所指称的那些事实却不是表述。"(12b7—10)然后他立刻进行了补充:"但是这些事实也被说成是以肯定命题和否定命题同样的对立方式对立着;事实上,这种情况下,它们对立的模式是同样的。"(12b10—12)如前所述(12b1—5),对于肯定命题和否定命题而言成立的东西对于具有和缺失也一样成立:话语表述中的对立模式跟事物状态的对立也是一样的,于是就可以通过表述中所体现的关系推及事物状态之间的关系。

---

① 在这一问题上的争论,参见 M. Crubellier 和 R. Bodéüs 的分歧。亚里士多德(12a35—b5)区分了"缺失""具有"与某个存在它"缺失某物"或"具有某物"的状态。由此,他指出"我们说人是盲的,但我们从不说人是无视力的"。但在作出这一区分后他又说"这两种情形下的对立模式是同样的"。参见 M. Crubellier. *Aristote*, *Catégories*, Paris, Flammarion, 2007. p.240,注释 14。

　　[T13]旨在呈现"存在的条件,亚里士多德正是利用这个条件而区分了对立面和矛盾"①。对于对立面而言所要求的存在条件在缺失/具有的对立中也被要求,甚至更为严苛,因为并不是对任意的主体,任意的状态和任意的时候都可以谈缺失(12a30—35)。这个存在条件直接就排除了存在/非存在这种二元对立,因为存在和非存在是一组矛盾关系:而对于对立面和具有/缺失这样一组对立而言却总是存在着一个基底。事实上,在这里我们也可以看到针对对立面理论的修正:绝不存在没有基底的对立面;存在前提就蕴含着一个主体的存在,没有这一前提就"没有什么对立面为真"。存在和非存在都是关联于一个基底的存在。

在《前分析篇》第一卷第46章中再次将存在条件作为对立面和矛盾的区别,且在那里,这个存在条件体现在一个命题中否定所处的位置的不同:

　　[T14]"是不相等"和"不是相等"不是一回事:因为对于"是不相等"而言有一个基底,即某个不相等的东西,但是在"不是相等"中却没有基底。正是因为这样所以并不是一切事物都是相等或不相等的,而是一切事物是相等的或不是相等的[……]因为很清楚"是不白"和"不是白的"并不是一个意思,一个是肯定命题而另一个是否定命题……(*APr*, I 46, 51b25—28[……]52a24—26)

　　很清楚,这两种表述的差异表现在否定中。在"是不相等"和"是不白"中,存在并没有被否定,然而在"不是相等"和"不是白"中,存在却被否定了。而存在没有被否定就让亚里士多德可以声称:(a)这一类表达蕴含着一个基底的存在;(b)这些表达并不是否定命题而是肯定命题。正是亚里士多德的这样一些分析使得他将缺失描述为"通过转换而来的肯定"②,也就是说移动否定的位置而得来的肯定。缺失是一种肯定,因为它肯定了基底的存在:一

---

　　①　这是 M. Crubellier 的说法,参见 note 11, p. 239. Ibid。
　　②　这个表述位于对 Γ4 的评注中,见 Hayduck, 287, 17—18。同时也参见 *Quaestio* 2.7. 53, 10—14。Sharples 对此的翻译是:"Or rather: it is not the same to say of it ' it is-not, in its own nature, qualified ' and ' it is, in its own nature, not-qualified '; for ' it is, in its own nature, not-qualified ' is an assertion that is said to be ' by transposition ' and is equivalent to a privation, but ' it is-not, in its own nature qualified ' is a negation, which does not have the same force as a privation." *Alexander of Aphrodisias*, *Quaestiones* 1. 1—2. 15, p. 103, London: Bloomsbury, 2014 (Duckworth, 1992)。

个存在缺失了它应该具有的某个性质。缺失并不是非存在,而是"非某物的存在",换言之是对一种缺失的肯定。

如果说,这种存在条件构成矛盾与对立的差异,那么对立和缺失的差异又是什么呢?《形而上学》第十卷的一处文本给出了缺失情形下的完整列表,不仅是相对于矛盾和其他的对立形式而言的,还指出了缺失在生成理论中的使用:

[T15]如果说矛盾、缺失、对立面、关系都是某种对立,如果第一性的对立就是矛盾,且在矛盾中没有任何中间项,但在对立面之间可以有,那么很清楚,矛盾和对立面并不是同一个东西;但缺失是某种矛盾。因为处于缺失状态是指完全不可能具有或者不具有它在本性上应该具有的东西,或是完全不具有,或者是有限地具有,因为我们在多个意义上说"缺失",所依据的就是我们在别处①已经作出的区分。所以,缺失是一种矛盾或者一种有规定的无能力,或者是被包含在能够接受这种无能力的东西之中。这就是为什么在矛盾之间没有中间项,但是在缺失中却可以有,因为一切要么是相等要么不是相等,但是说一切是相等或是不相等却不是真的,除非仅仅是在那些能够接受不相等的事物之中。那么,对于质料而言如果生成是由对立面而来的,且如果生成要么是从形式以及形式的具有而来,要么是从形式的缺失而来,那么显然一切对立面就会是一种缺失,但是一切的缺失却也许不是一种对立面,原因就在于已经被剥夺者可以在多种意义上被剥夺。(*Met.* I 4, 1055a38—b16)

这个文本首先重申了矛盾与对立的区别:在对立之间存在着一个中间项(metaxu),然而在矛盾之间却不存在。这个中间项的存在与某个质料或某个基底的存在相关,这个基底就"限制"了缺失的领域。于是,存在条件就是对于缺失而言一个基底存在前提。且这个缺失有多个含义,因为"被剥夺者可以在多种意义上被剥夺",要么是完全地剥夺(一个盲者),要么是以一种有限度的剥夺(独眼者)。但更重要的是,缺失所关涉的那个领域:"完全不可能具有"或"不具有其在本性上应该具有的"这二者都处于缺失的状态。这就涉及在基底中没有对立面的情况,比如,用 Δ22 中所列举的例子来说就是,对于植物而

---

① Δ 22, 1022b 22.

言不具有视力;或者针对第二种缺失的情况来说就是,对立面之间没有可逆性,比如一个成年人失去了视力就没有可逆性。于是,缺失所涉及的是在一个基底中的否定:植物不具有视力,一个盲人也不具有视力,尽管在前一种情况下是对一个属而言的缺失,而在另一种情况下是对一个个体而言。

既然缺失关涉到基底的本性,那么缺失就是一种特殊的对立面,它是"缺失是一种矛盾或者一种有规定的无能力,或者是被包含在能够接受这种无能力的东西之中"。让缺失成为"一种矛盾"的,是缺失的"完成形式"就是"第一性的对立面"(1055a33—35),即"本性上所具有者"的不在场(Topiques, VI 3, 141a9—14)。文本的结尾就给出了具有(hexis)/缺失(sterèsis)这组对立与其他类型的对立之间的区别:这种对立是在实体领域中的对立。①

那么,对立面理论的改造所带来的主要后果就是对缺失的界定。它指出了"不是"的一种形式不是一种非存在。由此它也就表明了表述结构与物理结构之间的一种对应性。由于具有/缺失的对立是对立中第一的形式,我们就可以认为它是在实体范畴之中的对立,这就确认了缺失与"自然地属于某物的那些东西"有关。缺失与形式是对立的:缺失的实体是与形式相对立的那个实体。与作为缺失的疾病相对立的是健康,而健康则在多处被说成是一种 hexis 和一种 ousia。于是我们就可以把亚里士多德的三种实体作如下理解:

[T16]有三种实体,一种是质料,它是这一个是因为它是可分的(因为一切通过接触或融合而存在的都是质料和基底);另一种是变化所朝向的那个自然,它是这一个和具有;最后是前二者的复合,它是个体的实体,例如苏格拉底和卡利亚斯。(*Met* Λ 3, 1070a9—13)

我们看到,这里 tode ti(这一个)用来说质料和形式,因为"eis ho"指的就是 1070a2 的 eidos,这个 eidos 它是 ousia[实体]的同时也是 physis[自然]和 hexis [具有]。复合实体是质料和形式的复合,因为缺失已经被消灭了,这也就确认了缺失与质料的偶然关系。而且,一切事物的原理是在类比的意义上相同的,那就是:质料,形式和缺失(*Met.* Λ 5, 1071a33—34)。

---

① *Met.* H 1, 1042b1—5 指出了基底在这一个(tode ti)和缺失(sterèsis)之间的变化(metabolè)是变化的第一形式,而其他的变化都是跟随它的。

专栏五
法国理论与文艺实践

艺术领域中的类性真理程序

——阿兰·巴迪欧的艺术实践观探析

王　欢/文*

摘　要：巴迪欧艺术思想是其哲学的重要部分。巴迪欧从自身的哲学出发,对于艺术和美学领域的许多问题和概念,作了全新的理解和重构。本文致力于考察巴迪欧的戏剧观,指出巴迪欧在戏剧领域也确立一种类性的真理程序,并由此出发,勾勒出一个爆炸性的谱系,这个谱系对戏剧、哲学与呈现艺术之间的关系进行了详细探讨,具有深远的意义。

关键词：巴迪欧　艺术　戏剧　真理程序

在巴迪欧的思想中,艺术一直是重要的一环,并且构成其哲学的四个前提之一。巴迪欧关于艺术的探讨,始于他自身的艺术实践,尤其是戏剧和小说方面的实践,这也构成哲学的历史情势(the historical situation)之一。本文所要探讨的是20世纪初的戏剧情势,在巴迪欧的本体论中,这种情势是一个无限的复多,任何试图在语言上限制它的尝试,都预先假定其存在的溢出超过了对其属性的任何规定。本文所探讨的历史情势横贯了欧洲一些国家的文化领域,这其中也涉及俄罗斯和印度的一些文化元素。

一、事件、忠诚的操作者与位点(site)：类性 (generic)真理程序发生的历史情势

很显然,在21世纪的今天,"戏剧"的含义远比19世纪后期"戏剧"的含义丰富得多,这是19世纪的戏剧观发生巨大变革的结果。问题在于标志着这种变革开端的事件是什么呢? 正如巴迪欧指出的,这便是梅耶荷德事件——对

* 王欢,武汉纺织大学马克思主义学院讲师,主要从事欧洲大陆哲学尤其是法国激进左派研究。

梅耶荷德的诽谤与其创新作品的同时出现,这种发生于情势改革开端的事件,便被称为"戏剧"。原因如下:

1. 在梅耶荷德的作品中,通过被称为生物力学的探索系统的练习,表演身体的可塑性从模仿理论的限制中解放了出来。

2. 梅耶荷德有意识地通过画框和舞台拱门将戏剧空间从布景中解放出来。

3. 梅耶荷德将第四堵墙命名为一个需要拆除的障碍,从而观众也参与到戏剧之中,变成共同的创造者。

4. 与小丑、哑剧和戏剧表演一样,面具被重新引入戏剧。

所有这些元素都体现在梅耶荷德 1907 年后的作品中,他曾试图创建一种与十月革命相呼应的无产阶级戏剧。[①]在梅耶荷德的随笔中,他认为自己的作品是具有事件性的作品,并声称其作品与其他少数导演的作品共同构成一种"风格化(stylized)的戏剧",这种戏剧回答了那个时代的要求。因此,梅耶荷德事件在流传于戏剧实践者之间的辩论式作品中被命名了。

然而,要想一个真理程序紧接着事件之后发生,光有命名还不够,一个忠诚的操作者也必须产生,这也正是事情变得棘手的地方。在梅耶荷德事件的四个构成元素当中,有一个通用的短语可以视作其忠诚的操作者,这个短语就是"将戏剧从某某(X)的限制中解放出来"。20 世纪戏剧的任何一个创新,都被认为忠于梅耶荷德事件,并且如果它将戏剧从某种限制中解放出来,这种创新也将是真理程序的一部分。但我们最终会得到什么? 一个渐进解放的故事,是一个不断激进突破的序列。

在《存在与事件》的引言中,巴迪欧劝诚哲学家们根据四种前提的指示进行思想的传播。如果他们通过艺术来传播思想的话,哪怕只是一点点,他们很快会发现格林伯格(Clement Greenberg)的理论已经过时了。巴迪欧指出,困难在于确立另外一个忠诚的操作者。显然,操作者必须是实际存在着的,它必须在即将改革的情势中被勾勒出来。同时,这个操作者必须是通用且可传递的,以便它可以用来判断那些遥远的复多与梅耶荷德事件是否有关联。在笔者看来,以下句子精确地描述了忠诚操作者的形象:"我们希望观众不仅仅是观察,而是参与到这样一种创造性的身体行为当中。"[②]事实上,在巴迪欧的实践理论中,忠诚的操作者是他花了极大气力阐释的概念,唯有这个操作者才能

---

① Meyerhold, *Meyerhold on Theatre*, trans. by E. Braun, London, Metheun, 1969, pp. 159 – 167.

② Meyerhold, *Meyerhold on Theatre*, trans. by E. Braun, p. 60.

决定真理程序的连续性。在对此进行阐释之前,我们需要弄清楚这个真理程序始于何处,即梅耶荷德事件的事件—位点(event-site)是什么?

　　严格说来,只有当事件发生时,一个位点才具有事件性,我们反过来也可以从该事件中找寻出这个位点。可以用四种方式定义事件,那么它的位点也可以用四种不同的方式来识别。其中有两项被证明是有前途的。一方面,梅耶荷德的事件—位点是观众席客观存在的空间。观众席在戏剧情势中是绝对存在的,根据戏剧实践的既定准则,它的表达能力是不存在的。另一方面,由于梅耶荷德事件也包含其无产阶级的戏剧,事件—位点便是社会分化或等级:同样,这也必然是戏剧情势的一个因素,对戏剧实践的影响完全不同于一战前的戏剧。

　　如何调和这两种对事件—位点的不同识别呢?忠诚的操作者是——"这个复多是否有助于身体的创造性行为"? 因此,梅耶荷德事件带来的不仅是舞台和其对象的改变,而是整个观众席客观存在的空间,这包括将观众成员引入表演。退一步说,斯坦尼斯拉夫斯基对现实主义戏剧改革的标志是,他试图将艺术作品至高无上的独特性——借用古典美学的术语——从戏剧转移到演员的表演。演员们在他们自然的表演中达到了一种"创造性的精神状态",他们直观地添加或修改微小的细节,以至于每一个表演都是独一无二的。这个"改革"明显的困境在于它会直接导致明星制(star system)的产生:例如,《欲望号街车》这部电影,导致马龙·白兰度(Marlon Brando)变成明星,光芒四射。梅耶荷德事件所带来的影响更为深远:它致力于将这种独特性从文学作品或演员中,转移到包括所有参与表演的观众成员,让他们也成表演整体的一部分。换句话说,这项任务就在于创造一种"具有创造力的身体行为",以此将一种不能重复的正在表演着的身体集合联为一个整体,尽管这种表演转瞬即逝。由此,梅耶荷德事件中的事件—位点便是观众席中所有的物质实存元素,因为它们可以成为超越个人行为的一部分,无论多么短暂。以下这个故事,证实了事件—位点的存在。在一次创作中,梅耶荷德想在一个画框舞台上延伸一段楼梯,让它扫向脚灯,穿过脚灯,继续向下到达观众层。制作人否决了这一设计,仅仅允许楼梯到脚灯之间的距离,而不允许比这更远。由此,在梅耶荷德时期,观众席的物质实在空间缺席于戏剧的现状。那个否决即是这种缺席的符号象征。①

---

　　①　O. Feltham, "Singularity Happening in Politcis: the Aboriginal Tent Embassy, Canberra 1972", *Communication and Cognition*, vol. 37, no. I, 2004, pp. 225 - 245.

二、一个或者更多的介入(intervention)：
类性真理程序发生的媒介

在巴迪欧看来,真理程序的发生不仅需要事件,即通过忠诚的操作者转向情势,也需要被引入到情势复多的探询来确定它们是否与事件相关。这些转向与探询的结果不能被预先决定,否则我们面对的将是状态知识的实际展开,而不是类性(generic)的真理程序。

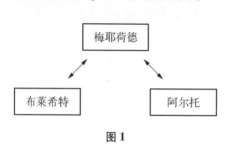

图1

那么在梅耶荷德之后,戏剧又发生了怎样的变化? 许多不同的探询发生了,其中有一些差不多同时发生。在这里将重点介绍两个在戏剧情势中体现创新的作家:阿尔托与布莱希特。他们都对梅耶荷德事件作出了回应,却以不同方式来进行。

布莱希特在戏剧中怎样忠实于梅耶荷德事件? 布莱希特听说过梅耶荷德的作品,尤其是他1926年于柏林阅读了梅耶荷德的一部作品,并在写作中引用了——然而这并不是重点。① 布莱希特所忠实的并不是梅耶荷德的导演风格或其剧作,而是"梅耶荷德事件"。他的忠诚在于他对其所谓"戏剧社会功能"的调查;这项调查之所以有趣就因为布莱希特试图将戏剧从他所谓的"烹饪功能"中分离出来,即以商品的形式提供夜晚的愉悦。②这种位移是通过探索戏剧揭露社会阶级存在的能力来实现的。这个想法是为了打断和挫败观众的习惯,即认同角色和同情角色无力改变命运的习惯——对于布莱希特来说,这些是所谓的"亚里士多德派戏剧"的基本操作。③确切地说,布莱希特鼓励观众去思考如下问题,即演员们在社会情势中是如何选择表演的。这些干扰和刺激思想的视界或承诺可能会使听众政治化。布莱希特的探索导致了新命名的激增,正如巴迪欧对所有真理程序所做的评论那样:"史诗剧""异化或间离化效应""科学时代的戏剧""戏剧指令"。由于这些命名是由其他戏剧实践家挑选并重新加工的,它们构成了巴迪欧所说的"主体习语"的一部分。同时又因

① Brecht, *Brecht on Theatre*, ed. and trans. by J. Willett, London, Methuen, 1964, pp. 130, 134.

② Brecht, *Brecht on Theatre*, p. 36.

③ Brecht, *Brecht on Theatre*, p. 34.

为这些命名可以被用来重组到戏剧情势中的复多,它们成为真理程序"对立状态"的一部分。①

布莱希特还有第二种方式来忠实于梅耶荷德事件的:与梅耶荷德对面具和哑剧的热爱一致,布莱希特将复杂的舞台装置、提线木偶以及在屏幕上的标题和图片投影融入戏剧的语言中。对于布莱希特来说,这些装置,特别是投影,不仅仅是辅助器具,而是"艺术作品的有机组成部分"②。

布莱希特忠实于梅耶荷德事件的第三个也是最重要的原因在于,他对这个质疑为我们提供了一个关于力迫(forcing)的经典例子。

那么到底什么是力迫呢? 它是一个关于即将到来的情势(被其类性子集所补充的情势)的声明和一个特殊复多之间的关系,这个复多如果属于类性子集的话,就会使陈述在即将到来的情势中为真。在巴迪欧的元本体论中,决定一个复多是否属于类性复多的关键就在于它是否与事件相连。因此,力迫的概念就给探询中所发生的事情提供了更复杂的解释。在 1932 年的一篇文章中,布莱希特认为改变戏剧社会功能的一种方式在于,将其与大众传播媒介融合,他列举了无线广播的例子。值得注意的是,"新戏剧"(new theatre)的类性真理程序通过与大众媒介的相融合,已经跨越了"戏剧"情势的界限。在这篇文章中,布莱希特认为,目前的无线广播没有"社会客体",因为它是单向的,听众不能提供内容。它所报道的公共场合并不是真正的公共场合,因为听众无法沟通,只能接受。因此,"自身与大众传播媒介相融合,戏剧的社会功能将会被改变"这句陈述并不是通过"广播"而被力迫的,因为后者并不属于"新戏剧"的类性复多。之所以这样说,是因为它并不有助于产生"创造性的身体行为"。然而,布莱希特随后发表了另一个可能是力迫的陈述:如果广播设备"从分配改为交流,它将是公共生活中最好的交流设备,一个巨大的管道网络。也就是说,就好像它既知道如何去接受,又知道如何去传达,既知道如何让听者说话又知道如何去传达,既知道如何让听者说话又知道如何去倾听,既知道如何把听者带进一种关系又知道如何去孤立他"③。

然而,这个力迫的例子似乎相当有问题。比方说某个声明,如果它属于将要力迫这个声明的类性复多,与之相关的元素又是什么呢? 难道这不就是一

---

① Rosa Lee Goldberg, *Performance Art: From Futurism to the Present*, revised ed., London, Thames and Hudson, 1988, p. 162.

② Brecht, *Brecht on Theatre*, p. 58.

③ Brecht, *Brecht on Theatre*, p. 52.

种相互作用的无线电技术的存在和将其付诸实施的制度手段吗？可以确定的是，这样一个复多是存在的，比方说网络。那么力迫就只是亚里士多德"现实化"概念的化身，一种经验的具体化，一种理念的道成肉身。我们需要确定的是，网络及其用途中的哪一部分是类性复多中的一个元素；网络——并不是其全部，也许是其很少一部分——是如何与梅耶荷德事件联系起来的？在巴迪欧看来，当代戏剧在这方面做得太超前了；已经处于将要开始爆发的外部极限。事实上，想要通过运用忠诚的操作者来解决这个问题，我们需要明确更多其他戏剧实践者关于力迫的陈述，这些陈述使得"创造性的身体行为"的意义具体化和量化了。正如巴迪欧所言，一个激进主义者或一个艺术家是按照作为进程、而不是知识类别的真理来工作的，但是他们必须要知道他们所处的情势，也即前面所说的探询。

接下来，我们讨论另一个剧作家安东尼·阿尔托（Antonin Artaud）。尽管阿尔托的参照对象，主要是阿皮亚、克莱格和科波，他也明确引用了梅耶荷德和其他俄国导演，并对他们表示钦佩：阿尔托在他们的作品中看到一种"关于行为与大众的戏剧"①。1932年，他在柏林观看了梅耶荷德的作品，并且，他也知道后者在1930年的巴黎巡演。阿尔托的思想在三个方面响应了新戏剧的事件。首先，他继续研究戏剧空间的可塑性，以消除演员和观众之间的差别。20岁时他就已经计划在工厂中央表演一种"自生自发的戏剧"（spontaneous theatre）②。在《剧院与其替身》中，阿尔托谈到了将庄园或机库用作剧院，并发展出一种观众在中间的旋转奇观。③不仅仅如此，阿尔托也和梅耶荷德一样，重新引入了面具与哑剧，试图发展出一种独特的戏剧语言，它包括"一切可以在舞台上表现和表达的事物"，例如"音乐，舞蹈，可塑性，哑剧，手势，语调，建筑，灯光，装饰，后来又添加了面具和人体模型"④。在阿尔托看来，这种多元且独特的语言的建构，既是对戏剧实践的净化，又是对它的丰富与延展。它将通过求助非西方的戏剧传统——例如，巴厘语来实现，并反对欧洲戏剧中文本或"清晰语言"的霸权。

最后，也是最重要的一点，在"残酷戏剧""巴厘戏剧"或"形而上戏剧"的名称下，他认为戏剧是一种直接影响观众情感的沟通行为，是一种近乎灾难的

①　Antonin Artaud, *Oeuvres Complètes*, vol. III, Paris：Gallimard, 1961, p. 216.

②　Alain Virmaux, *Antonin Artaud et le théâtre*, Paris：Seghers, 1970, p. 29.

③　Antonin Artaud, *Oeuvres Complètes*, vol. IV, p. 115.

④　Antonin Artaud, *Oeuvres Complètes*, vol. III, pp. 47, 58.

神经状态的变形。因此,他对瘟疫的隐喻进行了长期的探索,该隐喻源于圣奥古斯丁,他痛斥戏剧是一种精神感染的形式。这一点,可以联想到梅耶荷德,梅氏在1907年悲叹戏剧正在失去其极具感染力变革的力量。①

　　然而,阿尔托关于戏剧的概念——一种神奇的形而上的事件——让他与梅耶荷德的戏剧概念区分开来,阿尔托认为:

> 我认为,在俄罗斯,所有那些试图让戏剧为眼前的政治或社会目的服务的努力都是徒劳的。无论采用的分期程序有多新,情况就是这样。这些程序,只要他们愿意服从辩证唯物主义的最严格规定,就会背弃他们所蔑视的形而上学,而继续遵循词语最本来意义的戏剧分期。②

　　因此,阿尔托认为他和梅耶荷德所做的区分是可以交换的,因为它与通常被认为存在于阿尔托和布莱希特政治戏剧之间的区分相同。

　　尽管如此,阿尔托对戏剧的思考仍然忠实于梅耶荷德事件:可以参考阿尔托关于戏剧的最后一封信,这封信写于1948年阿尔托逝世前两周。他将自己被删掉的广播节目"服从上帝的审判"(To have done with the judgement of God)视为完全的失败,并对此进行了反省:

> ……我再也不会触碰无线电之类的了
>
> 从现在开始,我将转为戏剧而献身
>
> 例如,我将把戏剧
>
> 看成一场血战
>
> 这样一种戏剧,在每次表演中
>
> 都会导致身体的获得
>
> 表演的人和
>
> 看表演的人
>
> 一样重要
>
> 而且
>
> 人们不表演
>
> 人们行动

---

① Meyerhold, *Meyerhold on Theatre*, p. 60.
② Alain Virmaux, *Antonin Artaud et le théâtre*, p. 138.

　　戏剧实际上是创造的源泉……①

　　在这里,很显然,阿尔托将戏剧理念的忠诚当成一种"创造性的身体行

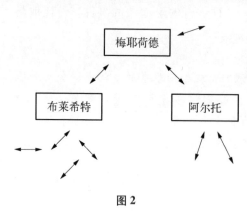

图 2

为"。综上所述,"阿尔托"和"布莱希特"代表了两种对戏剧情势不同的探索改革,但是它们都忠实于梅耶荷德事件。当然,巴迪欧的实践理论并不意味着对于现代主义的单线性解释,只是以三位戏剧作家为例,划分了两条分叉的线。此外,这些特定的线不仅在其他戏剧工作者中继续存在并分叉,也不是梅耶荷德事件中出现的唯一的线。

　　在戏剧中,更重要在于对类性真理程序的绘制。毫无疑问,这里包含一个矛盾:类性并不允许自身被绘制,它只允许自己被数学化地书写。为了交流,让我们假设这是一个粗略的草图,而不是一张地图。要勾画一个类性程序,可以通过一个合适的命名识别一系列探询,也可以指示力迫附加一些合适的命名。至少我们可以得出以下六个力迫"新戏剧"的类性陈述:

　　1. 表演空间,包括观众,是完全可移动和可塑的。这种力迫可以追溯到梅耶荷德1918年有8 000名演员参与的十月革命户外重构,布莱希特的舞台机制,以及格洛托夫斯基将舞台和观众席完全融合(它显然包括街头戏剧和事件)。

　　2. 构成戏剧作品的表演可能是下意识的,它臣服于机遇。例如阿尔托早期思想中即兴表演的功能、约翰·凯奇的作品以及阿兰·卡普罗的事件等。尽管如此,并不是所有包含机遇与呈现的集体事件都属于新戏剧;机遇在商业化的运动中上演。

　　3. 在机器时代,无论是木偶还是人的戏剧动作都必须被机械化,以至于模糊了有机与机械的区别。1908年,爱德华·戈登·克雷格呼吁废除表演者,用超级好的提线木偶取代。未来主义者普兰波里尼(Prampolini)在1915年重复

---

①　Alain Virmaux, *Antonin Artaud et lethéâtre*, p.279.

了这句话,但实际上他制作并使用了提线木偶。①马里内利(Marinelli)创作了关于金属机械师的《女飞行家之舞》。梅耶荷德发展了一种关于演员训练的生物力学理论。布莱希特的早期搭档欧文·皮斯卡托在柏林使用了提线木偶,阿尔托在其1932年的《残酷戏剧》中对此进行了宣扬。再一次地,对提线木偶的使用本身并不能保证某个作品就属于"新戏剧"。

4. 演员不必表现出丰满的角色,而要有一定的功能。布莱希特于1934年说道:"这些人只是为某项事业服务的密码。"②在20世纪50年代末期,耶日·格洛托夫斯基抛弃了角色与连贯的作用。尽管如此,并非所有不展现个性的集体表演都属于新剧场(纽伦堡集会)。

5. 戏剧和音乐的语言融合了现代世界的喧嚣。比如未来主义学家鲁索洛1913年的宣言《噪音的艺术》;达达学派于1916年在伏尔泰歌舞表演中所使用的"野兽派"诗歌③;阿尔托在其1932年的"巴厘岛戏剧"与"分期与形而上学"中对叫喊与音准的呼吁;以及约翰·凯奇1937年名为《音乐的未来》的宣言。由此,新戏剧也包含了对当代音乐的探询。

6. 大众媒介可以被用于关键的目的。看看上面所提及的布莱希特对无线电的论述以及他1931年对电影的论述。因此,"新戏剧"的探索—转变可以包括对电影的某些探询,以及部分媒介运动,例如互联网上的开放资源与创意共享(虽然是很少的一部分)。

三、类性呈现艺术(art of presentation)的产生:类性真理程序的产出

值得注意的是,以上六条陈述之中,没有一个陈述足以确定一种"新戏剧"的类性复多子集:决定性的因素是特殊的复多是否与这些陈述相关——表演、作品、学派——是否与梅耶荷德事件有联系。因此,并不是所有对机遇和喧闹的使用都属于"新戏剧",也许只是很少的一部分。然而,问题在于这些探询使"新戏剧"的真理程序进入其他领域而不是最初的情势,这个问题仅仅是对巴迪欧变化哲学的严格运用而产生的。以上提到的许多艺术家似乎都属于

---

① Rosa Lee Goldberg, *Performance Art: From Futurism to the Present*, revised ed., London, Thames and Hudson, 1988, p. 22.

② Brecht, *Brecht on Theatre*, ed. trans. by J. Willett, London, Methuen, 1964, p. 66.

③ Rosa Lee Goldberg, *Performance Art: From Futurism to the Present*, p. 67.

其他情势,如果不是诸如"表演艺术""视觉艺术"或"舞蹈"等真理程序的话。确实如此,一旦人们确认了这些力迫,很显然,对新戏剧的探索改革既经历了未来主义与达达主义,也经历了布莱希特的剧院。由此,谱系学——这种谱系学通常是可以选择的——以戏剧的原初情势为中心爆发并且进入不同领域。

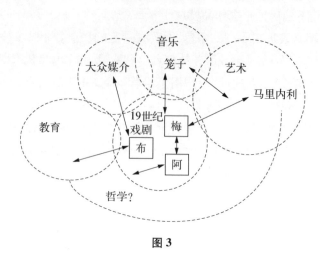

图 3

我们可以把这种多样性归因于我们对艺术形式的选择;巴迪欧最喜爱的艺术真理程序,是音乐、诗歌、绘画,不同于这些艺术形式,戏剧是一种混合的艺术了,它包含绘画、雕塑、文学与音乐。但这样仍然不够。可以将"新戏剧"划分为政治戏剧、先锋戏剧与艺术戏剧,这仅仅是为了学术上的方便。如果"新戏剧"涌入艺术领域甚至电影领域,那么问题又来了,即梅耶荷德事件是否是它独特的忠实的来源。我们通常所说的"表演艺术",如果不是起源于即兴喜剧与罗马马戏团的话,那么通常就认为它起源于马里内利而不是梅耶荷德。通过力迫,爆发向外扩散,然后按时间顺序往后退,以保障新的忠实来源。例如,达利欧佛——其作品毫无疑问是"新戏剧"的一部分——明确地抵制先锋戏剧,以此返回到充满争议的中世纪神秘戏剧的流行戏剧中去。

根据巴迪欧的变化哲学,一种类性真理程序在一种历史的情势中发展。在对事件的忠诚中,它将其类性的复多分出来并加到以前的情势当中。图 3 中的图形是巴迪欧设置的扭曲。我们不仅拥有复多的历史情势——艺术、音乐、电影等——我们甚至可以拥有复多的事件。

正是在此,巴迪欧的类性真理程序理论得到了补充。在笔者看来,在艺术与政治的领域当中,人们可以把对立状态当作一种表达的共同集合,它通过一些典型的操作来强化和呈现真理的程序。正是这些操作允许程序情势的复多化以及与诸如舞蹈或音乐领域中真理程序的融合。在这些典型的操作当中，其中一项便是对整体的重新命名。这经常发生在"新戏剧"的真理程序中：梅耶荷德试图将新戏剧命名为"风格化戏剧"；布莱希特将其命名为"史诗戏剧"或"科学时代的戏剧"，这些命名都能够使真理程序的领域大幅增加。布莱希特说电影是史诗戏剧的理想媒介。换句话说，如果一种历史的情势——戏剧——是通过真理程序缓慢改革的，那么很显然，它的名称与边界也必须发生变化。这样一个哲学问题，即区分一种艺术形式——例如戏剧——与另一种艺术形式——例如雕塑或表演或舞蹈，实际上是一个直接关乎实践的问题，因为对这些边界的重组正是真理程序对其整体重新命名所做的工作。

在对法国大革命时期雅各宾派思想表达的汇合研究当中，可以发现三种典型的操作：① 用词不当的转喻（通过一个部分对整体重新命名）；② 离心式的翻译（雅各宾派的发言人前往偏远的村庄，将国民议会通过的律法翻译成方言，以解决争端）；③ 向心式的道成肉身（罗伯斯庇尔试图让人们通过他来言说）。之所以提到这一点是为了表明这种操作——不仅仅是修辞上的，也是技术上和物理上的——在新戏剧的真理程序中可能是积极的。为了完成这个初步的调查，我们来考察一下，这个爆炸性的谱系，对于戏剧与巴迪欧的哲学所产生的出人意料的影响。

对于戏剧，真相程序的多向性意味着，无论政治戏剧等类型的创作，遭遇到怎么样的挫折，"新戏剧"仍然在很多方面进行探索改革。"新戏剧"在大众交流领域中所进行的某些探询，使得它能够跨越"戏剧之死"的困境。它对作品的包容，放弃了审美的自主性，试图将自身融入普通的实践，从而超越了"艺术的终结"的陷阱。归根到底，在这些多重调查中，利害攸关的不是一种新的戏剧，而是类性呈现艺术的展开：说它是类性的，是因为它将所有这些艺术——时间的、视觉的、声音的、触觉的或气味的——都连接了起来。这似乎将其与戏剧区分开来；然而它又是难识别的，因为并不是所有这些领域中的作品（可能几乎没有）都属于艺术。

但是这种类性的呈现艺术如何创造出属于它的东西呢？ 如前所述，忠诚的操作者——这个决定了一个复多是否与梅耶荷德事件相连的操作者——是"创造性的身体行为"的理念。至少在艺术与政治的领域，这难道不是任一类性真理程序的另外一个名称，即一种"创造性的身体行为"吗？ 或许巴迪欧的哲学本身已经受制于"新戏剧"的真理程序了。

　　在探索这种可能性之前,让我们先做一个历史性的回顾。在巴迪欧的著作之前,哲学就已经作为真理程序而受制于戏剧了。如果我们考察一下柏拉图著作中,古希腊戏剧的影响,我们发现正是在那里,哲学最接近类性之思,在梅耶荷德之前。在《理想国》的第十卷,柏拉图将演员—诗人的存在,看作似乎占据一切专业位置的呈现,由此,只要演员—诗人与知识和理念没有适当的关系,就不应当在城邦中有任何位置。

　　这种条件设置的结果是,希腊人分配了哲学与戏剧之间的关系,并通过城

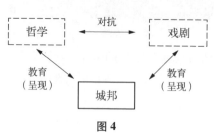

图 4

邦这个第三术语将它们三角化。这不仅仅是对哲学,对戏剧也是如此——想想阿里斯托芬的《云》或《蛙》——他们都试图垄断与城邦的关系,他们称之为教育,而不是模仿。即便如此,在这两种情况中,教育都是在呈现的规则下思考的。

　　回到20世纪,很显然,"新戏剧"的某些探询,对于古希腊的这种分配并没有漠然无视:事实上,布莱希特的作品对这种分配进行了改革。在柏拉图看来,透过哲学的这种观点,戏剧的(伪)功能是社会通过拟像向自身的呈现。布莱希特式的转折就在于认为,这样做的话,戏剧避免呈现拟像的唯一方式便是,不将社会作为一个稳定的整体来呈现。也就是说,在布莱希特的指导下,戏剧的呈现有必要同时包含社会个体的身份以及对其分裂的曝光。由此,布莱希特将戏剧的实践看成社会内部反射性时刻的真正装置。

　　这种布莱希特式的分配直接显示了"新戏剧"真理程序的内部哲学效应:爆发已经抵达哲学层,这些影响体现在三个地方:

　　第一,对于巴迪欧来说,对一个类性子集的缓慢勾勒涉及对所有历史情势特性的掌握——情势由此在其整体中被确定了。

　　第二,真理程序被认为是取决于衡量情势与其状态之间不可估量的差距——因此反思性的实践揭露并连接了情势的分离原则。

　　第三,事件本身的结构包含了反射性,因为它是其名称属于自身的复多——由此,一个反射性的时刻便处于变化的起源处。

　　由此,通过运用巴迪欧的哲学,来考察"新戏剧"的真理程序,于是产生了奇异的结果:现在,我们至少可以说,巴迪欧的变化模型也是戏剧性的。如果说,巴迪欧作为显现—消失(appearing-disappearing)的事件概念,是他对马拉美的诗歌《骰子一掷,不会改变偶然》进行哲学解读的结果,那么一种类性身体

的建构,不仅可以理解为关于柯亨数学创造的哲学内部效应,也可理解为真理程序的艺术显现的哲学内部效应。

　　但是,其影响还不止于此:如果真理程序的本质要跨越和重新划定界限,那么巴迪欧的类性真理程序这个哲学概念就可以理解为真理程序艺术呈现的一部分。当然,巴迪欧在处理哲学及其前提之间的融合时,要求在哲学和真理程序之间进行严格的区分。对于古希腊剧作家阿里斯托芬而言,他认为有必要在城市青年的教育中与哲学对手进行斗争,哲学本身就可以被理解为一种新兴的表达的集合,它干扰了戏剧的发展。于是,爆炸性的谱系学就可以从20世纪追溯到公元前5世纪和前4世纪——古希腊的哲学机器,也可以被当作类性呈现艺术的一部分;虽然并不是所有的,可能只是很少的一部分,但绝对有一部分。

模态理论作为激情描写工具的
理据性探讨[*]

屠友祥　侯明珠/文^{**}

摘　要: 逻辑学和语言学都探讨模态问题。格雷马斯的创新之处在于借鉴语言学对模态问题的研究成果,并将模态理论作为工具性方法引入激情符号学分析之中,这一研究方法已为学界广泛接受。本文着重探讨了格雷马斯使用模态理论进行激情分析的理由。基于话语的伸缩性特征,句子与叙事话语具有同构性,因而对叙事话语基本结构的分析可以经由对句子基本结构的分析实现。在句子中,模态谓词与主体意向性直接关联,这一直接关联性特征为主体激情的描写提供了先天的方法性工具。模态活动与激情活动都依托主体的思维活动展开,二者分别在句子和叙事话语中建立了一个独立自足的心理表意区域。模态从根本上改变的是关系,模态所用于描写的也是主体思维活动所发送的意向性关系,模态与主体意向性的直接关联关系是格雷马斯借助模态理论进行激情描写的最重要原因。

关键词: 模态　激情符号学　主体意向性　模态能力　激情能力

一、引　言

20世纪80年代以来,继叙事的实用维度(dimension pragmatique)与认知维度(dimension cognitive)之后,对叙事的激情维度(dimension passionnelle)或激情话语的符号学分析成为以格雷马斯(A. J. Greimas)为代表的符号学巴黎

---

　*　本文系国家社科基金项目"重建符号学基本原理视域下的符号否定性与本体论研究"(17BZW003)和教育部人文社科重点基地重大项目"普通符号学与生态符号学研究"(16JJD740014)的阶段性成果。

　**　屠友祥,中山大学中国语言文学系教授,博士生导师。侯明珠,中山大学中国语言文学系博士生。

学派的主要关注领域之一。1978 至 1979 年,格雷马斯曾在巴黎高等研究实验学院(l'École pratique des hautes études)开展过为期两年关于激情问题的研讨班。格雷马斯与雅克·封塔尼耶(Jacques Fontanille)的著作《激情符号学》是这一研讨班的重要理论成果,也是激情符号学理论的代表性著作。在此之前,格雷马斯曾开展为期两年(1974—1975)关于模态问题的研讨班,作为建立激情符号学的理论准备。

与叙事的实用维度关注事件(événement)的展开或行动(action)的转换不同,叙事的激情维度更关注主体在叙事发展过程中心灵状态(états d'âme)的变化;与认知维度对知识进行发送与操纵的认知主体不同,激情主体的心灵状态往往是连续波动的,并极具张力性,因而难以确切描述与把握。如何确切描写激情主体的心灵状态而不陷入心理学与传统哲学分类学的窠臼,成为叙事符号学所面临的新挑战。

在行为符号学的研究阶段,格雷马斯提出了行动元模型(modèles actantiels)与标准叙事流程图(schéma narratif canonique),作为解释叙事话语深层意义结构的理论模型。但在行为符号学的视野下,作为行为主体的行动元类型仅是一个抽象的行动功能载体,剥离了行为主体所具有的心理特性与情感能力,而后者与主体的具身性(incarnation)息息相关。因而行为符号学所能处理的问题仅限于叙事人物的行动以及行动的转换过程(也就是格雷马斯所说的“事件的状态”[états de choses]),却无法细致而精确地描述主体的认知过程与情感状态。随着叙事符号学的发展以及认识领域研究的深化,亟须建立一种可以介入主体性分析的理论工具以应对新的问题和挑战。符号模态理论便在此种背景下被引入叙事分析之中。

在 1983 年出版的《论意义 Ⅱ》的导言中,格雷马斯开宗明义论及模态理论之于激情符号学的工具性意义:

> 长期以来,符号学禁止自己接触所有与心理学或远或近扯得上关系的东西。这一决策在其草创阶段无疑是正确的,那时我们必须把行动元当作纯粹的“行动者”,剔除其身上千年的心理沉淀,即关于“性格”和“气质”的种种规定性说辞。这一决策在今天已不再必要:反之,由于我们在接触“纸上”的情感(sentiments)和激情(passions)时缺少分析工具,我们已经感到这一抉择在方法论上过于武断。借助模态句法阐释情感,实乃方法论之工具手段,它帮助我们更细致地分析话语;另外该解释还向普通

符号学提供了新的可能。①

　　在以《结构语义学》(1966)为代表的行为符号学研究阶段,格雷马斯致力于为叙事分析建立一套科学的元语言分析工具与具有规范程序的分析方法。为了确保分析的客观化与科学性,格雷马斯将文本中的主观性参数全部清除出去。因而作为行为主体的行动元类型只是一个泛化的句法主体、抽象的功能载体,行为符号学无法也无力触及叙事中的激情现象。要介入叙事中的激情现象,则必须恢复激情主体作为一个具有知觉和本体感受(proprioception)能力的身体,必要建立一种可以介入主体性分析的理论工具。在这一意义上,模态理论的建设不仅为叙事分析介入激情现象提供了工具性方法,也为符号学分析介入各个学科领域的主体性分析提供了重要的理论工具(如塔拉斯蒂在此影响下发展了音乐符号学)。

　　符号模态理论一经提出便备受关注,模态理论的工具性价值也被诸多学者所重视。安娜·埃诺(Anne Hénault)将模态理论的发展视为符号学史上的里程碑事件,因为模态理论使我们得以对叙事中的行为程序和状态程序进行更加精细的分解描述。② 赫尔曼·帕雷(Herman Parret)将模态理论视为话语分析介入主体性与意向性分析的切入点之一,进而将他对激情类型的研究完全建立在模态分析之上。③ 雅克·封塔尼耶指出模态理论的建立直接促进了激情符号学的发展,并将模态理论的发展视为激情问题得以进入符号学视野的突破口之一。④

　　对模态理论本身进行探讨以及借助模态理论进行具体激情现象分析也成为激情符号学的重要研究内容,国内外学者就这一论题有诸多论述。封塔尼耶在格雷马斯对激情词汇分析的基础上,进一步将讨论范围扩展到叙事的激情维度及其模态表达。在《符号学的模态转向》⑤一文以及《激情符号学》《话

　　① 格雷马斯:《论意义:符号学论文集(下册)》,吴泓缈、冯学俊译,天津:百花文艺出版社,2005年,第10、11页,译文稍有改动。

　　② Anne Hénault, *Histoire de la sémiotique*, Paris: PUF, 1992, p. 111.

　　③ Herman Parret, *Les Passions: Essai sur la mise en discours de la subjectivité*, Liège & Bruxelles: Mardaga, 1986.

　　④ 封塔尼耶:《激情符号学》,见埃诺主编:《符号学问题》,怀宇译,北京:中国人民大学出版社,2019年,第430页。

　　⑤ Jacques Fontanille, «Le tournant modal en sémiotique», Organon, Université Fédérale du Rio Grande do Sul, Porto Alegre, 1995, pp. 177–193.

语符号学》①等书中,封塔尼耶详细展示了模态句法在具体激情分析中的方法性操作。封塔尼耶从模态与主体意向性的关联出发,将模态所表达的心境意义抽离出来,将其称为话语的模态维度。模态维度进而可以用来描写主体激情幻象的内容,模态维度也因此成为叙事激情维度的文本表露特征之一。帕雷极为重视模态理论的应用性价值。他将模态视为介入话语主体性的分析渠道,将模态能力作为介入和描写主体激情能力的切入口,进而探讨、描述激情意义的生成和话语显现过程。② 封塔尼耶与克洛德·齐贝尔伯格(Claude Zilberberg)合著的《张力与意指》在传统模态描写机制的基础上加入了强度(intensité)和广度(extensité)两个描写维度,用来描写模态之间的张力关系。③模态的强度、广度与身体的本体感受性(proprioceptivité)直接相关,将模态与源自主体的价值(valeur)联系起来,使模态理论得以更精确而细致地描写激情的意义效果。在利用模态理论进行具体激情现象描写方面,同样不乏相关论述。在《论意义Ⅱ》《激情符号学》中,格雷马斯描写了诸如"愤怒""固执""贪婪""嫉妒"等具体激情类型的模态配置,展示了具体激情类型的模态分析方法。④ 帕雷的《激情:论主体性话语》一书保留了传统哲学家对激情进行分类的视角,将激情问题的研究建立在对多种具体激情类型的模态分析之上。国内学者谭光辉在《情感的符号现象学》一书中论及"情感模态分析",将主体(包括自我与他者)与模态之间的关系进行分类组合描写,试图通过模态分类建立一种新的情感分析模型。⑤

　　模态问题是逻辑学、语言学、叙事学共同的探讨话题,格雷马斯借鉴语言模态的研究成果,将模态理论引入符号学分析,使模态理论成为重要的叙事分析工具。格雷马斯建立的模态理论作为认知分析与激情分析的工具与方法已为学界接纳并认可,但对模态分析方法的理据性探讨却鲜有触及。封塔尼耶在《符号学的模态转向》一文论及语言模态的属性特征与叙事符号学的关联之

---

① 分别见于 A. J. Greimas et Jacques Fontanille, *Sémiotique des passions: des états de choses aux états d'âme*; Jacques Fontanille, *Sémiotique du discours*, Limoges: Presses Universitaire de Limoge, 2003。

② 参见 Herman Parret, *Les Passions: Essaisur la mise en discours de la subjectivité*; *Semiotics and Pragmatics*: *An Evaluative Comparison of Conceptual Frameworks*, Amsterdam/Philadelphia: John Benjamins Publishing Company, 1983。

③ Jacques Fontanille et Claude Zilberberg, *Tension et signification*, Liège: Mardaga, 1998.

④ 对"愤怒"的分析见格雷马斯:《论意义:符号学论文集(下册)》,第229—252页。对"固执""贪婪"和"嫉妒"的分析见 A. J. Greimas et Jacques Fontanille, *Sémiotique des passions: des états de choses aux états d'âme*, Paris: Éditions du Seuil, 1991。

⑤ 谭光辉:《情感的符号现象学》,北京:人民出版社,2021年,第117—123页。

处,但对模态理论作为激情分析工具的理据性探讨仍不够充分。据此,本文将着重探讨格雷马斯将语言模态引入符号学分析的内在理路,进而解释利用模态理论进行激情分析的理据性所在,以期加深对格雷马斯叙事符号学的理解。

二、以句法结构为模型进行话语分析

模态问题最初是逻辑学和语言学探讨的对象。格雷马斯对模态理论的建设直接借鉴自语言学对模态助动词的研究,进而将语言模态引入符号学分析之中。[①] 格雷马斯 1976 年发表在《语言》期刊上的论文《模态理论的建设》[②]是建设符号模态理论的一篇重要论文。在这篇论文中,格雷马斯将一个具有标准形式的陈述内容作为分析模型,进而将模态理论的基本构架建立在对一个标准陈述内容的结构分析之上。借鉴语言学的分析模型而非逻辑学的分析方法是格雷马斯建立符号模态的理论基础。

罗兰·巴特在《叙事作品结构分析导论》中指出,叙事作品的种类和数量不计其数,要想从浩如烟海的叙事作品中抽象出基本的共相结构,使用归纳法对所有文本逐个进行分析显然是不可能的,唯一经济便捷的方式是采用假设演绎法。格雷马斯的论证理路与之类似。将叙事话语所构建的语义世界视为一个宏观语义世界整体,假定存在一个简单可分析的微观语义世界,其意义结构与叙事话语所构造的宏观语义世界具有等值关系(数学上的等比关系),也就是经由抽象剥离程序之后二者的结构关系是等值的。那么对复杂宏观语义世界的分析便可通过对更加简单的微观语义世界的分析而实现,这也就是佛教徒所谓的"芥子纳须弥"之道。

1964 年起,格雷马斯与罗兰·巴特在巴黎高等研究实验学院分别基于叶尔姆斯列夫(Louis Hjelmslev)的语言学与符号学理论开展各自的研讨班。1966 年,格雷马斯发表了《结构语义学》一书。同年,罗兰·巴特在《传播》(Communications)杂志第八期"叙事结构分析"专栏发表了著名的长文《叙事结构分析导论》。罗兰·巴特吸纳语言学的研究方法(在当时发展也最为完

---

① 在语言学术语中,模态(modality)通常被翻译成情态,指由动词和相关范畴表示的语气的对立。在语法分析中,情态的对立主要由情态助动词表示,如英语中的 may, will, can;法语中的 pouvoir, savoir, devoir, vouloir;德语中的 mögen, möchte, wollen, dürfen 等。为了论述的方便,本文将 modality 统一翻译为模态,论及语言学与符号学讨论的区别时分别使用"语言模态"与"符号模态"加以区分。

② A. J. Greimas, «Pour une théorie des modalités», in Langages, No. 43, Modalités: logique, linguistique, sémiotique, sep. 1976, pp. 90–107.

善）进行叙事研究。语言学的最终研究单位是句子，因而对叙事话语基本结构的分析可以通过对句子基本结构的分析而实现，也就是巴特所谓"叙事是一个大句子，正如任何陈述句在某种意义上来说都是一个小叙事的雏形"①。句子与话语具有同构性这一理论公设是罗兰·巴特以语言学的模型进行叙事话语分析的理论前提（话语是句子的展现地②）。与巴特类似，格雷马斯将一个具有标准形式的基本陈述内容（énoncé élémentaire）作为叙事话语分析的微观语义模型。陈述内容是陈述行为（énonciation）所产生的结果，既可以呈现为句子的形式，也可以呈现为话语的形式。因而无论是巴特所使用的"句子"模型还是格雷马斯所使用的"基本陈述内容"，基本理论公设都是所用以分析的微观语义模型与叙事话语具有同构性。

格雷马斯在《结构语义学》中提出的话语的伸缩性（élasticité）特征可以用来解释句子与话语的同构性。话语的伸缩性体现在"扩展"（expansion）与"收缩"（condensation）两个方向相反的话语活动中。格雷马斯界定"扩展"与"收缩"道：

> 现代语言学的发展和一个新概念有很大关系，它就是扩展……无论你用什么名称来称呼"扩展"现象，它所表达的意思没有区别：话语内部有等级，其中大单位包容小单位，但话语本身却又含有对这一等级现象的否定。也就是说，不同等级的单位完全有可能被看作是"等值"的……扩展是话语本身固有的特征，只有当一个低一级的句法单位被认为和一个高一级的句法单位是等值的时候，我们才能称其为扩展。③
>
> 话语元语言功能中还有一个和扩展反向的功能，它就是"收缩"。收缩就是对被扩展了的信息进行解码，进行简述。④

话语的伸缩性在各种类型的元语言活动中随处可见。语词的词典定义是话语扩展性的典型体现。在撰写词典的词条时，我们使用一大段话对一个语词进行解释，这种解释具有有效性的前提是二者所表达的意义内容是等值的。那么用来描写语词的一大段话便是对这一语词的扩展。反之，我们也可以使

---

① Roland Barthes, "Introduction à l'analyse structurale des récits", in *Communications*, No. 8, Recherches sémiologiques: l'analyse structurale du récit, 1966, p. 4.

② 参见屠友祥：《索绪尔话语理论诠解》，《文学评论》，2014 年第 4 期，第 25 页。

③ 格雷马斯：《结构语义学》，吴泓缈译，北京：生活·读书·新知三联书店，1999 年，第 101—102 页。

④ 格雷马斯：《结构语义学》，第 104 页。

用简单的语词对一大段话进行概括,这便是话语收缩性的体现。收缩的极致便是命名,命名以最简洁精炼的形式将一大段话所要表达的意义进行凝缩,准确命名的前提也是两种语言单位所表达的意义是等值的。语法分析同样是一种话语收缩活动。语法对普遍存在于某种群体语言的语法规则进行抽象和凝练,以简洁的语法形式对复杂的语法现象进行抽象概括。逻辑表达式则是对意义关系进行浓缩表达最为极致的形式。叙事话语的意义内容可以使用繁复的自然语言表述,同样,也可以描述为更为简洁和凝练的形式语言。前者是话语扩展功能的体现,后者则是话语收缩功能的体现。

　　句子与话语是两个不同等级的语言单位,我们之所以能在这两个不同等级的语言单位之间建立等值关系,正是因为话语所具有的伸缩性特征。格雷马斯在《符号学词典Ⅰ》指出:"正如我们说一个基本陈述(或逻辑命题)是句法收缩的结果,我们也可以说话语是基本句法单位的扩展。"①当我们使用句法结构的模式进行叙事话语分析时,用以分析叙事话语的句法结构便成为一种元语言。叙事话语繁杂无形,而句法结构则有章可循。假设二者所表达的意义关系是等值的,那么叙事话语便可被视为句法结构的扩展,句法结构则是叙事话语的收缩形式。句子是浓缩的话语,话语是扩展了的大句子。叙事话语的结构特性以浓缩的形式淋漓尽致地体现在句子结构之中,对叙事话语基本结构的分析便能通过对句子结构的分析而实现。这是格雷马斯将语言模态(而非逻辑模态)引入叙事话语分析的出发点。

　　格雷马斯采用波梯耶(B. Pottier)对模态的定义:模态是"主语对述谓的改变"②,"只要一个谓词依靠其在句中的位置来支配和左右另一个谓词,那么它就是一个模态谓词"③。为了研究与分析的方便,格雷马斯将模态谓词的研究范围限定为法语中的四个模态谓词:欲(vouloir),应(devoir),能(pouvoir),知(savoir)。④ 模态活动也就是模态谓词对谓词的改变活动。根据

---

① A. J. Greimas et J. Courtés, *Sémiotique: Dictionnaire raisonné de la théorie du langage*, Paris: Hachette, 1993, p. 117.

② A. J. Greimas, «Pour une théorie des modalités», p. 90。这个定义也可参见格雷马斯:《论意义:符号学论文集(下册)》,第66页。但中译本里没有标注格雷马斯是采用波梯耶的定义(格雷马斯原文里有注释)。

③ 格雷马斯:《论意义:符号学论文集(下册)》,第71页。

④ 在句法中,模态关系既可以通过传统语法分析中的模态谓词体现,也可以通过一系列具有同等功能的助动词结构实现。模态谓词在不同语言中都不尽相同。以法语为例,模态谓词包括欲(vouloir)、应(devoir)、能(pouvoir)、知(savoir)、信(croire),而诸如désirer(希望)、espérer(期待)等词语也可以表达模态关系。在英语中,模态动词can, should, shall与短语结构being able to, have to也可表达相近的意思。格雷马斯使用法语中的四个模态谓词乃是出于描写和研究的方便,并非不可变动。

谓词表达的关系类型,格雷马斯将谓词抽象析分为两个种类:表示行动的谓词"做"(faire)与表示状态的谓词"是"(être)。谓词"做"代表一切与人类行动相关的谓词,具有动态性;谓词"是"代表一切与状态相关的谓词,具有相对稳定性。四个模态谓词与谓词"是"或"做"的组合结构是一切模态结构的微缩模型,模态分析便是对模态结构及其组合所产生的意义效果进行分析。

在一个句子中,各个句法成分(诸如主语、谓语、宾语等)经由特定的功能关系连接起来,方能形成一个表达某种意义关系的句子。谓词是句子的核心,主语和宾语经由谓词的连接,构成句子的主干结构,定语、状语、补语等句法成分方能有所附丽。谓词将主语和宾语连接起来,表达主语的行动或者主语与宾语之间的功能关系。功能关系影响句法成分的连接方式,主语、谓语、宾语等句法成分经由种种不同的功能关系连接起来,形成不同的句子,方能表达各异的意义。模态谓词进一步叠加在谓词上,改变谓词所表达的功能关系,从而改变句子的意义。模态谓词通过影响谓词进而改变述谓关系,模态活动也就是对述谓关系的进一步改变。在这一意义上,本维尼斯特(Émile Benveniste)在《论助动词的关系结构》一文对模态的定义"模态是一种关于关系陈述(énoncé d'une relation)的补充性断言"[1],更凸显了模态的此种关系性特征。分析模态的定义,我们能够发现:在句子中,谓词是句子的核心,代表陈述的构成关系。模态谓词通过修饰谓词与主语直接相连,改变主语与述谓之间的关系,从而改变句子的功能关系。关系的最终发送者与决定者是句子的主语,模态谓词通过修饰谓词与主语直接相连,因而模态谓词直接表达主语的意愿或意志,模态从根本上改变的也是经由主体意向性所发送的功能关系。

在1983年于瑟里西拉萨勒(Cerisy-La-Salle)举办的符号学研讨会上,格雷马斯论及模态与主体意向性的关系:"在哲学遗产中,你会发现行为是由意向性定义的。我的印象是,虽然不至于太雄心勃勃,模态能力相当于意向性,而且比意向性更加复杂。换句话说,模态的衔接分析比意向性更具成效和操作性。"[2]格雷马斯使用模态分析的方法描写和分析人类的思维活动与激情活动,究其原因在于:模态谓词与主语(主体意向性)直接关联,模态与主体意向性的直接关联关系是格雷马斯借助模态理论进行激情分析的最重要原因;在

---

[1]　Émile Benveniste, *Problèmes de linguistique générale*, *II*, Paris: Éditions Gallimard, 1966, p. 187.

[2]　Michel Arrivé et Jean Claude Coquetéds, *Sémiotique en jeu: A partir et autour de l'œuvre d'A. J. Greimas*, Paris-Amsterdam: Éditions Hadès-Benjamins, 1987, pp. 314 – 315.

句子中,模态谓词只用来描述主体的精神活动,模态谓词的实现程度只与主体的思维活动相关,不取决于谓词所描述的实际行动。与模态活动类似,激情活动完全发生在主体的精神思维之中,与外部现实无关。描写主体激情活动的激情话语同样在叙事话语中建立了一个独立自主的心理表意空间,因而模态与主体思维活动的直接关联关系先天地为主体激情的描写提供了工具性方法。

三、模态通过改变谓词与主体意向性直接关联

法国语言学家纪尧姆(G. Guillaume)、泰尼埃尔(L. Tesnière)与本维尼斯特都研究过语言中的模态谓词。本维尼斯特分别于 1958、1965 年发表的论文《论语言中的主体性》以及《论助动词的关系结构》集中探讨了模态之于语言主体性建构的问题。我们可以借用本维尼斯特对模态助动词的研究来说明模态谓词与主体意向性的直接关联关系。

在《论语言中的主体性》一文,本维尼斯特使用替换变量法对语言成分的表意功能进行替换研究。本维尼斯特发现,在不改变动词形式的情况下改变人称并不会对动词的表意功能有任何影响,也就是人称的变化并不影响动词表达的意义关系。

> 一般来说,如果我将一个动词的现在时用于三个人称,人称的不同似乎并不会造成**变位**动词形式在意义上的任何改变。在**我吃**(je mange)、**你吃**(tu manges)、**他吃**(il mange)之间,有一点是共同且恒定的,即动词形式用于描述一个动作,这个动作以同样的方式被分别授予"我"、"你"和"他"。**我痛苦**(je souffre)、**你痛苦**(tu souffres)和**他痛苦**(il souffre)都是对同一个状态的描述。①

无论是表示行为的陈述"你吃""我吃"或"他吃",还是表示状态的陈述"你痛苦""我痛苦"或"他痛苦",将第一、第二、第三人称分别替换到相同的动词,动词所表达的功能关系并没有发生变化,都是对主体的某个行为或某种状态的描述。然而,如果对动词形式进行替换分析,便可发现句子的表意功能发

---

① 本维尼斯特:《普通语言学问题》(选译本),王东亮等译,北京:生活·读书·新知三联书店,2008 年,第 298 页。引文加粗从原书。

生了相应的变化。

> 我说**我痛苦**,是描述我现在的状态。我说**我觉得**(要变天了),是描述
> 一种影响到我的感觉。那么,如果我不说**我觉得**(要变天了),而说**我相信**
> (要变天了)将会怎样呢? **我觉得**与**我相信**在形式上完全对称。在意义上
> 也是吗? 我是否可以将这个**我相信**看作是和**我觉得**一样的对我自己的描
> 述吗? 当我说**我相信**(……)的时候是否就说明我是信徒呢? 当然不是。
> 思想活动完全不是陈述的对象,**我相信**(……)相当于一种缓和了的断言。
> 通过说**我相信**(……),我将一个无人称断定的事实即**要变天了**,转换为一
> 种主观陈述,**要变天了**才是真正的命题。[①]

在这段论述中,本维尼斯特将模态谓词所表达的思想活动与谓语动词所
描述的思想活动的内容区分开来。谓语动词所描述的行为陈述或状态陈述本
是一种中性的、不掺杂主体思想意志的事实性描述。而诸如"猜想""相信"
"料想"一类的模态谓词则直接描述了主体的精神活动。"我猜想、我料想表
明了一种态度,却不是描述一种活动。当我在我的话语中加入我猜想、我料想
时,我是在暗指我对接下来的陈述持某种态度。"[②]没有"我相信""我觉得"的
负荷,"要变天了"一类的陈述只是对天气状况的客观描述,而负荷"我觉得"
之后,主体"我"的思想活动与主体性意愿便成为表达的重点。

当我们在描述行为或状态的谓语动词前负荷诸如"我觉得""我相信""我
猜想"一类的模态谓词时,谓语动词与主体"我"经由模态谓词联系起来,主体
"我"的精神活动经由模态谓词注入谓语动词所描述的无人称断定的事实性描
述之中。模态谓词因而成为将谓语动词所描述的客观陈述与主体的思想意志
连接起来的中介机制。在这一意义上,格雷马斯对不同模态结构的分析(如真
伪模态、使做模态、真势模态)实际上是对主体思维表意机制的探讨,这也是模
态分析可以用来解释人类表意活动的原因所在。

模态与主体思维活动的关联关系也体现在助动词的词形变化上。本维尼
斯特1965年发表的论文《论助动词的关系结构》一文集中探讨了法语中三种
助动词(时态、语态以及模态)的形态变化以及与之相关联的意义变化。本维
尼斯特指出,"(确认)模态助动词的(形态)标准是将(被)助词的人称形式转

---

① 　本维尼斯特:《普通语言学问题》(选译本),第298—299页。
② 　本维尼斯特:《普通语言学问题》(选译本),第299页。

换为不定式形式"①。以法语为例,一个完整的模态助动词结构在形式上包含两个组成部分:助词形式(forme auxiliante)与被助词形式(forme auxiliée)。其中助词部分(也就是模态助动词)随着人称的变化而变化,是模态助动词结构中的变化成分。被助词部分则不受人称变化的影响,是模态助动词结构中的不变成分。无论人称如何改变,被助词部分(也就是谓语动词)始终保持动词不定式的形态。以"我能唱歌"(Je peux chanter)为例,助词形态变化如下表所示:

人　称	助词(变化成分)	被助词(不变成分)
Je(第一人称)	peux	chanter
Tu(第二人称)	peux	chanter
Il(第三人称)	peut	chanter

我们可以将分析进一步扩展。在一个不包含模态助动词的句子中,人称一旦发生变化,谓语动词便会根据人称的变化而发生形态变化,以标记由人称变化所引起的意义变化。② 而谓语动词负荷模态助动词之后,无论人称如何变化,谓语动词自始至终都使用动词不定式形式,也就是谓语动词无需根据人称的变化而变化,只需使模态谓词发生相应形态变化即可。③ 语法中的此类现象我们认为与模态助动词的表意特征有关。模态助动词用来强调与主体的精神状态、情绪特征相关的思维活动,而非谓语动词所指涉的实际事件或行动。换言之,在句子中由模态助动词所描述的思维活动是一个自足的意义域,其实现与否不依赖谓语动词所描述的实际行为,因而人称的变化无需体现在谓语动词的形态上。"我唱歌"(Je chante)这一行为陈述表示主语"我"的行为"唱歌",负荷模态谓词"能"(pouvoir)之后成为:我能唱歌(Je peux chanter),模态谓词"能"强调主语"我"具备唱歌所需的行为能力。如果负荷模态谓词"想"(vouloir),那么"想"则用来强调主语"我"唱歌的意愿。原本在行为陈述"我唱歌"中随着人称的变化而发生动词变位(conjugaison)的谓语动词 chanter,负荷模态谓词之后使用动词不定式形式,相应模态谓词随着人称的变化而发生

---

① Émile Benveniste, *Problèmes de linguistique générale*, *II*, Paris:Éditions Gallimard, 1966, p. 188.

② 如英语中的第三人称变化,法语、德语的动词变位(conjugaison)都是根据人称的变化而变化。

③ 此处无法统计所有语言类型,此结论由对英语、法语、德语模态助动词的归纳分析而得出。

变位。

在句法中,模态谓词在逻辑上先于谓词,是对述谓关系的进一步修饰。模态关系叠加在述谓关系之上,进一步将述谓关系与发话主体的思维活动联系起来。模态因而为主体的思维活动提供了形式化的描写工具。在《谈谈语言》一书中,格雷马斯与帕雷的一段对话直接论及符号模态与主体心理机制的关系:

> 现如今人们对模态分析越来越感兴趣,但模态究竟是什么呢? 模态仅仅是概念的逻辑构成,模态同样属于心理官能心理学,并最终属于传统哲学。比如,当我试图将叙事视为主体沿着使做、知做、能做模态的衔接时,我仅仅试图给这些具有"心理"特征的概念一个逻辑表达形式。一个有点儿循环使用的心理学方式,只有通过形式化才是合理的。在这一意义上,符号学就是一种"符合标准的心理学"。①

将多个模态结构组合起来形成一种模态句法(syntaxe intermodale),便可以将主体的内心生活以句法的形式表现出来。人类的激情活动作为一种特定的精神活动,自然也可以使用模态结构进行描写。模态与主体精神活动的直接关联关系先天地为主体激情的描写提供了工具性方法,因为二者皆依托主体的心理思维展开,其实现与否不取决于外在的现实行为。模态谓词在句子中建立了一个只与主语的精神活动相关的独立表意区域。当我说"我想唱歌","想"只用来指涉我的歌唱意愿,而无关乎我是否"能"唱歌或者"会"唱歌。即便我不具备实现唱歌活动的现实条件,由模态谓词"想"所表示的主体性意愿仍然可以在我的思维活动中展开。而激情叙事本质上是一种对思想的叙述,是对激情主体的思维活动以及心灵状态的描写,激情话语同样在叙事话语中建立了一个与外在现实无关的、独立自足的心理表意区域。

人类的激情活动与实用行为不同,激情活动完全发生在主体的思维活动之中,激情思维的展开不依赖外在实际行为是否能够实现。美食家面对菜谱,无需实际品尝活动,食物的滋味、触感便萦绕心间,甚至可以在心中大快朵颐。固执者知道自己不能做某事,却仍坚持去做,也就是"知—不能—做"却仍然"欲—做"某事,固执者的知其不可为而为之方凸显了固执的激情特性。无论激情想象的内容是否能够在外部现实中实现,激情活动都可以在激情主体的

---

① Herman Parret, *Discussing language*, Hague: Mouton Publishers, 1974, pp. 69‒70.

思维中完成。模态与激情活动所共有的纯粹心理性特征使模态成为分析与描写激情活动最便捷也是最合适的工具性方法。封塔尼耶在《模态化与激情调节》一文也论及模态与激情活动所共同建立的心理空间：

> "做"的模态化与"是"的模态化实际上在现实化（actualisé）（事件在陈述内容中的提及）与实现化（réalisé）（事件的最终完成）之间插入了想象的间距。从谓词实现条件的角度把握它，永远不等于把握谓词的实现……在模态化描述谓词的现实化进程（我们可以在谓词实现之前相当长的一段时间内对其进行考察）到其真正能够实现的那一刻，我们可以召唤出一整套通过模态化而实现的想象场景。例如"想要淹死"打开了所有可预见的淹死场景的大门，直到其中的一种场景被选择。同样，爱情的欲望也能引起一个想象的叙事空间，在这里，对所欲对象的占有可以在梦境中通过多种方式实现。[1]

泰尼埃尔（L. Tesnière）曾将以动词为核心的基本陈述比作一个小戏剧。语言中的行动元（通常是主语）是戏剧的扮演者，动词表达戏剧的过程，而诸如副词一类修饰语表达戏剧的时空环境。[2] 从这种观点出发，句子就是"一个会说话的人自我表演的戏剧"[3]，戏剧发展的过程就是主语对谓语的一次次实现，负荷在谓语动词之上的模态谓词则构成了谓语动词实现的条件。谓语动词一旦被实现便具有完成性与不可逆性，戏剧所表现的行动过程便终结了。

句子在理论上可以无限扩展，负荷在谓词上的模态谓词也可以不断组合叠加，不断延宕谓语动词的实现，从而在句子中建立一个具有心理性的想象叙事空间。在这一想象空间中，谓语动词所描写的现实行动可以通过多种（想象的）方式被实现。由模态活动所建立的想象空间正是激情活动在叙事中的展开之处。"想要淹死"（如复仇情感的体现）这一模态活动实际上在主体"我"的脑海中展开了一系列淹死的想象场景，想象场景的展开不等同也不依赖于淹没活动是否实际展开。同理，关于爱情的叙事之所以能够展开也依托模态"想要"在主体内心所展开的一系列想象活动。爱情的对象可以是虚幻的（如

---

① Jacques Fontanille, «Modalisations et modulations passionnelles», in *Revue Internationale de Philosophie*, Vol. 48, No. 189（3）, Les passions, 1994, pp. 359‑360.

② Lucien Tesnière, *Éléments de syntaxe structurale*, Paris：Klincksieck, 1959, p. 102.

③ 参见格雷马斯：《结构语义学》，第 246 页。

人神相恋题材），也可以不在人世存在（如悼亡题材），通过"欲-是"模态，主体可以在各种心理场景（如梦境、幻境）中与所欲对象实现想象中的合取关系。

激情活动只关涉主体的心理活动和心灵状态，因而激情叙事是一种对主体心灵状态的叙述（récits d'états d'âme）。① 在《激情符号学》中，格雷马斯使用激情幻象（simulacres passionnels）这一术语指代叙事中激情主体的激情想象内容，将模态负荷（charges modales）作为对主体激情幻象的描写形式。模态负荷即模态结构经由不同功能关系连接起来所形成的模态配置。随着叙事的展开，主体激情想象的内容可以经由对主体模态配置的描写而实现，对激情的模态分析便是对负荷在激情主体身上的模态结构及其相互关系的分析。以"固执"为例，在《激情符号学》中，格雷马斯将"固执"描写为不能是（pouvoir-ne-pas être）—知道不是（savoir-ne-pas-être）—欲是（vouloir-être）的模态组合②，简洁而精确地描写出了固执者无视得到价值客体所面临的困难（"不能是"且"知不能是"），仍然一意孤行坚持己见（欲-是）的情感状态。格雷马斯指出"在构建激情想象（空间）的过程中，我们可以赋予模态负荷一个基本作用：通过干预叙事陈述内容及其在话语中的实现（程度），模态负荷打开了一个对想象进行描写的符号学空间，这正是激情话语在叙事中的展开之处"③。帕雷在《激情：论主体性话语》一书中也认为"对激情主体所负荷的模态进行穷尽式分析"是对激情生成逻辑的分析方法之一。④ 本文暂不对具体激情类型的模态结构进行描写，而是着重探讨了模态负荷如何影响激情主体的心灵状态，进而探讨其在叙事话语中产生的特定激情意义效果。

四、从模态能力到激情能力

在《模态理论的建设》一文，格雷马斯将对模态结构的分析放在行为

---

① "心灵状态的叙述"这一术语由封塔尼耶在《符号学与文学》一书中使用："情感维度不仅涉及话语，也涉及（叙事）文本：激情主体的身体、形象以及想象的陈述行为产生了一种名副其实的文本片段。因此，借用热内特的术语，在话语叙述（récits de paroles）与思想叙述（récits de pensée）之外，还应该加上'心灵状态的叙述'（récits d'états d'âme）。"参见 Jacques Fontanille, *Sémiotique et littérature*, Paris: PUF, 1999, p. 71。

② A. J. Greimas et Jacques Fontanille, *Sémiotique des passions: des états de choses aux états d'âme*, p. 71.

③ A. J. Greimas et Jacques Fontanille, *Sémiotique des passions: des états de choses aux états d'âme*, p. 59.

④ Herman Parret, *Les Passions: Essai sur la mise en discours de la Subjectivité*, p. 121.

(acte)特别是言语行为的分析框架中。格雷马斯符号学意义上的行为是叙事程序的一个微观缩影。将叙事文本视为一个大的基本叙事程序,然后将基本叙事程序切分为一个个独立的、便于分析的子叙事程序,叙事作品的展开便可被视为一系列叙事程序的转换过程,那么建立一种关于叙事程序转换机制的"算法"(algorithme de transformation)便可以对叙事过程进行分析描写,这也是格雷马斯在行为符号学研究中所遵循的基本方法。格雷马斯在《符号学词典Ⅰ》词条"行为"下写道:"所有构成叙事话语网状结构的'事件'(événements)都可以被解释为行为,话语本身也是一种行为,一个有组织的认知行为序列。因此有必要为行为的表征建立一个可用于符号学分析的模型,这最终会成为行为符号学的起点。"①如此,行为与事件以及叙事程序就具有同构性,叙事事件是一个行为的扩展,一个复杂叙事程序的基本结构浓缩地体现在行为的基本结构之中。

　　根据格雷马斯对"行为"的定义,"使之如是的那个施事"(ce qui fait être)②,从行为的定义可以区分出两种陈述内容的结构。由谓词"做"(faire)所构成的行为陈述以及由谓词"是"(être)所构成的状态陈述。行为陈述描述行动元之间的动态转换关系,状态陈述描述行为主体相对静止的存在状态。行为陈述与状态陈述是对一个行为进行描写的基本构件。一个行为发生意味着行动元之间的关系发生了变化,也就是从一种状态转换为另一种状态,而状态转换之所以能够发生必然有相应的施事者。使这种转换关系得以发生的机制被称为能力,行为主体拥有相应的行为能力是行为得以发生的必要条件。

　　将叙事话语视为一个扩展的大句子,行为在叙事中的功能可比之于谓语动词在句子中的功能。根据托多罗夫(Tzvetan Todorov)对叙事作品语法的研究,在叙事作品中,叙述动词是"描写一种状态向另一种状态转换的谓词"③。主体(也就是叙述主语)拥有所需的行为能力是使这种状态转换得以实现的必要条件。而根据格雷马斯对模态谓词的定义,"任何一个谓词,只要依据其在句中的位置支配另一个谓词,那么这个谓词便是模态谓词。"④能力影响与改变行为,是对行为的模态化,那么能力与行为同样构成一个模态结构,对行为进行模态化的能力便是一种模态能力。模态能力与行为相对,行为是一种业已

---

① A. J. Greimas et J. Courtés, *Sémiotique: Dictionnaire raisonné de la théorie du langage*, p. 5.

② 格雷马斯:《论意义:符号学论文集(下册)》,第 67 页。

③ Tzvetan Todorov, *Poétique de la prose*, Paris: Éditions du Seuil, 1971, p. 50.

④ A. J. Greimas, «Pour une théorie des modalités», p. 93.

实现的状态转换,而能力则是一种潜在的状态,具有心理性特征。在以普罗普为代表的早期叙事分析家那里,能力的获得与识别主要依靠经验归纳。例如在普氏流程图中,代码 Z 表示主人公获得宝物的行动功能(宝物赋予主人公完成行为的必要能力),普罗普从民间故事中归纳出了 9 种获得宝物的途径,可以用来识别叙事作品中的这种功能。① 普罗普的分析方法基于经验的归纳与总结。在格雷马斯的行动元分析模型中,如何识别、确认与科学描述主体的能力仍然是一个无法触碰的“黑箱子”。模态理论的提出则为潜在能力的分析提供了便捷有效的分析方法。

　　行为主体的行为能力可以经由“欲”“应”“能”“知”四种模态谓词的组合与串接而实现准确描述。模态谓词通过调节用来描述行为的谓词,改变行动元的行为,进而改变行动元各项的关系。被模态化后的谓词(也就是模态谓词与是/做的组合结构)构成了主体的模态能力。帕雷进而将对激情能力的研究与模态能力关联起来,将模态能力视为研究激情能力的突破口。帕雷指出,“处理陈述行为的不透明的部分(按:也就是与激情主体性相关的内容)的首选启发式方法是模态视角。激情能力是一种模态能力,作为主体性的激情是一个价值网络。任何源自陈述行为(énonciation)的话语程序或话语轨迹都表现为陈述内容(énoncé)的(意义)效果。此种意义效果只有被视为欲、知、能和应的(模态)串接方能被充分理解”②。帕雷在《激情:论主体性话语》一书中将“激情能力”与“模态能力”并置讨论,却未对“激情能力”进行论述界定。格雷马斯在《激情符号学》一书中论及“激情能力”的“体态化”特征,可用来解释激情能力的话语特征。

　　　激情能力意味着一种独立于(参照话语现实的)叙事程序本身的主体叙事程序,并具有特定的体态化(aspectuelles)形式。我们可能会思忖,能力之所以具有激情的味道是否因为行为所具有的体态化特征——它的重复性、持续性和强度。更妙的是,仿佛激情能力的有效性是由于它的体态化特征:贪婪的激情效果只有通过(与所欲财富实现)合取的反复性以及(与所欲财富保持)非析取状态的连续性方能表现和识别出来。③

---

① 普罗普:《故事形态学》,贾放译,北京:中华书局,2006 年,第 147 页。

② Herman Parret, *Les passions: Essai sur la mise en discours de la subjectivité*, p. 7.

③ A. J. Greimas et Jacques Fontanille, *Sémiotique des passions: des états de choses aux états d'âme*, pp. 115 - 116.

　　"体态化"原是语言学对动词作语法描写的范畴,"主要指语法所标记的由动词表示的时间活动的长短或类型"①。如进行体标记动作在持续进行,完成体则表示动作已经完成。格雷马斯借用术语"体态化"描述行为过程的连续性特征,包括行为从起始状态到终结状态的连续性过程。② 在激情符号学的分析中,格雷马斯使用"体态化"标记激情能力所具有的可重复性、可持续性以及强度特征。激情能力的体态化特征使其区别于模态能力(也就是行为能力)。行为符号学与激情符号学同时涉及行为主体的能力问题。在行为符号学中,主体获得能力的目的是采取行动,能力是产生行动的必要条件,能力与行动之间是线性的引起/被引起的关系。行为符号学中的行动是一种实际行动,行动一旦实现便具有终结性、完成性与不可逆性。但对激情符号学而言,激情主体的激情活动是一种心理活动,激情能力的本质是一种心理能力。作为一种心理能力,激情能力依托主体的思维活动在主体的内心展开,因而具有可重复性、可持续性,具有强度上的强弱特征。贪婪者想得到更多财富,也就是欲与财富实现合取关系,贪婪者"欲—是"的强度愈强烈,在此意愿驱使下所实施的财富积累活动愈持久,贪婪的激情意义效果便愈明显。

　　激情活动可以反复、持续地在激情主体的内心展开,激情活动的展开不依赖激情主体是否拥有得以展开行动的实际能力,这是激情活动与实用活动的区别所在。因而对激情符号学而言,激情能力与激情活动之间并非线性的引起/被引起关系,激情能力影响与改变的不是主体实现行为的行为能力,而是主体与目标映像(image but)的接合关系。

　　在行为符号学中,主客体关系从其最基本的方面来说是主体与价值客体之间的合取或析取关系,叙事的发展从主客体关系的角度体现为主客体之间分合状态的不断转化与衔接。主体的模态能力用来描写主体为了与价值客体合取所需的行为能力。行为符号学视野下的价值客体是一个具有确切性的实用客体,如一件物品或一个只具有功能特性的人。但对激情主体而言,激情主体为自己所锚定的价值客体是一种打上了主体性烙印、纯粹心理性的目标映像。贪婪者希望与财富实现合取关系,但财富并非贪婪者最终所欲之物,贪婪者所要追寻的是得到财富的快感,被财富所包围的心理体验,而非实存的金钱、土地或者财富。具有实用性的财富经由贪婪者的思维加工活动形成一种

<hr />

① 克里斯特尔编:《现代语言学词典》,沈家煊译,北京:商务印书馆,2000 年,第 29 页。

② Cf. A. J. Greimas et J. Courtés, *Sémiotique: Dictionnaire raisonné de la théorie du langage*, pp. 21－22.

虚幻的目标映像,此种目标映像才是贪婪者为自己所锚定的价值客体。即便从外部观察者的视角来看,无论贪婪者多么富有,但只要贪婪者没有达到自己所锚定的目标映像,贪婪者的激情行为便会持续进行下去,贪婪的激情效果便来自贪婪者对财富持续不断、永不停止的积累活动。贪婪者的激情活动之所以能够反复持续地展开,也就是具有格雷马斯所说的体态化特征,正是因为目标映像打上了主体的烙印。对于一个谦逊者而言,他同样在自己的内心设定了一个目标映像。无论在外部观察者的视角中,谦逊者是否与所感谦逊之物处于合取关系,只要谦逊者认定自己与"目标映像"处于析取关系,谦逊者为了实现"目标映像"而产生的谦逊行为便会持续进行下去,这是谦逊这种激情活动所能发生的关键。格雷马斯使用"目标映像"这一概念以区别于行为符号学中的"价值客体",便是因为目标映像是外部现实中的客体经由主体意向性加工后所形成的价值对象。

激情主体的目标映像具有完全的心理化特征,激情能力对激情行为的模态化过程之所以能够发生是因为激情能力影响并改变激情主体与目标映像之间的接合关系(而非主体与外部现实中价值客体的关系)。在激情活动中,激情主体的目标映像、主体与目标映像的接合关系都打上了主体性的烙印,具有心理性特征,这是激情符号学区别于行为符号学的最大特征,而如何确切描述这种主体性特征则是激情符号学要处理的最关键的问题。激情符号学的复杂之处便在于主体、目标映像、接合关系都具有主体性特征,而主体思维活动不依赖现实活动便可以在主体的思维中自由展开,这使得关系具有极强的不稳定性与变化性。

在句法中,模态关系改变述谓关系;在行动元叙事语法中,模态可以用来描述行动元的行为能力,能力影响行为,进而改变行动元主体与价值客体之间的分合关系;而在激情符号学中,激情能力影响与改变主体与目标映像之间的关系。模态,从其最根本的方面来看改变的是关系。激情符号学的复杂之处在于主客体之间的关系不参照外部现实的接合状况,而取决于主体的思维活动,因而模态与主体的思维活动或主体意向性的直接关联性为主体的激情能力提供了绝佳的描写工具。

五、余　　论

在《激情符号学》一书的开篇,格雷马斯曾以空气中的芳香类比叙事话语中激情的意义效果。"在话语中激情是特定意义效果的承载者,就像一种模棱两可的、难以确切探知的芳香。符号学对此做出的解释是:这种特殊的芳香来自模态结构的话语组织。从一个隐喻到另一个隐喻,我们可以说这种意义效果来自某种分子的组合:它不是任何特定分子的属性,而是诸分子整体组合的结果。"[1]正如空气中的芳香不是源自某一个特定的分子,而是诸多分子经由组合而产生的结果。在叙事话语中,激情也不是主体或客体的某种特性,而是整个话语结构的特性。激情的意义效果来自主体、客体及其分合关系所产生的特定话语结构。如果要建立一种符号学分析方法对激情的意义效果进行描写,那么这种方法必然要能够描写且凸显话语单位间这种种复杂的关系。因而格雷马斯符号学拒绝采用传统哲学家(亚里士多德,笛卡尔,斯宾诺莎等)对激情类型进行分类描写的方法。对激情进行分类描写必然要寻求一种原始激情,将复杂的激情视为原始激情排列组合的结果,进而使用有限的原始激情解释无限的激情现象。分类学的研究视角致力于为激情类型建立一种"门捷列夫式的分类表",但无论是寻求原始激情还是对具体激情类型的穷尽式描写都着眼于历时的研究视角,忽略了共时态的关系特征,也无法描述这种种复杂的关系特征。格雷马斯借鉴语言模态的研究成果,将模态理论作为激情符号学分析的方法性工具,一方面着眼于模态与主体意向性的直接关联关系,另一方面着眼于模态的关系性特征。模态从根本上改变的是关系,模态所描写的也是经由主体思维活动所发送的意向性关系,而激情的意义效果便产生于主体、目标映像、分合关系所构成的结构关系之中。因而模态分析成为叙事分析介入主体思维意向和情感分析的突破口,模态理论也成为激情符号学重要的分析方法和理论工具。

---

[1]　A. J. Greimas et Jacques Fontanille, *Sémiotique des passions: des états de choses aux états d'âme*, p. 21.

遭遇幽灵：从瓦雷里出发
谈当代舞蹈中的重构

王霁青/文*

摘　要：书写舞蹈史不只是研究者的工作，还是表演实践关心的话题。本文对当代舞蹈运用具身性表演回溯、转写历史的重构实践展开考察，认为这类尝试一方面深入舞蹈的基本问题，再度处理在场与存留、运动与凝止的关系，另一方面又在当前技术加速的背景下突出异质现实之间的过渡，促使观者对智识的裂隙有所察觉，让历史书写中被抛却、压制的事物进入回响的空间。这两个方面都指向破坏逻辑秩序的时间断层，而从断层中冒出、基于某种歧义性（同时作为存在和非-存在）的"幽灵"成为勾连两者的关键。文章的论述以瓦雷里对舞蹈"在场性"的推崇为引，指出"瞬间即永恒"这一经典现代立场的局限性；再以本雅明、于贝尔曼对"辩证图像"的阐述作为理解当代舞蹈重拾"不动"意象的突破口；最后借德里达的"幽灵"，即与他者相遇时的不对称性，探讨当代舞蹈如何借由多重载写步骤中的空阙，打开"过渡的档案"。

关键词：当代舞蹈　重构　幽灵　在场性　过渡

一、重构：舞蹈对自身历史的回忆

舞蹈实践中，人们会利用留存的舞谱、演员口传身授的技巧、服装和舞台的设计图等来重构①历史上的作品。此类现象并非近日新况。早在 20 世纪

　＊　王霁青，柏林自由大学戏剧学院博士生。

　①　舞蹈研究对重构（Rekonstruktion）、重演（Re-enactment，Re-play）、重排（Re-staging）的使用并不统一。本文采纳舞蹈学者克劳迪亚·耶什柯的意见：不同程度的、对历史作品的"更新"都可算作重构，但有必要根据是否有距离地运用材料、是否反思重构的框架本身等等对它们区分。见 Claudia Jeschke，"Updating the Updates. Zum Problem der Identität in der Geschichts-Vermittlung vom Tanz(en)"，in Christina Thurner，Juliane Wehren eds. *Original und Revival. Geschichts-Schreibung im Tanz*，Zürich：Chronos Verlag，2010，pp. 69—80。

30 年代,旅居英国的芭蕾舞者尼古拉·谢尔盖耶夫（Nicolai Sergejew）就通过整理裴堤帕-伊凡诺夫舞谱,复排了沙皇时代马林斯基剧院的经典剧目。这种历史主义的重构追求的是对原作的忠实再现,于舞蹈史很有价值,其美学意义却受到理论家的挑战。[①] 还有一种重构,它力求基于原版修订,不完全以贴近样本、恢复经典为旨趣,但意识形态化的"本真性"依然是其工作的基础。本文意图研究的重构,特指当代舞蹈[②]自 90 年代后期以来的一系列尝试,它们除了在"古今之争"的意义上与崇古的观念博弈,还屡屡暴露样本和现场演出的"当下"于自身之内的不容贯。当代舞蹈既不预设单义的原作,也不寄托于复原或者再版,作品、编舞、演员、观众的身份皆处在未完成的、有待更新的状态,重构是一次"无指涉对象的指涉"[③]。法国编舞杰罗姆·贝尔（Jérôme Bel）的《最后一场演出》（Le dernier spectacle, 1998）就是很好的示例。四位演员身穿同款白裙,自称表现主义舞者苏珊娜·林克（Susanne Linke）,依次上台演绎其独舞《变形》（Wandlung, 1978）的同一选段,迫使观众在看似冗余的重复中关注分殊变化。在此情况下,与其说观众将林克本人当作参考对象,倒不如认为,比照的依据出自记忆与幻影的重叠,预告中的"原作"于演员和观众的共同想象中幻化再生。20 年后的表演在对记忆——有如一张原有字迹尚未磨灭的羊皮纸——进行覆写的同时,延续了"变形"的主题。在倒带一般的"故障时间"里,观者有机会回忆起这样的知识:剧场表演要做的,不是亦步亦趋的模

---

① 社会学家西奥多·阿多诺就对当时音乐中的复古思潮提出批评,认为"历史主义甚至刺激了一种不再关注作品本身的盲从兴趣"。参见迪帕森:《阿多诺音乐美学中的本真性及失败》,方德生、张亮译,载于汤姆·休恩编,《剑桥阿多诺研究指南》,北京:北京师范大学出版社,2018 年,第 230 页。

② 此处的"当代舞蹈"并不是一个将当代的舞蹈创作皆囊括在内的统称,而是指 20 世纪 80 年代以来的一批表演试验,它们既不以戏剧情节为导向,也不将舞蹈视为表达内心情感的手段。舞蹈的制作条件、方法和媒介性成为探究的话题。具体地讲,这些（编）舞者关注的重点包括调整音乐和舞蹈的相互作用（使二者处于复调式的呼应,而非单向的从属关系）,调换舞者和观众的角色,纳入日常行为,反思（编）舞者的文化身份,将研究视为艺术的形式（如讲课式表演）等。2007 年伯尔尼舞蹈学大会的讨论成果,一本以"当代舞蹈"为专题的合集,将罗莎舞团、DV 8 肢体剧场、弗塞斯的芭蕾舞团、萨莎·瓦尔茨、杰罗姆·贝尔等列入"当代舞蹈",所依原则是,他们的舞蹈折射出对身体表征本身的思考。"当代舞蹈"这个概念不局限于明确分类而仍在扩容。见 Claudia Rosiny, "Einleitung", in Reto Clavadetscher, Claudia Rosiny eds. Zeitgenössischer Tanz: Körper-Konzepte-Kulturen. Eine Bestandaufnahme, Bielefeld: Transcript, 2007, pp. 9—16。

③ Krassimira Kruschkova, "Tanzgeschichte（n）: wieder und wider. Re-enactment, Referenz, révérence", in Christina Thurner, Juliane Wehren eds., Original und Revival. Geschichts-Schreibung im Tanz, Zürich: Chronos Verlag, 2010, p. 41.

仿。"跟在后面"的模仿（Nachmachen）可以不断转化为"做在前面"的示范
（Vormachen）。① 实际上，剧场既召唤过去，也与观众维持着当下的虚实交杂
的联结。

　　"故障时间""复合时间"本是当代舞蹈用来讽刺复古、挑战原作权威的一
种较为典型的手法。然而近十年来，这样的修辞受到某些艺术评论的质疑。
质疑的论点如下。在混杂性中回顾过往的做法已经被泛化，发展为普遍的文
化现象。我们不是时常在流行音乐、电影、电子游戏的产品中觉察出新技术和
旧时代风格的合流吗？这些产品开启了后现代复古的模式：一方面取用经
典，让人返回熟悉的旧事物（像是永恒的 80 年代金曲）；另一方面并不掩饰仿
作的痕迹，强调质地上的差异，甚至有意将我们引向其中错位的时间，试图制
造不同凡响的体验效果。文化理论者马克·费舍尔（Mark Fisher）认为，该模
式之所以流行，是因为在后福特主义的生产状况下，疲惫不堪的人需要获得迅
速的修补，后现代复古在贡献安慰剂的同时，用新技术为自身保鲜。从创作的
角度来说，城市租金的大幅上涨意味着留给艺术生产的时间与精力被极度压
缩，导致创作者更倾向于复制已有的成功。在费舍尔看来，被框定在重复中的
未来让人沮丧。② e-flux 的评论人迪特·罗伊斯特莱特（Dieter Roelstraete）与
他所见略同，称历史书写转向中的艺术家染上思乡病，"沉湎于档案、回忆、乡
愁、湮没……把热情都耗费在晦涩的细枝末节上"③。

　　以上的批评为艺术链接经济语境。它们指出，通过计算人的预期从而简
单给出修补承诺的文化混仿，事实上掩盖了自身对未来的过度开采，在为想象
力代言的时候抑制住想象力。现在的问题是，我们能否套用这些判断给当代
舞蹈中的重构实践下定论，认为只要进入"历史书写"就是在与数字资本主义
语境下的"怀旧模式"共谋？贝尔的《最后一场演出》为过往的演出再设舞台，
在重复告别的姿态下，一次次的试探让那些曾被中断、放弃、埋没的选择变得
可见。在本雅明的意义上，只有当潜在的、未曾实现却有可能发生的选择不断

---

　　① 该说法出自布莱希特的笔记。他利用德语单词 Vormachen 的多义性调侃亚里士多德的摹拟
说。Vormachen 有"佯装""扮演"的含义，但字面的意思是"做给人看"，即"示范"。如果我们将这两方
面结合起来思考，可以认为摹拟与示范相辅相成，有着交错配列的关系。见 Hans-Thies Lehmann，"Die
Gegenwart des Theaters"，in Erika Fischer-Lichte，Doris Kolesch，Christel Weiler eds.，*Transformationen.
Theater der neuziger Jahre*，Berlin：Theater der Zeit，1999，p. 14。

　　② Mark Fisher，*Gespenster meines Lebens. Depression，Hauntology und die verlorene Zukunft*，
trans. Thomas Atzert，Berlin：Edition Tiamat，2015，p. 27。

　　③ Dieter Roelstraete，"After the Historiographic Turn：Current Findings"，*e-flux Journal* 6，May
2009，see：https://www.e-flux.com/journal/06/61402/after-the-historiographic-turn-current-findings/。

地闪现,历史才能获得表述。如同《最后一场演出》,当代舞蹈一些以"回忆"为主题的重要表演不是用强制性的重复去禁锢未来,而是通过暴露运转流畅的观演机制中暗藏的不谐和音,指出进程有可能被导入的另外一些方向,让人意识到施加于想象力和可选择性的制约,进而将注意力转向历史书写中被忽略、被牺牲的事物。这样的重构是在破除而不是加固历史叙事中的神话。

　　费舍尔和罗伊斯特莱特的论断固然有洞见,但偏颇之处在于约简回忆,仓促地将它解读为价值交换的环节或是忧郁的征兆。正如阿甘本所言,回忆有不可控的方面,"就像一个抛物者不能再令物停下来","记忆的图像总是装载着一种能够移动并扰乱身体的能量"①。本文若要梳理当代舞蹈的重构美学且为之申辩,就需要探究回忆在舞蹈构形的过程中发挥的关键作用。在流动的舞蹈与不易融解的记忆残余(包括外在记录和内在图像)之间存在着转换。这说明舞蹈不仅仅是运动,而且是时间—图像的艺术。当代舞蹈抓住这一点,利用可感的时间错位展示自身的媒介性。正是通过这样的展示,那些于表演中生成、又反过来让观演机制陷入麻烦的阻抗为人们提供遭遇"幽灵"的契机——瞥见固有文化智识的裂隙。可以说,当代舞蹈对舞蹈历史的回忆也是它重新处理瞬间"在场性"的过程。

二、瞬间的在场与缺席

　　舞蹈利用运动留下的遗迹作为运动的生发点,舞蹈之中蕴涵着"不动"的意象。以运动凝止的时刻作为观察和论述的枢轴,这样的视角并不符合人们通常的认识——"舞蹈是瞬息万变的现象"。在18、19世纪的欧洲,舞蹈因为自身的流动性遭受贬抑,被视为不足以承载思想的艺术。② 现代经验中定义日常生活的"稍纵即逝感"让情势发生逆转。当表面印象与内心印象纷至沓来,而语言再现、探索感知变化的能力遭到根本的质疑,舞蹈便凭借其易逝的特点成为现代艺术的徽章。③ 由此,舞蹈摆脱卑微的地位,不再需要借助与戏剧的

---

① Giorgio Agamben, *Nymphae*, trans. Andreas Hiepko, Berlin: Merve Verlag, 2005, p. 11.

② 法国编舞让-乔治·诺维尔(Jean-George Noverre)之所以在18世纪下半叶为芭蕾引入戏剧情节,添补表达人物内心起伏的手势,他的着眼点就在于将舞蹈从无关紧要、只供人嬉戏的"幕间舞"(divertissement)中解救出来。

③ 有必要指出,现代人对运动的兴趣还通过一种对称的、运用新媒介手段去固定和分解运动的偏好获得体现,这便是"动理学"(kinetics)的考察。艾蒂安-朱尔·马雷(Étienne-Jules Marey)和埃德沃德·迈布里奇(Eadweard Muybridge)通过连续摄影将人的行走、马的奔跑分解为一系列的步骤。对运动进行拆卸和序列化,再以一种叠影的方式将之拼接,这也是立体派的工作方法。

亲缘关系来获得擢升。无论是瓦雷里、里尔克还是霍夫曼斯塔尔，他们都将舞蹈视为诗学的基础。"在持存的文字中留下恒久印记的言辞艺术家，也暗自羡慕倏然消逝的身体艺术所具有的生动魅力。"①

依照瓦雷里在《舞蹈哲学》中的论述，运动接连不断地从自身之中涌现。在某种程度上，舞蹈的人被一个由她的脚步、手势编织而成的世界包裹在内："舞者没有外部……在她用自己的行动创造的系统之外，别无他物；这个系统让人联想起完全处于对立面的封闭系统：睡眠。睡眠以彻底相反的原则为根据，立足于取消，也就是对行动的放弃。"②在瓦雷里的笔下，旋转的舞者即便心醉神迷，仍然可以自为地处在风暴的中心。恰恰是当下的、奔涌不息的能量，悖论般地造就了超越时间的持久性。他将这个持续的状态比作"狂蜂振翅"。昆虫高频率的重复动作招致悬停的印象："成群结队地在花萼前勘探的狂蜂，劲头十足，几乎保持不动，以令人难以置信的迅捷拍打翅膀。"③另一个用来形容舞蹈活力的喻体是火焰，出自《欧帕里诺斯与建筑师》的前言《心灵与舞蹈》："火焰，难道不是最崇高的破坏所具有的不可理喻而又骄傲的形态吗？——再也不会发生的事，它在我们眼前辉煌地发生！"④同时，作为"顷刻"现象的火焰，与"形式"保持着互相促成的关系："顷刻孕育形式，形式让顷刻显现。"⑤

我们有理由认为，瓦雷里眼中蕴含持续变化能量的舞蹈，其实掺杂着光影的作用，他的描述也利用了舞蹈在摄录技术中的"存留"效应。1900 年前后兴起的电影试验，瓦雷里曾有接触。对于和卢米埃尔兄弟共同制作《蛇舞》（*Serpentine Dance*）影像的洛伊·富勒（Loïe Fuller），他予以热情的点评。⑥ 但瓦雷里对舞蹈的阐述并未涉及"存留"，其着力点主要在于凸显"淬灭"。这与他在美学上采取的否定语义的态度保持一致。通过阅读上述引文，我们可以看出，瓦雷里将纯粹的"在场"与短暂的瞬间联系起来思考。舞蹈的消失反倒

① Gabriele Brandstetter, *Tanz-Lektüren. Körperbilder und Raumfiguren der Avantgarde*, Frankfurt am Main: Fisher Taschenbuch, 1995, p. 287.

② Paul Valéry, "Philosophie des Tanzes", in *Werke in 7 Bänden*, Band 6, trans. Clemens Par, Frankfurt am Main: Suhrkamp, 1991, p. 251.

③ Paul Valéry, "Philosophie des Tanzes", in *Werke in 7 Bänden*, Band 6, p. 249.

④ Paul Valéry, *Eupalinos oder Der Architekt, eingeleitet durch Die Seele und der Tanz*, trans. Rainer Maria Rilke, Frankfurt am Main: Suhrkamp, 1973, p. 45.

⑤ Paul Valéry, *Eupalinos oder Der Architekt, eingeleitet durch Die Seele und der Tanz*, p. 48.

⑥ Sabine Mainberger, "Poursuivre La Grâce Jusqu'au Monstre: zum Tanz bei Paul Valéry", in *Poetica*, Vol. 44, No. 1/2, 2012, p. 214.

让"在场"被强化、被精炼,进而升华为理念。没有"外部"的舞蹈,就是脱离了语境的舞蹈。它既是"生产作品的行为",也必须被理解为从根本上体现了某种普遍的理念:艺术在于纯粹的执行、无限的过程,是一种超越所有内容的时间体验。这一经典现代主义的立场——过程即艺术,艺术家塑造的物质对象不过是创作的托词——不仅与先锋运动中的诸多潮流相呼应,还在 20 世纪 90年代的表演理论中延续。表演理论家佩吉·费兰(Peggy Phelan)就曾写道,表演"无法被保存、录制、记载,或者以其他方式参与表征之表征的循环"①,独一无二的在场是它反击语言捕捉和商品复制的武器。费兰的表演本体论来自她对文化内部的"可见性"的怀疑。在她看来,可见化并不必然等同于赋权,倒可能是框定、命名他者的方式。表演则要用表演者的身体提问,质询身体与主体的关系是否可靠。它的激进之处在于"不留痕迹""没有剩余"②,任何书写的努力都会折损表演的品质,使之落入档案冲动,取消它的抵抗承诺。

　　这套表演的政治学引发不少批评。费兰强调,表演因为不可能在事后被文字、图像追补,所以具有先天的优势。格拉尔德·西格蒙德(Gerald Siegmund)认为,费兰的说法容易遮蔽表演的话语条件,将表演置于社会领域之外,导致我们不再能够谈论它。因此,重点不是用形而上的"在场"抵抗景观社会,而是"如何激发在场,使它暂时摆脱所处的景观"③。针对这个问题,西格蒙德给出的回答是:表演的抵抗潜能与"缺席"相伴相生。此处的缺席,并非"表演消失,再无影踪"的另一次赘述。所谓缺席,在心理分析的视域下,指的是那些被想象的身体,它们由欲望催生,但是被能指符号替代,进入具有欺骗性的象征界秩序,只能在"症状"中以某种走样的形式获得辨识。联系表演的语境,我们可以如此表述:表演是演员身体向戏剧角色或社会角色——某些被假想出来的身体——趋近的过程,然而在舞台与观众复杂的转译迷宫里,所指被取消,"意指的功能让位于能指的自我加工"④。在解构的视域下,语音中心主义者对本源和派生的规定,对文字作为不在场之物的排斥,无法自圆其说。如果没有文字和遗迹,没有同死亡保持的关联,语言的系统就无法向外部展开。"现时"也不是独立的,有必要被放置在过去向未来的"延异"中加以考

---

① Peggy Phelan, *Unmarked. The Politics of Performance*, London and New York: Routledge, 1993, p. 146.

② Peggy Phelan, *Unmarked. The Politics of Performance*, p. 149.

③ Gerald Siegmund, *Abwesenheit. Eine performative Ästhetik des Tanzes*, Bielefeld: Transcript, 2006, p. 21.

④ Gerald Siegmund, *Abwesenheit. Eine performative Ästhetik des Tanzes*, p. 107.

察。以上两种理论的论述角度并不相同，可无论依循哪一种，表演的身体都不在象征结构的外部承担批评的任务。批评的关键在于"防止纯粹想象中的闭路"，"在主体间象征性地、因此也社会性地处理痕迹"①。简而言之，突出缺席是为了督促人移步换位，将目光投向那些被遗忘、被压抑却又不合时宜地影响着表演的因素，从"死亡"开始思考。除了大胆拟设主体的"死亡"，以鼓励我们绕道别处再与自身相遇，突破镜像迷恋，从"死亡"出发的另一层意思是，重新理解作为墓碑的文字。沃尔特·翁（Walter Ong）在《口述与书写》中就提出，一些传统观念认为文字是生命留下的"干花"或"墓志铭"，精神才赋予人生命，类似表述不可避免的矛盾是，文字"与生命世界的距离……保障它的持存，使之有可能突破语境限制，在无数读者的生命中再生"②。

我们不妨在艺术家的实践中观察，表演的存留如何反向作用于表演。2009 年，当代编舞家威廉·弗塞斯（William Forsythe）通过"同步对象"（Synchronous Objects）计划，协同信息、建筑、地理等领域的研究人员"绘制"了在线数字舞谱。这个涵盖图表、舞蹈短视频、动画索引的网站，为访问者从多个切面呈现弗塞斯 2000 年的作品《一件扁平的东西，重制版》（One Flat Thing, Reproduced）。伴随手指的滑动和点击，访问者的目光穿梭于标签云。在"远读"（通过热力图概览舞者的交互频率）与"细读"（寻找多人即兴舞蹈中的接触信号）间调换频道的同时，他们还需调和自身的手眼运动。借助计算机的记忆和可视化功能，弗塞斯展示复杂的"行动场域，其中，象征记号于诸多组织元素中时断时续、不规则的同步，促成有序的相互作用"③。由此可见，他并非带着"实证信仰"去运用客观化的方法。所投入的标注人物空间位置的精密技术，让人际间共同参演的脆弱性变得可感。"同步对象"折射出一种将记录与阅读相结合的编舞观念，编舞在此被视为动态的相遇。如果说记录是为未来预备的蓄水池，那么未来的表演将在记录的基础上，于失忆和回忆的双重作用下易位构词。人们或许遗忘了原先的阵型序列，但通过赛博提词器的助动，再次唤出那些潜藏于牵拉、对撞、趋近、交错的运动中的变形的能量，重组运动语素以回应当下的情境。

①　Gerald Siegmund, *Abwesenheit. Eine performative Ästhetik des Tanzes*, p. 68.

②　Walter Ong, *Orality and Literacy. The Technologizing of the Word*, London and New York：Routledge, 2002, p. 80.

③　William Forsythe, Norah Zuniga Shaw, "Dance, Data, Objects", The Ohio State University, 2009, see：https://synchronousobjects. osu. edu/assets/objects/introduction/danceDataObjectEssays. pdf.

　　弗塞斯用在线数字舞谱演示运动记忆的"体外化"①。按照安德雷·勒佩吉(André Lepecki)的理解,主体间由"体外化"和"内化吸收"构成的开放系统,帮助我们驱散舞蹈的易逝性带来的忧郁和哀伤。舞蹈的行动既有步法、呼吸、汗水的交换,也包括图文的传播。从未"死透"的作品,它们在何种模态中与我们共存或者不可共存? 身体通过体间的循环,对此做了试探。演出逝去又转身返归,它的"死后生命获得一种新的客观性,越过作为怀旧冲动的忧郁"②。

三、当代舞蹈中的图像考古

　　瓦雷里瞬时即永恒的主张,源自对活力和当下本真经验的无限信任。但是本真经验似乎难以抵抗文化工业景观装置中的"拟真"复制。费兰坚持"在场",拒绝成为景观的一部分,可她宣称的"在场"必须检测自身与"缺席"的关联,保留对被排挤者的回忆,才能走向对社会关系的批判。如果这个景观社会被视为非理性的虚假系统,那么对"在场"与"缺席"之辩证关联的坚持,就会指向对系统内部的颠覆动因的表现。艺术作品的语言以无法被语言表达者为前提,在场的图像(Bild)有必要被辨识为那些曾经塑造了社会构像(Gebilde)但又失落掉的历史动因的痕迹,这些动因随时可能在新的场景中被召回。此乃本雅明"辩证图像"理论的要义。

　　本雅明是瓦雷里的卓越读者,对于后者提出的瞬间持存应该很熟悉。在布莱希特史诗剧的启发下,他将瞬间持存的在场状态表述为"姿势",并给它添加——某个展示的契机中——朝着相反方向逆转的义涵。"姿势"是在结晶了社会冲突的场面中被表现出来的,作为一种"辩证图像",它的历史性体现在以阅读和误读为基本条件的认识中:当下被辨识的图像"携带着临界时刻的戳印"③,有推翻自身可读性的危险。在乔治·迪迪-于贝尔曼看来,"辩证图像"

---

　　① 舞蹈学者布兰德斯泰德在《作为墓碑的编舞》一文中首先使用"体外化"描述弗塞斯早年的记忆项目——1999 年他与卡尔斯鲁厄艺术与媒体中心(ZKM)开发的 CD - ROM。其中,弗塞斯通过 60 个短视频讲解即兴技术的要领。勒佩吉延续布兰德斯泰德的说法,拓展"体外化"的指涉范围。见 Gabriele Brandstetter, "Choreographie als Grab-Mal. Das Gedächtnis von Bewegung", in Gabriele Brandstetter, Hortensia Völckers eds., *ReMembering the Body. Körper-Bilder in Bewegung*, Ostfildern-Ruit: Hatje Cantz, 2000, pp. 102—134。

　　② André Lepecki, *Singularities. Dance in the Age of Performance*, London and New York: Routeledge, 2016, p. 130.

　　③ Walter Benjamin, "Fragment N 3, 1", in *Das Passagen-Werk. Gesammelte Schriften*, Band V. I, Frankfurt am Main: Suhrkamp, 1982, p. 578.

以图像的自我间离以及它对观看方式提出的批评参与回忆的工作。本雅明意谓的回忆，既非怀揣乡愁的往日再现，也不是侦探式的身份鉴定。被回想起来的图景早就脱离先前的"土壤"，如同残缺的无首雕塑："一般的回忆行为，特殊意义上历史学家的举措，都面临关键的问题：回忆的内容与它见光出土的地点，有着怎样的联系？"①

　　回忆的"考古"行动，必定会破坏考古对象的出土环境。对环境及其转化力量的强调，向人们暗示了历史的时序错位。《拱廊计划》中，历史连续体的破裂，"曾在与现在闪电般地汇聚，形成星丛"，为本雅明的论述奠定基调。非均质的时间经验不仅被现代生活的技术所激发，它的出现还借助过往的物质残留。只有在脆弱和朽坏的状态下，即作为坍塌的纪念碑，过往才将自身显示为历史的标志，在当下获得可能的"死后生命"。于贝尔曼指出，正是时间河流中的"间隙"构造了"死后生命"，因为它是异质的现实秩序实现合奏的必要枢纽，并且通过制造延时的存在，让人们有机会觉察不同现实的过渡，看到"缠结的元素彼此是如何拥抱和分离、斗争和交融的，如何交换位置"②。可以说，辩证的蒙太奇首先要被设想为节奏。回忆中那种阴森的多义性——一面高举，一面坍塌——就显现于来回的振荡，而这样的节奏，如同心脏的舒张与收缩，包含了悬置生命的沉默。所以此处的辩证并非二元。阿比·瓦尔堡的《记忆女神图集》便是一个召唤观者在间隙中游戏的知识工程。它所设想的图像网络，不能缺少"间隙"这个微小却关键的细节。间隙使得观者代入自己的身体并随着某种韵律观看、并合、创作图像，他们实际上有了类似舞蹈的经验。

　　舞蹈研究中，有不少征引上述图像学和艺术哲学的论点用以分析当代舞蹈的尝试。这倒并不是说，现代舞蹈就没有"死后生命"的现象。比如伊莎多拉·邓肯在 1915 年首演舞蹈《马赛曲》时，展现了一个双臂伸展的动作，姿态取自她于卢浮宫观察到的古希腊雕塑《萨摩色雷斯的胜利女神》。尼克，这个寄喻式的形象，在当时一战的语境中经历意义的转变。"荣耀"之下，崇高的另一侧，是哀悼和死亡投下的阴影。邓肯就在回忆录中提到，观众因为夹缠、矛盾的意义有了愤懑的情绪。③ 但是，现代舞援引艺术史的图像库或广泛的图像记忆，更像是出于对"自然"的追求，无论此处的"自然"被解读为人类形态的

---

① Georges Didi-Huberman, *Was wir sehen blickt uns an. Zur Metapsychologie des Bildes*, trans. Markus Sedlaczek, München：Wilhelm Fink, 1999, p. 166.

② Georges Didi-Huberman, *The Surviving Image. Phantoms of Time and Time of Phantoms*, trans. Harvey L. Mendelsohn, The Pennsylvania State University Press, 2017, p. 329.

③ Gabriele Brandstetter, *Tanz-Lektüren. Körperbilder und Raumfiguren der Avantgarde*, p. 172.

理想典范,还是受到活力论的影响,意指人的本能。由此可见:① 时间的叠层没有进入现代舞的视野;② 现代舞也并没有将注意力放在(临时)身体图像之间、图像与非图像之间的过渡上;③ 现代舞对自身做出的某些表述——如通过持续的运动流来进行展现——与它产生的效应有差距。

当代舞蹈对可重复样式的再探访却有着不同的动机,它更加关心的问题是:身体的图像如何在运动中凝结,促成产生认识的瞬间?对"不动"意象的注重,正符合舞蹈学者勒佩吉的判断,他认为当代舞蹈的"本体论"建立在减速和"运动紧缩"的基础上[①],它是对现代植根于动力学的舞蹈设想——运动在空间中膨胀、蔓延——的反驳。再者,"不动"也指表演中处于悬浮状态的图像:它在"形"与"离形"的间区持存,在象征意义上尚未明晰。它们挑战了观者的图像库存,将观者带入感知和意指的临界地带。当代舞蹈的一些代表性人物,如萨维耶·勒鲁瓦(Xavier Le Roy)、梅格·斯图亚特(Meg Stuart)、鲍里斯·夏尔马茨(Boris Charmatz)、艾斯特·萨拉蒙(Eszter Salamon)等,重新拾起"不动"的意象,转向一种在展览和表演之间无法被清晰定位的(长时段)呈现,深入缓慢而微观的运动。这些实践既是对加速社会的回应,也在利用延时的技法放大图像的生成。慢速模式下,观众一方面加入现象学意义上勾勒形象、抛掷形象的游戏;另一方面在努力辨识、搜寻描述语汇时,触及文化语境中的运动样式和身体样式。识别的障碍反过来迫使观者牵动肉身与所观之物和它的场域"抗辩"。于是,观众在多个层面身处情境。

当代舞蹈的重构试验可以被设计为情境中的、"聚合"模式下可自动触发的装置。萨维耶·勒鲁瓦的《回顾》(Retrospective)就提供了这方面的范例。《回顾》浓缩勒鲁瓦本人自1994年以来创作的多部单人表演。2012年首演后又在多地被翻新重排。除了本地新涌现的舞者,美术馆空间里穿梭往来的访客也造成表演不定时的脱位。一旦展厅的访问人数达到设定的阈值,舞者就以口哨作为提示音,停止活动转身离开。不知所措的访客稍后才明白,原来自己便是重启这架"编舞机器"的人。众人的空间位置布排、既私人又具社会属性的逗留时间,都将决定他们如何与舞者相遇,拥有怎样的视角,摄取哪些场景。演出不以梳理过往、归纳综合的价值为宗旨。相比完形作品,《回顾》更像是演员和观众用来点燃自身记忆的导火索。展厅内,访客兴许遇见如下局面:其中一位舞者摆出身躯上下倒置、两栖动物的造型,该造型与勒鲁瓦1998年

---

① André Lepecki, *Exhausting Dance. Performance and the Politics of Movement*, New York and London: Routledge, 2006, p. 46.

的作品《自我未完成》（*Self Unfinished*）中的保留形象对接；另一位在用自己的方式热身后做出勒鲁瓦 1999 年《境遇制品》（*Product of Circumstances*）中双臂环抱身体的姿势；第三位则凭借故事吸引访客围观，讲述与所引用作品的出产年份有牵连的个人经历。囊括多个分部的场景群落，背后隐藏着围绕注意力展开的竞逐。勒鲁瓦的名字或随某个脱颖而出的图像浮出水面，或沦为陪衬，为地缘政治中的其他主体做注脚。观众不得不在讲述、造型和热身活动之间切换注意力。借由此间出现的悬而未决的片刻，他们极有可能走向一种见解，发现创作者的形象涵容歧义，于自身之内演变出差异。此外，形象的构成归功于多方面的劳动，包括舞者的研究、训练、表演、与观众的交流。就那些映入眼帘的身体图形而言，除了共在场者的空间位移，观者的联想和回忆也参与到图像的构筑中去，他们将感知到的场景和记忆库里的图像进行类比，又在观察与回忆的互塑作用下追寻遗踪。

四、过渡的档案与剧场的幽灵

针对《回顾》所选材料在体裁上的特点，本文倾向于采纳如下推想：由于单人表演时常被视为舞者（作者）身份的映射，所以重演有意利用单人表演进行布局。这不失为有效的手段，它戏谑了惯有的印象和先入为主的判断，挑战档案的系统性手段——将个体作为预先存在的范畴并据此进行分类的处理。虽然马克·弗兰科（Mark Franko）早已在《重复性、重构与超越》①一文中指出，无论档案的状况是否良好，舞蹈作品的重构始终是"重新发明"，总包含着对历史材料积极的再思考，但此处仍然值得强调的是，当代舞蹈的重演并不止步于普遍意义上的资料汇编和改编。这些实践注意到，记忆中被压抑的东西会像幽灵一样复现，挤入回响的空间。探寻载写与传递的多重步骤中存在的空阙，则有助于我们打开"过渡的档案"。

在《档案热病：弗洛伊德印象》的开篇，德里达追溯了档案（archive）的希腊语词源。arkheion 最初的意思是执政官的居所，不过这个指涉地点的拓扑学名词有着法理学的前提。文献的监护者不但要在物理和本体的层面守护它的安全，还被赋予解释的特权。所以，档案既是安放档案物的场所，也对怎样记录、能否纳入档案等问题立下规定，是将统辖、识别和分类的功能集于一体的

---

① Mark Franko, "Repeatability, Reconstruction and Beyond", in *Theatre Journal*, Vol. 41, No. 1 (Mar. 1989), pp. 56–74.

筛选机制。档案的权力离不开诸众对它的"委托"（consignment），而在档案的叙事蓝图里，"委托"又转化为系统对符号（sign）的归置："所有的元素都明确地表达理想配置的统一性。档案中绝不该有任何的解离（dissociation），任何滋生歧义的异质性或秘密。"①就科隆的舞蹈档案而言，规整资料的操作单元是以个体形象出现的舞者、编舞家和舞评人。贴有亚历山大·萨哈罗夫（Alexander Sacharoff）、朵儿·霍耶（Dore Hoyer）等人名标签的匣盒映照出档案对舞蹈的定义：舞蹈在此主要被理解为与人物紧密相关的舞台表演艺术。但除此之外，舞蹈不是还可以作为大众体育、生活改革运动中的社会实践、临时组织的街头快闪、文学与绘画中的隐喻出现？被孤立的置于个人名片下的舞蹈无法携领我们更深层地洞察舞蹈概念中的他性。科隆方面做的补救是，设置一些诸如"死亡之舞""招贴画与舞蹈"之类的小型收藏，为以人物志为主线的档案添加旁支。档案下属的博物馆举办特别展览，如"光影游戏：电影与摄影中的舞蹈"（2012—2014）、"褶裥与华尔兹舞步：舞蹈与时尚"（2014—2015）、"乌托邦的回声：政治与舞蹈"（2015—2017）、"刺激! 广告中的舞蹈"（2020—2021）。

相比之下，当代舞蹈的实践会采取更加直观的方式。在表演的场域中，观点、情绪与诸多身体形态诱发的印象耦合，由此形成的一种克分子式——而非总体艺术——的"机器"（德勒兹用语）在档案幽深的内部穿凿、开豁。夏尔马茨就是此类舞蹈积极的践行者。他力图用具身化的、被扮演的"档案"推移人们对档案的理解。2014 年，《20 世纪的 20 位舞者》（*20 Dancers for the XX Century*）于柏林的特雷普托公园上演。从标题上看，演出要为观众提纲挈领地挑选出最有代表性的舞蹈人物。这个再清楚不过的明示却是对档案权威的一次戏仿，因为城市公园的漫游者会用他们的步行塑造出彼此相交的、无法被化约为单义性地点的空间。密集或舒缓的脚步架空依附于稳定地点的档案，悄悄背叛档案的专属法则。米歇尔·德·塞尔托（Michel de Certeau）就曾说："比起那些说话者用手指在掌上比画的中国字，步行并不额外具备可被记录于某个容器的性质。"②异质空间的叠合造成特定地点的落空。行走之外，隐匿的记忆猝不及防地闪现，为地点植入新的叙事，改变有关地点的抽象陈述。就特

---

① Jacques Derrida, "Archive Fever: A Freudian Impression", in *Diacritics*, Vol. 25, No. 2 (Summer 1995), trans. Eric Prenowitz, p. 10.

② 塞托：《日常生活实践：1. 实践的艺术》，方琳琳译，南京：南京大学出版社，2009 年，第 174 页。译文有改动。

雷普托公园的演出而言，倘若考虑到园中为缅怀二战阵亡的苏联士兵而竖立的纪念碑，人们不禁提问：纪念碑以及它所展示的政治历史在何种程度上活跃于今人的记忆？雕塑人物的姿势、表现战斗的激情程式，它们如何与园区中正在进行的"重演"——部分片段让人联想起安娜·巴普洛娃的《天鹅之死》、皮娜·鲍什的《春之祭》以及纽约哈勒姆区的舞蹈vogue——建立潜在的关联？身体与青铜雕塑各自哀悼，"暴力"（献祭的暴力、情感的压制、贯穿日常的歧视）或成为串联材料的引线。表演引发迁移性的思考，这种迁移是档案和纪念碑向其他空间与时间蔓生的过程。

　　乍一看，夏尔马茨的常用措辞"身体作为档案"是一个悖谬，因为身体不是档案的理想承载物，基于身体的档案甚至无法被实现，它充斥着可感的记忆漏洞和相互掣肘的运动矢量。长久以来，即便舞蹈和仪式是维持共同体记忆的重要途径，表演并不被视为知识的有效形式。然而，正如戴安娜·泰勒（Diana Taylor）所言，"档案与剧目（repertoire）之间既非按序排列的关系（待后者消失，前者上升至显著的位置），也不是真对假、间接对直接、现代对原始的二元关系"①。表演从未彻底地消失，而是会利用规范、结构和符码重复自身；档案则通过"分离知识的来源与掌握知识的人"②掩盖这样的事实：与档案相关的书写与阅读是具身化的行动，重复且富有变化的行动可以推移命名知识、监管知识的习惯。在德里达看来，档案中渗透着表演，这便是档案的"秘密"。通过研读弗洛伊德的《文明及其不满》，德里达发现，这位精神分析学家向世人和盘托出自己的担忧：他感到过度地投身于最终可能无果的归档工作。这说明"弗洛伊德是从未来完成时的逻辑出发进行回顾的，他将不得不发明一个原初的命题，使他的投入有所收获"③。上述例子说明，档案貌似忠实于传统，其实在替未来保存记忆，过去被折叠进一个延迟的、交付给未来的时间。档案的书写和提取是一种展演性的重复，结构是幽灵式的，其中的"痕迹总是指向他者。那个人的眼睛我们无法看见，恰似哈姆雷特父亲的亡魂，头上罩着面甲"④。丽贝卡·施奈德（Rebecca Schneider）在德里达的基础上补充说道："幽灵性就是

---

①　Diana Taylor, *The Archive and the Repertoire. Performing Cultural Memory in the Americas*, Duke University Press, 2003, p. 22.

②　Diana Taylor, *The Archive and the Repertoire. Performing Cultural Memory in the Americas*, p. 19.

③　Jacques Derrida, "Archive Fever：A Freudian Impression", in *Diacritics*, Vol. 25, No. 2 (Summer 1995), p. 13.

④　Jacques Derrida, "Archive Fever：A Freudian Impression", in *Diacritics*, Vol. 25, No. 2 (Summer 1995), p. 54.

剧场性。"①表演是套中的处境,演员无法抵达没有间隔、不含延迟的"真实"。他们一方面不可能简单地"拥有"身体,仿佛意识有自由支配的能力;另一方面也不可能就"是"身体,完全专注于肉身。角色与演员、扮演与观演、脚本与行动之间的落差,让看似趋近瞬间真实的"在此期间"(meantime)始终面临解离的危险。施奈德详细地分析了《哈姆雷特》戏中戏部分提到的"在此期间",它是一种兼具"做"与"重做"、"同时"与"延时"的时间。模棱两可的情状让主人公很紧张。场面上某些旁逸斜出的意外状况,像是演员的口误和观众的哄笑,让前后不着边的"中间时间"凸显。延宕诱发剧场的机能障碍,导致预期的安排未能如约出现,被遗忘的内容却不经意地冒出。这样一种"被切分的时间"②(synchopated time)提供了遭遇幽灵的可能,它不能被概念化,以残损不全的、无法被确证的方式出现。正因如此,德里达一再言及让人辨不清幽灵容貌的"面甲",以此作为"不可确证性"的寓言。

切分节奏会改变常规节奏中的强弱拍关系,悬置进程,造成剧场中打断线性时间秩序的折转(coup de théâtre)。它所带来的某个停留的间歇,将丰富我们对"在场性"的理解。正如前文所述,"在场"不是充盈饱满的,也从未彻底地切断它和话语的联系。如果说当代舞蹈的要旨在于督促我们把目光从档案的、话语性的文化转向具身的、表演性的文化,那么这样的说法依然假定权威与反权威的挑战是截然对立、各执一端的。我们不如认为,当代舞蹈通过揭示档案与具身化表演之间的张力和微妙的过渡来开展它的批判工作,因为正是在过渡的区间,有关身体、身份和技术假肢的固有理念才被瓦解。接下来,本文将举例说明。

德国"舞蹈遗产基金"支持的项目《撤销—再做—重复》(*undo, redo and repeat*)以代际间舞蹈知识的流传和继承为主题。2014 年,项目计划重构 5 位舞者的作品,准备活动包括探访他们的学生、合作伙伴以及当年亲历演出的观众。之所以采访"目击者",因为这些人曾经在场的经历似乎构成一种担保,保证向不在场的其他人提供独到的见解和可靠的信息。采访的过程却并没有夯实预先的判断,倒像是见证记忆的废弛和视线的逸出,计划的行进偏离计划。整理资料的困难让创作者抛出问题:身体的记忆如何被传递? 传递的间隙发

---

① Rebecca Schneider, *Performing Remains. Art and War in Times of Theatrical Reenactment*, London and New York: Routledge, 2011, p. 109.

② Rebecca Schneider, *Performing Remains. Art and War in Times of Theatrical Reenactment*, p. 88.

生什么？"证人"的口头描述和身体演示在何种程度上是有效的？作为库尔特·尤斯（Kurt Jooss）的学生，莱因希尔德·霍夫曼（Reinhild Hoffmann）无法回忆起尤斯排演的舞剧的细节。托马斯·麦克马努斯（Thomas McManus）对即兴技术的一番讲述被接受者另作他解。这位接受者长年研习表现主义舞蹈。针对麦克马努斯的运动辅助措施（想象一个沙发，钻进这个沙发拆卸），舞者提问："钻进沙发的人，是否会因为卡住而无法动弹，在暂时的僵持后释放能量，运动的质感就好像明暗对照法（Chiaroscuro）中的色调突变？"①虽然双方都熟悉拉班的"空间谐和论"（Choreutik），但不同的训练经历让她掺入另一道工序改装即兴。诸如此类的事例显示，早在演出之前，即在采样的时候，重构就已经开始了。只要有时间上的空阙，就会发生延异。把记忆落实为证词的过程是永不停摆的自我位移。

五、结语：表演时代的"重构"

相比 20 世纪 60 年代兴起的美国后现代舞蹈，当代舞蹈并不采取绝对否定的态度。伊冯·瑞娜（Yvonne Rainer），这位贾德森舞蹈剧场的领军人物，早年在她的《说"不"宣言》（No-Manifest）里就表达出对景观、明星效应和变形魔术的拒斥；当代舞蹈持有的立场却是，舞者即便运用极简的、操作性的舞蹈形式，也无法站在景观外以一种摘除自身的方式展开社会批判。1981 年法国的蒙彼利埃举办第一届当代舞蹈节，此后支持"自由"表演艺术的平台络绎不绝地出现。不可否认，舞者能借平台施展自己的才干，但事情的另一面却是市场对后备力量不遗余力地挖掘，它导致过度的攫取和提前的消费。难怪蒙彼利埃舞蹈节的发起人说道："如今，梵·高综合征不再有，舞蹈界很少有被埋没的天才……但商品的行销可以说是无情的。"②对于表演学者乔恩·麦肯齐（Jon McKenzie）而言，表演既有试探边界的向度，也意味着性能和绩效，"表演性是后现代的状况：它要求用操作效率来评估所有的知识"③。麦肯齐写于 2001

---

① Christina Ciupke, Anna Till, "Thomas McManus erklärt ausgewählte Improvisationstechniken anhand der DVD *Improvisation Technologies.*", see：https://www. undo-redo-repeat. de/aspekte-der-weitergabe/methodetechnik. html？page_n17＝2.

② Interview with Jean-Paul Montanari in *Grand Écart. À propos la danse contemporaine française*, La Septe ARTE, 2000, transcript in Gerald Siegmund, op. cit. , p. 19.

③ Jon McKenzie, *Perform or Else: From Discipline to Performance*, London and New York：Routledge, 2001, p. 14.

年的论断在这个自拍流行的时代获得更加明显的印证。表演成为一种需要被不断训练和完善的主体技术,社会融入和自我实现深度依赖于表演。

　　生命的"经济化"进程不可避免地影响到舞蹈。在这样的情况下,当代舞蹈如何发挥它的潜能? 不受限地开发新鲜事物,赋予产品和主体特别的设计价值,这恰恰是经济律令下的生产,它以不间断的流通制造出永不过时、永在当下的幻象。当代舞蹈如果只是乌托邦式地设想充盈而直接的在场,声称让观众尽情地享受在场,这非但不能帮助我们打破拟像增生的循环,还相当于架起麻痹神经的特洛伊木马。通过"重演"和"回忆"来招引"幽灵",迫使我们在"表演"中打开回响的空间,遭遇陌异,遭遇让人不安的"非知识",如此的做法倒是"表演时代"一种有效的质疑方式。它不能被轻易地当作解决问题的方案,却是有益的警告,提醒人们要与麻烦不离不弃。因为幽灵的出现暗示着,现象身体的本质存在(So-Sein) 中总包含着另一种存在,它从未失去与图像、技术和话语的关联。幽灵的视角下,融贯的时间变得十分可疑。幽灵从时间构造的裂缝中钻出来,让我们注意到记忆中被压制的事物,它们以滞后的、变形的方式进入世界。

延异映射作用下的时空拓扑学结构

——格里耶《橡皮》的手法解读

曹　慧　秦　川/文[*]

摘　要: 罗伯格里耶是法国新小说流派的创始人,其作品把现象学的基本原则大量运用到小说中,力图运用"非人格化"的叙述去表达事物深层次的真实。本文将使用德里达的"延异"思想来解读格里耶的处女作《橡皮》的叙事手法。

关键词: 德里达　延异　解构　格里耶　《橡皮》　新小说

一、德里达:延异

延异概念来自法国解构主义哲学家雅克·德里达。德里达在著作《声音与现象》中写道:"这种分延运动不是突然在先验主体面前出现。前者产生后者。自我影响不是一种经验形态——标志一个可能已经是其自身的在者的经验形态。它产生作为与自我的差异中的对自我的关系的同一个,作为同一个的同一个。"[①]即差异先于同一,同一性被解构了,基础、本质、主体也一同被解构,这种优先性存在于世界上的万事万物中,存在于任何的时空,因此,为了把握差异,必须把时间因素或者事件本身作为差异的一部分,从而发明了延异(différance,也可译为分延)这个词汇,在法语中本来没有 différance 这个词,只有 différence,现在将 e 换成 a,于是就有了"区分和延迟"的双重含义。一是指条件下的被动的差异,二是指制造差异的区别行为和时间的延迟行为。[②] 而在本文中,我们将较多使用的是延异的第二种含义,即产生差异的区别行为和延迟,将其称为作用在时空之上的一种"映射",即作用于时空,改变事物的概念。

---

[*]　曹慧,上海交通大学外语学院,副教授,博士。秦川,巴黎高等师范学院,博士。

①　德里达:《声音与现象》,杜小真译,北京:商务印书馆,2001 年,第 117—118 页。

②　张汝伦:《现代西方哲学史十五讲》,北京:北京大学出版社,2003 年,第 484 页。

二、罗伯格里耶《橡皮》梗概

《橡皮》看起来像是一部侦探小说,讲述的是政治经济学教授丹尼尔·杜邦教授被刺杀当天的故事。杜邦教授是一个对全国政治经济有重大影响的集团成员,恐怖组织计划将该集团的成员一一杀死,来打击政党在国家的统治,每次谋杀都在 7 点半下手。杜邦在第一次被刺后受了轻伤,委托大商人玛尔萨去家中取文件,但玛尔萨因胆怯而逃走,只得由原本想借假死以逃脱暗杀的杜邦亲自去取,而被派遣来调查的密探瓦拉斯却误认为杜邦为凶手,埋伏在房中将杜邦杀死。

故事本身是平淡寻常的,但罗伯格里耶在叙述的过程中使用了反传统的思路与手法,使得本来寻常的故事充满了迷雾与神秘,亦真亦幻。本文将使用延异的概念着重分析罗伯格里耶在《橡皮》中使用的写作手法,整理其故事结构,追溯其现实根源。

罗伯格里耶的很多小说有让人困惑的地方,一方面是由于他的写物主义思想,另一方面是由于相应学科背景的代入,这也是法国新小说流派的一大特点,即不少作家受到 20 世纪迅猛发展的自然科学与数学的影响,具体而言,爱因斯坦的广义相对论、海森堡的不确定性原理和哥德尔的不完备性定理。[①] 而罗伯格里耶的《橡皮》,如果仔细推敲,可以发现有着和上述数学与自然科学的某种亲缘关系:第一,其诸多符号和隐喻多有数学背景;第二,整个小说时空布局的手段,极像拓扑空间理论。罗伯格里耶的作品往往被认为生涩而难懂、时间混乱,其实阅读格里耶的作品的确需要很强的空间想象力,如同一本几何书,格里耶自己也说:"我们的思想活动比较多变,比较丰富,而不那么安分守己;它是跳跃性的,跳过一些环节,又确切记录下一些无关紧要的细节,有时重复,有时倒退。"[②]因此,要了解格里耶的作品,我们需要适当地了解一些拓扑学常识。在此基础上,再解释为什么要强调拓扑结构。

---

① 杨令飞:《法国新小说发生学》,北京:人民文学出版社,2012 年,第 130—131 页。

② Robbe Grillet, *L'année dernière à Marienbad*, Paris:Editions de Minuit, 1961, Introduction, p. 3., C. f. http://www.leseditionsdeminuit.fr.

三、时空拓扑学结构[①]

著名学者巴赫金在《小说的时间形式和时空体形式》中说:"文学中已经艺术地把握了时间关系和空间关系相互间的重要联系,我们称之为'时空体'。""对我们来说,重要的是这个术语表示着空间和时间的不可分割(时间是空间的第四维)。我们所理解的时空体是形式兼容的一个文学范畴。"[②]这个概念巴赫金称之为"见之于数学科学中,源自相对论,以相对论为依据"[③],由此可见,我们考虑小说的时空拓扑结构虽然鲜为前人尝试,但确是一种有效的研究手段。

拓扑学是一种几何学,它研究的是几何性质,却不同于一般的几何性质,首先我们有一个集合,再定义一族开集族,使得其中的元素满足:空集和全集在开集族中,任意开集的并集为开集,有限开集补的交集为开集补,我们将这样被定义出的开集族称为在集合上的拓扑。最简单的拓扑空间的例子,比如经典意义上我们认为自己生活的空间是一个四维的时空[④],采取的拓扑是所有开球的集合[⑤],人在某一场景下进行某一活动,那么这个"事件"等于该场景乘以该活动时间。在这种观念下的小说,就是这个拓扑空间的一个子流形(可以理解为子集合,即四维时空的一部分)。要注意到我们虽然使用"拓扑空间"这个名词,但其实使用的是时间乘以空间,"拓扑空间"只是要求一个集合且具有某种集合结构,是抽象出的一种范式,而不是要求真正的物理空间,这里我们实际上是将小说等同于这个子集,以下讨论的既可以说是小说,又可以说是这个子流形。我们了解的巴尔扎克式的小说,故事叙述按照时间顺序线性向前推进,每一件事的发生、每一处场景的转换都对应着一段时间,将这一段段的片段沿着时间轴线粘连起来,我们得到的就是故事本身。这件事似乎太明显,以至于我们在阅读经典小说时并不会有意识地关心这样的结构。《橡皮》却不是这样,罗兰·巴特曾评价说,罗伯格里耶的小说是爱因斯坦式的时间与

---

① Topology 原意为地貌,起源于希腊语 Τοπολογ。形式上讲,拓扑学主要研究"拓扑空间"在"连续变换"下保持不变的性质。简言之,拓扑学是研究连续性和连通性的一个数学分支。参见: https://en. wikipedia. org/wiki/Topology。

② 巴赫金:《小说理论》,白仁春、晓河译,石家庄: 河北教育出版社,1998 年,第 274 页。

③ 巴赫金:《小说理论》,第 274 页。

④ V. I. Arnold, *Mathematical Methods of Classical Mechanics*, second edition, translated by K. Vogtmann and A. Weinstein. New York: Springer-Verlag, 1989, p. 3.

⑤ 尤承业:《基础拓扑学讲义》,北京: 北京大学出版社,1997 年,第 14—15 页。

空间混杂①,《橡皮》整个故事是一座时空混杂的文字迷宫,为此,强调时空拓扑结构实际上是为了更好地把握文本的时空演变。

首先,我们考虑作者的观察点。在谋杀发生后,瓦拉斯为了破案而询问女仆时,有过这样一处描写:"丹尼尔杜邦之死,也不过是一些模拟人在讨论一件抽象的事罢了。"②作者直接表明了一种神秘的叙述视角,这种无关的立场下记叙着大量可怀疑的猜测的可能的真相,加上大量对事物实验报告般的描写,使得文本变得零散而奇怪,真相的可信度也随之降低,然后作者又逐步将读者带领向一个不同于之前"所见"的真相。这样的观察视角被有些学者称为"全景敞视监狱"③,也是一种将文本的众多线索整合统一的办法。在这样冷静客观、置身事外的视角下,得到的是叙述的客观与事物的表层刻画,比如"由于物体的某种惯性,桥面放下的动作并没有随着机器停车而中止,它还在几秒钟间继续下降——也许移动了一厘米"④,这种叙事方法拒绝了传统文学的"深度",回到了描写最朴素的含义,小说转而向空间性原则倾斜。

整体上,《橡皮》不同于绝大多数小说依赖单一时间轴线推动故事情节,而是一反常态地大量使用空间作为叙述的轴线。我们可以看到合桥(如上)的三次出现、橡皮的五次出现、各种街道上的事物的细节,以及场景在镜头的移动下的转换——作者实际上是将自己对电影的理解用于小说,"镜头不在原来的位置上,或长或短的一段裂缝会在这段时间里,在我们不察觉的情况下发生"⑤。对应于我们考虑的时空结构,即在同一个物品中进行大量覆盖性的描写,在每次描写之后用镜头转移的手法将视线移动到其他事物或人物上,再转移回来进行描写,层层堆叠。小说原本依赖于时间连续发展的整体性被破坏,呈现出一种离散断裂感。

再者,来看文本中唯一可以说是按照时间轴线叙述的部分:最初从故事开始的一点出发,即杜邦被谋杀但没有死,然后经过一个闭合的回路,空间上人物回到了原点,事件变为杜邦被误杀身亡,这正是拓扑学中一个基础模型:莫比乌斯环。所谓莫比乌斯环的构建是这样的,我们取一个长方形,将长方形的一对边反向的粘贴在一起,用更抽象的语言讲,即做出了一个二维流形(流

---

① Roland Barthes: *Littérature objective*, *Critique*, no. 86 – 87, juillet-août 1954, pp. 86 – 87.
② 罗伯格里耶:《橡皮》,林秀清译,南京:译林出版社,2007 年,第 83 页。
③ 孙圣英:《阿兰罗伯格里耶小说中的时间》,北京:人民文学出版社,2013 年,第 264 页。
④ 罗伯格里耶:《橡皮》,第 149 页。
⑤ 罗伯格里耶:《罗伯格里耶选集(第三卷)》,升华译,长沙:湖南美术出版社,1998 年,第 396 页。

形是指具备了一个拓扑上的商拓扑)①,这也就是从固定的某点取定一个法向量,出发绕整个莫比乌斯带走一圈回到原点得到的是一个相反的法向量。具体到小说中,我们会发现故事通常从一幕场景开始,以同一幕场景结束却给以相反的事实。杜邦可以被安排在任何其他地方被杀死,但作者罗伯格里耶却要苦心构造出一系列合理的巧合,使得故事开始和结束的谋杀都在同一处,目的是突出差异,即第二种"延异"。而这整体效果的达成则依赖于各个局部区域上的形变。这种故事推演的具体过程正如下图所示。

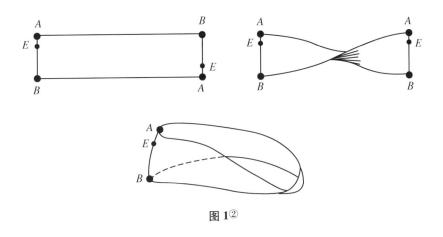

图1②

四、"延异"对文本意义的解构

首先我们看看对诸多存在于读者意识中的概念的解构。文本中有多处对该活动的暗示,比如在第二章开始借幕后黑手波那的视角:"延长或者缩短——或者两者同时发生——也许是,距离已经具有一种几何学范围的新的性质了。"③这里的"几何学"是指"古典几何学",而作者使用如此明显的描述,可见作者在进行对距离的"解构",确定性在丧失。同样类似的线索还出现在醉鬼的话中:"……怎样区别火车……火车和一只白酒瓶?"……"瓦拉斯不由自主地想要找两者的区别"……"'我不知道'瓦拉斯说。"④作者在引导读者进

---

① 尤承业:《基础拓扑学讲义》,第73—74页。
② 尤承业:《基础拓扑学讲义》,第74页。
③ 罗伯格里耶:《橡皮》,第109—110页。
④ 罗伯格里耶:《橡皮》,第109—110页。

行对意义形成过程的思考,是先有了火车和白酒瓶的差异,还是先有了两者的意义? 瓦拉斯的回答清晰地反映出固有概念在延异的力量下被解构,从而无法言说。

酒鬼的话:"瞧这位自以为有学识的人,竟不承认一条线可以同时是斜线又是直线。"瓦拉斯的回答:"'斜'这可以有几种意思。"①确实,我们说线是斜的时,必须有一个相对参考的水平线,那么我们在得到"线是斜线"这个结论时,就产生于这条线和某一参考线的偏离,即线与线的差异,差异产生了"意义"。这样的意义又是不唯一的,它的不唯一源于以下多种:选取不同的参考线得到的差异是多种多样的,在那一场景中出现的众多人物,包括安东、疯子、草药商、瓦拉斯,每个人又各有各的看法,同一个人(比如瓦拉斯),在不同时间点也会有不同的看法——瓦拉斯在被询问后"圆滑"地改变了观点。② 如果我们去解读寓意,那么假如视"线是斜线"指代小说文本产生的意义,那么该意义就产生于文本被书写之后的"延异",而这一幕所有的登场人物如果被认为是指代不同的读者,那么可见读者内心的延异大不相同,并随时间而不同,文本的多义性也随之产生,从而得到了文本意义的解构。读者得以在思考中去接受通常小说中精确的时空性的丧失,并且去发掘文本的广义性,便是作者的意愿。

再者,对于人物形象的"解构"。第一章序幕中说:"温柔可爱的波莲娜古怪地死去已经很久了。"在对于鱼缸的描写之后,又出现"……波莲娜,温柔的波莲娜……"③。而波莲娜的具体信息、外貌、与其他人物的关系,却没有描写;同样对于酒店老板、安东,还有具有先知功能的醉鬼,都没有完整的描写。再比如对于瓦拉斯,不同于任何的推理小说,侦探出于正义感或者趣味去破案,文本中没有任何对瓦拉斯破案动机的描述,瓦拉斯的身份描述是这样的:"瓦拉斯。密探……"④而在文本中,所有的描写几乎都集中于瓦拉斯密探这一身份,还有两次提及瓦拉斯似乎很久以前来过这个城市,相比于其他小说作品,作者这种对人物的处理方式显然是与众不同的,甚至于可以说是怪异的,人物只是三两个空洞的符号,这与其他古典侦探小说有着明显的差异。古典侦探小说一般都比较强调侦探的个人魅力,比如福尔摩斯、波罗等,而这一切都与

---

① 罗伯格里耶:《橡皮》,第 220—221 页。
② 罗伯格里耶:《橡皮》,第 221 页。
③ 罗伯格里耶:《橡皮》,第 6 页。
④ 罗伯格里耶:《橡皮》,第 34 页。

作者的描写手法形成了强烈对比。即大多数人物出场就不带有人物形象,自然不需要怎样"解构"。而被作者描写刻画比较多的人物之一,警察局长罗伦,经过分析,不难发现,随着文本的演变,故事的推进,人物变得越来越古怪,每一步都预知到下一次的事实,最后却放弃了真相,对于人物形象,读者越是想精准感知,却越是弄不准,因为总是有矛盾出现,这使人拿捏不住罗伯格里耶在该小说中塑造的人物的个性。在笔者看来,这也是一种"解构",所有按照常理或者逻辑推出的结论都被驳倒,最终造成人物形象的模糊不可辨析,意义的出场被不断延迟,这正应了德里达的解构主义思想——"无底棋盘之说"①:棋子在棋盘上无穷无尽地游戏着。人物也好,对话也好,都在不断循环着,到达不了终点和本质,从而使文本一直停留在表层。

五、"延异"映射作用下的小说时空:擦拭、反复、诱导

(一) 擦拭

"橡皮"在小说中对情节的设置没有任何作用,和人物形象的塑造也没有任何关联,但在格里耶对故事进行"形变"的整个过程中,却起到了至关重要的作用。"形变"的对象主要有两个,一是犯罪者的身份和犯罪的事实,二是文中所有人物对犯罪者犯罪的推测,前者在唯物主义科学上不依赖于任何人的推测或者任何人的个人意志,属于客观事实范畴,而后者在任何时候都可以因人而异,自从古典小说出现便一直存在。然而,在《橡皮》中,存在人物推理中的真相和事实的真相是相互纠缠在一起的。这一切实现的手法正是"延异"。"延异"的道具则是"橡皮"——代表"擦拭"的记号。

小说名为《橡皮》,而"橡皮"本身在文中出场了五次,我们首先分析橡皮的第一次出现。"恰好看到一家文具店开着门"②,打断了瓦拉斯的搜查,并且之后橡皮出现在警察局长罗伦的桌子上,随即两人开始了关于案件侦破方面的讨论,值得注意的是,警察局长指出了瓦拉斯具有谋杀嫌疑,"您是我所见到的第一个有嫌疑的人"③,故事到这里,读者都会以为这是两人开的玩笑,这是对谋杀犯身份的第一次"延异",实现的方式是警长对案发地点的推断和瓦拉

---

① 陈军:《解构主义漩涡中的文类——德里达文类思想探析》,《天津社会科学》,2019 年第 3 期。
② 罗伯格里耶:《橡皮》,第 56 页。
③ 罗伯格里耶:《橡皮》,第 68 页。

斯到达城镇的时间估计。这好像将莫比乌斯带稍稍扭转了一个很小的角度——读者在此时几乎不会察觉到，格里耶在布置可能的另一"真相"，但由于之前格里纳蒂（杀手）谋杀的叙述，这一细节只会被当作一处闲笔不被读者注意，但潜意识上却造成了"差异"，这便是极其巧妙的地方，格里耶将小说看作对读者的"实验"。"延异"在故事被叙述时便开始发生，既存在于故事本身的情节构建中，也同时在读者阅读时产生——即对故事真相的轻微动摇，然后再用橡皮这个道具擦拭掉痕迹："于是那块已经发灰的橡皮重新出现了。"橡皮的出现打断了思考，为了加强这种打断，橡皮第一次出现，作者为此安排了一个事件，买橡皮的过程，篇幅有百来字，并且记录了瓦拉斯的心理活动和橡皮的品质；在和罗伦讨论完案件后，即第一次"延异"之后，作者对橡皮进行了带有静物素描性质般的描写："几经磨损后，有些地方有些发亮。"①

　　正如之前橡皮出现的作用，格里耶同样使用了对其他物件的细致描写或者对无关情节的大量刻画，来阻止读者的过度思考与破除文本中谋杀事件侦破过程的整体性，比如在到达警察局之前，瓦拉斯和路人的大量对话来获得邮局位置的叙述，报纸上各栏的标题和杜邦桌上书目名称的直接摘抄，都在不断对格里耶的绝对不加修饰的现实做还原，这是格里耶往往为人所称道，同时也是饱受批评的"写物主义"思想的反映。注意到，瓦拉斯所寻找的那块特殊的橡皮，直到故事结束也没有被找到，同时大量其他特征类似的事物也是如此，直到最后也没有人知道其意义所在，格里耶用以物为主体的叙述抹去记叙者的视角，破除连贯性，使得小说的差异在孤立的事物、情节片段之间的对比中突显而出。

（二）反复

　　首先是相同情节的反复。考虑人物内心推理中的真相的变化，我们发现警长或者瓦拉斯怀疑杜邦的妻子，怀疑女仆，再后来，瓦拉斯怀疑茹叶尔医生，女仆怀疑茹叶尔医生，但这些都是相悖于真相的。读者在事先知道了暗杀的过程后——假设是以古典推理小说的观点来看——会发现所有的人物都没有在正确的思路上前进。事实上作者反反复复地描写人物内心对真相的猜测，意义不在解答，而是意义的拓展。

　　具体来说，对于茹叶尔医生的会面，文本中直接写出了瓦拉斯对其的怀

---

① 罗伯格里耶：《橡皮》，第69页。

疑,并且老女仆绘声绘色地描绘了医生对杜邦的谋杀,作为人物对事情真相的第一次推理,还有警察局长罗伦内心想象杜邦自杀的推理,以及瓦拉斯对杜邦儿子弑父的推理,以及未注明的主语的人物推理的犯案过程。这种反复,某种程度上是将人重新拉回到谋杀发生的时空局部,有时这种假象与现实的差异并不是作者需要得到的结果,却是读者、小说中的人物一直需要得到的"真相"的不同版本,每一次重复之中,都有矛盾之处,但也都有合情合理的部分,并且甚至有和最终一幕的瓦拉斯误杀杜邦相似、相呼应的部分,比如瓦拉斯的假想:杜邦私生子和杜邦发生争执,结果儿子带来的帮手冲动下将杜邦杀死,尽管私生子想阻止,却没有来得及,这和最终一幕——瓦拉斯本没有杀死杜邦之意,却戏剧地误杀杜邦——相像,成功地引起人的揣测与联想,并且保证了意义的延迟,叙事整体性和同一性不断破碎。反复中实现对前面每一次记叙的撕裂和覆盖,即叙述文本的自我延异,达到自我解构。

再有,静止状态物的重复之中,视角在不断变化,如上文所说,如果我们将每一次描写当作时空上的一个邻域,格里耶对物的重复描写,从橡皮到广告牌[①]意在凸显空间轴线,在多处取消时间轴线的作用,从而将小说发展成为一种几何学。[②] 而每次描写时的细微差异,也显露出视觉的不可靠性,用几何学语言刻画静物尚且存在前后差异,更何况是不断运动、不断改变的人物与事情呢? 这种种静物描写莫不是在将语言对现实反映的"不可否认的不充分性"[③]扩大化,延异生成的差异间接得以放大。

(三) 诱导

作者要让"延异"达成,为此设计了很多符号和提供隐喻的事物。我们称这些为诱导,但文本中给出的只是"诱导",要注意作者对任何一种可能的真相的解释都是不完全的,在"延异"的同时,可以说是保留了文本的多义性。

作为一个时间错位的瓦拉斯:即文中所说的波那派出的第二号杀手安德烈,或者说是那个一直被瓦拉斯追查的穿着雨衣的人,其实就是时间滞后的瓦拉斯自己,这样的推测来自醉鬼两次将瓦拉斯当作穿雨衣的人,实际上到最

---

① 罗伯格里耶:《橡皮》,第 123 页。

② 孙圣英:《阿兰罗伯格里耶小说中的时间》,第 256 页。

③ 杨令飞:《法国新小说发生学》,第 185 页。

终,作者也没有否认这种可能。第二处明显的诱导,是醉鬼的谜语。第一次谜语为:是什么动物早上四条腿,中午两条腿,而晚上三条腿?众所周知,这是斯芬克斯的谜语,而斯芬克斯最终被俄狄浦斯所杀;第二次更为直接:早晨弑父,中午淫母,晚上瞎眼?直接对应着俄狄浦斯的悲剧,这种谜语出现在文本实际时间进展之前,而调查的种种显示,杜邦很可能有一个被其抛弃的私生子,瓦拉斯也有着对这个第一次到来的城市的记忆,以及瓦拉斯自己也猜测罪案的本质在于杜邦儿子的复仇(见于上文"反复"节),这些细节都被展现在杜邦被误杀之前。以及更为隐晦的,在窗帘上的画,画的内容看起来十分不寻常,赤裸的孩童吃山羊的奶,俄狄浦斯最初是被牧羊人收养并交给国王,注意到这点,画的暗指便显而易见了。如果读者承认瓦拉斯是俄狄浦斯,也是那个第二号杀手以及穿雨衣的人,那么文本就在隐晦地向读者告知:接下来,是一个弑父的悲剧。从而带来对事实的"延异",这样的过程又产生了一个可能的真相,但谁也没有说它就是真相,这也只是延异出的一个意义,相比自杀,被私生子杀,没有不同或者特殊之处,但这样的诱导,是为了确保延异有向更广处延伸的可能——寓言和谜语,并且在这种诱导下故事最终回到开始场景——杜邦被杀,文本的延异似乎又会继续下去,无穷无尽,从而文本具有了自身的生产力和增值力。[①]

六、总　结

在《法国新小说发生学》中有过这样的评注:"其重要目的之一就是要探索现实的所谓'深层真实'。""新小说作家正是在某种程度上利用了'模糊数学中清晰与模糊的互克性原理',用精细入微的描写把读者引入现实的迷宫之中。"[②]格里耶对真相的"延异"是通过对实物的严格描写和人物内心、事件现实的渐变达到的,这就如同物理学中海森堡的不确定原理,一旦努力去测量测准动量,那么位置就变得不确定了,格里耶的"延异"的实现依赖于对"物"(时空)的绝对客观。从而对物的描述越精准,真相的不确定度就越大。

综上所述,文本如从事科学研究般将大量信息以隐喻、暗号的模式传达,告知读者这是一部不同于以往的小说,以反复的模式去实现以物写人,以时空

---

① 杨令飞:《法国新小说发生学》,第115页。

② 杨令飞:《法国新小说发生学》,第136页。

的跳跃变化推动情节,而宗教故事的符号作为一种诱导,使得"延异"在某种控制之中不断进行。这样实现的"延异",以其强大的力量,使文本的叙事遭到了解体的打击,最终得到的是一种交错的真实,在文中这样的结果也时不时有所反映,比如很多话以问句结束,仿佛是置身事件之中的人物也对这种交错的时空持有怀疑,或者文本中突兀的留白和没有前后关联的场景转换,都是小说对时空的"延异"结果的某种体现。而"延异"的最终场景——瓦拉斯杀掉杜邦——也在小说的末尾完成,如同最初射向杜邦但没有完全命中的子弹经过24 小时的"延异"过程,重新将杜邦杀死。读者把握不住真相,把握不住人的性格,一个简单的故事就这样变成了一团乱麻,时空的格局变得完全混乱,这就好像是拓扑学,只有很少的性质,比如紧致性,得以保留,人们觉得拓扑学很怪异,多少也是因为其极易变化,比如你可以要求出现一个不可以放到三维空间的瓶子,它满足我们要求的一切性质(克莱因瓶),类似而言,格里耶的《橡皮》是一部让人无法列出一张时间表、画出一张完整人物关系图的小说,但作者每一次单独的叙述又毫无问题(即同克莱因瓶或者是其他古怪的物件局部上都是常见的"开圆盘"一样),其特异之处都是每一个割裂的局部的"延异"作用,并通过一条错综的线将其粘贴在一起。传统小说的特性则在延异的过程中遗失殆尽。

　　"延异"是无关真相的。从延异的定义来看,"延异"是产生差异的行为,和一般推理小说的主题"找出凶手与杀人动机"没有关系。要注意到,罗伯格里耶一直在努力做的,是让读者和叙述者主体分离,从而做到绝对客观,在书的最后,格里耶这样说:"20 世纪是最不稳定的,浮动的,不可捉摸的,外部世界与人的内心都像迷宫。我不理解这个世界,所以我写作。"[1]我们从这里甚至可以推断,真相甚至不存在于作者自己的设定中,比如,瓦拉斯究竟是否是真的误杀杜邦,出于疏忽还是出于复仇? 为什么杜邦的手枪里少了一发子弹? 以及第二个杀手行踪的问题、谋杀团伙的目的等,数不胜数。格里耶的小说留下了很大的空缺,但没有必要,也无法填满。没有必要是由于故事本身是"抽象的故事",作者对新小说的反叛已经达成,此外,作者一旦要填补这些空缺,就必然要去解释一个具有自己主观性的真相,这正是作者努力要去回避的,因为一切意义皆与格里耶的新小说思想违背,因为"延异"一直存在着,并且一直进行着。

---

　　① 罗伯格里耶:《橡皮》,封底。

作为"生成"的生命范畴及其伦理艺术：
福柯的生命范畴史研究*

蒋　阳/文**

摘　要：作为"审美的生命主义"，福柯的生命哲学强调生命中最重要的目标是"创造一个人的自身"，通过探索古代的"关怀自身"原则和作为"生成"的生命范畴，福柯揭示了古代生命的生存和现代生命自我引导的多重可能性。福柯以"自身"范畴为核心的生命范畴史研究，强调生命必须是技艺的对象、世界必须被理解为体验自身和考验自身的场所，只有通过不断建立完善自足的自身对自身的关系，并将自身对自身的关系当作自身与世界关系的原则，才能真正实现生命的哲学重建，使个体生命成为具有审美价值和反映风格标准的伦理艺术作品。

关键词：福柯　关怀自身　生成　伦理艺术　生命范畴史

　　福柯等新尼采主义者聚焦的"非思"（impensé）的生命范畴，延伸到知识和实践的诸多领域，带动了当代西方学术研究旨趣的整体转向。福柯加入尼采思想阵营，使欧洲生命哲学呈现出何种新的发展？为了深入评估福柯基于"生命范畴史"的"思想体系史"研究对于构建当代新型生命观的理论贡献，有必要考察福柯对"人文科学"的理解以及对古典人文主义的批判成果，具体分析其关键论题探索古代生命的生存和现代生命自我引导的多重可能性及其克服现代性危机的关键因素。福柯为什么在70年代中期转向生命哲学研究，转向探索生命问题？我们发现，福柯以往的谱系学研究均是为了探索西方人生活经验的存在形式。在经历对知识考古学和道德谱系学的批判之后，福柯进一步集中于"论述的实践"等研究，也转向对"对自身和他人的治理"（le gouvernement de soi et des autres）论题的探索，正是这一研究领域的

---

　*　江苏省社会科学基金项目"基于生命范畴建构的当代伦理实践研究"（22ZXD003）研究成果。
　**　蒋阳，哲学博士，江苏省社会科学院哲学与文化研究所助理研究员。

转换使福柯集中探索生命问题，将生命当成现代性危机的关键，指出生命实践的唯一出路正是审美生存。审美生存被列入福柯思想研究的焦点，才使福柯更紧密地跟随尼采的生命艺术化策略，确定福柯生命哲学的新尼采主义基调。

一、新人文科学：从有限性中理解
生命的无限性

正如德勒兹所指出的，"人的消亡"的主题作为一种新尼采主义的观点，是关于形式和力量的问题。力量关系的复合产生形式。生命、劳动和语言，这三种外部（dehors）的力量与人自身的力量建立关系，形成了作为"活着的人""劳动的人"和"说话的人"的作为近现代西方知识主体的"人"的形象。人的力量在某一阶段与何种其他力量建立关系？构成何种形式？这是福柯在"人的消亡"主题下重点关注的问题。赫威（Judith Revel）认为，福柯的"主体"概念来自对从笛卡尔到萨特的基于自我意识的和非历史的"主体"观点的批判，福柯通过阅读尼采、布朗肖和克洛索夫斯基等的著作来思考和批判"主体"，他认为唯有经由谱系学的历史研究，我们才能历史地把握"主体"的建构问题。[1] 在尼采那里，"主体"概念甚至是一种虚构，根本不存在原子式的生命，没有什么"实体"（Substanz），物质的"实体"概念实际上是根据对主体的设想进一步构造形成，主体的形成先于客体。如果我们放弃了"主体"和"客体"概念，也就放弃了"实体"概念，甚至最终摆脱质料性。"主体"法文"sujet"含有"主体"与"臣服"双义，一方面表示类似"主体"的含义，另一方面表示"被归属者""臣属者"。在《语词与事物：一种人文科学考古学》中，福柯在向我们展现了作为活着的、劳动的、说话的"主体"的诞生过程的同时，也集中讨论了"生命的有限性"问题。

德勒兹一再强调，"福柯的一般性原则是：所有的形式都是力量关系的复合物"[2]。生命、劳动和语言，这三种外部（dehors）的新的力量作为"有限性的三重根"（triple racine de la finitude）[3]催生了生物学、经济学和语言学，"现代人——这个人在其肉体的、能劳动和会说话的存在中是可确定的——只有作

---

① Judith Revel, *Le vocabulaire de Foucault*, Paris: Ellipses édition marketing, 2002, pp. 62 – 63.
② Gilles Deleuze, *Foucault*, Paris: Minuit, 1986, p. 131.
③ Gilles Deleuze, *Foucault*, p. 134.

为有限性之构型(figure de la finitude)才是可能的"①。现代人受制于劳动、生命和语言,人只有在它们之中才能发现自身的具体存在的确定性。"由此,在经验性的核心处,显示出追溯,或像人们所说的深入限定分析的义务;在这种分析中,人的存在能在自己的确实性中向所有那些形式提供基础,那些形式向他表明他并不是无限的。"②现代人的存在,是作为一种生物、一种生产工具、一种词的工具而被揭示,所有的劳动、生命、语言这些知识内容的协同性凝聚于现代人,而人的有限性(la finitude de l'homme)就内在于这些知识的可能性中。人或现代知识主体的有限性,正如人类脑部构造、生产成本机制、印欧语系联合的体系这些知识形式的有限性和界限。只有从这种有限性出发,人才能获得他的确定性。但我们发现,生命的这种有限性是不稳定的、暂时的,它使人类对于生命的无限性的理解成为可能,使生命的自我创造成为可能,毕竟生命的进化没有最终完成,生产和劳动的形式仍在改变,未来劳动中的异化原则将被消灭,消除语言符号体系历史问题的努力还在继续。人的有限性是在无限中被勾勒出来的。福柯认为这种有限性的改变虽然缓慢而单调,但并非无法实现,为此,人必须要在"有限/无限"的双重性和悖论中充分理解自身。

福柯试图通过对生命的有限性的历史说明,将生命中真正的创造性生存与乔姆斯基(Noam Chomsky)式的"认知活动中的创造性"彻底区分开。乔姆斯基认为,儿童对语言的学习始于一种知识,儿童通过它从语言的严密清晰的图式开始,从零散信息中获得有序的知识体系。乔姆斯基将他所谓"图式"(schematism)的这一体系认定为天赋知识或本能知识。"图式"使我们从片面信息中获得高级知识,而这体现了人性。"这种图式的、天赋观念组合原则的聚合,这庞大的体系指导着我们的社会行为、智力行为和个体行为,这就是我说的人性(human nature)的概念。"③乔姆斯基不但认可人性的结构和生理构造的固定不变的存在状态,而且终生试图发现人性。像其他实在论者一样,乔姆斯基认为存在着可供解释的人性的固定的物质事实、天赋的基本机制、固有的心智图式,使人能够掌握复杂的知识体系,而且更重要的是,这些物质事实、基本机制和心智图式能够使人自由地、创造性地运用这些知识。但福柯并不

---

① Michel Foucault, *Les Mots et les Choses. Une archéologie des sciences humaines*, Paris: Gallimard, 1966, p. 329.

② Michel Foucault, *Les Mots et les Choses. Une archéologie des sciences humaines*, p. 326.

③ Noam Chomsky and Michel Foucault, *The Chomsky-Foucault Debate*. New York and London: The New Press, 2006, pp. 4 – 5.

认同乔姆斯基关于"人性赋予人类创造性"的观点。作为温和的实在论者,乔姆斯基区别于一般实在论者的地方,就是强调被映现世界与人性结构的契合性,他认为科学革命和实在被成功映现的标志就在于"人性"结构是否能够聚焦于世界自身的构造,他通过谈论"累积的现象所涵括的不同科学"来反对辉格主义者。但在福柯看来,乔姆斯基所谓的自主学习能力和生命的"创造性"过程,恰恰体现了现代西方科学生命范畴的有限性。在讨论自然和人性的沟通问题时,福柯认为,"人性"是由"知识的机制及其功能"所暂时给予的:"如果人性与自然交织在一起,那是通过知识的机制和它们的功能达到这一点的……"①

在古代,西方人的力量曾经与无限的力量建立关系,而在这之后出现的近现代西方的"人"的形式,其内在的力量与在生活、劳动、语言中所蕴藏的限定力量相结合并建立了限制性的关系。近现代西方"人的有限性"就内在于这些知识自身的有限可能性和界限之中。只是在这种有限性的基础上,只有从这种有限性出发,近现代西方人才能获得他的确定性。但在德勒兹看来,如果近现代西方的"知识主体"是一种束缚生命的方式,那么生命不正需要以另一种方式从中得到解放? 在"人"或"知识主体"诞生的同时,"有限性"也会被感知。所有形式都不会永远地被确定下来和固定不变,因为形式本身是否能够存在,取决于构成形式的力量关系及其变化。德勒兹关心的问题是,如果存在于人的力量只有在与"外部"的力量建立关系后才能复合成某种形式,那现在存在于人的力量到底能与何种现有的力量建立关系? 什么样的新的形式(既不是神也不是人的形式)能够脱颖而出? 在德勒兹看来,"这才是尼采称为'超人'问题的正确位置"②。德勒兹强调,未来新的力量关系的建立,必须依赖于一种"无限制的有限"(fini-illimité),德勒兹称之为超褶皱(surpli):"它已不再是向无限的提升,也非有限性,而是无限制的有限,它召唤着所有力量状态,使有限组合物能赋予组合作用在实践上的无限歧异。这可能不再是构成操作机制的褶皱或去褶皱,而是作为超褶皱的某种东西……"③作为一种新形式的降临,超人是存在于人的诸种力量与诸种新力量的形式化组成物,是源自全新力量关系的形式。

《语词与事物:一种人文科学考古学》的最后一章"人文科学"专门辨析了

---

① Michel Foucault, *Les Mots et les Choses. Une archéologie des sciences humaines*, p. 321.
② Gilles Deleuze, *Foucault*, p. 139.
③ Gilles Deleuze, *Foucault*, p. 134.

"人文科学"的诸种定义。生物学、经济学和语言学都不是人文科学,人文科学也并不是对人的本性所是的一切的分析,人文科学是指在作为实证性所是的主体之外能够赋予人的一切可能性,人文科学研究是在认识的外在性中展开的。福柯基于生命范畴史研究的人文科学考古学将对于近现代西方"知识主体"的有限性的理解与对生命的自我创造的追求联系在一起,通过探寻"主体化(subjectivation)的过程史"及其"有限/无限"的矛盾性、复杂性和神秘性,福柯的生命哲学为从有限中理解生命的无限性、创造人类未来可能的新的存在方式提供了重要的理论启示。

二、自我创造的生命

福柯认为,"认识自己"(gnôthi seauton)的律令的真实支柱是古代的"关怀自身"(epimeleia heautou)原则。当人需要关怀自身的时候,才会去认识自己。哲学传统中的"gnôthi seauton"错误地将自我认知视为是一种连续发展的过程。"认识自己"应归入希腊的"关怀自身"原则,如果确实是因为需要关怀自身才去认识自己,那么必须向"epimeleia heautou"的各种不同方式来追问分析认识自己的各种不同原则。《阿尔喀比亚德》的对话的目的就是"认识自己"。"自己"既不是身体也不是外部对象,而是指灵魂,认识"自己"实质上就是认识灵魂。《阿尔喀比亚德》提出"必须关怀自身"的论述(127e—129a),使我们关注和追问"什么是关怀自身"的问题。关怀的首要前提是具有关于关怀的对象的技艺,必须熟知"heauton"是什么。虽然这里再次提及"认识自己",但福柯认为,对于苏格拉底来说,这绝不意味着你必须认识你的能力、灵魂、激情和是否不朽或死亡之类问题:"它不是指:'你是哪种动物,你的本性是什么,你是怎样构成的?'而是:这是一种什么关系,'heauton'这个反身代词指的是什么,这个既属主体又属于对象的要素是什么? 你需要关怀自身:这是指'你'要关怀自身;然后再是你关怀的某个事物正是你自身,正是'在关怀着'的主体,你自身就是对象。"①当人的身体在从事某项活动时,必定有不同于身体的行为主体在使用身体,因为身体无法使用身体本身,因此使用身体的行为主体只能是灵魂。"所有这些身体的、工具的和语言的行为的主体,就是灵魂:

---

① Michel Foucault, *L'herméneutique du sujet*, Paris: Gallimard/Seuil, 2001, p. 52.

因为灵魂使用语言、工具和身体"。① 因此,《阿尔喀比亚德》强调"必须关怀的对象就是他的灵魂、他自身的灵魂"②。

当《阿尔喀比亚德》将"heauton"刻画为作为行为主体的灵魂、作为使用身体、身体各器官、它的各种工具的灵魂时,柏拉图其实要指出的,"不是灵魂与周遭世界或身体之间的某种工具关系,而是主体对于周遭、它支配的对象,以及与己有关的他人、自己的身体和自身的特殊的超越立场"③。当柏拉图通过"khrêsis"(使用)概念来探索何谓必须关怀的自身时,"自身"被刻画为"灵魂—主体",而不是他所发现的"灵魂—实体"。人成为某些事物的"主体",如工具行为的主体、与他人关系的主体、一般行为和态度的主体、与自身关系的主体。"因为人是这个主体,这个利用自身、有着这种态度、这种关系的主体,所以人必须监督自身。关怀自身是因为人是这种'khrêsis'的主体(以及该词的多义性：各种活动、行为、关系、态度的主体),而正是这一点成了问题。灵魂作为主体,绝不是灵魂作为实体：我以为,这是《阿尔喀比亚德》讨论'什么是自身、当有人说必须关怀自身时必须赋予自身什么意义呢'这个问题最终要得出的结论。"④将灵魂视为"khrêsis"的主体和行为者,已经完全突破了作为囚禁于肉体中的实体的灵魂定义,对于自身的这一理解充分体现了自身的自我创造精神。福柯特别强调,要想在生活中进行自身的自我创造,对自身加以改变,进而发展出自身的新的可能性,古代的"关怀自身"原则就一定是一种值得研究和借鉴的活动。在希腊化和罗马时代,"自身"问题实际上组织或重组了古希腊世界的传统价值领域,"自身"表现为一种普遍价值,这种通向自身的路径与某些结构、技术和实践相关,也与知识理论和基于认知方式的概念相关,一种"自身的文化"由此发展出来。关怀自身的原则充满了各种生存方式,这种"自身的文化"是理解主体性的历史、主体与真理的关系史的关键所在。

在对"对自身和他人的治理"论题的探索中,福柯逐渐意识到,生命问题是现代性危机的关键问题。在这一意义上,他将自由主义视为一种实践方式、政治治理技术。通过讨论"治理术"(gouvernementalité)的历史,福柯将自由主义定义为使治理活动合理化的方法和原则、资本主义追求最大限度功效的政治手段。自由主义的治理目标是使治理活动的效果最大化,尽可能减少经济和

---

① Michel Foucault, *L'herméneutique du sujet*, p. 55.
② Michel Foucault, *L'herméneutique du sujet*, p. 53.
③ Michel Foucault, *L'herméneutique du sujet*, p. 56.
④ Michel Foucault, *L'herméneutique du sujet*, pp. 56 - 57.

政治成本,它批判过度治理的非合理性,要求进行较少的治理,获取最大的有效性。同时,自由主义通过持续的治理干预,来获得为了产生、增多、确保自由主义体系所需要的自由,这些自由保证了个人利益的自由运转。经由对于当代自由主义、特别是美国新自由主义的分析,福柯发现,作为利益原子(atome d'intérêt)的"经济人"(homo œconomicus)模型的应用问题是美国新自由主义的基本问题之一。作为新自由主义中特殊的主体形式和被治理的对象,"经济人"尽可能"自由地"回应环境变量的变化,成为一种不可化约的利益原子。"经济人"被视为放任自由和不可侵犯的合作者,但事实上它却只能被动地不断回应环境变量的变化,"经济人"实际上处于"双重的不自主"(不由自主地被诸多偶然左右、自身并未寻求却不由自主地为他人产生出收益)和"双重的未明确和无法总计"(为自身带来利益的偶然属于无法贯穿和总计的领域、通过产出自身的收益而给他人带来的收益对它来说同样是一种无法总计的不明确)中。

对经济人的这种悖论式处境的解释使我们重新关注对亚当·斯密的"看不见的手"的引导机制的理解。福柯强调,在"看不见的手"的著名理论中,人们总是习惯强调"手"的方面,即某种好像有神意的东西把所有分散的线条编织在一起。但福柯认为另一个要素即"不可见性"至少也同样重要。不可见性不仅仅是这样一种事实:由于人类理智的不完美,人们无法意识到在他们背后有一只手把每个人在它面前的所作所为安排或联系在一起。不可见性是绝对必不可少的。"正是不可见性使得每个经济行为人不应该也不能去寻求集体幸福。"①为了确保集体的收益,为了确保最大多数的人得到最大的幸福,每个行为人必须对这个整体视而不见。"对每个人来说,集体结果必须是不确定的,这样才能切实地达到正面的集体结果。对所有经济人来说,模糊和盲目是绝对必需的。集体利益不应该成为目标。它不应该成为目标,因为至少在经济部署中它不能被估算到。这就是这条看不见性原理之核心。"②经济世界的"不透明""无法被总体化"的特征,以及放任经济人对自身利益的"自由"追逐,使得自由主义逐渐建立起它的社会基础。

通过《查拉图斯特拉如是说》第1篇《精神的三种变形》中的论述,尼采强调,真正的"自由"是意志支配自身、抵抗阻力的能力,是意志摆脱一切以往的

---

① Michel Foucault, *Naissance de la biopolitique*, Paris：Gallimard/Seuil, 2004, p. 283.

② Michel Foucault, *Naissance de la biopolitique*, p. 283.

价值而真正独立,是自身的自我创造的过程。① 在《权力意志》中,尼采进一步指出,自由是"自我导引中的便利。每一个艺术家将会理解我"(《权力意志》,第 705 条)。与尼采同样的,作为特殊的个人主义者,在福柯看来,"'关怀自身'的伦理就是'自由的实践'"②。这种自由的实践,是自由的"自身"所主动施行的实践。为了解决"不关怀自身"的问题,我们将注意力集中于苏格拉底式的 parrhêsia(说真话)和苏格拉底式的导师的作用。苏格拉底式的对话,往往使对话者因提问而感到窘迫,并在苏格拉底的督促下关怀自身:"……高贵的公民啊,这里是最伟大的城邦,最以智慧和力量闻名,如果你只关心获取钱财,只斤斤于名声和荣誉,既不关心,也不考虑思想、真理和自身的灵魂,你不感到惭愧吗?"③苏格拉底不仅凭借着自身的诘问和反讽,来让他们开始关怀自身。苏格拉底首先就通过他的存在方式、生活方式和自身的真实存在,将这种呼吁真正地进行实践:"我全然不关心绝大多数人关心的东西:金钱事务、财富管理、指派权力、公众演说、行政长官、联盟、政治派别。我不走这条路……我宁愿走另一条路,通过劝说你们少点关心自己所有,而更多关心自己所是。我也许能够特别为你们中的每一个人做最多的善;由此你们也许可以尽可能卓越和理性地造就自身。"④在苏格拉底那里,关怀自身与关怀城邦并非对立,他用生命的代价这种值得任何人注意的方式来表明他自身对城邦的责任。这种作为抵抗的服从,是为了表明正义必须包括关怀城邦和他人,这也是关怀自身包含的必要内容。

在塞涅卡致鲁西里乌斯的第 52 封书信的开头,他描述了一种所谓"stultitia"的"不关怀自身"的情况。当人还没有关怀自身时,就处于这种"stultitia"状态中。"不关怀自身的人"不加分辨地接受外在世界可能给予他的一切表象,让这些表象在他自身的精神中与他的激情、欲望、抱负、思维习惯、幻觉等相融合;他没有明确的目标,不停地改变观点。"不关怀自身的人"的意志是一种不自由的意志。自由意志指的是人能够自由地欲求、不受限制地欲求。而"不关怀自身的人"则同时受制于内在与外在事物的人,这样一种有限的、相对的、片断的和变化的意志,不以自身为目标,与自身无关。既然"stultitia"通过与自身无关的东西来界定,那要摆脱它就必须诉诸自身、追求自

---

① 参阅周国平:《尼采:在世纪的转折点上》,上海:上海人民出版社,1986 年,第 99—102 页。

② Michel Foucault, *Dits et écrits, 1954–1988*, vol. IV, Paris: Gallimard, 1994, p.708.

③ 柏拉图:《申辩》,29d—e。

④ 柏拉图:《申辩》,36c。

身,要摆脱"stultitia"状态就意味着必须关怀自身。塞涅卡强调,人无法独立走出这种"stultitia"状态,需要有他人的帮助来摆脱它。因为"stultitia"状态是由与自身的不相关来界定的,因此个人本身不可为。"把自身构成为能够让意志极化的对象,让自身呈现为意志随意的、绝对的和永恒的对象和目的,这只能通过别人作为中介来完成。在作为'stultitia'的个人与作为'sapiens'(智者)的个人之间,别人是必不可少的。"①福柯认为,唯有哲学家才能使个体对自身有所期望,最终能够传达至自身、控制自身并由此发现自身的全部的幸福,他援引穆索尼乌斯指出:"在什么适合每个人的本性方面,哲学家是所有人的导师(hêgemôn)。"②而苏格拉底式的哲学家的作用就在于:"……指出无知其实忽视了它是有所知的,以及知识在某种程度上是能够摆脱无知的。"③主体必须达到的目的并非是用有知来取代无知。主体并非无知,而是为坏习惯所累。个人要将自身塑造为在自己的一生中从未认识到的主体,这种主体的地位是用"自身对自身的关系"(le rapport de soi à soi)来界定的,这就必定需要他人的介入。"关怀自身"凸显出它的培养和塑造的功能,导师成为"个人与他的主体塑造之间关系的中介"④。在《拉凯斯》中,尼基雅叙述苏格拉底的谈话方式和内容如下:"只要一进入谈话,尽管他开头说的完全是另一回事,说下去就不可避免地被拖着转来转去;直到把话题固定在自己身上,说自己现在是怎样生活的,以及过去怎么样;苏格拉底一抓住他就不肯放,直到把他的根和底搞得一清二楚为止。"⑤福柯认为,"苏格拉底式的'说真话'(parrhêsia)既不是技艺传授的理性环节,亦非灵魂的本体论存在,而是生命的风格、生活方式,是我们赋予生活本身的形式"⑥。作为特殊的个人主义者,在探索"对自身和他人的治理"时,福柯通过阐发希腊的"说真话"概念,讨论生命与伦理—政治的领域以及它们的根本联系,强调苏格拉底式的"说真话"就在于由治理他人变为引导他人治理他们自身,督促他们关怀自身。苏格拉底式的"说真话"以塑造说真话的主体为目标,通过与他人交谈、质询他们,督促他们关怀自身的"灵魂"。关怀自身先于、并构成关怀他人,个人试图保护自己的生命正是社会的

---

① Michel Foucault, *L'herméneutique du sujet*, p. 129.

② Michel Foucault, *L'herméneutique du sujet*, p. 130.

③ Michel Foucault, *L'herméneutique du sujet*, pp. 124 – 125.

④ Michel Foucault, *L'herméneutique du sujet*, p. 125.

⑤ 柏拉图:《拉凯斯》,187e—188c.

⑥ Michel Foucault, *Le courage de vérité: Le gouvernement de soi et des autres II*, Cours au Collège de France (1983 – 1984), Paris: Gallimard/Seuil, 2009, p. 134.

要求,进一步地,要求社会成员关怀自身的苏格拉底式的"说真话"的实践,对于社会而言同样重要。希腊思想中的公民们并非只是无个体性和内在性的单个要素,希腊思想中的自由,是国家不可或缺的有能力自控的个人的自由。个人对自身的态度、自由支配自身欲求的方式和主宰自身的形式,是城邦幸福和秩序良好的构成要素。在福柯看来,通过创造生命的新的可能性,勇于自我创造的个体可以直接服务于具有相关联的境遇和相似的生命形态的社会群体;同时,这种创造工作能够被发展为一种公共观点,即像他那样的其他人,可以根据其自身的特殊境遇,以其自己的方式,为了他们自己的目的而去实践自身的自我创造。①

三、生命范畴与伦理艺术

公元 1 至 2 世纪,"关怀自身"的实践活动在整个希腊化时期达到了顶峰,福柯将这一时期的关怀自身称作"自身的实践"。"……与自身的关系从此成了自身的实践的目标。"②"自身与自身的关系"成为"自身的实践"的目标,这意味着一种思想的中心和核心、一套关键意象的出现——此即"转向自身"。这种"陀螺意象"意味着,智慧的性质是,不要让自身因外在运动的刺激或冲击而发生不由自主的运动。人必须面向自身并在自身的中心内确立自身的目标,而人的运动最终必须回归这一自身的中心并在中心内寂然不动。与基督教不同,希腊、希腊化-罗马哲学中的"askêsis"(修行)并不是为了否弃自身,而是通过"修行"来塑造自身,"最终形成某种完满的、完善的、完全的、自足的自身对自身的关系"③。这是一种真理实践,是一种将主体与真理直接相联系的方式。实践关怀自身的生命实践,强调自身的"哲学修行",为自身提供整套的修行训练,就是强调生命(bios)必须是技艺(tekhnê)的对象、世界必须被理解为体验自身和考验自身的场所。我们看到,一旦这种特定的对象关系终止了,那么自我创造的生命的"生成"也就终止了:"……如果大家追问西方的这种主体性的形式究竟是什么,那么西方思想本身的主体性形式是通过相反的运动形成的:当'bios'不再是它长期以来被希腊思想视为当然的'tekhnê'的相

---

① See Alexander Nehamas, *The Art of Living: Socratic Reflections from Plato to Foucault*, Berkeley, University of California Press, 1998, chapter 6.

② Michel Foucault, *L'herméneutique du sujet*, p. 123.

③ Michel Foucault, *L'herméneutique du sujet*, p. 305.

关物时,这种主体性形式就形成了,即当'bios'(生活)不再作为'tekhnê'的相关物的、以便成为考验自身的方式时。"①而"转向自身"、以"自身对自身的实践方式"问题为中心的生活艺术、自身的技艺也并非要摆脱行为的领域和摒弃世界,而是要不断建立完善自足的自身对自身的关系,同时恰当地衡量自身在世界中位置,将自身对自身的关系当作与世界关系的原则,最终使我们身处世界之中的自身充分地艺术化,不断创造生命的新的可能性,使得每一个个体生命都成为一件具有独特风格的伦理艺术作品。"bios 作为审美的艺术作品的素材"是福柯特别倾心的观点,他指出,"人们习惯于从人的生活条件出发研究人的生存史;或者,寻求生存中所可能显示出来的心理史的进化过程。但我认为,也可以把生存当作艺术和当作风格来研究它的历史。生存是人类艺术的最脆弱的原始材料,而且,也是人类艺术的最直接的原料。"②通过那些我们可称为"生存艺术"的自愿的实践,人们能够改变自身独特的存在,使自身的生活变成一件具有审美价值和反映某些风格标准的作品。

海德格尔在他的《尼采》中指出:"即使在谈论形式和作品时,尼采也总是首先从艺术家出发,即总是回到艺术家那里,并且在艺术家范围内进行考察的。艺术家的基本态度就在于:他'不给予任何事物以一种价值,除非它知道形式是怎样生成的'。(《权力意志》,第 817 条)"③真正的"形式"呈现出内容,不会让内容消失不见。在尼采看来,真正的艺术家是将形式视为内容:"艺术家之所以是艺术家,是因为艺术家把一切非艺术家所谓的'形式'当作内容来感受,即当作'实事本身'来感受。当然,这样一来,人们就归属于一个颠倒了的世界了:因为现在,人们把内容当作某个单纯形式上的东西了——包括我们的生命在内"。(《权力意志》,第 818 条)在探索"关怀自身"的生命实践时,福柯如同尼采所赞赏的艺术家那样,将"主体"或生命的"形式"视为一种"内容":一种"自身对自身的关系"。通过探询"主体化"的历史过程,即"个体将他自身构造为主体的各种不同方式",福柯从主体问题转到主体化方式的分析,通过自身关系的技艺/技艺学或自身的实践活动来剖析主体化的方式。德勒兹强调,福柯的"主体化"研究是一种过程研究,"主体化"无论如何不是一种主体理论的回归,它是对另一种生命方式、一种新的生存风格的探寻。

尼采曾异常肯定地认为,"……现在道德将逐渐消失:留给后两个世纪的

① Michel Foucault, *L'herméneutique du sujet*, p. 466.
② Michel Foucault, *Dits et écrits, 1954－1988*, vol. IV, p. 631.
③ 马丁·海德格尔:《尼采》,孙周兴译,北京:商务印书馆,2002 年,第 130 页。

欧洲的那出伟大的百幕戏剧将是所有的戏剧中最恐怖、最成问题、但或许也是最有希望的一出戏"①。一个人如何能够通过自我更新和自我创造来创建自由的"自身"，以期超越传统道德，同时避免成为一个道德上的被厌弃者？尼采当然认可许多被称为不道德的行为应该被加以避免和抵制，或者许多被称为道德的行为应该加以实施和受到鼓励。但在《尼采：作为文学的生命》（*Nietzsche: Life as Literature*）的作者内哈马斯（Alexander Nehamas）看来，尼采强调的重点在于，当我们这样做时，我们的理由应当与我们迄今为止所使用的理由完全不同——尼采要用自己的理由来取代传统道德感的真理根据。福柯指出，"……一种作为遵守规则代码的道德观正在消失，并且已经消失。而与这一道德的缺席相对应的、必须对应的，是对一种生存美学的追求"②。作为伦理艺术，生存美学终将取代传统道德而成就未来的生命。福柯强调，他的研究的目的，是要通过借鉴古代的伦理道德最终回归今天的我们，这并不是要回归希腊的生存方式、希腊人构成自身的方式："……像尼采那样，我们今天又重新思考希腊的思想；但这不是为了发现在希腊的道德中所存在的道德价值，似乎以为这些因素是我们进行思考所必须的。与此相反，这是为了使欧洲的思想，能够在希腊思想的基础上完全自由地重新发动起来。"③

　　对于福柯而言，伦理并非原则戒律和普遍法则的领域，而是我们自身经由自我塑造、自我建构而实现的自由之所。福柯直接视"关怀自身"为伦理。德勒兹认为，道德和伦理的区别就在于："道德表现为一套特定类型的强制规则，这些规则将把行动和意图与超验性的价值建立起关系而对其做出评判（这很好，这不好……）；伦理则是一套非强制性规则，这些规则按照我们的所言、我们的所行所导致的生存方式来评价我们的言行。"④在福柯看来，伦理总是包含了一系列的态度、实践以及目标，通过它们，我们能够实现自我引导和不断展开道德的自我塑造。当我们谈论"发现一种新的伦理"时，它意味着拒绝历史所形成的强加于我们的自身，并且运用自身的想象力去重新发明关于我们自身的新的自我创造的事实，实现自身的哲学重建。在福柯那里，"对自身的伦理塑造首先是：让自身的生存、这一必然要死的质料成为构造维持内在连贯

　　① Friedrich Nietzsche, *On the Genealogy of Morals*, translated by Walter Kaufmann, New York: Vintage Books, 1969, Essay Ⅲ, 27.

　　② Michel Foucault, *Dits et écrits*, 1954–1988, vol. Ⅳ, p. 732.

　　③ Michel Foucault, *Dits et écrits*, 1954–1988, vol. Ⅳ, p. 702.

　　④ 德勒兹：《哲学与权力的谈判——德勒兹访谈录》，北京：商务印书馆，2001年，第114—115页。

性的秩序之地"①。这种塑造是生存的个人选择。在研究古代的关怀自身原则的过程中,他关注和发掘"自身对自身的关系"的生命存在方式,试图使我们的自身能够作为一种开放的可能性,经由被自由选择的艺术化的原则而被塑造。

生命是一种未定型的建构,人是一种用自身做思想实验的存在。这正如内哈马斯在解读尼采时所强调的,尼采并不认可将理想的生命视为与某种生命的普遍性条件或与某种生命的可供模仿的模式完美地相容,他所赞赏的生命是拥有独特的自身的艺术作品,而非只是一件复制品或低级的仿制品,生命因而根本无法通过普遍性的描述来给予说明。在福柯所探询的古代的关怀自身的实践中,自身的自我组织、自我创建、自我更新、自我塑造、自我生产性质表明,自身并非一个预先就存在的目标,而是一种生成,一种以充分艺术的方式来成就我们的自身的生成。

福柯式的主体,是一种并非以一成不变的方式来赋予我们的短暂形式。生命从根本上属于"内容"("自身对自身的关系"),"自身"是力量的永恒艺术之舞在每一瞬间的最佳的可能结果。作为一种最暴烈、最原始的赫拉克利特主义,福柯所创造的艺术生命通过不停顿地改变自身、逾越自身获得自身真正的自由,即便他暂时无法去想象物质重又聚合所诞生的形式以及随后将到来的可能的生命。正是从这种观点出发,生命思想的历史才能为我们所观察和判断,直到这些谱系学的历史研究展开时,我们才得以发现使自身的生存充分艺术化的可能性。在这一意义上,我们得以展开生命的哲学重建,为重新融合"生命的哲学意义"(作为生活技艺施展目标的生存)与"生命的生物学意义"(作为有机体[身体]的性质及功能的生命)创造条件。

---

① Michel Foucault, *L'herméneutique du sujet*, p. 512.

征 稿 启 事

　　《法兰西思想评论》(*Études de la Pensée Française*)是由上海交通大学欧洲文化高等研究院主办,并由上海交通大学"985"工程"文科科研项目基金"和"精裕人文基金"资助的开放性中法双语研究论坛和交流平台,从 2004 年到 2010 年由同济大学出版社出版,从 2011 年至 2022 年由人民出版社出版,自 2023 年起由东方出版中心出版,针对法国思想文化的不同专题、思想家、历史事件及文化成果进行深度研究。

　　每期集刊一般包括一至两个专题,汇集若干文章,围绕某位思想家或者某一主题展开讨论。在专题之外,也将收录其他文章,从而尽可能全面和深入地反映法国思想的多样性和丰富性。本刊以哲学类论文为主,兼收社会学、人类学、历史学、宗教学、心理学、精神分析学、文学理论、文学批评、艺术理论、电影理论等人文学科的论文。要求来稿具有较强的思想性、学术性、原创性。热诚欢迎各方学者投稿。

　　稿件要求:中文论文通常以 1 至 2 万字为宜(特殊情况可酌情处理),法文或英文论文通常以不超过 75 000 字符为宜。另附中文提要。书评以 5 千字至 8 千字为宜,书评的对象著作应为法国近年出版且具有较高学术价值的著作。本刊接受译文,要求提供原文。

　　来稿三个月未获通知,作者可自行处理稿件。

编辑部:
主编:邓刚
副主编:蒋阳　范海敏
编辑:蒋阳　洪巧芸　闫文娟　郑朗
投稿邮箱:dengphilo@126.com

Appel à la contribution

Études de la Pensée Française est une revue bilingue (chinois/français), publiée annuellement en deux numéros par l'Edition du Peuple à Pékin et édité par l'*Institute for avanced study of European Culture*, Shanghai Jiao Tong Université. Elle contribue au progrès de la connaissance de la pensée française en Chine. La revue est fondée en 2004 sur l'initiative de Monsieur GAO Xuan Yang.

La revue publie des articles qui contribuent au progrès de la connaissance dans tous les domaines de la pensée française, y compris la philosophie, la sociologie, l'économie, la politologie, l'anthropologie, la critique et la théorie littéraire, l'esthétique, la psychologie, la psychanalyse, etc. Les manuscrits seront séléctionnés uniquement en fonction de leur qualité. Elle ne fait la promotion d'aucune école, doctrine ou méthodologie et a pour seul souci de contribuer à stimuler des recherches de la pensée française. La revue publie aussi des comptes rendus sur des ouvrages importants qui sont récemment parus en France.

Chaque numéro de la revue comporte des dossiers spéciaux, consacrés sux sujets, ou aux auteurs majeurs, et un varia, dans lequel l'on recuille des articles qui portent sur la variété de la pensée française et, enfin des «comptes rendus» qui portent sur des ouvrages scientifiques récemment parus révélant le nouvel aspect du développement de la pensée française.

La soumission des manuscrits

Les articles n'excèdent pas 75 000 caractères (espaces compris), et visent à la discussion, l'élucidation, la défense et/ou l'examen critique de thèses ou de doctrines philosophiques spécifiques. Les comptes rendus n'excèdent pas 15 000 caractères (espaces compris), et proposent une brève appréciation du contenu de publications philosophiques récentes.

Les manuscrits peuvent être soumis en français, en anglais ou en chinois. Ils sont accompagnés de deux résumés en français et en anglais, dont chacun n'excédant pas 1.000 caractères (espaces compris).

Sélection des manuscrits pour publication

À l'exception des comptes rendus, tous les manuscrits soumis aux *Etudes de la pensée française* sont évalués par au moins deux experts compétants. La période d'évaluation ne dépasse normalement pas trois mois. Suite à l'acceptation de son texte, l'auteur en envoie une version définitive conforme aux directives. Chaque auteur reçoit deux exemplaires du numéro où il est publié.

Veuillez faire parvenir vos manuscrits à l'adresses suivantes :

Monsieur DENG Gang : dengphilo@126.com

《法兰西思想评论》投稿格式

一，标题居中,2 号,字体：黑体。

二，著译者信息,用……/文,……/译,表示。如"德里达/文,某某/译"、"某某/文"。

三，请提供中英文摘要、关键词、英文题名、基金项目信息、作者简介。摘要一般用小 5 号字,宋体,单倍行间距。

四，正文一般用 5 号字,宋体,1.5 倍行间距。小标题居中,5 号字,加粗。

五，凡文中出现的法文、英文等(包括正文中的引用、摘要、注释、书名、人名等),采用 Times New Roman 字体。出现非汉语、非拉丁字母的文字(如俄语、古希腊语、梵语)时,一律转写为拉丁字母形式。

六，较长的引文宜独立成段,缩进 2 格,字体采用"楷体",5 号字。

七，注释采用脚注,每页重新编号,编号格式采用小圆圈内阿拉伯数字序号的形式,如①。

八，引用文献,通常按以下顺序编排：著作者,《书名》,出版地、出版社,出版年,页码。再次引用时,标明作者,书名,页码即可。

例一：德里达：《胡塞尔〈几何学的起源〉引论》,方向红译,南京：南京大学出版社,2005 年,第 163 页;

德里达：《胡塞尔〈几何学的起源〉引论》,第 80 页。

例二：Frédéric Worms, *Bergson ou les deux sens de la vie*, Paris：PUF, 2004, p. 57.

F. Worms, *Bergson ou les deux sens de la vie*, p. 59.